- 国家社科基金一般项目（18BTQ099）
- 湘潭大学优秀学术专著出版资金资助

National Archives

国家档案精品
走出去研究

王小云 ○ 著

中国社会科学出版社

图书在版编目（CIP）数据

国家档案精品走出去研究 / 王小云著. -- 北京：中国社会科学出版社, 2024. 8. -- ISBN 978-7-5227-3927-4

Ⅰ. G272

中国国家版本馆 CIP 数据核字第 202425LN54 号

出 版 人	赵剑英
责任编辑	刘　艳
责任校对	陈　晨
责任印制	郝美娜

出　　版	中国社会科学出版社
社　　址	北京鼓楼西大街甲 158 号
邮　　编	100720
网　　址	http://www.csspw.cn
发 行 部	010－84083685
门 市 部	010－84029450
经　　销	新华书店及其他书店
印　　刷	北京君升印刷有限公司
装　　订	廊坊市广阳区广增装订厂
版　　次	2024 年 8 月第 1 版
印　　次	2024 年 8 月第 1 次印刷
开　　本	710×1000　1/16
印　　张	22.5
字　　数	346 千字
定　　价	128.00 元

凡购买中国社会科学出版社图书，如有质量问题请与本社营销中心联系调换
电话：010－84083683
版权所有　侵权必究

目　录

第一章　绪论：国家档案精品走出去的背景及阐释 …………… （1）
　第一节　研究背景 ……………………………………………… （1）
　第二节　核心概念 ……………………………………………… （9）
　第三节　理论取向 ……………………………………………… （19）
　第四节　基本框架 ……………………………………………… （27）

**第二章　进展：国家档案精品走出去的实践现状与
　　　　　研究现状** …………………………………………… （33）
　第一节　实践现状 ……………………………………………… （33）
　第二节　研究现状 ……………………………………………… （84）

第三章　借鉴：国际组织、主要国家的典型做法 …………… （107）
　第一节　国际组织的做法 ……………………………………… （107）
　第二节　主要国家的经验 ……………………………………… （133）

**第四章　引领：国家档案精品走出去的必要性、必然性和
　　　　　紧迫性** ……………………………………………… （197）
　第一节　以国家档案精品走出去服务文化自信自强 ………… （197）
　第二节　高水平对外开放引领国家档案精品走出去 ………… （214）
　第三节　以国家档案精品走出去筑牢国家文化安全 ………… （227）

第五章 抉择：国家档案精品走出去面临的问题与契机 ········· (244)
    第一节 制约国家档案精品走出去的问题 ················ (244)
    第二节 引导国家档案精品走出去的契机 ················ (260)

第六章 策略：国家档案精品走出去的路径选择 ············ (273)
    第一节 什么走出去 ································ (273)
    第二节 怎么走出去 ································ (294)
    第三节 如何走得好 ································ (307)

第七章 余论：走出去之后 ····························· (324)

附录一 第一批《中国档案文献遗产名录》简况 ··········· (328)

附录二 第二批《中国档案文献遗产名录》简况 ··········· (330)

附录三 第三批《中国档案文献遗产名录》简况 ··········· (332)

附录四 第四批《中国档案文献遗产名录》简况 ··········· (334)

附录五 第五批《中国档案文献遗产名录》简况 ··········· (336)

参考文献 ··· (339)

后　记 ·· (354)

第一章

绪论：国家档案精品走出去的背景及阐释

第一节 研究背景

一 全球背景：文化交融趋势逐步加深

过去的十年（2013—2022），是被联合国教科文组织第36次会议提议设为国际文化交融的十年，其"国际文化交融十年行动计划"致力于以"跨文化和跨宗教对话"对抗种族歧视、不宽容现象、极端主义和激进主义，并在人民间、国家间构筑紧密的联系，包括之前设立的"文化交融国际年"（2010）、"和平文化非暴力行动项目"（2013）在内，寄希望于加强地方、国家、国际沟通，形成一系列表达方式和观点，在互相信任和理解的基础上，掀起促进跨文化对话、尊重文化多元性和人权的广泛运动；其"十年发展目标的初步项目计划和方案"特别就文化领域提出"联合国教科文组织的杰出标准成为保护和推广有形和无形文化遗产、促进以《世界文化多样性宣言》（2001）及《保护和促进文化表达多样性公约》（2005）为重点的文化多样性的有效措施"。

当然，国际文化交融，并不只是过去十年才刚刚开始的，只是因为随着经济领域和政治领域全球化进程的不断加速，进而渗透到文化领域的全球化——国家间的文化交流日趋频繁，文化作为一个国家对外形象的重要名片和独特标识，在国际竞争中日益扮演着重要的角色。[1] 尽管有

---

[1] 曹巍：《如何做好国际文化交流》，《人民论坛》2018年第35期。

学者提出"文化全球化是一个伪命题"[①]和"文化拒绝全球化"[②],认为每个国家、民族、地区的文化都有着无与伦比的独创性,不能笼统地与"全球化"尤其是"经济领域的全球化"画等号。与此同时,也有文化学者基于"全球化背景下不同文化相互交融日益紧密"的客观事实,指出"文化全球化"并不等同于"世界文化的同质化",更不等同于"世界文化的西方化"[③]。但不可否认的是,多元文化的共同发展、冲突是必然的,融合才是主流,正是通过文化的交流与传播、文化适应和外来文化本土化以及文化转型等文化融合的主要方式,人类文化才得以繁荣发展,并将在未来别样多彩。[④] 如果将文化交融进一步细分和深化,其趋势体现在以下三个方面。

第一,国际文化交融的大趋势下,西方文化仍旧占据主导地位。众所周知,西方国家率先完成了第一次、第二次工业革命,而在信息化、数字化的进程中仍然处于领先地位,其文化实现了与现代科技、现代市场的结合,然后有意识地在全球推广。任一鸣认为,这种文化信息的一边倒或不对称,必然导致文化交流的不对称,甚至形成文化市场的不平衡,其较为直观的危害体现在一个国家在国际文化交流和国际文化市场中的权重[⑤],而较为隐蔽的危害则可能借助消费主义文化推广成为普世价值,从而消解着被推广国家的民族文化。[⑥] 这种影响不仅存在于发展中国家,也存在于发达国家之间。例如,法国文化部原部长雅克·兰曾谴责美国为"美国文化帝国主义",就是因为"美国在文化产业上处于超级大国的地位,使法国都感到美国文化对自己文化产业的威胁"[⑦]。与上述情形相对应甚至相反的是"越是民族的,越是世界的",如果换作

---

① 刘焕明:《"文化全球化"是一个伪命题》,《人民日报》2018年3月14日第7版。
② 袁行霈、邱炯:《文化拒绝全球化(新语)》,《人民日报》2006年11月7日第11版。
③ 刘旺旺:《全球文化交融背景下提升文化自信的意蕴、挑战及对策:学习习近平关于文化自信的重要论述》,《社会主义研究》2018年第1期。
④ 陈平:《多元文化的冲突与融合》,《东北师大学报》2004年第1期。
⑤ 任一鸣:《国际文化交流:理念创新与实践的战略思考》,《毛泽东邓小平理论研究》2010年第12期。
⑥ [英]汤林森:《文化帝国主义》,冯建三译,上海人民出版社1999年版,第25—27页。
⑦ 关世杰:《国际文化交流与外交》,《国际政治研究》2000年第3期。

中国文化走出去,则"越是中国的,越是世界的","在地的""本国的"文化因其特色反而别具一番生命力,这也为我们推广档案里蕴含的中国文化提供了立足点。

第二,国际文化交融的各渠道中,经济/技术已经发挥巨大影响。文化可以借助教育、外交、论坛、援助等非经济的形式进行国际交流,更可以借助经济与政治的国际化,尤其是文化产业的国际贸易来进行。无论是西方发达国家,还是非西方发展中国家,文化产业早已成为国家综合实力的重要组成部分,而凭借文化产业、文化市场、服务贸易在世界范围内的发展,国际文化交融的经济功能、经济成分、经济比重均呈现明显提升态势。不可否认,国际贸易的主体是公司,经济利益才是其谋求的,但是涉足文化、服务、影视甚至科技领域的产品,必然或多或少地含有文化的各种要素。例如,好莱坞电影向全世界输出的价值观、人生观、伦理观、风俗习惯等。此外,技术,尤其是互联网、大数据、人工智能等对于国际文化交融有着催化和分化的作用。催化,是就其正面的积极的作用而言,互联网打破了时间、空间、国家、民族等看得见的界限,国际文化交流更加方便,新冠疫情期间的国际文化交流正是借助互联网才未曾中断。分化,是就其负面的消极的影响而言,毕竟高科技加持的文化产品、文化服务、文化交流在这个信息科技日新月异的世界才更易交流、传播和推广,相反缺乏技术支撑的文化则处于相对不利的境地。

第三,国际文化交融的各主体间,各国政府更加积极主动介入。随着跨境交通的日益便捷,跨国的人际交流量迅猛增加,基于这种传统的人际跨国文化交流,自然也是国际文化交融的主要形式之一。与此同时,大众传媒,无论是传统的广播电台、电视台、音频视频产品、出版物、报刊、平面新闻媒体等,还是新型的数字媒体、网络平台,甚至多种形式组合的融媒体,因为其专业性和组织化程度更高,已经成为国际文化交融的主要方式之一。但是更为重要的则是,各国政府在其中扮演越来越重要的角色。美国学者席勒指出,"美国联邦政府不仅密切地卷入文化侵略的过程,而且还委令国防部而不是美国新闻署直接间接控制。国防部统筹拟定全国广播政策，决定频率频道的分配"①。关世杰详细剖析了美国文化外交对国际关系施加影响的四种类型：一是即时和公开地干涉别国内政；二是作为处理短期内重大外交问题的一种战术；三是作为演变敌对国家意识形态的战略；四是形成对美国文化产品经济上的依赖。② 其他国家政府也在从不自觉到自觉地参与国家文化交融。例如，西方发达国家长期"打着'普世价值'的旗号实施文化和价值输出""利用文化竞争优势维护其文化霸权和意识形态话语霸权"③。显然，以国家力量和政府组织来统筹协调国际文化交流，是对国际档案交流最大的启示，本书所研究的"国家档案精品走出去"理应被纳入国家档案事业发展的顶层规划中去。

二　国家背景：文化自信理念深入人心

2016年5月，习近平总书记在北京主持召开的哲学社会科学工作座谈会上指出，"我们要坚定中国特色社会主义道路自信、理论自信、制度自信，说到底是要坚定文化自信。文化自信是一个国家、一个民族对其自身文化价值的充分肯定和积极践行，并对其文化生命力持有的坚定信心。文化自信是更基本、更深沉、更持久的力量"④。"中华文化走出去"也正是在这样的背景下提出的，"中华文化走出去"是对中华文化国际传播的通俗表达，是文化建设的一部分。依目的和实际效果的不同，中华文化走出去可分为两个层次：一是认识论意义上的中华文化走出去，主要是让中华文化走出国门，让世界上其他国家的人们认识、了解和熟悉中华文化，使他们对中华文化由不知道到了解再到熟悉的过程；二是价值论意义上的中华文化走出去，主要是通过各种形式的文化交往，让世界上其他国家的人们重新地理解和欣然地接纳中华文化、接受中国的价值观念。

---

① 李金铨：《传播帝国主义》，台湾：久大文化1987年版，第36页。
② 关世杰：《国际文化交流与外交》，《国际政治研究》2000年第3期。
③ 刘旺旺：《全球文化交融背景下提升文化自信的意蕴、挑战及对策：学习习近平关于文化自信的重要论述》，《社会主义研究》2018年第1期。
④ 习近平：《在哲学社会科学工作座谈会上的讲话》，人民出版社2016年版，第17页。

两个层次的共识，要避免像西方文化及其价值观念的全球扩张那样加剧不同文化之间的紧张和冲突，更为重要的是，中华文化走出去是中国崛起的内在要求，而中国的崛起是一种和平崛起，中华文化走出去既没有内在冲动也没有外在保障像西方文化走出去那样谋求文化殖民和价值观念的普遍化扩张。让其他国家的人们理解和接纳中国的价值观念或实现中外文化的价值共识，主要是为了求得价值认异，也就是使其他国家的人们认识、包容和尊重中国的价值观念，以便使崛起过程中的中国人的全球性活动和中国人的行事方式得到人们的理解、尊重和支持。[①] 笔者经过梳理，发现文化自信理念下文化走出去已然经历了四个过程。

一是文化基础已然奠定。中华优秀传统文化传承发展工程深入实施，中华文明探源工程、"考古中国"重大工程不断推进。自中国共产党第十八届全国人民代表大会以来，社会主义文化强国建设扎实推进，我国精神文化产品供给质量明显提升，全党全国各族人民文化自信明显增强，全社会凝聚力、向心力极大提升。[②] 具体到档案领域，习近平总书记在担任浙江省委书记时指出，"档案工作是一项基础性工作，经验得以总结，规律得以认识，历史得以延续，各项事业得以发展，都离不开档案"，从正面讲，档案是历史的真实记录，是历史的可信材料，自然也就是建设文化的重要基础；从反面讲，文化基础的牢固与否，还受到"历史虚无主义"等的影响，而国家各级各类档案部门"围绕党和国家中心工作加强资政服务，办好档案参考，善于拿起档案的武器反击披着各种'外衣'的历史虚无主义，坚决维护党和国家的根本利益，展现档案人的政治担当"[③]，则是为夯实文化基础、反击文化侵略贡献了档案力量。

二是文化命脉已然构建。文化命脉，也称为中华文化的精神命脉。为了应对西方文化霸权主义和文化殖民主义，我们一直致力于培育和践行社会主义核心价值观、弘扬民族精神和时代精神，而档案能够成为应

---

① 汪信砚：《中华文化走出去：意涵、目的和路径》，《江淮论坛》2020年第3期。
② 崔妍：《建设文化强国，铸就中华文化新辉煌：强国之路正扬帆》，《人民日报》2022年10月12日第5版。
③ 陆国强：《新时代档案事业高质量发展的根本遵循》，《档案学研究》2021年第6期。

对西方文化价值观渗透的有力武器。截至2023年9月，中国已有15组（件）档案文献入选"世界记忆"工程，可以说"把中国的世界记忆建设好，为展现中华优秀文化打造了一张名片""把中国的世界记忆开发好，为传承中华优秀文化贡献了档案力量""把中国的世界记忆推广好，为弘扬中华优秀文化传递了中国声音"。

三是文化边界已然守住。文化边界，也称为中华文化的民族边界。人类历史发展的长河中，不同的国家、民族创造了多姿多彩的文明，不同的文明因其独特性形成了自己的文化圈，但是因为国际文化交融发展的复杂多变，给国家文化安全带来了前所未有的挑战。习近平主席在纪念孔子诞辰2565周年国际学术研讨会暨国际儒学联合会第五届会员大会开幕式上指出，"坚持求同存异、取长补短，不攻击、不贬损其他文明"，而守住中华文明的边界，就是要守护好中华民族5000年文明发展中孕育的中华优秀文化、中国共产党带领全体人民进行伟大斗争的革命文化和社会主义先进文化。具体到档案工作，习近平总书记曾作出重要批示，"把蕴含党的初心使命的红色档案保管好、利用好，把新时代党领导人民推进实现中华民族伟大复兴的奋斗历史记录好、留存好"[①]。

四是文化力量已然增强。文化力量，也称为中华文化的话语权。我们经常听到这样的调侃，"天下苦美久矣"，也反映出全球尤其是发展中国家"企盼日益崛起的中国，能够为人类未来提供既能够替代西方模式，又具有优秀文化价值和值得称道的中国方案，但由于国际地位、话语权、规则制定的不平等，严重影响着中国声音的表达，更制约其向世界的传播"[②]。习近平主席立足于世界和人类长远发展，在中国传统——"和"的文化基础上提出构建"人类命运共同体"理念，迅速成为各国文化交流的热点，并产生国际话语的共鸣。就最近的事件来讲，最为引人注目的就是中国脱贫攻坚和抗击新冠疫情的"新成就"，让西方所谓的"民主""自由"等"普世价值"黯然失色，中国的"共同富裕""人民安全"

[①] 陆国强：《深入贯彻落实习近平总书记重要指示精神 全面提高档案工作质量和服务水平：在全国档案局长馆长会议上的报告》，《中国档案报》2022年3月14日第1版。

[②] 刘旺旺：《全球文化交融背景下提升文化自信的意蕴、挑战及对策：学习习近平关于文化自信的重要论述》，《社会主义研究》2018年第1期。

等"以人民为中心"的中国方案，在国际上颇具影响力。面对百年未有之大变局、脱贫攻坚之决战、世纪疫情之考验，国家档案局及各省市档案主管部门高度重视在国家脱贫攻坚事业和疫情防控战役中做好档案服务工作，从中央到地方迅速出台"一揽子"政策，将脱贫攻坚、疫情防控档案收集管理作为工作重点，为中国方案提供了档案力量。

三 行业背景：世界记忆项目影响深远

档案作为人类社会实践的真实记录，既是文化传承与发展的原始载体，又是文化繁荣与传播的重要表征。国家档案事业担负着记录历史、传承文明、服务社会的神圣职责，将具有世界的、国家的、民族的历史文化价值的代表性档案文献、理论成果、文化精品等挑选出来凝聚为"国家档案精品"，是响应文化自信的内在要求，是弘扬民族优秀文化的必要手段，是提升中国文化影响力、增强国际话语权的必然策略。

自2013年以来，习近平总书记在多个场合从多个角度多次强调要在对外宣传中"讲好中国故事"。2013年8月19日，习近平总书记在全国宣传思想工作会议上首次提出，"创新对外宣传方式，加强话语体系建设，着力打造融通中外的新概念新范畴新表述，讲好中国故事"[①]。此后，在2013年10月21日欧美同学会成立100周年庆祝大会，2014年11月28日中央外事工作会议，2015年5月22日《人民日报（海外版）》创刊30年批示，2016年2月19日视察人民日报社、新华社和中央电视台，2017年10月18日中国共产党第十九届全国人民代表大会报告，2018年8月22日全国宣传思想工作会议，2019年7月29日党外人士座谈会，2020年5月8日在中共中央召开的党外人士座谈会，2021年5月31日我国国际传播能力建设第三十次集体学习，2022年10月16日中国共产党第二十届全国人民代表大会报告（以下简称党的二十大报告）等重要文件和场合多次强调阐发对"讲好中国故事，传播好中国声音，展示真实、立体、全面的中国"的重要性。一直以来，档案部门始

---

① 习近平：《习近平总书记在全国宣传思想工作会议上发表重要讲话》，《前线》2013年第9期。

终坚持传承弘扬中华优秀文化的初心与使命，坚持为档案文化走出去、讲好中国故事贡献力量。

放眼档案领域的文化交融，联合国教科文组织的"世界记忆"（The Memory of the World）项目（工程）尤为引人注目。自1992年项目成立以来，截至2023年9月，世界记忆工程已逾三十年，494项世界记忆遗产项目覆盖了138个国家、地区以及国际组织①，其中，中国有15项。世界记忆项目是档案领域最有影响力的国际项目，中国是世界上最早建立世界记忆项目国家名录（即《中国档案文献遗产名录》）的国家。随着项目的开展，各国人民逐渐加深了对文献遗产的认识，并重视对文献遗产的保护与利用。文献遗产所承载的"记忆"塑造了各个国家、地区真实而立体的形象，不同国家或地区的"记忆"汇聚而成的"世界记忆"工程，最终将人们紧紧联系到一起，大力推动了人类命运共同体的构建。

中国作为该项目的重要参与者之一，始终积极响应联合国教科文组织开展的一系列活动，推动"世界记忆"项目在国家、亚太地区乃至全世界的建设。自2017年工程进入全面审查阶段到2021年总方针的更新与工程重新启动，记忆工程已然进入新的阶段。2022年12月，贵州水书文献、江苏南通大生档案成功入选《世界记忆亚太地区名录》；2023年5月，《四部医典》《澳门功德林寺档案和手稿（1645—1980）》入选《世界记忆名录》。

同时，《"十四五"全国档案事业发展规划》（2021年6月，以下简称《"十四五"规划》）提出积极参与联合国教科文组织世界记忆项目；加强统筹谋划，促进入选文献研究和宣传推广；促进世界记忆项目与联合国教科文组织其他遗产项目协同发展。② 在传播力决定影响力、话语权决定主动权的时代，把档案精品中具有当代价值、世界意义的文化精髓提炼出来、展示出来，不断提升中华文化影响力，使我国对外传播更具针对性、时效性，增强中国声音的感召力、穿透力，是档案文化的优势。

---

① "Statistics of Memory of the World", UNESCO, [2023-09-27], https://www.unesco.org/en/memory-world/register?hub=1081.

② 本刊讯：《中办国办印发〈"十四五"全国档案事业发展规划〉》，《中国档案》2021年第6期。

2022年9月第26届北欧档案会议，各国家档案馆领导人共同发表了题为《档案馆的重要性史无前例》的联合声明①，笔者认为，如题所示在国际文化交融更加深入、文化自信理念深入人心、世界记忆项目影响广泛的时刻，让"国家档案精品走出去"的重要性同样史无前例。从中华文化走出去到国家档案精品走出去，既是档案事业发展的契机，也是国家档案部门的责任。

第二节 核心概念

一 档案—档案强国—国家档案精品

2011年10月中国共产党第十七届中央委员会第六次全体会议提出"建设社会主义文化强国"发展战略，随后，时任国家档案局局长杨冬权在2012年2月全国档案工作会议上提出"建设与文化强国地位相匹配的档案强国"发展目标，并将"档案强国"定位为"档案工作主要方面或档案工作主要领域的世界强国，是在国际档案界中有巨大影响的强大国家"。将视野从文化强国转换到档案强国，那么对既有概念、资源以及发展目标便有了更加高远的站位，体现在以下三个层面。

第一，需要从战略上重新认知档案、档案资源、国家档案精品的价值，以便于继续夯实档案强国的战略基础。如果基于档案的公共需求以及公共服务的战略定位，公共化、亲民化、民生化等理应成为档案工作的战略基础。例如，衡量档案馆的实体服务效益，网站服务效益，保障公民档案权利的贡献率，以及满足公共档案信息的需求程度，笔者曾提出三点建议："以满足用户实体服务需求合目的性地开展档案管理活动才是治本之策""满足用户档案信息需求才是公共档案馆网站服务的应有定位""明确公共档案馆的权利边界是确保满足公众档案及档案信息需求的长久良策"②。但是，一旦将视野从"公共"转移到"档案强国"

---

① 冯惠玲：《以信息资源管理的名义再绘学科蓝图》，《信息资源管理学报》2022年第6期。
② 王小云、王运彬：《践行"档案强国"战略的宏观环境及实现路径探讨》，中国档案学会《建设与文化强国相匹配的"档案强国"论文集》，中国文史出版社2014年版，第21—29页。

"文化强国"等"国家"层面，就如冯惠玲教授在论述档案信息资源在国家经济社会发展中的综合贡献力所阐述的"国家利益的捍卫力""经济发展的拉动力""社会进步的保障力""科技创新和文化繁荣的促进力"[①]一样，就需更加关注"档案之所以能够成为档案资源，在于国家经济社会发展到哪里，档案资源就收集到哪里、档案工作就覆盖到哪里"[②]，档案资源所能捍卫的国家利益自然也就捍卫到哪里。当然，档案覆盖了国家、社会、人民生产生活实践的方方面面，源于其原生性、规模性和集聚性而成为资源，在服务于"建设更加开放的中国""更加包容的中华文化"以及"面向人类命运共同体的中华文化走出去"等指向更加明确具体的发展目标时，还需要从数量庞大的档案资源中遴选出更具民族代表性、更有全球化视野的国家档案精品，至少为践行"走出去"战略奠定资源基础。

第二，需要从战略上继续加大对档案资源、文献遗产、世界记忆工程的投入，以便于继续丰富档案强国的战略手段。从档案到档案资源再到国家档案精品的遴选，是一种战略认知的提升，具体到中国档案事业的发展路径上，国家档案文献工程的实施以及对世界记忆工程的对接，是当前一段时期较为可行的路径。但是，仍然存在诸多问题，例如"入选名录的档案文献遗产，其保护条件要么没有得到实质性改善，要么即使有所改善但不得其法，尚未达到《工程》的设定目标"，又如"相关政策缺失以及已有政策的执行力较差，重前期名录的申报、轻申报成功后的政策联动；重档案系统的政策实施效果、轻相关领域的覆盖效益"，再如"档案文献遗产工作的经费政策过于保守，以政府投入为主，尚未形成社会捐赠、公益介入、免税政策、赞助政策的良好驱动，且地区投入差距大"[③]。从国内来讲，基于公民需求、社会需求以及组织机构需

---

① 冯惠玲：《档案信息资源在国家经济社会发展中的综合贡献力》，《档案学研究》2006年第3期。
② 章华明：《论档案工作者的国家意识：关于"为党管档，为国守史"的解读》，《档案时空》2014年第6期。
③ 王小云、王运彬：《践行"档案强国"战略的宏观环境及实现路径探讨》，中国档案学会《建设与文化强国相匹配的"档案强国"论文集》，中国文史出版社2014年版，第21—29页。

求,档案文献遗产乃至中国世界记忆项目的开发仍较为落后,而世界记忆工程创设之初就提出"保护、利用、产品的销售和认知"四大目标,浅层利用、缺乏产品的情况下又如何转变社会各界对于中国档案精品的认知;从国际来讲,基于国家需求、外交需求尤其文化交流需求,提高中国国家档案精品在亚洲甚至全球的影响力,既是突破口又是亟须的着力点,至少为践行"走出去"战略提供路径手段。

第三,需要从战略上继续深化档案、档案资源、信息资源产业的研究,以便于继续深化档案强国的战略重点。有了资源并凝聚为国家档案精品,有了管道并集中于世界记忆工程,也不意味着档案文化就能自然而然地走出去,"产业"或"产业化"的概念还需要研究透彻并有效地贯彻到包含档案、信息以及文化遗产等在内的信息资源产业中去。在既往的档案学术研究历程中,公共利益、社会效益或者国家利益都是放在档案事业发展或者档案强国战略中的核心词汇,但是放眼世界各国在制定和实施文化对外交流的政策时,产业化的道理从来都不避讳,甚至美国等西方国家将其作为主要的手段之一。理由很简单,面向国内用户时,尚且需要合理的馆藏资源,除了齐全完整的现行文档资源,还需要数量众多、品种丰富、出版多样的经过整合加工的二次、三次档案信息加工品资源。如果用来"走出去"的档案文献资源仍然囿于"原始""原件"等本质特征,而不借助产业化的手段将其开发、衍化成为更有利于"走出去"的文化周围产品,是很难实现"让档案产品既可登大雅之堂,又可进群居之巷,既可上领导案头,又可上百姓床头,成为雅俗共赏的文化精品"[1]之目标的。就像美国好莱坞电影《国家宝藏》对于"独立宣言"的宣传一样,电影从头到尾没有一字一句美化美国国家档案馆的镇馆之宝——"独立宣言"的,但却又恰到好处地渲染了"独立宣言"之于美国统一价值观的重要意义,它的途径就是电影产业。信息产业、内容产业也好,数字产业也罢,产业化的思维至少为践行"走出去"战略提供重点方向。由此,国家档案精品的提炼,大致分为以下三个方面。

---

[1] 杨冬权:《谈档案与文化建设:在2012年全国档案工作者年会上的讲话》,《中国档案》2012年第12期。

第一，档案资源精品，中国档案信息资源的自信之力——档案资源的雄厚积淀与服务转型，绝非盲目的自以为是，而要有充足证据。中华民族丰厚的档案文化是凝聚民族精神的纽带，是民族自信的根基与凭证，将其中的精品凝结出来，实现新社会、新市场和新技术条件下的多重价值，以讲好"中国故事"和对接"世界记忆"为契机的服务转型成为关键。例如，面对钓鱼列岛、南海诸岛主权之争，鞠德源[①]、谢必震[②]等均是以档案作为捍卫国家利益的武器来证明中国所拥有的主权与领土，冯惠玲教授[③]以国家利益的捍卫力为基础，论证了档案信息资源的综合贡献力。自信之力，不能止步国内，而应弘扬海外，尤其是要突破档案信息资源在"传播形式和融合方式上的困境"[④]。以讲好"档案里的中国故事"为例，是中国人自己讲，还是聘请外国人来讲；是中国人自己主推某个故事，还是中国人提供故事清单、外国人自己来选；是定期来回的档案巡展，还是常年定点的档案外展；是档案部门的独家事务，还是档案部门、出版机构（如尼山书屋）、教育机构（如孔子学院）等的协同创新；雄厚的档案资源积淀，并不必然转化为自信之力，只有结合时代发展趋势、适时转型服务，方可更好地实现国家档案资源精品的走出去。

第二，档案制度精品，中国档案管理体制的自信之根——档案体制的实践探索与改革底气，绝非盲目的自我陶醉，而要有基本依据。档案自信源于中国特色的档案管理制度。从1987年第一部《中华人民共和国档案法》（以下简称《档案法》）颁布至2021年1月新《档案法》实施，确立了统一领导、分级管理的档案管理体制，确立了各级各类组织和个人在档案管理和利用事务中的权利和义务。在健全的法规框架下，建立了全国档案资源体系、档案利用体系、档案安全体系，以及全国档案专兼职人才队伍。得益于中国特色的档案管理体制机制，

[①] 鞠德源：《日本国窃土源流、钓鱼列屿主权辨（上册）》，首都师范大学出版社2001年版，第25—28页。

[②] 谢必震：《近年来钓鱼岛问题研究综述》，《中国史研究动态》2015年第2期。

[③] 冯惠玲：《档案信息资源在国家经济社会发展中的综合贡献力》，《档案学研究》2006年第3期。

[④] 赵秋丽、李志臣：《山东：让世界看到中华文化的光芒》，《光明日报》2017年11月26日第1版。

可以调用全国资源搭建全国开放档案资源共享平台；可以集中力量编纂出版如抗战档案史料汇编等档案文化产品；可以建立协同办公机制，实现异地查询、跨馆出证……这些集中力量办好档案大事的制度是档案自信的保障。

第三，档案学术精品，中国档案学术理论的自信之魂——档案学术的成熟发展与特色彰显，绝非盲目的夜郎自大，而要有坚实基础。从美国档案学者菲利普·布鲁克斯的文件生命周期理论到中国档案学者吴品才的文件纵横运动规律，从美国档案学者谢伦伯格的文件双重价值论到中国档案学者覃兆刿的档案双元价值论等发展历程，说明了从研究视角、研究层次、研究架构以及研究对象等方面凝结出"切合中国本土化管理实践的档案学术理论精品"是卓有成效的。中国档案学术研究产生于20世纪30年代，相较于国外大约晚了一个世纪，但经过档案学人的努力，中国档案学术研究已取得了较大的进步。其一，档案学术研究对象渐成体系，归纳为"由档案这一客观物质存在引发的众多自然或社会现象"与"档案现象背后所隐含的本质与规律"①。其二，档案学术研究主体渐成规模。改革开放四十多年来，档案事业涌现出一大批优秀学者专家，既有曾三、毛坤、吴宝康、殷钟麒等老一辈中国档案学者，又有新时期全国档案专家、档案领军人才等。其三，档案学术研究体系兼容并蓄。朱玉媛教授将其表述为"中国档案学术研究内容呈现出传统与现代并重、理论与实践兼容，一个颇具规模的研究体系已经形成"②。具体概念逻辑关系见图1-1。

二 文化—文化自信—国际文化交流

"文化"是一个人们熟知但并不一定真知的概念，对其定义也是仁者见仁、智者见智。英国学者泰勒认为，"文化，或文明，就其广泛的民族学意义来说，是包括全部的知识、信仰、艺术、道德、法律、风

---

① 邵华、方慧惠：《学科研究对象及档案学研究对象认识的演变与分析》，《档案学研究》2014年第2期。
② 朱玉媛、周璐：《中外档案学研究特点之比较》，《档案学通讯》2009年第5期。

俗以及作为社会成员的人所掌握和接受的任何其他的才能和习惯的复合体"①。我国学者梁漱溟指出，"所谓一家文化，不过是一个民族生活的种种方面。总括起来，不外三个方面：一是精神生活方面，如宗教、哲学、科学、艺术等；二是社会生活方面，如社会组织、伦理习惯、政治制度及经济关系等；三是物质生活方面，如饮食、起居、种种享用，人类对于自然界求生存等"②。在社会发展过程中，文化会让整个社会的发展更加牢固，尤其是文化的链接作用会让决定上层建筑的经济部分和政治部分的发展紧密结合在一起，以此来提升社会发展水平。一旦建成适应社会发展需要的文化，将会为国家经济建设、政治建设、文化建设、社会建设以及生态文明建设提供延绵不绝的智力支持和精神动力。

2022年10月16日，习近平总书记在党的二十大报告中指出，"中华优秀传统文化源远流长、博大精深，是中华文明的智慧结晶，其中蕴含的天下为公、民为邦本、为政以德、革故鼎新、任人唯贤、天人合一、自强不息、厚德载物、讲信修睦、亲仁善邻等，是中国人民在长期生产生活中积累的宇宙观、天下观、社会观、道德观的重要体现，同科学社会主义核心价值观主张具有高度契合性。我们必须坚定历史自信、文化自信，坚持古为今用、推陈出新，把马克思主义思想精髓同中华优秀传统文化精华贯通起来"。我国当今社会的发展离不开文化建设，文化建设的程度与水平决定了国家总体的发展趋向，文化强大、文化自信更是成为一个国家现代化的重要标志之一，国际影响力的提升更是离不开文化"软实力"的提升。张泗考等在阐述提升我国对外文化交流战略能力的战略甄选时，认为"坚持文化自信"是国际文化交流的战略依托，具体实施过程中，建议"构建立体多元的对外文化交流载体"③。考虑到国际文化交流面对的是不同国家不同地区的不同民众，接受习惯、文化习惯、经济水平等各不相同，我们所准备的包括文化内容、文化特征、文

---

① [英] 爱德华·泰勒：《原始文化：神话、哲学、宗教、语言、艺术和习俗发展之研究（重译本）》，连树声译，广西师范大学出版社2005年版，第1页。
② 梁漱溟：《东西文化及其哲学》，商务印书馆2017年版，第20页。
③ 张泗考、张骥：《我国对外文化交流战略能力提升研究》，《河北大学学报》（哲学社会科学版）2016年第2期。

化形式等的交流载体越充分，适应性就越强，就会创造更多的交流机会。

档案是众多信息资源的一种，也是众多文化元素的一类，单就档案文化来讲，实则蕴含着颇为丰富的内容，档案文化产品还可蕴含颇为丰富的形式，蕴含档案元素的文化创意产品及服务甚至还可产生意想不到的交流效果，档案理应成为国际文化交流载体的重要组成部分。例如，国际上通行的做法是建立文化交流的中介机构，苏州市丝绸档案馆已经证明了档案部门是有成功经验的。又如，教育界、出版界通行的做法是建立海外文化中心，各大高校在海外建立的孔子学院便是成功的案例。

当前，国家档案部门正致力于"讲好档案里的中国故事"，也是为国际文化交流提供了一个平台或一个载体。2015年10月29日，国家档案局副局长杨继波在第十八届国际档案大会论文申报工作研讨会上号召，"要把我们的中国故事、档案故事在国际舞台上讲得更好、更吸引人"[1]。2016年4月1日，《全国档案事业发展"十三五"规划纲要》明确规定，通过在境外举办档案展览、参与"中国文化年"活动等形式，增强国际传播能力，主动讲好中国档案故事。[2] 2019年4月18日，国家档案局印发的《2019年全国档案宣传工作要点》提出"从档案工作的视角讲好中国故事、中国共产党故事、中国特色社会主义故事，充分展现新中国成立以来特别是改革开放以来的历史性成就和历史性变革"[3]。2020年3月5日，国家档案局印发的《2020年全国档案宣传工作要点》强调，要"配合做好党史、新中国史、改革开放史宣传教育，广泛开展党性教育、革命传统教育和爱国主义教育，积极主动讲好档案故事，办好各类专题档案展览，推出一批有特色、有影响力的高质量档案文化产品"[4]。2020

---

[1] 中博奥技术有限公司：《讲好档案故事传播中国声音第十八届国际档案大会论文申报工作研讨会在皖召开》，[2022-04-21]，https://www.zboao.com/cgal/281.html，2023年9月27日。
[2] 国家档案局：《全国档案事业发展"十三五"规划纲要》，《中国档案》2016年第5期。
[3] 国家档案局：《国家档案局印发〈2019年全国档案宣传工作要点〉》，[2019-04-18]，https://www.saac.gov.cn/daj/yaow/201904/b3241023a5a14437b79c4eab5e1c90fa.shtml，2022年1月28日。
[4] 国家档案局：《国家档案局关于印发〈2020年全国档案宣传工作要点〉的通知》，[2020-03-12]，https://www.saac.gov.cn/daj/tzgg/202003/b714090658a04aebae7457b1e5d419de.shtml，2023年3月13日。

年 12 月 29 日，国家档案局局长陆国强在全国档案局长馆长会议上表示，用档案讲好党的故事，全力服务建党百年庆祝活动。① 2021 年 3 月 26 日，国家档案局印发的《2021 年全国档案宣传工作要点》提出"深入贯彻落实习近平总书记关于'让历史说话，用史实发言'重要指示精神，用好用活档案资源，讲好党的百年故事"②。2022 年 3 月 10 日，国家档案局印发的《2022 年全国档案宣传工作要点》指出，要"广泛开展'奋进新征程、建功新时代'重大主题宣传活动，推出'新时代新成就'专访栏目，开展'回望十九大、喜迎二十大'专题报道，生动讲述新时代档案故事"③。中华优秀文化是讲好中国故事、传播好中国声音的突出优势，国家档案精品是中华优秀文化的重要体现，是讲好档案故事的重要基础。

国家档案精品，承载着一个国家、一个民族最为经典、最为悠久、最为独特的文化，如何在文化自信理念的指引下，大力挖掘档案中的文化元素，通过国内国际传播渠道广为流传，为建设、复兴和繁荣中华民族优秀传统文化、社会主义文化等贡献档案力量，为在国际文化交流时世界上其他国家和民族的人们认识、理解、熟悉和接纳中国文化等提供档案方案，理应成为研究重点。

三 价值—档案价值—价值实现规律

经济学讲的价值是指凝结在商品中的一般的、无差别的人类劳动，伦理学讲的价值是指满足人的美感需要方面的有用性，哲学讲的价值是指在实践基础上形成的主体和客体之间的一种意义关系。因此，主体及其需求的复杂性、客体及其属性的丰富性，决定了价值形态的多样性。档案学讲的价值，借鉴前三种定义，从根本上说，是指档案这一事物对

---

① 王昊魁：《国家档案局：用档案讲好党的故事》，《光明日报》2020 年 12 月 30 日第 4 版。
② 国家档案局：《国家档案局关于印发〈2021 年全国档案宣传工作要点〉的通知》，[2021 - 04 - 01]，https://www.saac.gov.cn/daj/tzgg/202104/846ed2b7d0b467691655de62a157d43.shtml，2023 年 3 月 13 日。
③ 国家档案局：《国家档案局办公室关于印发〈2022 年全国档案宣传工作要点〉的通知》，[2022 - 03 - 10]，http://www.gov.cn/zhengce/zhengceku/2022 - 03/29/content_ 5682219.htm，2023 年 3 月 13 日。

从事社会实践活动的人类主体的意义或作用。[①] 档案价值研究,一直是档案学界的研究重点,也形成了颇为丰硕的档案价值理论,对于国家档案精品"走出去"来讲,本书并不围绕档案价值的概念、内涵、根源、性质和形态等一般性问题展开,更无意于阐述"价值"这一既富有哲学韵味又散发时代气息的概念,因为"走出去"归根结底还是一个价值实现的现实问题。故而重点参阅了张斌教授档案价值实现的三定律——"时间对档案价值实现的双向影响规律""档案价值实现的社会性递增规律""档案价值实现的环境或条件规律"[②],结合"国家档案精品"这一特定对象的"走出去"这一特定行为,从以下三个方面进行梳理。

第一,受时间因素影响,某些特定国家档案精品,必须在特定时间走出去,才能最大限度实现其价值。例如,以"慰安妇档案"为主题的合作,需要在中国、韩国、朝鲜、越南等之间展开;"亚太地区电影史""一带一路贸易史"等项目的开展,同样需要以地区合作的方式展开。也就是说,代表文化、承载文化的档案走出去,意味着记载、反映那些跨地域的文化、档案不走出去寻求合作,自身的价值在某种程度上就难以完全实现。走出去,除了档案精品走出去,还有档案工作走出去。例如,对外交流或追索档案,20世纪90年代,俄罗斯扩大了档案开放的范围,我国国家档案局、中央档案馆抓紧机会,多次赴俄罗斯收集流失的与中国有关的档案。[③] 又如,重大外事活动中的档案收集与服务工作,孔子学院、驻外机构、跨国中企的档案管理工作等,上述活动的影响力的时间是受半衰期原理影响的,超过半衰期,国家档案精品的价值实现实质上是受到严重影响的。

第二,受历史因素影响,某些特定国家档案精品,必须沿特定线路走出去,才能最大限度实现其价值。例如,以"棕榈叶记录"为主题的合作,需要在印度、斯里兰卡、尼泊尔、老挝、不丹、泰国等之间展开;以"印刷记忆"为主题的合作,需要在中国、日本、韩国等之间展开;

[①] 张斌:《档案价值论》,中央文献出版社2000年版,第3页。
[②] 张斌:《档案价值论》,中央文献出版社2000年版,第145—152页。
[③] 覃兆刿、孟月:《论档案与国家软权力》,《档案学研究》2019年第3期。

"亚太地区的口述文稿""亚太地区散落胶片"等档案载体，均涉猎多个国家和地区。又如，新加坡独立学者柯木林认为，"侨批这种特定类型的档案文献，就跟虎符似的，有来必有回，一来一往才成一对，但是目前收集成一对较为困难，闽粤两省的档案馆要走出去，与海外民间社团联手，收集这些侨批"①。归根结底，是因为这些档案精品不是孤立在一个国家或地区形成的，由于历史的原因分散保存在不同国家的不同馆藏机构，从收集档案副本、形成信息整体的角度看，需要将其形成国家、形成历史、形成线索串联起来走出去；从宣传档案内容、聚合档案文化的角度看，也需要将其形成时间、形成范围、形成故事串联起来走出去，唯有路线走对了，国家档案精品的价值才能达到最佳的聚集效应。

第三，受环境条件影响，某些特定国家档案精品，必须借特定平台走出去，才能最大限度实现其价值。限展品，对于文博部门、图书部门或者档案部门来讲，都是一个不陌生的概念，主要是因为有些文物原件、古籍原件或档案原件由于年代久远，出于长期保存以维护其物质载体最佳理化性质的需要，已经限制其原件外出展览的年度次数、曝光时间，甚至今后只能是"养在深闺人未识"。尽管如此，类似的物品恰恰都是国宝级精品，极富推广价值，在这种情况下，将其蕴含的文化、历史、社会或其他方面的价值发挥出来，唯有借助特定平台。王运彬教授在阐述世界记忆的校园推广时，总结出"建设微课堂——思想引领阵地""编写微教材——理论传播阵地""组织微实践——创新体验阵地""讲述微故事——精神唤醒阵地""举办微展览——记忆重构阵地"②，国家档案精品中蕴含着先进思想、先进理论、工匠精神、爱国故事、厚重记忆，亟须借助或组织课堂、教材、实践、媒体、展览等多维平台实施"走出去"。另外，后文将会进一步阐述的是，借助国家加强数字治理、建设数字中国的契机实现国家档案精品的数字化转型与活态化传播，平台型企业的参与是值得重点关注的。尽管政府相关职能部门诸如涉台、涉外、档

---

① 《"中国侨批·世界记忆工程"国际研讨会发言摘要》，《中国档案报》2013年4月26日第3版。
② 王运彬、方华、曹志强、邓莉：《新〈档案法〉背景下我国世界记忆校园推广的"五微五阵地"建设探析》，《档案学研究》2023年第1期。

案、信息、大数据、文博等部门掌握着一定的资源、技术和管道，但是决定数字化转型的先进与否、成功与否等的算法、算力和数据这三大数字要素更多地掌握在平台型企业手里[1]，所以"特定平台"既包括数字化资源平台，又包括数字化企业平台，对"走出去"的效果影响较大。

第三节 理论取向

一 档案是重要的文化软实力

"软实力"（Softpower）概念，最早由美国学者约瑟夫·奈于1989年提出[2]，也被翻译成软权力、软力量、巧实力、软国力等。在国内，王沪宁于1993年发表《作为国家实力的文化：软实力》一文后，"软实力"概念在学术界开始备受关注，甚至进入中国的官方表述，例如胡锦涛于2007年10月在中国共产党第十七次代表大会报告中指出"必须提高国家文化软实力"。

对于软实力的划分，既有从思想层面进行认定的，也有从文化层面进行理解的，还有从科技、生态层面进行阐释的，甚至还有从区域划分为国内软实力、对外软实力。档案学界也有基于档案的工具价值、控制功能与权力关系将其翻译为"软权力"，认为档案为"软权力建构提供大量丰富的信息，既能够作为记录性的解释资源巩固软权力的基础，又能够作为延展性的说服资源创新软权力的内容"[3]，或者基于"生成档案就意味着权力的产生"的观念，认为"档案与国家软权力有着三层紧密联系——档案暗含了意识形态的物化记录、档案是重要的文化'元资源'、档案呈现制度全貌"[4]。综合上述观点，笔者得出两点结论：一是"软实力"概念使用范围更为广泛，因此更倾向于使用"软实力"，尽管

---

[1] 高奇琦：《国家数字能力：数字革命中的国家治理能力建设》，《中国社会科学》2023年第1期。
[2] [美]约瑟夫·奈：《软实力：权力，从硬实力到软实力》，马娟娟译，中信出版社2013年版，第7页。
[3] 朱莉：《试论档案与软权力建构》，《档案学通讯》2016年第6期。
[4] 覃兆刿、孟月：《论档案与国家软权力》，《档案学研究》2019年第3期。

在档案的特定功能、特殊价值和特定场合，档案与国家权力、国家软权力等也存在着复杂的关联；二是考虑到"软实力"的对立面"硬实力"，以及我国官方表述中更多地将"文化"与"软实力"联系在一起，故而认为科技、生态、经济等方面的实力不宜生硬地归纳为"软实力"，理论上的、信息上的、制度上的实力才适宜归纳为"软实力"。此外，称之为"文化软实力"更能一语中地呈现该概念的核心指向和内涵外延。

所以，作为本书的理论取向，自始至终都围绕着"文化软实力"来展开。具体到国家档案精品走出去，可以分成两个方面或两个阶段来理解。一是国家档案精品，任何一份档案、某项制度、某个理论，不可能自发成为档案资源乃至国家档案精品，档案要成为国家文化的软实力，体现在精品的建构上，即"建设好国家档案精品"为第一阶段。二是走出去，我们熟知的档案，原始特征先于信息属性，控制功能大于信息功能，不是网络小短文，更不是抖音小视频，将其文化推广出去并非易事，因此，档案要成为国家文化的软实力，还体现在精品的推广上，即国家档案精品"走出去"为第二阶段。

从精品的推广上，即国家档案精品走出去，可以分为以下三个方面。

第一，文化软实力是在对外交流中不自觉地体现的，因此国家档案精品走出去，应始终把"交流"放在首位，既要以我为主，还要兼收并蓄。习近平总书记在党的二十大报告中指出"中华优秀传统文化源远流长、博大精深，是中华文明的智慧结晶"，"要坚守中华文化立场，提炼展示中华文明的精神标识和文化精髓"[①]；历史学者王巍提到"交流互鉴是中华文明持久兴旺的关键，是中华文明魅力永恒的支撑。只有开放包容，海纳百川，才能使文明之树常青，使中华文明永葆活力"[②]；档案学家覃兆刿认为"作为历史文化记忆的真实再现，档案记录了很多文化现象的真实发生，从而使档案成为国家自主和文化本相的卫士"[③]。以我为主，就是要"坚持中华民族特性、坚守民族文化立场，以坚实的文化自

---

① 习近平：《高举中国特色社会主义伟大旗帜 为全面建设社会主义现代化国家而团结奋斗：在中国共产党第二十次全国代表大会上的报告》，人民出版社 2022 年版，第 18—45 页。
② 王巍：《中华文明探源研究主要成果及启示》，《大众考古》2022 年第 6 期。
③ 覃兆刿、孟月：《论档案与国家软权力》，《档案学研究》2019 年第 3 期。

信感在对外文化交流中积极向外传播中华文化"①，具体到国家档案精品，既要拓宽档案的收集广度、扩展档案的收集范围，强化软权力的广泛性，不能遗漏任何代表中华民族特性的档案；又要增大档案的整合强度、深化档案的利用范围，强化软权力的渗透性，不能囿于档案的原始特性而放弃整合、加工、活化等手段；还要加大海外档案的追索、征集、收集，建立海外档案分布的目录、索引等工作。习近平总书记曾提及"对我国传统，对国外的东西，要坚持古为今用、洋为中用、去粗取精、去伪存真"，我们也正是在与世界其他各国各民族各种文明的持续交流互鉴过程中，不断吸纳其他文化的有营养、有价值的部分，然后进行创新性借鉴、转化，进而形成具有世界影响力的5000年从未中断过的中华文明。闽、粤两省档案馆联合申报成功的世界记忆《侨批档案》所展现的家国情怀，都是成千上万的一纸书信、一批汇票等聚集而成的，国内的藏品并不完整，正是通过奔赴东南亚侨乡会集的国家进行展览，然后吸引当地国家的侨民个人或馆藏机构拿出对应的侨批"合璧"，从而逐渐予以完善、补缺。尽管此项工作仍在艰难进行中，但至少表明"以我为主"和"兼收并蓄"都是"走出去"不可或缺的。

第二，文化软实力是意识形态、文化、体制的汇集，因此国家档案精品走出去，应始终把"国家"放在首位，既要提高政治站位，还要坚持人民立场。覃兆刿教授建议"档案收集的过程中，要注意内容上契合'意识形态''文化''制度'这三项力量来源，为国家软实力提升聚集典型素材"②，凝聚国家档案精品除了在收集关口要以正确反映中国意识形态为重要前提，例如紧紧围绕重要涉外活动进行档案记录和收集工作，还要在当前的档案机构改革中体现"为党管档"原则，在"一带一路"建设中落实"为国守史"原则，在档案服务民生工作中贯彻"为民服务"原则。与此同时，坚持档案工作的人民立场，践行"以人民为中心"的发展思想，仍然以收集工作为例，亟须紧贴人民群众最关心、最

---

① 周赟、赵晖：《以辩证思维驾驭对外文化交流：习近平对外文化交流思想的显著特征》，《理论探索》2017年第6期。

② 覃兆刿、孟月：《论档案与国家软权力》，《档案学研究》2019年第3期。

直接、最现实的利益问题，将教育、就业、收入、医疗、保险等与人民群众息息相关的民生档案全部纳入档案收集工作，尤其是及时调整档案接收范围和分类标准，体现出收集工作要"为民所想"的前瞻性。

第三，文化软实力内部构成复杂且受外部情况影响，因此国家档案精品走出去，应始终把"合作"放在首位，既可强化档案事业的顶层设计，还可加强文化外交的协同合作。习近平总书记在和平共处五项原则发表60周年纪念大会上呼吁"我们应该把本国利益各国利益结合起来，努力扩大各方共同利益的汇合点，不能这边拆台、那边拆台，要互相补台，好戏连台。要积极树立双赢、多赢、共赢的新理念，摒弃你输我赢、赢者通吃的旧思维"[①]。对此，《"十四五"规划》提出"深入推进档案对外合作交流合作，提升国际影响力和贡献力"，其专栏7"档案文献遗产影响力提升工程"中专门提出宣传推广项目"实施中国档案文献遗产宣传推广计划，开展中国档案文献遗产名录网上和新媒体展示活动，举办中国档案文献遗产珍品展全国巡展，广泛开展'世界记忆在中国'传播活动"[②]。其"合作"思维，体现为两个方面：一是中国档案部门与外国档案部门的合作，不仅向国外推广中国的世界记忆，而且向国内推广外国的世界记忆；二是国家档案领域与其他行业领域的合作，发挥世界记忆学术中心联络学术领域、教育领域、馆藏机构、外事部门等的引领和示范作用。

总之，档案是国家文化"软实力"的重要组成部分，作为体现国家悠久历史延续的原始承载物，能传播优秀中华文化、社会主义文化等，而国家档案精品的走出去，有助于建立文化自信、化解国外敌意、消除外国曲解，并最终提升国家文化软实力。

二 档案参与国家形象的塑造

国家形象是一个多元体，它由政治、经济、文化、艺术、军事、历

---

① 习近平：《弘扬和平共处五项原则 建设合作共赢美好世界：在和平共处五项原则发表60周年纪念大会上的讲话》，人民出版社2014年版，第9页。
② 本刊讯：《中办国办印发〈"十四五"全国档案事业发展规划〉》，《中国档案》2021年第6期。

史等多种因素构成,是国内公众和国际社会对一国物质文明和精神文明所作出的总体评价。国家形象的构成因素既包括森林陆地、山川湖海等常量元素,也涵盖民族心灵、历史品格等变量因素。常量有形元素是国家形象塑造与传播的基础,而变量无形因素,是国家形象构建过程中的关键因素。[1]

伴随着对全球化理解的逐渐深入,国家形象不但成为一国获取国际认同的重要手段,而且成为提高国际竞争力的突破口之一。例如,早在冷战时期,国家形象就开始应用于外交决策过程,众所周知,在雅尔塔体制的基础上逐渐形成了以美、苏两个超级大国为核心的政治、经济、军事对抗体系,即两极格局。在此格局下,美、苏两国不约而同地扛起意识形态的大旗,互相指责对方的"霸权行径",把自己扮演成"和平卫士"的角色在各自集团内充当领袖。显然,这时国家形象已经成为"争权夺利""拉帮结派"的幌子和工具。而当今世界各种政治力量对比在不断发展变化并进行分化、组合和较量,各国尤其是各大国都力争在国际上树立自己的威望,构建良好的国家形象,增强自身的国力,以维护或谋求增进本国的地区乃至世界的影响力。因此,当下世界各国对国家形象的日益重视是主权国家应对全球化挑战的一种必然,这是一种思维的转变,更是一种战略定位,尤其对处于和平发展时期的中国具有重大的现实意义。[2]

自新中国成立以来尤其是改革开放以来,中国经济发展突飞猛进,为世界所瞩目,2011年更是一跃成为世界第二大经济体。但同时伴随而来的是中国国家形象屡屡遭人诘难,甚至被"妖魔化""污名化","中国威胁论"长期成为西方国家打压中国、威胁中国、欺诈中国的"软武器",严重损害了中国的国家形象与国家荣誉。需要指出的是,中国国家形象是在民族复兴和大国崛起等政治背景下提出的命题。当前,我国已经全面建成小康社会,处于深化社会改革、加快经济建设发展的攻坚期。构建良好的国家形象,同时向世界展示一个真实的中国、一个热爱

---

[1] 马沙:《新时期以来中国电影中的国家形象研究》,博士学位论文,上海大学,2014年。
[2] 李正国:《国家形象构建》,中国传媒大学出版社2006年版,第4—6页。

和平的中国对于当前实现中华民族伟大复兴的中国梦具有重要的意义。中国特色社会主义建设的新实践也要求我们必须将国家形象塑造和传播作为国家级战略来实施。所以，构建与国家经济实力相匹配的国家形象是当前中国最棘手的战略难题。

国家形象是国家作为一个整体的形象。国家形象作为一个国家极其重要的无形资产，是一国综合国力和国际地位的重要体现。一个国家国内的社会公众和社会组织可以通过自己的积极主动作为参与到国家形象的塑造和传播过程中去。档案作为国家极其重要的文化资源，其中渗透着国家形象塑造和传播的文化元素，通过挖掘档案中的文化元素为国家形象塑造提供资源支持变得尤为重要。同时，只有国家形象建设走在前面，"走出去"之路在面临中国国家形象的各种变量因素时才会更加稳健。

提升以中国档案行业为代表的国家文化品位，凸显中华文化的品格和气质，进而在传播中树立文化强国的国家形象。可对一定区域内的文化事业机构所保存的档案资源加以整合，并形成一整套行之有效的档案文化传播机制，使档案资源在一定区域内作为一个有机的整体资源为国际文化传播提供服务，从而使档案馆等机构更好地发挥贮存文化信息的基础保障作用，具体体现在以下三点。

第一，国家形象具有可塑性，国家档案精品走出去是塑造国家形象的可行路径。

在《现代汉语词典》中，形象被定义为"能引起人的思想或感情活动的具体形状或姿态"。因此，形象是被人感知而来的，没有人的感知谈不上形象的形成。而人因是不同的个体、具有不同的社会生活环境而有不同的思想观念结构。同一个客观认知对象，会产生不同的主观形象。对于外部国际公众来讲，认知他国的国家形象，必须有一个中介，观看电影、收听广播、浏览网络便是这个中介，而欣赏文物、阅读图书、调研档案亦是如此。当然，国家档案精品除自身成为中介之外，还可以成为其他中介的组成或载体。例如，对于国家档案精品的文创开发、电影制作、栏目纪实等，也就是说，在国家形象的塑造上，国家档案精品大有可为，走出去也是可行路径。

当然，国家形象的塑造是相对的。一方面，体现在塑造者的作为程度上。作为国家形象塑造主体的国家可以根据本国的国家形象定位以及国家形象战略，进行全面的国家形象塑造。作为国家形象塑造主体的国家理应有所作为、主动作为，并且使这种作为与国家形象传播目标逐渐接近，趋于一致，争取给公众留下良好的整体印象并能取得公众的一致好评。但是，具体到作为的部门、作为的资源、作为的路径等的选择，则存在认知不一、水平不一，也就造成作为程度不一的情况。相比于文博部门、出版部门、教育部门等，档案尽管是塑造国家形象的最可信资源，但是，档案部门在作为程度上仍旧存在较大提升空间。另一方面，体现在感观者的接受程度上。国家形象感受主体会根据个人的文化背景、价值观念等有意或无意地美化或丑化、强化或弱化某个国家的形象，给这个国家的形象塑造打上深刻的偏见烙印。倾向性的国际传播、国际舆论会对这种"偏见性"国家形象的塑造起推波助澜的作用。尽管档案资源是纠正错误、夯实良好国家形象的有力武器，但是具体到接受的国家、地区、人民的风土人情、文化差异以及与中国交往的密切程度，受此影响档案文化很难被感官者完全一致地理解和接受，这也就要求档案部门的作为不是单方面的、标准化的文化输出，而是要结合感官者的实际情况实施双边的、精准的文化交流。

第二，国家形象具有概括性，国家档案精品"走出去"是塑造国家形象的必要路径。

国家形象的概括性，是指形象感知者对自己所接收到的他国信息，特别是对自己刺激最强的信息，经过过滤和提炼，最终用最简洁的语言形成描述一国最突出特征的客观形象。在新时代，良好的国家形象已然成为一个国家软实力的重要体现，它能够提升一个国家在世界上的信任度和美誉度，从而提升一个国家的国际地位，进而进一步推动该国与其他国家之间的沟通合作。国家形象已经成为一个国家在发展过程中不可缺少的助推力量。以美国文化传播为例，美国依靠发达的大众媒介、资讯交流以及大批量生产的文化产品，通过广播、电影、广告、流行音乐、通俗文化，尤其是电视侵入其他国家，在文化交流的形式下实施不平等的文化霸权，以强大的冲击力诱惑意志薄弱者放弃民族文化传统达到维持、巩固和扩大其在世界的影响力和控制力。因此,"国家形象"不是虚无缥缈的,而是由实实在在的文化资源来概括的,承载多元文化内容或形式的档案,必然用作"概括"国家形象,体现在正、反两个方面。

从正面来看,体现在塑造者的主动性概括上。将档案精品代表的优秀文化高度概括再予以精准传播。例如,近现代中国苏州丝绸档案体现的苏州丝绸产业文化、《本草纲目》中的草药文化、《黄帝内经》所展示的中医药文化以及甲骨文中所包含的文字文化与殷商文化等昭示着中华民族源远流长、博大精深的文化底蕴,代表了中国人民勤劳、善良、智慧、精益求精的美德,展示了新中国成立后取得的伟大成就,从多个方面展示了中国的进步。

从反面来看,体现在塑造者的被动性概括上。因为形象的概括性浓缩了被认知的信息,使刻板形象得以塑造和传播,但也有以偏概全、以讹传讹的明显缺陷。例如,西方国家由于意识形态考量和"冷战"的惯性思维,始终在塑造和传播中国"忽视人权保护的国家形象"。这一概括性形象以偏概全,全然不顾中国在人权保护方面的历史性进步,而人权问题在西方文化中的特殊性和敏感性,又使得这一形象在大范围内以讹传讹,对中国的国家形象造成巨大的贬损。针对此,全国政协委员杨冬权在《新时代档案工作的新思维上》一文中对中国档案工作予以高度总结,"新时代档案收集与提供利用工作应该要有'人民'思维,即把为人民服务放到档案工作的每一个谋划中、每一项工作中、每一个行动中去思考、去着想"①,概括来讲就是"档为民建、档为民管、档为民用",一旦敌方针对我国哪个地区、哪个事件、哪个人群实施了何种具体的人权攻击,"全覆盖"的档案、档案资源以及档案文化均有能力及时地予以针对性回击。

第三,国家形象具有稳定性,国家档案精品走出去是塑造国家形象的紧要路径。

国家形象的形成,并非短时间内能够形成,而是有效信息积累性发挥作用的必然结果。刻板形象一旦形成便具有稳定性。例如,美国一些

---

① 杨冬权:《新时代档案工作的新思维(上)》,《中国档案报》2018年1月11日第3版。

主流媒体至今在报道有关中国事件时，仍以"文革"期间的"天安门红海洋"为背景。这一在中国都恍如隔世的刻板形象，却仍在美国一些人的心目中稳定地存在并发挥作用。又如，由于不准确、不客观地塑造和传播，在一些国内民众的心目中形成了"美国人生活开放自由"的刻板形象，而事实上美国文化也受到意识形态的深刻影响，现实生活中的反映也并非如此。当然，国家形象的稳定性也是相对的，不是一成不变的，但要打破已形成的刻板形象，动摇原有形象的稳定性，必须在一段时间内向认知主体传播有足够强度的有效信息，以建构新的形象。这也是中国必须把中国正面国家形象传播上升到国家战略层面并长期致力于解构"威胁形象"、建构正面形象的重要依据。① 换言之，塑造中国"文化强国""人类命运共同体"等国家形象在当前来讲刻不容缓，包括国家档案精品在内的文化走出去均是十分紧要的。

档案作为承载中华传统文化的基本单元以及展示民族文化、区域文化、特色文化最集中和最真实的物质载体，具有历史的传承性、淳朴的乡土性、典型的地域性和突出的民族性。② 其经历了中国传统"元文化"的伦理价值、民族/国家的符号价值、档案文化的现代化价值三个阶段，让作为承载传统文明的代表来成为诠释现代文明的典型，不是一蹴而就的。特别是在中国国家形象遭受西方国家歪曲、贬损如此严重的当下，国家档案精品走出去也不是以一己之力就能完成的，不仅需要厘清档案资源在国家形象塑造和传播中的作用机理，而且亟须借助多重力量的合力探索档案信息资源开发的新模式，在借鉴国际组织、其他国家、其他行业的经验基础上，探索出一条可复制、可推广的国家档案精品走出去之路，以服务于国家形象的塑造。

第四节 基本框架

本书共有七章，具体逻辑框架见图 1-1。

---

① 吴友富：《中国国家形象的塑造和传播》，复旦大学出版社 2009 年版，第 5—6 页。
② 王生鹏：《旅游开发与民族村落文化变迁》，中国社会科学出版社 2016 年版，第 2 页。

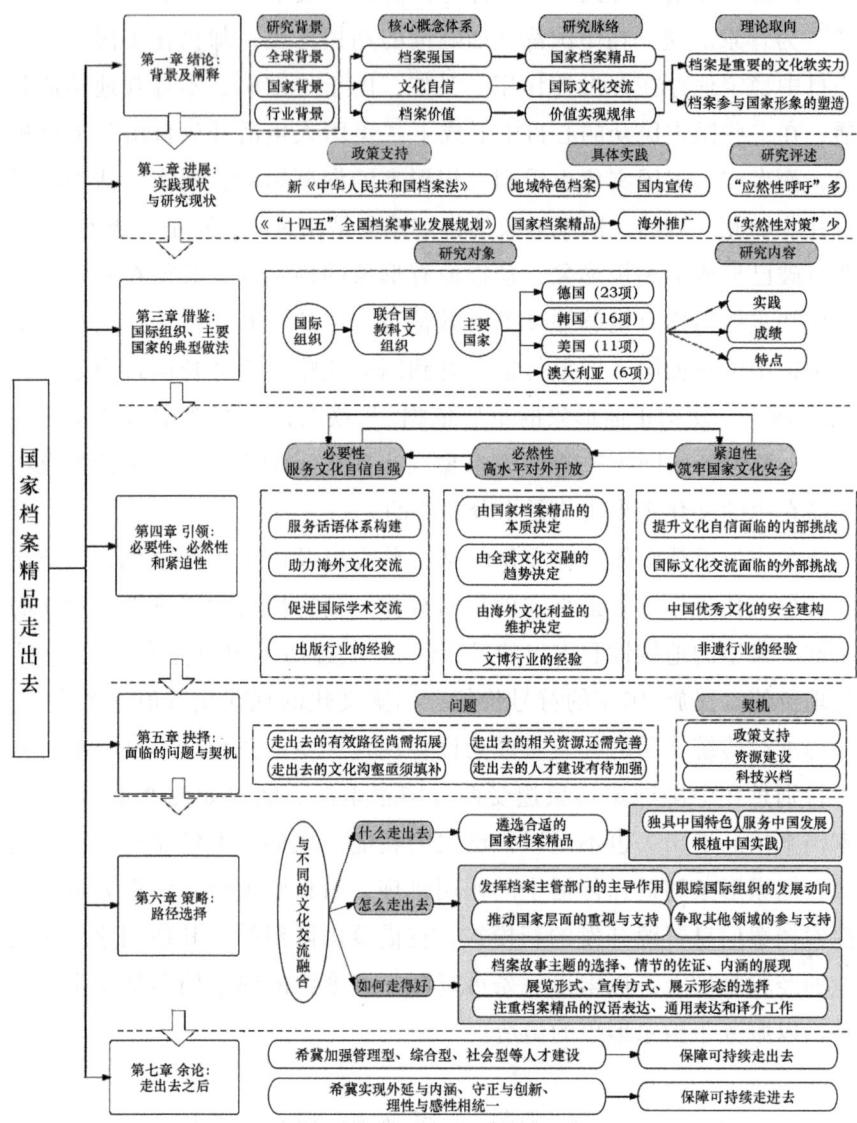

图 1-1　本书逻辑框架

第一章讨论了国家档案精品走出去的背景、概念以及理论取向。档案作为人类社会实践的真实记录，既是文化传承与发展的原始载体，又是文化繁荣与传播的重要表征。国家档案事业担负着记录历史、传承文明、服务社会的神圣职责，将具有世界的、国家的、民族的历史文化价值的代表性档案资源、档案制度、档案理论等挑选出来凝聚为"国家档案精品"传播出去，是响应文化自信的内在要求，是弘扬民族优秀文化的必要手段，是提升中国文化影响力、增强国际话语权的必然策略。本章在阐述三个概念体系以及两个理论取向时，并没有就概念谈概念，也没有就理论谈理论，而是重点提取概念体系中三个核心"档案强国—文化自信—档案价值"，来析出"价值实现规律→国家档案精品→国际文化交流"的研究脉络，在借鉴"文化软实力"和"国家形象"的普遍性理论基础上，提出"档案是重要的文化软实力"和"档案参与国家形象的塑造"的专业性理论取向。

第二章阐述了国家档案精品走出去的实践现状与研究现状。新《档案法》第六条要求"国家采取措施，加强档案宣传教育，增强全社会档案意识"，从法律层面肯定了"档案宣传"的重要意义。国家档案局《2022年全国档案宣传工作要点》第九条提出，"优化档案宣传方式，适应互联网和传媒技术发展新趋势，运用好新媒体平台和可视化载体，切实提高档案宣传的传播力和影响力"。《"十四五"规划》提出"积极促进与共建'一带一路'合作伙伴档案领域合作"，为讲好档案故事，大力推动以档案为载体的中华文化走出去提供范围指引和契机。综合来看，走出去，可理解为地域特色档案的国内宣传和国家档案精品的海外推广，既要为国内公众提供喜闻乐见的档案精品，引导社会各界宣传地域特色文化，又要通过社会各主体的协同合作和共同努力，凝集并推广中国档案精品，引导国际社会认同理解中国文化。针对尚处于起步阶段的"走出去"实践，学界进行了多方面的研究，取得了较丰硕的成果，但总体上"应然性的呼吁"较多，"实然性的对策"较少，理论研究较多，实证研究较少，尤其是近距离聚焦"文化自信→国家档案精品走出去"的研究更是少之又少。

第三章借鉴了国际组织、主要国家的典型做法。联合国教科文组织于1992年启动的《世界记忆工程》已经过去三十年，尽管其初衷是致力于濒危珍贵档案文献的保护、管理和宣传，尤其是以筹措经费和最佳保藏为主，其三十年的实践，更是起到了将世界记忆中蕴含的文化、价值和精神传播到世界各地、促进国际文化交融的作用。2022年10月，习近平总书记在党的二十大报告中提出，"推进文化自信自强，铸就社会主义文化新辉煌"，并对"提升中华文化传播力影响力"作出新的部署。随后，国家档案局局长、中央档案馆馆长陆国强在11月8日召开的第五批中国档案文献遗产名录评审工作会议上表示要"把珍贵档案文献遗产保护好、利用好，传承中华文明，为新时代新征程铸就社会主义文化新辉煌，坚定历史自信、文化自信贡献档案力量"以及"把中国档案文献遗产品牌"做优做强。要做好这样一项系统性工程，联合国教科文组织世界记忆项目在全球的分布概况、排名情况、相关标准、章程、要求、经典做法等，以及德国（23项）、韩国（16项）、美国（11项）、澳大利亚（6项）（数据截至2023年3月，四大洲世界记忆项目数量最多的国家）等在国际文化领域影响力巨大的国家的实践、成绩、特点等，均值得我们研究。

第四章论证了国家档案精品走出去的必要性、必然性和紧迫性。必要性，是从眼下来讲的，突出的是"不这样，肯定不行"的逻辑。必然性，是从未来来讲的，突出的是"趋势这样，唯有如此"的逻辑。紧迫性，是从现实来讲的，突出的是"不这样，未来不行"的逻辑。服务话语体系构建、助力海外文化交流、促进国际学术交流，是国家档案精品走出去服务文化自信自强所必要的，出版行业走出去的经验深刻演绎了不走出去肯定不行、会迅速被淘汰的窘境。必然走出去是由国家档案精品的本质决定的、由全球文化交融的趋势决定的、由海外文化利益的维护决定的，文博行业走出去的经验深刻诠释了高水平对外开放的趋势如此，只有顺应趋势，才能发展。提升文化自信面临的内部挑战、国际文化交融面临的外部挑战、中华优秀文化的安全建构迫使亟须以国家档案精品走出去筑牢国家文化安全，非遗行业的走出去揭示了不走出去很有可能会消失、会失传的困境。

第五章分析了国家档案精品走出去面临的问题与契机。毕竟，国家档案精品不是好莱坞大片，也不是爆款手游，不具备吸引全球各地公众来欣赏或参与的天生品质，更多的时候是锁在柜里、藏在馆里，甚至与文化走出去的其他行业相比，文化旅游、文化休闲、虚拟文博等也是流

第一章 绪论：国家档案精品走出去的背景及阐释　　31

传更为广泛、交易更为活跃的事项，再加上在以西方体制、西方文化和西方理论占据绝对话语权格局下，中国档案资源、中国档案体制、中国档案学术等的走出去仍然处于下风，要么不被认可，要么就被歪曲，致使走出去的有效路径尚需拓展、走出去的文化沟壑亟须填补、走出去的相关资源还需完善、走出去的人才建设有待加强。另外，我国的文化发展规划、档案工作发展重点等系列政策为走出去提供了基本保障，档案部门、相关部门建设、整合、宣传档案资源的能力为走出去提供了有力基础，网上展览、虚拟展示等科技兴档为走出去提供了更大可能。

　　第六章提出了国家档案精品走出去的路径。跨国界的文化宣传活动与国内宣传的最大区别就是——要与不同文化环境交流融合。所以，特别是要确保国家档案精品与目标市场国文化的有效兼容，根据各个国家不同的文化环境，提高国家档案精品走出去的适应性，这就涉及三个步骤，"什么走出去""怎么走出去""如何走得好"。第一步，遴选合适的国家档案精品，包括更多独具中国特色的档案资源精品，更好服务中国发展的档案制度精品，更多根植中国实践的档案学术精品，旨在且能够起到"扫除文化之间的交际障碍，促进中华文化的传播"作用的都应涵盖在内。第二步，衔接不同文化环境，涉及从国内宣传到海外推广、从一己之力到协同合作、从档案精品到借船出海的策略规划，包括发挥档案主管部门的主导作用、体现走出去的制度优势；跟踪国际组织的发展动向、跟上走出去的国际形势；推动国家层面的重视与支持、消除走出去的壁垒；争取其他领域的参与支持、形成走出去的合力，旨在且能够起到"在特定的文化环境中能够有效地走出去，促进中华文化的交流"作用的都应涵盖在内。第三步，表达好是走得好的关键，包括从档案故事主题的选择、情节的佐证、内涵的展现，以及展览形式、宣传方式、展示形态等的选择，来确定中国档案展览海外推广的具体路径和方法，以及注重中国档案精品的汉语表达、通用表达和译介工作，旨在且能够起到"在特定的文化环境中能够有效地走进去，促进中华文化的共鸣"作用的都应涵盖在内。

　　第七章展望了走出去之后的未来。希冀加强管理型、综合型、社会型等人才建设，保障国家档案精品可持续性地走出去。希冀实现外延与内涵、守正与创新、理性与感性相统一的国家档案精品长期地走进去，实现陆国强局长"深化国际交流合作，在发挥档案独特作用服务中国特色大国外交上下功夫"的近期目标，以及"提升中华文化国际影响力、传播力、感召力"的长期目标。

第二章

进展：国家档案精品走出去的实践现状与研究现状

第一节 实践现状

一 国家档案精品的资源建设情况

在我国悠久的历史长河中，留下了丰富的档案资源。中国第一历史档案馆保存了明清历史档案1000多万件，居世界同期历史档案馆藏量前列。[①] 中国第二历史档案馆保管了中华民国时期（1912—1949）历届中央政府及直属机构的档案258万余卷（宗）。[②] 截至2021年底，全国共有各级档案主管部门3132个、各级各类档案馆4136个；各级国家综合档案馆馆藏档案104671.1万卷、件，照片档案2676.6万张，录音磁带、录像磁带、影片档案109.2万盘，馆藏电子档案1629.9TB，其中，数码照片423.9TB，数字录音、数字录像690.6TB，馆藏档案数字化副本24179.4TB；[③] 仅2021年度全国各级国家综合档案馆共接收档案13427.7万卷、件，照片档案245.1万张，录音磁带、录像磁带、影片档案6.1万盘；共征集档案119.5万卷、件，照片档案34.9万张，录音磁带、录

[①] 中国第一历史档案馆：https://www.fhac.com.cn/index.html，2023年2月3日。
[②] 中国第二历史档案馆：http://www.shac.net.cn/sy_59/，2023年2月3日。
[③] 国家档案局政策法规司：《2021年度全国档案主管部门和档案馆基本情况摘要（一）》，[2022-08-18]，https://www.saac.gov.cn/daj/zhdt/202208/fedf617068af49b7a92b80f54723746b.shtml，2023年2月3日。

像磁带、影片档案0.4万盘①，档案数量增长较快。各历史时期、各政权组织、各种门类和内容的档案，形成一座文化资源的富矿，数量之庞大、种类之丰富，是建设档案强国、服务文化自信的强大"底气"。

联合国教科文组织于1992年启动的"世界记忆工程"，经过三十年的进程一直引领全球档案文献保护与利用的发展，我国从1995年国家档案局成立世界记忆工程中国委员会至今，已经形成了世界级、国家级和省（市）级三级档案文献遗产保护和推举机制。国家档案局于2000年正式启动了"中国档案文献遗产工程"，此后相关申报工作在全国范围内全面展开，与世界记忆工程形成了良好的政策与实践联动。对我国具有历史、文学、艺术、科学、政治、经济等价值以及具有世界影响力的档案资源进行调查，尤其以中国入选《世界记忆名录》《世界记忆亚太地区名录》的"世界级记忆"为蓝本，以入选"中国档案文献遗产工程"的"文献遗产"为参照，阐明我国与世界其他国家相比有着显著优势的档案资源储备，是国家档案精品"走出去"的资源基础。

（一）《世界记忆名录》及中国的13项"世界记忆"概况

1995年，联合国教科文组织为保障"世界记忆工程"的运行而成立了《世界记忆名录》，该名录列出了由国际咨询委员会推荐并经执行理事会批准的文献遗产，这些文献遗产符合世界意义和突出普遍价值的选择标准。由于2018年"世界记忆工程"进入全面审查阶段，直至2021年才宣布重启项目，这期间暂停名录申报②，因此截至2023年3月，世界记忆名录共有432项，包括429项名录和3项现有名录的新增内容③，中国共有13项文献遗产入选该名录（见表2-1），在84个申报国家中

---

① 国家档案局政策法规司：《2021年度全国档案主管部门和档案馆基本情况摘要（二）》，[2022-08-18]，https：//www.saac.gov.cn/daj/zhdt/202208/b9e2f459b5b1452d8ae83d7f78f51769.shtml，2023年2月3日。

② "Comprehensive Review", UNESCO, [2022-11-27], https：//en.unesco.org/programme/mow/review.

③ 2017年，以色列和英国提交的"艾萨克·牛顿爵士的科学和数学论文"被推荐列入《世界记忆名录》，作为2015年入选的"艾萨克·牛顿爵士论文"的补充；2017年，蒙古国提交的"蒙古丹珠尔石碑"被列入《世界记忆名录》，作为2011年入选的"蒙古檀珠尔"的补充；2017年，圣文森特和格林纳丁斯提交的"印度契约劳工记录"被列入《世界记忆名录》，作为2011年入选的"印度契约劳工记录"的补充，详见UNESCO："The International Register", [2022-11-27], https：//www.unesco.org/en/memory-world/register? hub =1081。

位列第六①，是对遗产珍贵性、典型性在世界范围内的认证，是精品中的精品。②

由表2-1可知，从数量上看，自1997年第一批《世界记忆名录》公布后，每两年登记一次，我国在2001年和2009年没有项目入选，且大多数年份有一项入选。从时间跨度上看，从公元前1300年（甲骨文）至20世纪后期（近现代苏州丝绸样本档案），充分展示了我国的悠久历史和文化。从地域分布上看，我国的"世界记忆"档案文献主要分布在华北、华东和西南地区，其中甲骨文、侨批档案等多有原件流落国外，清代澳门地方衙门档案的原件（汉文文书与葡文文书）保存在葡萄牙国家档案馆。从载体上看，13项"世界记忆"有烫样、铁券、录音、家书、丝绸、照片、甲骨等多种形式。从内容上看，涵盖汉语、满文、新蒙文、东巴文、甲骨文等多种文字，涉及艺术学、医药学、建筑学、语言学、民族学等多个领域，对全世界而言都具有较高的学术研究、历史研究、人文社科研究等价值。

（二）《世界记忆亚太地区名录》及中国14项"亚太记录"概况

1998年，在中国北京举行的第一届世界记忆亚太地区大会上，世界记忆亚太地区委员会（MOWCAP）正式成立。③世界记忆亚太地区委员会服务于联合国教科文组织亚太地区的45个国家（地区），并负责世界记忆亚太名录的评审和宣传工作，以及维护《世界记忆亚太地区名录》。④该名录收录了对亚太地区具有重要影响力的文献遗产的名单，通常每两年登记一次，目前收录的档案文献共65件（组）⑤，中国入选14项（见表2-2），占21.5%。

---

① 徐拥军、郭若涵、王兴广：《中国参与世界记忆项目：理念、路径与展望》，《档案与建设》2022年第1期。

② 本书关于《世界记忆名录》《世界记忆亚太地区名录》的数据如无特殊说明，均截至2023年3月。

③ "Memory of the World Committee for Asia and the Pacific", UNESCO, [2022-11-29], http://www.mowcapunesco.org/about/.

④ 国家档案局：《世界记忆项目亚太地区委员会》，https://www.saac.gov.cn/mowcn/cn/c100451/sjjyxm.shtml，2022年11月2日。

⑤ "Memory of the World Committee for Asia and the Pacific", UNESCO, MOWCAP Regional Register, [2023-01-15], http://www.mowcapunesco.org/core-activities/regional-register/.

表 2-1 我国入选的 13 项 "世界记忆" 简况[①]

序号	入选年份	名称	申报单位	形成时间	载体特点	内容特点
1	1997	中国传统音乐录音档案	中国艺术研究院音乐研究所	20 世纪 50 年代至今	原始的录音	中国传统音乐最全面的收藏，代表 50 多个民族的传统音乐和民间音乐的记忆。
2	1999	清代内阁秘本档	中国第一历史档案馆	1665 年 5—9 月（清康熙四年四月至八月）	满文纸本	反映了西洋传教士在华活动的情况、"汤若望案"（历法之争）、中西文化交通史。
3	2003	东巴古籍文献	云南丽江东巴古籍研究所	—	东巴文（图像象形文字）、纳西族东巴自制土纸，以墨和竹笔书写，线装	目前世界上唯一存活的图画象形文字。
4	2005	清代科举大金榜	中国第一历史档案馆	1904 年（清光绪三十年）	满汉文纸本、黄纸、墨书	中国古代科举制度标志性的档案文献，研究满汉语名字转译的珍贵资料，反映文明发展程度。
5	2007	"样式雷" 建筑图档	国家图书馆、中国第一历史档案馆、故宫博物院	清 1644—1911 年	样式（平面布局）、烫样（模型）	反映清代皇家建筑工程详细情节的图像资源，了解清代建筑和设计流程的重要资料，建筑布局的风水理论。
6	2011	《本草纲目》	中国中医研究院图书馆	1552—1578 年（明嘉靖三十一年至明万历六年）	1593 年金陵版	药物学专著，体现 16 世纪之前东亚的制药成就，预示现代药理学研究的发展。
7	2011	《黄帝内经》	中国国家图书馆	先秦至汉	公元 1339 年由胡氏古林书堂印刷出版	中医学理论体系的奠基性著作，集中反映了我国古代的医学成就。

---

① 国家档案局：《世界记忆名录（国际名录）》，https://www.saac.gov.cn/mowen/cn/c100393/gjjymL.shtml，2022 年 1 月 28 日。

续表

序号	入选年份	名称	申报单位	形成时间	载体特点	内容特点
8	2013	侨批档案—海外华侨银信	福建省档案馆、广东省档案馆	19世纪中至今	连带家书或简单附言的汇款凭证	记录19世纪和20世纪华侨在亚洲、北美和大洋洲的活动，证实中国国际移民以及东西方跨文化交流的历史。
9	2013	元代西藏官方档案	西藏自治区档案馆	1304—1367年	圣旨（八思巴文）、内地产手工纸、法旨和铁券文书（藏文、藏纸），档案背面都粘有绸缎布条	呈现了藏文字体发展演变的重要阶段，反映了西藏被正式纳入祖国版图，体现西藏政教合一政治体制的形成基础及其统治形态。
10	2015	南京大屠杀档案	中央档案馆、中国第二历史档案馆、辽宁省档案馆、吉林省档案馆、上海市档案馆、南京市档案馆、侵华日军南京大屠杀遇难同胞纪念馆	1937—1947年	文字材料、胶片和照片	记录侵华日军南京大屠杀的第一手史料。
11	2017	甲骨文	中国社会科学院历史研究所、中国社会科学院考古研究所、故宫博物院、北京大学图书馆、清华大学图书馆、上海博物馆、南京博物院、山东博物馆、旅顺博物馆、天津博物馆	公元前1300年至公元前1000年	镌刻、书写于龟甲与兽骨，甲骨卜辞	迄今发现我国最早的文字，记录有大量商代史料。
12	2017	近现代苏州丝绸样本档案	苏州市档案局	19世纪到20世纪末	纸质文字、图案、图表、丝绸样本实物	苏州丝绸产业工艺技术和历史记录、中国现代工业成长记录、东西方商贸交流记录。
13	2017	清代澳门地方衙门档案（1693—1886）	澳门档案馆、葡萄牙国家档案馆	1693—1886年	汉文文书、中文、葡文	反映清葡双方的公务往来，体现中国对澳门拥有领土和统治主权，反映当时澳门的社会状况。

表 2－2　我国入选的 14 项 "亚太记录" 简况①

序号	入选年份	名称	申报单位	形成时间	载体特点	内容特点
1	2010	《本草纲目》	中国中医科学院图书馆	1552—1578 年（明嘉靖三十一年至万历六年）	1593 年金陵版	药物学专著，已经被全译或节译成英、法、德、俄、韩等 20 多种语言文字。
2	2010	《黄帝内经》	国家图书馆	先秦至汉	公元 1339 年由胡氏古林书堂印刷出版	中医学理论体系的奠基性著作，集中反映了我国古代的医学成就。
3	2010	天主教澳门教区档案文献（16—19 世纪）	澳门主教公署、门圣若瑟修院	16—19 世纪	拉丁文、葡文、中文和其他欧洲语	主教公署的文献，16 世纪以来欧洲及远东澳洲传教士学习的资料。
4	2012	侨批档案——海外华侨银信	广东省档案馆、福建省档案馆	19 世纪中至今	连带家书或简单附言的汇款凭证	记录 19 世纪和 20 世纪华侨在亚洲、北美和大洋洲的活动，证实了中国国际移民以及东西方跨文化交流的历史。
5	2012	元代西藏官方档案	西藏自治区档案馆	1304—1367 年	圣旨（八思巴文）、内地产丰工纸）、法旨和铁券文书（藏文、藏纸），档案背面都粘有绸缎布类	呈现了西藏文字体发展演变的重要阶段，反映了西藏正式被纳入祖国版图，体现西藏政教合一政治体制的形成基础及其统治形态。
6	2014	赤道南北两总星图	中国第一历史档案馆	1634 年 8 月（明崇祯七年七月）	木印彩绘纸本、宫裱蓝绫、屏条式	中西方科学文化交流融合的见证，当时天文学的最高水平，皇家独有的图画形制与绘制方法。

① 国家档案局：《世界记忆亚太地区名录》，https：//www.saac.gov.cn/mowcn/cn/c100394/ytml.shtml，2022 年 10 月 26 日；黔南州人民政府网：《黔南州水书申遗取得新突破 "贵州省水书文献" 入选世界记忆亚太地区名录》，[2022－11－28]，http：//www.qiannan.gov.cn/xwzx/zwyw/202211/t20221128_77235573.html，2022 年 11 月 29 日；光明日报：《"大生纱厂创办初期档案（1896—1907）" 入选〈世界记忆亚太地区名录〉》，[2022－11－28]，https：//news.gmw.cn/2022－11/28/content_36191463.htm，2022 年 11 月 29 日。

续表

序号	入选年份	名称	申报单位	形成时间	载体特点	内容特点
7	2016	近现代苏州丝绸样本档案	苏州市工商档案管理中心	19世纪到20世纪末	纸质文字、图案、图表和丝绸样本实物	苏州丝绸产业工艺技术和历史记录，中国现代工业成长记录，东西方商贸交流记录。
8	2016	孔子世家明清文书档案	山东曲阜孔子博物馆	1534—1911年（明嘉靖十三年至清宣统三年）	文书资料	记录明代衍圣公的活动而形成的文书档案，既是私家档案，又是公文档案，历经明、清、民国。
9	2016	澳门功德林寺档案和手稿（1645—1980）	澳门功德林寺院	1645—1980年	珍贵古籍、手稿、字画、贝叶经	涵盖佛教经典、中国学、哲学、持法卷、佛学辩论、女性地位等，反映中国及周边地区的教育和文化活动。
10	2016	清代澳门地方衙门档案（1693—1886）	澳门档案馆、葡萄牙国家档案馆	1693—1886年	中文、葡文	反映清葡双方的公务主权及《甘露精华八支藏医药学名著作》，全名《据悉》，藏医药学威名的著作，反映当时澳门的社会状况。
11	2018	四部医典	西藏自治区藏医院	公元8世纪	不同版本的木刻版、金汁手写版是十九世纪末完成的唯一一本手抄金汁医学文献	藏文名《据悉》，全名《甘露精华八支藏医学》，体现了藏医学的独特内容和民族特色。
12	2018	南侨机工档案	云南省档案馆	1937—1948年	纸质档案、声像档案	研究中国抗战运输史和南洋华侨史的第一手资料，重要"二战"文献遗产。
13	2022	贵州省水书文献	贵州省档案馆	清代至民国年间	水族象形文字	由水书先生掌握和应用的原始典籍，保存了古老的文化信仰信息。
14	2022	大生纱厂创办初期档案（1896—1907）	江苏省南通市档案馆	1863—1907年（清光绪十九年至清光绪三十三年）	手稿、账册、地图	记载了张謇实践创新与社会责任并重的现代企业家精神，自成系统的完整性历史文献。

如表2-2所示，我国有6项"亚太记忆"升级为"世界记忆"，另外8项分别为澳门功德林寺档案和手稿、天主教澳门教区档案文献、赤道南北两总星图、孔子世家明清文书档案、四部医典、南侨机工档案、贵州省水书文献、大生纱厂创办初期档案。从数量上看，除了2020年因为新冠疫情该项目评选工作暂停，其他年份我国都有项目入选。此8项"亚太记忆"，从时间跨度上看，从15世纪（孔子世家明清文书档案）至20世纪三四十年代（南侨机工档案），重点展示了最近六百年的历史和文化。从地域分布上看，主要分布在西南、华北和华南地区。从载体上看，有木印彩绘纸本、宫裱蓝绫、手稿、字画、贝叶经、账册、地图等多种形式。从内容上看，涵盖金汁手写、水族象形等多种文字，涉及宗教学、天文学、宗谱、医药学、历史学、古文字学等多个领域。例如，2022年最新入选的2项文献遗产——"贵州省水书文献"体现了我国少数民族的文字、信仰、习俗以及生活习惯，有助于了解我国丰富、多元、包容的民族文化；"大生纱厂创办初期档案"是江苏省继2016年"近现代苏州丝绸样本档案"后入选《世界记忆亚太地区名录》的第二个文献遗产，体现出我国独特的近代企业文化、工业文明。

（三）《中国档案文献遗产名录》及五批次入选档案文献概况

"中国档案文献遗产工程"是指确定、保护、管理和利用中国档案文献遗产的系列计划和措施，也是中国开展世界记忆项目的组成部分和配套措施，提供了调查、登录中国国内具有世界级文化价值的档案文献的途径，并为中国申报世界记忆亚太和世界记忆名录提供更为客观的依据。

国家档案局于2000年确立了"中国档案文献遗产工程"课题研究组，课题的主要成果之一是确立了《"中国档案文献遗产工程"入选标准细则》，从七个方面明确我国国家级档案文献遗产申报的评选标准，即档案文献的主题内容、地理区域、遗产形成时间、包含的民族和人物、形式与风格、档案文献的系统性、稀有性等，成为全国档案文献遗产评选的指导性规范。各地区档案局（馆）可参考该标准评选出本地区珍贵的档案文献。凡符合上述七项标准之一或更多的档案文献，就有可能被列入《中国档案文献遗产名录》。如果入选的档案文献具有国际级文化价值，可推荐入选《世界记忆亚太地区名录》《世界记忆名录》。

截至 2023 年 3 月，五批入选《中国档案文献遗产名录》的档案文献共 197 件（组）（详情参见附录 1—附录 5，有 5 个批次的具体名录名称和申报单位，笔者注），其中《黄帝内经》、《本草纲目》、侨批档案、赤道南北两总星图、抗战时期华侨机工支援抗战运输档案（南桥机工档案）、元代西藏官方档案、近现代苏州丝绸样本档案、孔子世家明清文书档案、四部医典、贵州省水书文献、大生纱厂创办初期档案共 11 件（组）入选《世界记忆亚太地区名录》。《黄帝内经》、《本草纲目》、清代金榜、清代"样式雷"图档、东巴古籍、侨批档案、元代西藏官方档案、近现代苏州丝绸样本档案及南京大屠杀档案共 9 件（组）入选《世界记忆名录》。除此之外，其他收录在《世界记忆名录》或《世界记忆亚太地区名录》中的档案文献未能在《中国档案文献遗产名录》中体现可能存在三种情况：一是档案集合的单一项以零散的形式入选《中国档案文献遗产名录》，如"中国传统音乐录音档案"入选了《世界记忆名录》，其中的"民间音乐家阿炳 6 首乐曲原始录音"就入选了《中国档案文献遗产名录》；二是由于世界记忆申报项目时间早于该名录，如清代内阁秘本档，因此没有再次在该名录申报；三是直接申报国际级名录，如甲骨文、天主教澳门教区档案文献、澳门功德林寺档案和手稿、清代澳门地方衙门档案。从数量和时间跨度上看，见表 2-3，每一批次的档案文献时间跨度均较大，充分反映了我国悠久的历史。

表 2-3　　　　截至 2023 年 3 月入选《中国档案文献遗产名录》的档案文献的情况

批次	公布时间	数量（件/组）	名称及最早时间	名称及最近时间
1	2002 年 3 月 8 日	48	尹湾汉墓简牍中的西汉郡级档案文书，西汉末年	周恩来总理在亚非会议全体会议上的补充发言（手稿），1955 年
2	2003 年 10 月 10 日	35	利簋，约公元前 1075 年	民间音乐家阿炳 6 首乐曲原始录音（1950 年）

续表

批次	公布时间	数量（件/组）	名称及最早时间	名称及最近时间
3	2010年2月22日	30	《新刊黄帝内经》，公元前20世纪	茅盾珍档——日记、回忆录、部分小说及书信、随笔等手稿，1981年
4	2015年4月28日	29	甘肃秦汉简牍，公元前2世纪	南京长江大桥建设档案，20世纪末
5	2023年1月12日	55	贵州毕节彝族古文字档案，公元前4770年	《中药大辞典》原稿，1977年
合计	—	197	—	—

从地域分布上看，我国共34个省级行政区域，入选该名录的档案文献覆盖了29个省级行政区（江西省、台湾省、海南省、香港特别行政区以及澳门特别行政区5个地区未收录）。其中，最多的是北京市（38项）和江苏省（27项），分别占17%和12%，其他地区明显较少，如图2-1所示，地域分布明显不平衡，说明该名录还需持续、扩展。

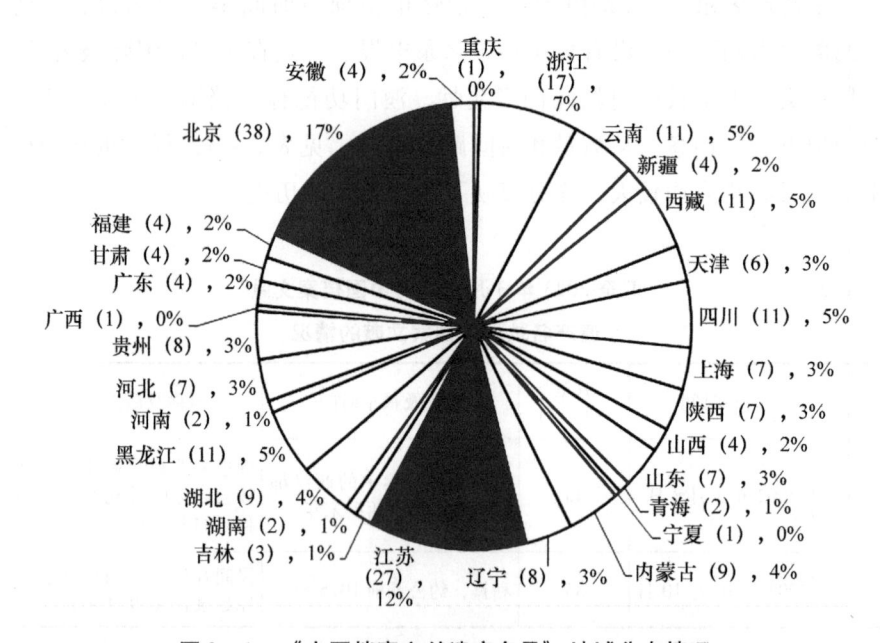

图2-1　《中国档案文献遗产名录》地域分布情况

从申报单位类型分布上看，在 197 项中，由档案部门单独申报的项目达到 146 项，占比 74%；档案部门联合申报的有 17 项，占比 9%；非档案部门申报的有 34 项，占比 17%，具体见表 2-4。档案部门单独申报从国家级档案部门、省部级档案部门到地市级/区县级档案部门，充分显示了各级档案部门对该项目的参与深度。联合档案部门，包括国家级档案部门与地方部门合作、省级档案部门与省内地市级部门合作、异地档案部门合作等多种合作方式。联合其他单位主要包括图书馆、博物馆、企业、研究中心以及学校，非档案部门申报中的"其他"指"中国现代文学馆""山东省曲阜市文物管理委员会""中国嵩山少林寺"，显示其他部门对中国档案文献遗产工程的广泛参与，也显示该工程在不同领域具有广泛影响力。

表 2-4　　入选《中国档案文献遗产名录》申报单位类别统计

	档案文献遗产申报单位	数量（项）	占比
档案部门单独申报	国家级档案部门申报	30	15.2%
	省、自治区、直辖市档案部门申报	76	38.6%
	市、县及县以下档案部门申报	40	20.3%
档案部门联合申报	联合档案部门（6）	17	8.6%
	联合其他单位（11）		
非档案部门申报	博物馆（11）	34	17.3%
	企业（9）		
	科研机构（7）		
	图书馆（4）		
	其他（3）		
合计		197	100%

从内容上看，"精品"特征十分明显。例如，《大明混一图》是我国目前现存尺寸最大、年代最久远、保存最完整并由中国人自己绘制的古代世界地图[①]，它证明了我国早在欧洲发现非洲前 100 年便已经到达过

---

① 李宏为：《沉寂数百年　一鸣传天下：〈大明混一图〉引起世人关注》，《历史档案》2004 年第 1 期。

非洲，并与当地人民有过交流，这对于中非友好建交有着非凡意义。又如，利簋，是目前确知最早的西周青铜器，也是有关武王伐纣史实的唯一文物遗存，既为我国西周历史、文化、军事等提供了真实的资料，也是中国夏商周年代准确断定的重要实物见证，被誉为中国文物宝库中的一颗明珠。① 再如，《五大连池档案》填补了我国火山喷发史料的空白，对研究黑龙江省地震和火山喷发有很高的科学价值，引起了火山学界的极大重视。②

从价值上看，"精品"导向意义重大。其一，向世界范围辐射。例如，第一批入选《中国档案文献遗产名录》的"贵州省水书文献"与"大生纱厂创办初期档案"于2022年成功入选《世界记忆亚太地区名录》，这不仅仅是我国档案文献走向世界的新的一步，也是继"侨批档案""孔子世家明清文书档案""四部医典"等档案文献之后的又一次从国家级名录上升至世界级名录的"跨越"，能够指引其他尚处于国家级名录中的档案文献积极向世界"走出去"，也是对我国建立的《中国档案文献遗产名录》价值的再次肯定。其二，向其他领域辐射。例如，第五批《中国档案文献遗产名录》中的"海陆丰正字戏"的传承手抄本和"彝族创世史诗——查姆"曾分别被评选为第一批和第二批国家级非物质文化遗产保护项目。③ 这对于国家档案精品走出去有着重要意义，即非物质文化遗产与档案文献遗产之间并非非此即彼的对立关系，而是密切联系、相互合作的共生共建关系，可以借助现有成熟的非物质文化遗产或其他相关文化遗产体系携手走出去，提升中国文化影响力。

二 国家档案精品的制度建设情况

近年来，档案部门不断倡导"增强国际传播能力，主动讲好中国档案故事"，不断向社会推出精品力作，文化宣传理论创新与档案宣传理论创新融为一体，地域特色档案的内宣和国家档案精品的外宣相重合，

---

① 杨曙明：《利簋：西周第一青铜器》，《中国文物报》2019年4月30日第5版。
② 陆其国：《见证黑土地山水奇观——关于〈清代五大连池火山喷发满文档案文献〉》，《档案春秋》2010年第3期。
③ 国家档案局：《第五批中国档案文献遗产名录出炉》，《中国档案》2023年第1期。

二者"互为体用",同时以申报世界记忆以及推广中国的世界记忆为契机,形成了一套关于国家档案精品走出去的相关制度。以下从三个方面来阐述。

(一)新《档案法》及《"十四五"规划》

新《档案法》第六条规定,"国家采取措施,加强档案宣传教育,增强全社会档案意识",以及"国家鼓励和支持在档案领域开展国际交流与合作"。为国家档案精品的宣传、推广以及走出去提供了法律依据和保障。根据新《档案法》相关精神,《"十四五"规划》关于"走出去",对上一阶段的档案走出去工作做了系统总结,认为"十三五"期间"档案对外交流日益深化,双边和多边合作不断拓展,3组档案文献遗产入选《世界记忆名录》,6组档案文献遗产入选《世界记忆亚太地区名录》",然后在第八章做了专门部署"深入推进档案对外交流合作,提升国际影响力和贡献力"。

首先,明确重点。正如时任国务委员兼外交部长王毅在《求是》2023年第1期撰文指出的那样,2023年外交战线的六个重点为"全力服务保障元首外交和中心工作""积极拓展平等、开放、合作的全球伙伴关系""不断推动建设开放型世界经济""坚决捍卫国家利益和民族尊严""积极参与全球治理体系改革和建设""着力提升国际传播力和话语权"[1],而发展双边/多边关系中,又以中俄、中美、中欧以及邻近周边国家关系为重点中的重点,因此国家档案事业服务于大国特色外交与国际交流,并不是无的放矢,而是遵循并服务于上述重点。例如,《"十四五"规划》提出,"深入推进档案对外交流合作,提升国际影响力和贡献力,积极参与高级别人文交流机制,落实《2021—2025年中俄档案合作分委会工作大纲》等具体交流项目和计划,提升档案合作水平。积极促进与共建'一带一路'合作伙伴档案领域合作,大力推动以档案为载体的中华文化走出去"[2]。

---

[1] 王毅:《矢志民族复兴,胸怀人类命运 奋进中国特色大国外交新征程》,《求是》2023年第1期。

[2] 本刊讯:《中办国办印发〈"十四五"全国档案事业发展规划〉》,《中国档案》2021年第6期。

其次，提供依据。在依法治国成为治国安邦的基本方略的背景下，依法治档尤其是在法治依据下进行国家档案精品走出去的制度建设成为一项基础性工作，唯有将走出去的方向和主体等纳入法治框架并予以法理支持，这项工作才能行稳致远。例如，就"开发方向"，《"十四五"规划》提到"加强档案文化创意产品开发，探索产业化路径"；就"合作主体"，提到"继续深化与国际档案理事会及其地区分会等国际组织交流合作，参与国际组织管理。积极参与联合国教科文组织世界记忆项目。加强与联合国教科文组织世界记忆项目秘书处和国际咨询委员会合作，积极参与世界记忆项目亚太地区委员会各项活动。加强统筹谋划，促进入选文献研究和宣传推广。促进世界记忆项目与联合国教科文组织其他遗产项目协同发展。发挥世界记忆项目北京、福建和苏州等学术中心作用"。再如，依托工程之一——"档案文献遗产影响力提升工程"，"推动中国档案文献遗产申报世界记忆项目，实施中国档案文献遗产宣传推广计划，开展中国档案文献遗产名录网上和新媒体展示活动，举办中国档案文献遗产珍品展全国巡展，广泛开展世界记忆在中国传播活动"。依托工程之二——"世界记忆项目学术中心"，"突出北京中心依托高等学校的教育培训和学术研究优势、福建中心的侨批文化研究优势和苏州中心的丝绸档案资源优势，发挥各中心在世界记忆项目教育、研究、宣传、推广领域的引领和示范作用"。

最后，提供保障。《"十四五"规划》要求"到2035年，档案资源建设质量、档案利用服务水平、档案治理效能和管理现代化程度进入世界前列"。例如，品牌建设保障——"打造新时代新成就国家记忆工程"，要求生动反映新时代取得的历史性成就，展现中国力量、中国精神、中国效率。又如，内容建设思路——"围绕庆祝中国共产党成立100周年、党史学习教育、迎接中国共产党第二十次全国代表大会召开、纪念中国共产主义青年团成立100周年、中国人民抗日战争暨世界反法西斯战争胜利80周年等重要时间节点、重大纪念活动，通过展览陈列、新媒体传播、编研出版、影视制作、公益讲座等方式，不断推出具有广泛影响力的档案文化精品"。再如，以保护促交流与合作——"国家重点档案保护与开发工程"中，要求对"一带一路"与跨文化交流等进行

第二章　进展：国家档案精品走出去的实践现状与研究现状

专题档案开发，通过开发带动保护，更好发挥档案在服务国家治理、传承红色基因、建构民族记忆、文明交流互鉴等方面的独特作用，以及"依托区域性国家重点档案保护中心，对区域内国家重点档案分批进行抢救保护，开展档案保护技术研究、专业技术人员培训和档案保护宣传工作，并与古籍保护、文物保护等机构进行跨行业合作交流"。

（二）地方性《"十四五"规划》

笔者对我国省、直辖市、自治区共31个（港澳台除外）地方的档案事业发展《"十四五"规划》中关于档案宣传和对外交流的内容进行统计（统计时间为2022年11月至12月），因为各个地方都是按照《"十四五"规划》来开展档案活动的，以此推断出各个地方接下来的工作重点及进展，具体见表2-5。

表2-5　　地方《"十四五"规划》关于档案宣传的内容

序号	出台时间	规划名称	关于档案宣传的内容
1	2021年3月	《"十四五"青海省档案事业发展规划》	提出档案文化"三个建设"工程：爱国主义教育基地建设、文化品牌建设、文化阵地建设。
2	2021年8月	《"十四五"湖南省档案事业发展规划》	要求推出具有湖湘特色、湖湘品牌的档案文化精品。
3	2021年8月	《浙江省档案事业发展"十四五"规划》	积极申报中国档案文献遗产和世界记忆项目。
4	2021年8月	《陕西省档案事业发展"十四五"规划（2021—2025）》	积极开发市县历史文化名城名镇名村、非物质文化遗产、老字号档案，弘扬地域文化。以文字影音视频多形式开发红色档案、脱贫攻坚档案、抗疫档案，推进多领域、多渠道传播共享。
5	2021年8月	《"十四五"黑龙江省档案事业发展规划》	加强档案文化创意产品开发，探索产业化路径。推进黑龙江重点档案保护与开发项目实施，加强项目管理，严格项目遴选论证、完善监督评估机制、加强成果宣传推广、提升项目实施效果。
6	2021年8月	《上海市档案事业发展"十四五"规划》	综合运用展览出版、舞台影视制作、新媒体传播等方式，打造"城市记忆""跟着档案看上海"系列档案历史文化品牌，扩大档案文化的品牌效应和传播效果。

续表

序号	出台时间	规划名称	关于档案宣传的内容
7	2021年8月	《"十四五"甘肃省档案事业发展规划》	集中展示推介优秀档案开发利用成果。梳理整合晚清至1978年间黄河流域甘肃段的森林、草原、冰川、河流、湖泊、湿地、气象、地质、动物、垦荒、农牧、矿业和政策法规等方面的非涉密档案，编撰出版《甘肃省馆藏祁连山及黄河生态环境档案文献类编》系列丛书。
8	2021年9月	《江苏省"十四五"档案事业发展规划》	整合全省红色档案资源，建成红色档案资源数据库，深入挖掘红色资源内在价值，做大做强江苏红色档案资源品牌。
9	2021年9月	《海南省档案事业发展"十四五"规划》	加强农垦历史档案资料、海南省情地情和琼剧、黎锦、苗绣、崖州民歌的收集。
10	2021年9月	《北京市"十四五"时期档案事业发展规划》	紧密围绕历史文化名城保护、老城整体保护、中轴线申遗、"三条文化带"建设、老字号传承创新、非遗文化传承、"三山五园"保护等工作，留存城市记忆，开发档案精品，充分发挥档案在弘扬古都文化、红色文化、京味文化、创新文化方面的独特作用。联合开展"北京记忆工程"、北京方言保护、口述史采集等活动，发挥档案在构建民族记忆、文明交流互鉴等方面的作用。
11	2021年9月	《宁夏回族自治区档案事业发展"十四五"规划》	编研的《我的姨爷曾是韩练成将军的传令兵》《〈宁夏日报〉的特殊纪念》《诗人节与端午节》《缴公粮回忆》《〈新华日报〉记录日本政府无条件投降的历史经纬》《〈新华日报〉纪念建军节专论》《日本政府签降书 主席挥毫祝贺词——77年后再看〈新华日报〉》《解放区救国公粮拾忆》等10篇文章被报刊及网络媒体刊登，取得了良好的社会效果，扩大了吴忠档案的知名度和美誉度。
12	2021年9月	《四川省档案事业发展"十四五"规划》	开展红色文化、少数民族文化、非遗传承人等口述史料采集，优化馆藏档案结构，保存历史文化和社会记忆。
13	2021年10月	《"十四五"云南省档案事业发展规划》	打造具有云南边疆民族特色的档案文化产品，讲好"云南故事"，传播"云南声音"，持续开展"云南记忆名录"评选。
14	2021年10月	《"十四五"江西省档案事业发展规划》	融合运用传统媒体和新媒体，对事关档案事业发展的重大项目、重点任务进行全方位展示宣传，大力宣传档案工作和档案工作者在服务中心工作、服务经济社会民生、增强全民族文化自信等方面发挥的重要作用。

续表

序号	出台时间	规划名称	关于档案宣传的内容
15	2021年10月	《广西档案事业发展"十四五"规划》	推进与东盟国家档案开发利用的交流合作。加强档案文化创意产品开发。推进国家重点档案保护与开发工程。综合运用展览陈列、新媒体传播、档案公布、档案编研、公益讲座等方式,推出一批档案文化精品,打造具有广西地方特色的档案文化品牌。
16	2021年10月	《"十四五"新疆维吾尔自治区档案事业发展规划》	把握正确舆论导向,多途径、多形式宣传档案部门新举措、档案工作新成效。
17	2021年11月	《福建省"十四五"档案事业发展规划》	推进侨批档案的宣传推广、提升侨批档案文献遗产的国际影响力;深化两岸档案文化融合、拓展闽台档案文化交流合作平台、深化海峡论坛"闽台关系档案图片展览"系列活动等,有计划开展境外档案文化、学术交流合作;从多个方面有效传播档案文化,扩大档案的社会效应。
18	2021年11月	《长白山档案事业发展"十四五"规划》(吉林省)	建立地方特色、重大活动(重大事件)、党和国家领导人视察、名优特新产品等专题档案库,建立专门档案不少于10种。
19	2021年11月	《山西省档案事业发展"十四五"规划》	打造档案开发利用精品工程。做精做优国际档案日档案宣传活动品牌,依托各级综合档案馆打造"线上+线下"宣传新模式。
20	2021年11月	《"十四五"河南省档案事业发展规划》	打造出彩中原记忆工程,与新时代中原更加出彩的奋斗目标相协调。
21	2021年12月	《贵州省档案事业发展"十四五"规划》	以贵州红色文化、生态文化、民族文化、历史文化、"三线"文化等为依托,实施档案精品文化工程。
22	2021年12月	《"十四五"时期天津市档案事业发展规划》	深化对外交流合作。积极参加国际档案理事会东亚地区分会活动和国(境)外档案培训。加强与天津友好城市的档案合作,开展学术论坛、档案文献展览等活动。积极申报中国档案文献遗产项目,助力中国档案文献遗产项目申报世界记忆项目。
23	2021年12月	《"十四五"重庆市档案事业发展规划》	不断加大信息采集和宣传力度,努力提升全社会档案意识。
24	2021年12月	《"十四五"湖北省档案事业发展规划》	打造文化传播品牌,讲好中国故事、湖北故事,全面彰显湖北文化影响力和软实力。

续表

序号	出台时间	规划名称	关于档案宣传的内容
25	2022年2月	《"十四五"广东省档案事业发展规划》	加大侨批、名人、非物质文化遗产、近代广东海关等特色档案收集、开发利用和宣传推广力度。
26	2022年2月	《"十四五"辽宁省档案事业发展规划》	积极参与中国档案文献遗产和《世界记忆亚太地区名录》申报工作。继续推动东北地区三省四市档案资源共建共享工程建设，完善档案馆馆际交流长期合作机制。
27	2022年2月	《"十四五"西藏自治区档案事业发展规划》	通过展览陈列、新媒体传播、编研出版、影视制作、公益讲座、学术交流等方式，不断推出具有广泛影响力的档案文化精品。
28	2022年3月	《"十四五"内蒙古自治区档案事业发展规划》	支持有条件的综合档案馆承接中国档案文献遗产珍品展巡展借展联展。鼓励各地综合档案馆围绕共同的历史事件、历史人物、重大活动等联合举办专题档案展览。支持各级综合档案馆建立档案资源开发利用成果宣传推介平台。
29	2022年4月	《"十四五"山东省档案事业发展规划》	通过展览陈列、新媒体传播、档案发布、史料编研、影视制作、公益讲座、文化产品开发等方式，不断推出具有广泛影响力的档案文化精品。
30	2022年5月	《"十四五"安徽省档案事业发展规划》	打造一批富有特色、反映乡村风情的档案文化精品。省档案馆编辑出版《红色档案见证初心使命》，联合制作电视系列片《百年皖事》，续编《昔档今读》。
31	未知	《"十四五"河北省档案事业发展规划》	原件尚未能查阅。

由表2-5可知，各地区档案宣传和对外交流的方式比较多样。一是能审内度外，精准宣传。例如，辽宁省明确提出对外要积极参与中国档案文献遗产和《世界记忆亚太地区名录》申报工作，对内要继续推动东北地区三省四市档案资源共建共享工程建设，完善档案馆馆际交流长期合作机制。二是能顺应媒体融合的时代潮流，拓展复合型的宣传模式。例如，山西省提出做精做优国际档案日档案宣传活动品牌，依托各级综合档案馆打造"线上+线下"宣传新模式。三是构建全方位、多层次、宽领域的宣传格局。例如，浙江省创新性提出高质量建设活力档案，包

括实施国家和省重点档案保护开发项目，高质量完成《抗日战争档案汇编》（浙江卷）编纂工作，积极申报中国档案文献遗产和世界记忆项目；推动"千村档案"建设拓面提质，活化用好历史文化（传统）村落档案资源；加大境外珍贵档案征集和对外交流。概括之，各地区比较重视基于互联网平台的档案宣传和对外交流方式的探索，主动拓展新的传播方式，以顺应新时期国家发展战略。

各地区对国家档案精品对内、对外宣传（以下简称内宣、外宣）的内容和重视程度差别较大。在30个可查的地区档案发展规划中，有浙江、上海、天津、广东、广西等19个省或直辖市对国内档案宣传的内容做了直接阐述，但青海、甘肃、新疆、西藏等11个省或直辖市对国内档案宣传的内容的表述比较简洁，甚至一笔带过。档案内宣的范围主要涉及三个方面。

一是以红色档案为主、打造地方红色档案资源品牌，湖南、陕西、江苏、四川、贵州等都明确提出要建设红色档案。例如，江苏省明确要求整合全省红色档案资源，建成红色档案资源数据库，深入挖掘红色资源内在价值，做大做强江苏红色档案资源品牌。

二是打造地区民族特色档案品牌，以云南、海南、四川、贵州四个少数民族聚集的地方为主。例如，云南省提出打造具有云南边疆民族特色的档案文化产品，讲好"云南故事"，传播"云南声音"；广西壮族自治区提出"推出一批档案文化精品，打造具有广西地方特色的档案文化品牌"。

三是打造历史文化档案品牌，发挥档案在城市建设、古建筑保护、地方特色、地方发展等多方面的综合作用，以北京、浙江、陕西、上海、甘肃、广东为主。例如，北京市鲜明指出紧密围绕历史文化名城保护、老城整体保护、中轴线申遗、"三条文化带"建设、老字号传承创新、非遗文化传承、"三山五园"保护等工作，留存城市记忆，开发档案精品，充分发挥档案在弘扬古都文化、红色文化、京味文化、创新文化方面的独特作用，联合开展"北京记忆工程"、北京方言保护、口述史采集等活动，发挥档案在构建民族记忆、文明交流互鉴等方面的作用。甘肃省强调梳理整合晚清至1978年间黄河流域甘肃段的森林、草原、冰川、河流、湖泊、湿地、气象、地质、动物、垦荒、农牧、矿业和政策法规等方面的非涉密档案，编撰出版《甘肃省馆藏祁连山及黄河生态环境档案文献类编》系列丛书，为黄河流域高质量发展提供档案参考。

各地区对国家档案精品外宣的认识差别较大。在30个可查的省或直辖市档案发展规划中，有浙江、广西、福建、山西、天津、广东、辽宁7个省或直辖市明确提出加强档案资源的对外交流、境外交流，但有24个省或直辖市没有关于"国家档案精品走出去"的相关表述。其中，《福建省"十四五"档案事业发展规划》最为显著，直接提出坚持"走出去"、加强境外交流、提升国际影响力等，且内容最多，至少从七个方面具体阐述了档案外宣工作。

一是实施侨批文化品牌提升工程，依法推进侨批档案抢救保护、研究开发、宣传推广等工作。

二是深化两岸档案文化融合，加强海峡两岸档案交流合作中心建设，拓展闽台档案文化交流合作平台，完善闽台档案界交流合作机制，深化海峡论坛"闽台关系档案图片展览"系列活动，通过举办海峡两岸档案学术论坛、档案文献展览、档案业务研讨等形式加强交流，助推两岸文化融通、心灵契合。

三是深入挖掘福建省海丝文化、朱子文化、闽南文化、客家文化、妈祖文化、闽都文化，开展"迁台记忆"档案文献整理与研究，讲好福建故事、闽台故事。

四是加强世界记忆福建学术中心建设，加强与其他世界记忆项目学术中心及记忆机构之间的交流合作，进一步提升侨批档案文献遗产的国际影响力。

五是增进档案对外交流合作，继续巩固和落实与新加坡国家文物局等签署的合作协议，拓展与海丝沿线国家和地区档案馆、图书馆、博物馆等文献遗产保管单位的交流合作。

六是坚持"走出去"，充分利用各级各类档案馆的人才、资源等特色优势，有计划地开展境外档案文化、学术交流合作，积极参加国际档案理事会东亚地区分会活动。

七是建立健全档案文化宣传工作机制，统筹线上线下联动宣传，利用重大活动、重要节庆等时机,加强与相关部门沟通协作,运用电视、报刊、网站、微信、融媒体等媒介资源,通过编辑出版书籍、举办展览、拍摄专题片、制作短视频、开展网络直播等方式,有效传播档案文化,扩大档案的社会效应。

整体而言,一些地方在一定程度上忽视了国家档案精品的外宣对于新时期档案事业发展的深刻影响,国家档案精品走出去具有较大提升空间。

(三)地方性名录建设办法

截至2023年3月,笔者通过网络调查得知我国共有13个省级行政区发布了地方级档案文献遗产名录评选办法(以下简称地方评选办法),如表2-6所示。

表2-6　　　　我国省级档案文献遗产评选方法建设概况

地区	出台时间	地方评选办法名称	名录名称	入选数量(项)	评选批次
浙江省	2002年	《浙江省档案文献遗产工程实施办法》	《浙江档案文献遗产名录》	35	4
江苏省	2005年	《江苏省珍贵档案文献评选办法》	《江苏省珍贵档案文献》	117	4
云南省	2006年	《云南省珍贵档案文献评选办法》	—	—	—
福建省	2009年	《福建省珍贵档案文献评选办法(试行)》	《福建省珍贵档案文献名录》	79	2
广东省	2012年	《广东省档案文献遗产评选管理暂行办法》	《广东省档案文献遗产名录》	7	1
江西省	2014年	《江西省珍贵档案文献评选办法》	《江西省珍贵档案文献名录》	16	1
四川省	2015年	《四川省档案文献遗产申评办法》	《四川省档案文献遗产名录》	24	1
山东省	2015年	《山东省珍贵档案文献遗产评选办法》	《山东省珍贵档案文献遗产名录》	34	2
湖北省	2018年	《湖北省档案文献遗产评选实施办法》	《湖北省档案文献遗产名录》	20	1

续表

地区	出台时间	地方评选办法名称	名录名称	入选数量（项）	评选批次
上海市	2021年	《上海市档案文献遗产申报办法》	《上海市档案文献遗产名录》	57	3
陕西省	2021年	《陕西省档案文献遗产评选申报办法》	—	—	—
湖南省	2022年	《湖南省档案文献遗产评选管理办法》	《湖南省档案文献遗产名录》	12	1
河南省	2022年	《河南省档案文献遗产评选实施办法》	—	—	—

从地方评选办法的时效上看，除《四川省档案文献遗产申评办法》第六章第二十条明确写道"本办法自2015年6月1日起开始实施，有效期五年"之外，其余评选办法并没有时效规定，四川省档案局后续并未更新该评选办法，《上海市档案文献遗产申报办法》与《湖南省档案文献遗产评选管理办法》对其内容进行了更新修订，并废止先前的评选办法。

从名录的申报批次上看，除四川省规定原则上每两年一次，上海市、山东省、广东省规定每三年一次外，其余省市未作具体说明，但各地方评选办法均明确说明，凡是入选《中国档案文献遗产名录》的档案文献，均直接入选各省市级名录，无须重新申请。

从内容上看，地方评选办法均对档案文献的内容、形成时间、所属地区、涉及民族与人物、载体与风格、系统性与稀缺性等方面提出具体规范要求，并与《中国档案文献遗产名录》形成了对接，浙江省、四川省、陕西省、湖南省的评选办法提到入选省市级名录的档案文献将优先申报《中国档案文献遗产名录》，其余省市级评选办法中均明确了凡申报"中国档案文献遗产工程"项目的档案，均需从本省市入选的珍贵档案文献中推荐。

从建设成效上看，笔者在调研时发现地方档案精品建设和宣传的实际情况与各省市的评选方法所规定的情况并不一致，部分名录的公布情况存在明显不足。一是仅通过评选办法知道有这一名录，但无法在官方网站中检索到完整的名录，甚至无法在搜索引擎与其他资源数据库中找到；二是仅能检索到相关的信息，如入选数量、名单等，未能找到具体的档案文献遗产名称及内容情况；三是名录公布通知不规范，往往仅能够找到某一批次的公布情况，不能找到其他批次的数据，甚至某一省份的名录在当地网络平台中找不到，但可以在其他省份的平台中获取。目前，云南省尚未建立省级档案文献遗产名录，《陕西省档案文献遗产名录》与《河南省档案文献遗产名录》评选于2022年开始，目前正处于评审阶段，尚未公布相应名录情况。

整体而言，随着《中国档案文献遗产名录》的启动，地方档案主管部门也相继出台了地方性珍贵档案文献遗产的评选办法，基本形成了一个由上至下、层层推进的档案资源遴选、保护与推广体系。而这个体系中，越是最基层的地方性档案文献遴选、保护与开发工作，越是这个体系中最关键的一环，它为《世界记忆名录》的逐级申报贡献了储备力量，也为《世界记忆名录》的落地推广打下了坚实基础。

可喜的是，2023年9月，浙江省档案馆公布了第一批"浙档精品"品牌名单，共有15个品牌入选首批"浙档精品"，涵盖了主动服务中心大局的综合性档案服务品牌、主动服务人民群众的档案便民服务品牌、主动服务社会宣传教育的档案服务品牌三大类型，将在2024年继续开展第二批、第三批"浙档精品"申报评选工作。这是第一个直接以"档案精品"命名的省级档案名单，说明从"国家档案精品"向"省级及以下档案精品"有延伸之势。[1]

需要注意的是，以上名录体系的建立框架下，可以发现各省市对于名录的申报非常重视，但是对于后续的推广尤其是面向海外的推广积极性并不与申报时一样高涨，很多是申报成功前后较短时间内成为社会广泛关注的热点，过一段时间便沉寂，甚至是业内热火朝天、业外一片寂静，业外的社会公众是否真正关注到、是否方便利用到，以及是否利用社会力量或产业方式帮助社会公众了解、获取并认同这些名录的文化精

---

[1] 浙江在线：《浙江省首批"浙档精品"品牌名单揭晓 15个品牌入选》，[2023-09-19]，http://cs.zjol.com.cn/kzl/202309/t20230919_26235167.shtml，2023年9月21日。

神，也是档案主管部门或名录收藏部门接下来需要思考的。而且，仅有的档案文献遗产宣传工作一般以单个件（组）的方式进行，较少与同一省市范围内的档案文献遗产形成资源合力，也较少与外省市相关的档案文献遗产形成资源合力，这是不利于整体性的档案文献资源开发利用的，尤其是影响了各级名录的独特性、相关性或整体性优势。

三 国家档案精品的组织建设情况

资源建设、制度落实，还需要强有力的组织来贯彻执行，无论是新《档案法》第一次旗帜鲜明地把"坚持中国共产党对档案工作的领导写入法律"，还是《"十四五"规划》确立的档案工作原则第一条就是"坚持党的领导"，以及主要任务第一项就是"坚持党对档案工作的领导，压实各级党委主体责任"，单就国家档案精品走出去来讲，它不仅事关档案事业的高质量发展，而且事关档案事业服务中国式现代化的能力，尤其是事关档案事业赋能新时代大国特色外交的效能，不妨从推广主体和推广活动来观察其组织建设情况。

（一）组建了一些推广主体

多年来，国家档案局通过推动国际档案人才交流、交换档案复制件、举办线上线下国际档案专题展览、开展国际会议、参与国际档案组织活动等多种方式开展了国际合作与交流。2021年，国家档案局设立交流合作司，以加强档案领域的国际交流与合作，其主要职责包括积极扩大国家档案局对外合作的领域和范围，推进与各国档案文献机构和相关国际组织建立双边和多边合作机制，实施联合国教科文组织世界记忆项目，在中俄人文合作大框架下积极开展档案领域合作，征集散失在境外的珍贵历史档案等。目前，国家档案局已经与韩国、蒙古国、伊朗、葡萄牙、立陶宛、捷克、保加利亚等20多个国家的档案部门签署了双边档案合作协议，多个政府间文化协议中也写入了档案领域交流合作的内容①。另外，国家档案局在建立我国的世界记忆项目网站、四大世界记忆学术中

---

① 王红敏：《深入学习贯彻重要批示精神 努力开创档案国际交流合作新局面》，《中国档案报》2021年11月11日第1版。

心等发挥了引领、支撑作用①。

1. 国家档案局关于中国世界记忆的网站。

为了更好地传播中华优秀文化遗产,发挥已入选记忆名录的中国文献遗产的宣传和教育作用,并促进世界记忆项目四个学术中心的研究成果的传播,在"联合国教科文组织世界记忆项目中国国家委员会"成立25周年之际,国家档案局官网下设的"联合国教科文组织世界记忆项目中国国家委员会"网站于2021年4月30日正式上线②。

该网站主要有四大功能。一是记录入选《世界记忆名录》的中国文献遗产的基本信息,以及分批推出入选《中国档案文献遗产名录》的中国文献遗产,图文并茂地向公众开放展示。二是对各组织机构、各级名录的基本情况以及《世界记忆名录》的申报规则和流程等进行详细介绍,并公布了相应的文件和申报表等,为各文献保管单位申报各级名录提供便利。三是及时更新世界范围内与联合国教科文组织世界记忆项目有关的活动、会议、展览等。四是刊载部分相关的专题论文和研究成果,为档案专业人员提供有价值的资讯信息和研究参考。

2. 世界记忆澳门学术中心。

2016年11月,澳门世界记忆学术中心正式成立,是联合国教科文组织世界记忆工程认可的全球首个世界记忆学术中心,同时也是我国第一家世界记忆学术中心③。中心由澳门城市大学图书馆及澳门文献信息学会(MDIS)共同执行,设于澳门城市大学图书馆内,其主要职能包括四个方面。

一是推动澳门文献遗产的保护和利用,搭建本地及邻近地区与联合国教科文组织世界记忆项目的联系,加强与国际社会的交流等。

二是以世界记忆项目为基础,与大学、档案馆、图书馆、博物馆、媒

---

① 截至2023年3月,全球共设立了7家世界记忆项目学术中心,分别成立于中国澳门、中国北京、韩国安东、中国福建、中国苏州、科特迪瓦阿比让、墨西哥城。
② 国家档案局:《世界记忆工程》,[2021-04-30],https://www.saac.gov.cn/daj/lh-gjk/202104/8099fe6e16614dc4bf4f6a5d269ebf02.shtml,2022年11月12日。
③ 国家档案局:《学术中心(澳门学术中心)》,https://www.saac.gov.cn/mowcn/cn/c100459/xszx.shtml,2022年11月12日。

体等社会各界积极合作,加强跨地区、跨领域的沟通联系,拓展与世界遗产(包括文化遗产和自然遗产)和非物质文化遗产计划的协同作用。

三是鼓励民间团体和个人进行档案史料的收集和捐赠,从而推动本地区档案文献事业发展和国际学术交流。

四是致力于宣传和推广世界记忆项目走进学校,培养年轻人对文献档案的保护意识和管理理念,举办相关展览和研讨会、学术研究、培训宣传等活动。

澳门学术中心自成立以来一直致力宣传和推广世界记忆项目,走进学校、培养年轻人对文献档案的保护意识和管理理念,举办相关展览和研讨会、学术研究、培训宣传等活动,得到了各方的支持。同时,中心还鼓励民间团体和个人进行档案史料的收集和捐赠,从而推动本地区档案文献事业发展和国际学术交流。例如,澳门世界记忆学术中心网站内设置了中心简介、世界记忆项目简介以及澳门在世界记忆名录入选项目情况简介等板块,发布"世界记忆项目三十周年""澳门功德林档案文献遗产宣传片"等内容。

3. 世界记忆北京学术中心。

2017年7月,世界记忆项目北京学术中心成立,中心由中国人民大学信息资源管理学院主办,旨在协助世界记忆项目中国国家委员会和联合国教科文组织世界记忆项目教育和研究分委员会在中国推广世界记忆项目,是全球第二家世界记忆项目学术中心。中国国家档案局和世界记忆项目教育和研究分委员会承认和全面支持中心工作,并向中心提供专业的指导意见和建议[①],其主要职能包括四个方面。

一是支持世界记忆项目,尤其在教育和研究领域,收集和保存与世界记忆项目相关的各类文献(印刷品及电子资料,包括准则、书籍、小册子等)以及有关世界记忆项目的任务、名录申报、项目和历史的文献。

二是协助举办世界记忆项目相关活动(如展览、研讨会、课程、讲座或其他宣传推广活动),与世界各地记忆机构(档案馆、图书馆和博

---

① 国家档案局:《学术中心(北京学术中心)》,https://www.saac.gov.cn/mowcn/cn/c100460/xszx.shtml,2022年11月12日。

物馆）、学术机构和非政府组织合作，推动世界记忆项目的开展，推广其成果。

三是提供文献遗产保护、修复和数字化的政策和措施，作为全球研究伙伴参考的最佳实践范例。

四是为探索与世界文化和自然遗产以及非物质文化遗产项目的协同作用提供坚实的基础。

北京学术中心较为全面地介绍了近期联合国教科文组织关于世界记忆项目的活动内容以及国内13项世界记忆的活动内容，网站内设置了中心简介、世界记忆项目、世界记忆名录、世界记忆中国国家名录、学术前沿、申报指南、文献遗产保护与修复等板块。介绍了北京学术中心自成立以来，开展了北京记忆数字资源平台建设、高迁村数字记忆、中国古代档案库房建筑探秘等代表性研究项目，参与了"数字记忆"厚重人才成长支持、中国人民大学数字记忆工作坊等教育教学计划，举办或协办了敦煌文化遗产数字化国际研讨会、2018中国古书画鉴定修复与保护国际高峰论坛等活动，在记忆项目的支持与发展、数字人文、教学培养、科学研究等领域取得了一定成绩。

4. 世界记忆福建学术中心。

2018年11月6日，世界记忆项目福建学术中心成立，中心在中国国家档案局、联合国教科文组织世界记忆项目教育和研究分委员会的支持下设立，由福建省档案馆主办，是继韩国安东学术中心之后全球第四家世界记忆项目学术中心[①]，其主要职能包括三个方面。

一是协助世界记忆项目中国国家委员会和世界记忆项目教育和研究分委员会参与世界记忆项目的相关工作。二是推进世界记忆名录入选文献遗产侨批档案的保护研究、开发利用和宣传推广工作，发挥侨批文献遗产在促进中外文化交流中的作用，提高公众对文献遗产重要性的认识。三是加强与世界记忆学术中心以及记忆保管、研究机构的交流合作，推广世界记忆项目成果，促进世界记忆与世界文化和自然遗产以及非物质

---

① 国家档案局：《学术中心（福建学术中心）》，https：//www.saac.gov.cn/mowcn/cn/c100461/xszx.shtml，2022年11月12日。

文化遗产项目的协同发展。

福建学术中心成立以来，打造侨批文化品牌"百年跨国两地书——福建侨批"，拍摄纪录片《百年跨国两地书》、宣传片《福建侨批·世界记忆》，在主流媒体开设"侨批故事"等专栏，打造流动展厅，出版《福建侨批档案文献汇编》系列书籍等。例如，《百年跨国两地书》展览走进侨乡、校园和海外华人社团，先后赴美国、日本、新西兰、菲律宾、泰国、马来西亚、印度尼西亚、柬埔寨等国举办巡回展览。又如，与澳门学术中心联合举办"闽澳世界记忆与海上丝绸之路"展览暨国际学术研讨会，与新加坡晚晴园——孙中山南洋纪念馆开展以侨批文献遗产为重点的档案文献遗产保护利用交流合作。再如，在福建晋江梧林华侨古村落侨批馆设立"世界记忆项目福建学术中心实践基地"，配合第44届世界遗产大会举办"记忆·遗韵——世界记忆在福建"展览。目前，福建学术中心网站设置在福建省档案局网内，目前主要展示中心动态以及侨批档案的相关活动内容。

5. 世界记忆苏州学术中心。

2018年11月10日，世界记忆项目苏州学术中心成立，是全球第五家世界记忆项目学术中心[①]，是由中国国家档案局、联合国教科文组织世界记忆项目教育和研究分委会与苏州档案部门三方开展的合作项目，其工作由苏州市工商档案管理中心（苏州中国丝绸档案馆）承担，其主要职能包括六个方面。

一是支持世界记忆项目，协助世界记忆项目中国国家委员会和世界记忆项目教育和研究分委员会的工作。二是协助举办世界记忆项目研讨会、讲座、展览、培训等活动，与其他中心合作推动世界记忆项目成果的推广。三是加强对苏州档案文献遗产的保护研究，进一步提升档案文献遗产的开发利用，为档案文献遗产的保护开发提供实践范例。四是组织开展世界记忆项目进校园等活动，开发世界记忆项目及苏州文献遗产相关课程，提高学生，包括中学生，对世界记忆项目及苏州文献遗产的

---

① 国家档案局：《学术中心（苏州学术中心）》，https://www.saac.gov.cn/mowcn/cn/c100462/xszx.shtml，2022年11月12日。

认识。五是建立世界记忆项目志愿者队伍，宣传世界记忆项目，提升社会文献遗产意识。六是探索苏州地区档案文献遗产与世界文化和自然遗产以及非物质文化遗产项目的协同作用。

苏州学术中心成立以来，将苏州中国丝绸档案馆（2013年4月成立）进一步建设成集收藏、保护、利用、研究、展示、教育、宣传等功能于一体、具有行业特色的一流档案馆；建立档企合作基地，形成独具特色的档案开发利用模式；开展世界记忆项目进校园活动，寻找档案文献遗产与学校教育的契合点，发挥档案育人作用；召开国际学术研讨会，交流学习文献遗产抢救、保护、研究与开发的优秀经验，汇编出版研讨会论文集；开展国家档案工作交流，在多国合作举办丝绸档案文化展览，宣传中国传统丝绸文化。例如，2021年11月，苏州学术中心参加科特迪瓦学术中心战略规划研讨会，分享苏州学术中心的成果及对世界记忆项目推广发展的建议。[1]

苏州学术中心网站中设置了中心概况、世界记忆项目简介以及世界记忆在中国三大板块，其中"世界记忆在中国"板块中展示了国际、亚太地区以及中国的记忆名录具体项目情况，并在"省级档案文献遗产名录"板块中设置了动态地图用于展示。

除建立专门的网站及四大世界记忆学术中心之外，我国还建立了其他专门的档案文献遗产管理机构。例如，1981年建立云南省社会科学院东巴文化研究室（1991年改为云南省东巴研究所）[2]、2015年12月南京市建立的侵华日军南京大屠杀遇难同胞纪念馆三期新馆正式对外开放[3]、2016年5月北京市创办的李时珍本草纲目植物园[4]等，为我国世界级世

---

[1] 苏州市工程档案管理中心（微信公众号）：《苏州学术中心参加科特迪瓦学术中心战略规划研讨会》，[2021-11-30]，https：//mp.weixin.qq.com/s/oRRYaskDL4DInopZw3dc3g，2023年2月6日。

[2] 云南省社会科学院：《丽江东巴文化研究所》，http：//www.sky.yn.gov.cn/jgsz/zsys/ljdbwhyjs/，2023年3月12日。

[3] 侵华日军南京大屠杀遇难同胞纪念馆：《场馆》，http：//www.19371213.com.cn/about/museum/202007/t20200710_2236045.html，2023年1月18日。

[4] 人民网：《"李时珍本草纲目植物园"在北京怀柔奠基》，[2016-05-24]，http：//unn.people.com.cn/n1/2016/0524/c14717-28375918.html，2023年1月18日。

界记忆项目的发展提供了良好的组织保障。

（二）组织了一些推广活动

国内推广主要体现在以下五个方面。

一是开展多种方式的展览活动。例如，2009年7月，《海邦剩馥——广东侨批档案展》亮相广东省各省市级档案局馆[1]；2014年9月25日，由海南省博物馆与陈嘉庚纪念馆、华侨博物院联合举办的"铁血滇缅——南侨机工回国抗战75周年纪念展"在海南省博物馆开展[2]；2015年5月9日，丽江市"纳西族东巴文化展"在国家博物馆西大厅开幕[3]；2017年12月13日，由中宣部和江苏省委省政府主办、侵华日军南京大屠杀遇难同胞纪念馆承办的《南京大屠杀史实展》历经一年改造，首次于侵华日军南京大屠杀遇难同胞纪念馆震撼亮相；2018年12月16日，"京津冀地区园林样式雷图档展"日前在园博馆二号临展厅开幕[4]；2019年10月，"证古泽今——甲骨文文化展"亮相中国国家博物馆[5]；2022年11月，由世界记忆项目苏州学术中心与福建学术中心共同举办的"海丝情忆"——丝绸与侨批档案文献遗产展在多地开展[6]。当然，上述国家档案精品的国内展览展示远不止这些，在不同场合举办过国内展览展示诸如馆内固定展和馆外巡回展的也远不止这些。对内面向14亿大陆同胞的宣传推广可以在陈展形式上、文化内涵上做到"标准、一致"，而在对外面向40多亿的外国人，还有4000多万的海外同胞和外籍华人时，上述陈展可以作为外展的基础。毕竟内宣和外宣的基本方针是一致的，

---

[1] 石大洪：《〈海邦剩馥：广东侨批档案展〉在广东省档案馆举行：200余件档案珍品 面向社会免费开放展期6个月》，《中国档案报》2009年7月26日第1版。

[2] 华侨博物馆：《铁血滇缅：南侨机工回国抗战75周年纪念展顺利开展》，[2014-09-27]，http://www.hqbwy.org.cn/news/content/900.html，2023年1月19日。

[3] 中华人民共和国文化和旅游部：《"纳西族东巴文化展"在国家博物馆举行》，[2015-05-12]，https://www.mct.gov.cn/whzx/zsdw/zggjbwg/201505/t20150512_775837.htm，2023年1月19日。

[4] 新京报：《皇家建筑世家"样式雷"开展，圆明园设计图纸亮相》，[2018-12-16]，https://baijiahao.baidu.com/s?id=1619984389721026779&wfr=spider&for=pc，2023年1月19日。

[5] 《中国国家博物馆首次举办大规模甲骨文文化展》，《中国民族博览》2019年第13期。

[6] 苏州市工商档案管理中心（微信公众号）：《今日开展｜寻找"海丝情忆"展览中的隐藏彩蛋》，[2022-11-26]，https://mp.weixin.qq.com/s/JGsrpgM6F4VAfHQsx_eVrQ，2022年12月18日。

只是因为宣传对象不一样且宣传对象差异大，理应在内宣积累的资源和经验基础上，有针对性地把握外宣目的国的社会制度、历史背景、文化传统、价值观念、宗教信仰、生活方式、思维方式、语言习惯、读者心理以及对中国的了解程度等。那么，陈展形式上和文化内涵上等均应从"标准、一致"转向"精准、细致"。

二是推动档案文献的二次创作。例如，1985年8月至1989年期间，东巴研究所陆续录制了东巴教《祭风仪式》《祭天仪式》《祭东巴什罗》等录像资料，以及七十多盘东巴唱经书的录音资料[①]；2014年7月，昆明市委、市政府联合中央电视台拍摄制作《南侨机工》《南侨机工——被遗忘的卫国者》专题纪录片、打造南侨机工教育基地、着力打造南侨机工品牌[②]；2020年7月，苏州市工商档案管理中心主办编写了一套面向青少年群体的"我是档案迷"，以极富创意的"穿越"方式，带领青少年朋友重回世界记忆项目和苏州丝绸档案现场[③]；2021年7月，苏州市文化广电和旅游局、世界文化遗产古典园林保护监管中心、苏州园林博物馆等多家部门与苏州学术中心共商合作，打造了"第七档案室"多元化IP体系[④]；2022年10月，由珠海演艺集团制作、珠海歌舞团演出的民族歌剧《侨批》在广州大剧院歌剧厅正式首演；[⑤] 等等。限于篇幅，笔者难以穷尽档案领域就国家档案精品二次创作的所有案例，而且，种类不同、内容不同、形式不同、地域不同等在某种程度上决定了二次创作的方式方法以及由此带来的影响力也会存在较大差异。但是，上述案例代表了一种方向，即借助多形态的文化产业，打造多元化的文化产品。

---

① 萧霁虹：《东巴古籍的整理与研究》，《云南民族学院学报》（哲学社会科学版）1994年第4期。

② 《南侨机工档案入选世界记忆亚太地区名录座谈会交流发言稿内容摘要》，《云南档案》2018年第11期。

③ 苏州大学新闻网：《国内首套面向青少年的档案类图书"我是档案迷"江苏书展首发》，http://www.suda.edu.cn/suda_news/zhxw/202007/b929d5b5-8ad-4dca-8f47-4be8e4ef5dd1.html，2023年1月19日。

④ 卜鉴民、邵亚伟、吴飞：《面向公众教育的档案文献遗产开发：实践图景与未来展望》，《档案与建设》2022年第1期。

⑤ 中国青年网：《民族歌剧〈侨批〉下周广州首演》，[2022-09-30]，https://baijiahao.baidu.com/s?id=1745378923036499306&wfr=spider&for=pc，2022年9月30日。

在这一过程中，政府和市场各司其职，政府通过政治、财政、税收等宏观调控的手段，引导各个市场主体生产蕴含本国文化和意识形态的文化产品。诸如各级档案文献遗产的官方收藏机构提供基本的馆藏资源，各类学术研究机构的科研工作人员贡献起码的学术成果，市场主体则利用商业渠道为文化艺术团体、文化创意产品以及文化内容产品等提供资金、技术、盈利等支持，最终的结果便是以书籍、报刊、电影、电视、音乐、广告、旅游、视频等国际通行的形式携带价值观、人生观、伦理道德、风俗习惯等中国独有的文化推向国外。关键点在于这种文化的输出一定是：看似无意，实则有意；看似休闲娱乐，实则潜移默化。

三是建立多样化数字平台。例如，2014年12月，国家档案局线上设置的南京大屠杀档案选粹以网络视频的形式展示相关档案文献[1]；2015年下半年起，西藏自治区档案局（馆）制定《西藏历史档案整理方案》，开发"西藏历史档案管理系统"软件，为档案数字化整理、开发利用提供强有力的服务平台[2]；2019年8月，由澳门基金会筹划的"澳门记忆"文史网正式上线，通过建立一个网上互动多媒体资料库，推动大众参与[3]；2022年4月，由中国艺术研究院收藏、建设的"世界的记忆——中国传统音乐录音档案"数字平台正式上线试运行。[4] 各级各类国家档案精品的馆藏机构的优势不仅在于能够联合政府相关职能部门制定顶层设计方案，例如在《"十四五"规划》中写入"新时代新成就国家记忆工程"，而且在于借助方案做好资源的储备工作，尤其是在数字中国建设进入新征程背景下，国家档案精品能否在数字化建设进程加快和升级的背景下实现跃升，显得至关重要。一方面，唯有高度数字化甚至数据化的国家档案精品才能与以数字化作为主要加工方式的文化产业链形成资源层面的无缝对接，这是档案领域正在着力实施的；另一方面，

---

[1] 国家档案局：《南京大屠杀选粹》，https：//www.saac.gov.cn/zt/njdts.html，2023年3月12日。

[2] 扎西：《唤醒七百年的档案记忆：〈中国元代西藏官方档案〉成功入选〈世界记忆名录〉》，《中国档案》2013年第8期。

[3] 国际在线：《"澳门记忆"文史网正式上线》，[2019-08-07]，https：//baijiahao.baidu.com/s？id=1641168977580826103&wfr=spider&for=pc，2023年1月19日。

[4] 《"中国传统音乐录音档案"数字平台上线发布》，《中国音乐学》2022年第2期。

2023年中共中央、国务院印发《关于构建数据基础制度更好发挥数据要素作用的意见》，其中"着力建立数据产权制度，通过推动数据产权结构性分置，建立数据资源持有权、数据加工使用权、数据产品经营权'三权分置'"①，意味着解决此类数字资源在产业链上的加工使用和产品经营等权益层面的无缝对接，也已经被党和国家列为顶层设计方案。

四是利用新媒体扩大宣传领域。截至2023年1月，笔者通过网络调研获取了我国新媒体平台在世界记忆中的应用情况，如表2-7所示，我国世界级记忆的宣传以网站、微信平台为主，微博平台、其他平台为辅。

表2-7　　我国新媒体平台在世界记忆中的应用情况表

序号	世界记忆名称	网站名称	微博平台	微信平台	其他平台
1	中国传统音乐录音档案	"中国传统音乐录音档案"数字平台；国家档案局（世界记忆名录）	—	中国艺术研究院艺术与文献馆	学习强国
2	清代内阁秘本档	中国第一历史档案馆（珍品展台）；国家档案局（世界记忆名录）	—	皇史宬	—
3	清代科举大金榜	中国第一历史档案馆（珍品展台）；国家档案局（世界记忆名录）	—	皇史宬	—
4	赤道南北两总星图	中国第一历史档案馆（珍品展台）；国家档案局（亚太记忆名录）	—	皇史宬	—
5	"样式雷"建筑图档	北京学术中心（线上展厅）；国家档案局（世界记忆名录）	国家图书馆；故宫博物院；样式雷文化	样式雷文化	—
6	孔子世家明清文书档案	孔子博物馆（学术成果）；孔府档案研究中心；纪录片《孔府档案》；中国档案资讯网（珍品秘闻）；国家档案局（亚太记忆名录）	孔子博物馆	孔子博物馆	哔哩哔哩（孔子博物馆）

---

① 国家发展和改革委员会：《加快构建中国特色数据基础制度体系 促进全体人民共享数字经济发展红利》，《求是》2023年第1期。

续表

序号	世界记忆名称	网站名称	微博平台	微信平台	其他平台
7	清代澳门地方衙门档案（汉文文书）	澳门世界记忆学术中心（澳门文献遗产）；国家档案局（世界记忆名录）	国家图书馆；澳门驻京办	澳门日报	—
8	澳门功德林寺档案和手稿	澳门世界记忆学术中心（澳门文献遗产）；国家档案局（亚太记忆名录）	澳门驻京办	澳门日报	—
9	天主教澳门教区档案文献	澳门世界记忆学术中心（澳门文献遗产）；国家档案局（亚太记忆名录）	澳门驻京办	澳门日报	—
10	近现代苏州丝绸样本档案	苏州市工商档案管理中心；苏州丝绸博物馆；国家档案局（世界记忆名录）	苏州丝绸博物馆；	苏州市工商档案管理中心；苏州丝绸博物馆	视频号（第七档案室）
11	甲骨文	中国文字博物馆；国家档案局（世界记忆名录）	中国历史研究院；中国文字博物馆；山东博物馆	中国文字博物馆	哔哩哔哩（商史甲骨）
12	东巴古籍文献	国家档案局（世界记忆名录）	—	丽江市东巴文化研究院	哔哩哔哩（一起学纳西文）
13	南侨机工档案	中国档案资讯网（红色记忆）；国家档案局（亚太记忆名录）	—	南洋华侨机工回国抗战历史研究会；云南档案	—
14	南京大屠杀档案	侵华日军南京大屠杀遇难同胞纪念馆；北京学术中心（线上展厅）；国家档案局（世界记忆名录）	侵华日军南京大屠杀同胞纪念馆	侵华日军南京大屠杀同胞纪念馆	—
15	侨批档案（银信）	福建档案信息网（福建学术中心）；北京学术中心16（线上展厅）；国家档案局（世界记忆名录）	—	侨批研究；泉州档案	—
16	元代西藏官方档案	西藏自治区档案网（档案文化）；国家档案局（世界记忆名录）	—	—	—

续表

序号	世界记忆名称	网站名称	微博平台	微信平台	其他平台
17	《四部医典》	国家档案局（亚太记忆名录）	—	—	哔哩哔哩（德吉仁渡）
18	《本草纲目》	国家图书馆；国家档案局（世界记忆名录）	—	本草纲目图解	—
19	《黄帝内经》	国家图书馆；国家档案局（世界记忆名录）	—	黄帝内经	—

当"互联网+"深刻影响社会每一个人的衣食住行时，依托传统媒介进行国际文化传播的文化产业转而与"互联网+"进行了绑定，尤其是"移动互联网"以及"新兴媒体技术"的日渐成熟，即便是具备前三项的所有条件——有展览、有创作、有数字化，也仍然无法完整拼凑起宣传推广的所有要件，因为新媒体的发展实在太快、新媒体的普及实在惊人，缺少新媒体的运用，国家档案精品海外推广可能根本就无法融入海外社会。例如，TikTok（抖音的海外版），这些技术的运用思维可能颠覆我们的传统——"既然是我们推广自己的国家档案精品，理所当然应该由我们自己准备资源、制作节目然后进行传播"，成为"感兴趣的任何人均可以对任何资源进行制作、推广、交流加关注"，就像外国人也利用中国的新媒体制作蕴含中国文化的短视频在世界各个平台播放、转发、交流加关注。如此趋势，将会倒逼国家档案精品的资源持有者储备、开放更多更优质的资源，表2-7中的案例尽管已经较为丰富，但是数量级、开放度、加工程度以及产业化程度仍然有待进一步提升。

五是注重世界记忆在教育领域的推广。例如，21世纪以来，云南省当地中小学将许多记载于东巴古籍中的纳西族神话、传说、史诗、故事、谚语等翻译为通俗易懂的当代纳西语，使得当地的中小学生也能够接触到东巴古籍中的民族文化[①]；2002年9月，丽江市东巴文化研究院和云南民族大学联手创办了"纳西族语言文学和东巴文化方向"本科课程，2003年9月，又与西南师范大学文献所共同创办了"中国少数民族语言

---

① 王忠、王成尧：《中国内地的世界记忆遗产开发利用研究》，《山西档案》2018年第1期。

文学"硕士学位授予点①；2019年9月，我国档案高校开展档案日活动，注重结合新媒体技术，通过游戏、手工等形式开展互动式活动，郑州大学、南昌大学等在传统活动中设置了重走档案路、时光寄语、档案拼图、档案管理操作流程演示与体验等游戏环节，苏州大学开展二次元拟人形象和自刻印章等档案文创设计。② 近些年，我国世界记忆进校园的案例并不在少数，就连联合国教科文组织在创建《世界记忆名录》之余也还致力于世界记忆的教育资源制作以及学校教育推广等工作。在教育领域的推广实际上关系到国家档案精品的组织建设的近期、中期以及长远效益。从近期来看，广大在校学生接受世界记忆所蕴含的中国优秀传统文化教育、革命文化教育以及社会主义先进文化等教育，是学校立德树人的重要方法，德从哪里来？这些世界记忆是最好的凭据和载体。从中期来看，校园推广是面向社会推广、面向海外推广的一次练兵，例如教育部档案学本科高等教育指导委员会举办的"课外科技大赛"获奖作品集中呈现为教师指导、学生动手、公司赞助、政府推广的一种方式，四方均以自己熟悉的方式参与国家档案精品的制作、加工、推广。从长远来看，就是为国家档案精品走出去培育各方面的人才，仍然以表2－7中的第11行"甲骨文"为例，或精通中国古代象形文字、可以研究甲骨文；或精通数字技术、可以可视化甲骨文；或精通生化技术、可以保护甲骨文/制定甲骨文保存标准。未来的发展远超现在的想象，也必须为未来走出去的可持续性供应适应时代发展的各种人才。

国外推广主要体现在以下三个方面。

一是积极组织或参与国际会议，推动中国档案世界化，强化国际传播。例如，2014年，时任国家档案局副局长、中央档案馆副馆长李明华在广州召开的世界记忆项目亚太地区委员会第6次会议上当选为主席。2014—2018年，李明华在担任主席期间，积极推动在韩国光州亚洲文化中心建立了世界记忆项目亚太地区委员会办公室；2016年6月，在西安

---

① 任维东：《东巴文：世界上唯一的象形文字继续活下去》，《光明日报》2010年12月1日第1版。
② 张晨文、邵亚伟、牟胜男：《互动频繁 反响热烈：国际档案理事会举办国际档案周精彩活动回顾》，《中国档案报》2019年6月27日第3版。

举办了亚太地区文献遗产保护研讨会；2016年11月，在苏州召开了世界记忆项目与档案事业发展研讨会，为文献遗产的抢救、保护、研究和开发利用提供了平台，营造了良好的氛围，为扩大中国影响力、推动亚太地区文献遗产的保护和利用作出了卓越贡献。苏州市工商档案管理中心利用丝绸档案开发的丝绸新产品被APEC会议、世乒赛、"9·3"阅兵等重大活动选用，实现了丝绸档案文化在更大范围内的传播。① 上述活动，可以称为国家档案精品走出去的"官方渠道"，一是以中国官方举办的各类型会议为主；二是主要在国际档案领域的官方场合展开业务交流活动；三是主要在政府间国际外交场合融入档案文化、档案元素或档案理念。正如当前国际外交活动中尤其是文化领域的交流活动展出的一种趋势——"越来越倾向于非官方化以及非正式化，这些活动却又明显对于各国处理国际关系有明显作用"②。上述活动也呈现出并非绝对的或单一的官方渠道，这在某种程度上意味着即便是档案领域的"官方渠道"，仍然可以与"非官方渠道"，诸如学术研究与体育赛事等，与国家政府的"官方渠道"，诸如阅兵仪式与政府间会议等形成相互组合的方式。

二是海外办展，扩大中国档案文献遗产的世界影响力。例如，2018年12月，由国家档案局和中国联合国教科文组织全国委员会联合主办、中国第一历史档案馆承办的"16—20世纪初'丝绸之路'历史档案文献展"在联合国教科文组织总部开展，法国、波兰、韩国、捷克、日本、土耳其、西班牙、匈牙利、印度尼西亚及中国澳门10个国家和地区的档案、图书机构参与协办并提供展品。③ 随着13项世界记忆以及14项亚太世界记忆的入选，国家档案精品的外展将会愈加频繁，申遗前后沿着所申报内容的相关地、相关国以及联合国教科文组织总部所在地举办的海外展览可谓是次数频繁、规模不一、影响巨大，可以称之为国家档案精

---

① 谭必勇：《社会记忆构建与地方特色档案资源整合与传播：以"近现代中国苏州丝绸档案"为例的考察》，《兰台世界》2018年第6期。
② 叶龙：《文化外交：无处不在或者不存在？——基于有效文化外交的构思》，《理论月刊》2019年第7期。
③ 国家档案局外事办公室：《改革开放以来的档案外事工作》，《中国档案》2018年第11期。

品走出去的"专业渠道"。虽然与前一种"官方渠道"可能存在重复，但专业渠道更加侧重于面向国际档案同行进行档案精品的展览展示，毕竟世界记忆的评选主要是由档案同行组成的评审委员会来执行。需要注意的是，国家档案精品并非全部保存在档案部门，也有相当一部分收藏于文博、图书、纪念馆等文化部门。既然是"专业渠道"，相关专业领域的行业部门或者展览场所，也可视作"协同合作走出去"的重要渠道，在国际文博、非遗、图书等的展示舞台展出国家档案精品。

三是通过学术研究或新技术手段等方式，将中国的世界记忆更好地展示到全世界。例如，2014年1月，为悼念南京大屠杀30万同胞遇难76周年，由南京大屠杀遇难同胞纪念馆与美国南加州大学纳粹屠犹研究基金会以国际口述档案标准录制的12名南京大屠杀幸存者的部分证言影像和口述档案，在纳粹屠犹基金会官网和基金会影像历史档案库官网用中、英文两种文字首次向全球公开发布；① 2022年9月，由华东师范大学与丽江师范高等专科学校等单位联合研发的东巴文智能识别诵读系统正式发布，主要包含预处理、文字识别与匹配、语音转换等模块。② 上述活动可以称为国家档案精品走出去的"社会渠道"，如同西方大国政府在实施文化外交的主要传播方式时，除了建立起管理对外文化关系的政府部门，就是通过非政府的、自治性的间接管理，诸如英国文化委员会；或者混合管理的方式，诸如德国的歌德协会，他们并没有与"官方渠道"完全撇清，而是基金由政府提供，或者协议由政府制定。当然，我们也没有必要完全照抄照搬西方国家的做法，其有启示的地方在于"社会渠道"相较于"官方渠道"更丰富、更多样、更柔和，同时也更学术化、更标准化、更亲民化。在处理某些国家档案精品诸如南京大屠杀档案的海外宣传时，可能以官方渠道为主、社会渠道为辅，因为国际社会总是存在诸如日本右翼势力的阻挠，急需官方渠道的鼎力支持，而

---

① 潘晔、蔡玉高、蒋芳：《12名南京大屠杀幸存者口述档案首次向全球发布》，《兰台世界》2014年第1期。
② 澎湃新闻：《人工智能助力古语言文字传承，这套能识别东巴文的系统发布》，[2022 – 09 – 02]，https：//baijiahao. baidu. com/s？ id = 1742865801179003515&wfr = spider&for = pc，2023年1月19日。

在处理另外一些国家档案精品诸如东巴古籍文献的海外宣传时，可能以社会渠道为主、兼顾专业渠道，因为在学术研究较为成熟的前提下，社会普及反而成为重点和热点。

四 总体评价

（一）主要成就

一是形成较为全面的政策支持体系。党的二十大报告中明确提出"增强中华文明传播力影响力，坚守中华文化立场，讲好中国故事、传播好中国声音，展现可信、可爱、可敬的中国形象，推动中华文化更好走向世界"，这是给予"走出去"的最新顶层设计。同时，我国国家级档案文献遗产的保护、宣传与推广，主要依靠新《档案法》《中华人民共和国文物保护法》《"十四五"规划》以及地方性档案保护条例的政策支持。

例如，以第一批中国档案文献名录中的"贵州水书档案"[①] 为例（2022年11月入选《世界记忆亚太名录》），2006年3月贵州省人大常委会批准二次修订的《黔南布依族苗族自治州自治条例》、2005年7月荔波县政府颁布的《荔波县水书抢救保护工作实施办法》以及2008年10月三都水族自治县施行的《三都水族自治县水书文化保护条例》均为贵州水书的保护工作提供了政策上的支持，并将水书保护列入政府工作规划。又如，以第三批中国档案文献遗产名录中的"锦屏文书"为例，2007年初黔东南州人民政府和锦屏县、黎平县、天柱县、三穗县、剑河县人民政府相继成立了"锦屏文书"抢救保护工作领导小组，2019年3月1日起，贵州省《黔东南苗族侗族自治州锦屏文书保护条例》正式施行，"锦屏文书"正式获得地方法规保护，这一珍贵的民间文书得到系统性的抢救与保护。[②] 正是有了系统的保护政策，才为贵州水书档案从国内走向国际、"锦屏文书"从地方走向全国奠定了资源基础。

[①] 华林、刘为、杜昕：《贵州黔南州国家综合档案馆水书档案文献遗产集中保护案例研究》，《档案学通讯》2015年第2期。

[②] 新华社：《中国抢救性保护珍贵民间文书"锦屏文书"》，[2019-03-26]，https://baijiahao.baidu.com/s?id=1629049728930035985&wfr=spider&for=pc，2023年1月20日。

二是形成较为先进的科技支撑体系。一方面，通过建立设施齐全的特藏室，保障国家档案文献遗产保护基本设施的建立。2001年12月，国家档案局召开的全国档案局馆长工作会议中提出要求建立档案特藏室的尝试和号召，作为对《中华人民共和国档案法实施办法》中对永久保管档案实行分级保管的具体落实，是对我国历史档案保护的一项重大措施。在各档案馆的积极响应下，逐渐建成用于保管珍贵的档案文献遗产的现代化特藏室，一般包括环境适宜的库房以及标准规范的档案装具。

另一方面，对档案文献遗产的复制与推广采取相匹配的科技措施。例如，2000年10月，中国第一历史档案馆会同敦煌艺术研究院和浙江大学的专家，精心制作了数字化的巨幅《大明混一图》，该复制件保持了原图的面貌，大小一致①；2004年1月，保存在喀左县档案馆珍贵档案特藏室的"图琳固英族谱"，现已制成缩微胶片进行保存②；2006年底，南京市档案馆从南京市公安局浦口石佛寺仓库接收了这批原国民政府首都警察厅留存的户籍资料，并对其中的150万张户籍卡（含户卡和口卡）进行了电子化③；2015年9月，辽宁省档案馆使用数码相机来进行模数转换，现已将体积厚重的清代玉牒和清代圣训全部数字化，并实现电子数据备份。④ 先进的保护方法、备份措施等为档案资源建设夯实了资源基础。

三是形成持续推进的协同合作态势。例如，与文博部门的合作。早在1983年6月，山东省的"赵秉忠状元卷"作为目前国内外仅见的明代之前状元卷真迹，由北京故宫博物院复制，原件归青州博物馆收藏和展出，复印件分送故宫、山东省博物馆和赵秉忠第13代孙赵焕彬本人。⑤

又如，与企业、高校的产学研合作。2012年6月，苏州市政府即制

---

① 李新烽:《明代地图绘非洲》,《人民日报》2004年2月20日第15版。
② 王国文:《"图琳固英族谱"得到妥善保管》,《中国档案报》2004年1月15日第3版。
③ 张生、徐春、孔爱萍:《解放战争时期南京地下党的隐蔽斗争：以民国南京户籍卡档案为中心的研究》,《民国档案》2022年第4期。
④ 朱伶杰、陈智兵、袁晓智:《档案文献遗产保护实践探析》,《兰台世界》2015年第17期。
⑤ 齐鲁壹点:《国内外仅存的明代"状元卷"，从"传家宝"到"国宝"历程揭秘》,[2022-03-09],https://baijiahao.baidu.com/s?id=17268164872320131114&wfr=spider&for=pc,2023年1月20日。

定了《苏州市丝绸产业振兴发展规划》①，支持和鼓励丝绸企业承担责任，并分别从苏州丝绸产业的现状及问题、振兴苏州丝绸产业的路径和主要任务、振兴苏州丝绸产业的政策保障三方面进行规划。一方面，在入选世界记忆名录以前已经开展产学研协作，2014年11月，苏州市工商档案管理中心依托馆藏宋锦资源与鼎盛丝绸有限公司合作，运用现代制造装备成功生产出传统风格和特色的宋锦面料②；2015年9月，苏州市工商档案管理中心与苏州锦达丝绸有限公司合作开发的文化创意产品"丝质书签"亮相博览会③，中心还提供馆藏苏罗丝绸样本档案，帮助锦达丝绸企业开发传统丝绸面料、纱罗宫灯艺术品、丝绸书签等多种创新产品，广受消费者好评。另一方面，自2016年苏州丝绸档案入选世界记忆名录后，其产学研工作扎实推进，截至2020年1月，中心已经与18家丝绸企业共建"传统丝绸样本档案传承与恢复基地"，不仅在十余年间结项多个档案科研项目，还将丝绸档案科研成果产业化。④

再如，与高校、科研院所的合作。2005年10月，中山大学与荔波县档案馆合作，挂牌成立了中山大学荔波水书研究基地，2006年5月，贵州民族学院成立了贵州水书文化研究院⑤；清华大学、南开大学、贵州民族大学等高校学者也纷纷参与开展水书研究。⑥ 2011年10月，"清水江文书整理与研究"正式列为国家社科重大招标项目，通过基金支持促进科研人员对"锦屏文书"的保护进行研究，截至2022年2月，锦屏县已完成锦屏文书原件征集馆藏保护6.3万余件、326册，实物248件，

---

① 苏州市人民政府：《苏州市人民政府关于印发苏州市丝绸产业振兴发展规划的通知》，《苏州市人民政府公报》2012年第7期。
② 苏州日报：《旧档开启"世界记忆"新篇》，[2020-01-10]，https：//3g.163.com/local/article/F2HN060K04248E8R.html，2023年1月20日。
③ 搜狗百科：《第二届中国国际集藏文化博览会》，https：//baike.sogou.com/v141125417.htm，2023年1月20日。
④ 黄霄羽、贾沣琦：《苏州市工商档案管理中心在苏州丝绸产业振兴发展中的角色定位及启示》，《浙江档案》2021年第7期。
⑤ 王观玉、张娅妮：《水书文献信息资源管理与开发利用探讨》，《图书情报工作》2009年第9期。
⑥ 杜昕、高鹏翔、朱少禹：《水书档案文献遗产抢救问题研究》，《兰台世界》2014年第26期。

涉及全县 15 个乡镇 1128 户，目前已完成全文数字扫描录入 6.1 万余件，《锦屏文书》丛书第 1 至第 3 辑 31 册已由广西师范大学出版社公开出版，未来文书修复、录入和出版工作还在持续推进。①

可见，档案部门与多部门就档案资源开发、保护、宣传、研究等工作的合作由来已久，说明档案部门与其他部门就"走出去"而言合作的氛围、条件、效率等都是有迹可循的，有诸多成功的经验可以借鉴。

四是形成持续高涨的名录研究热潮。笔者采用《中国档案文献遗产名录》中各批次项目的名称全称或部分代表性内容进行检索，如第一批名录中的"尹湾汉墓简牍中的西汉郡级档案文书"选用"尹湾汉墓简牍+西汉"进行检索，综合得到 19 篇相关论文，时间跨度为 1997 年 1 月至 2022 年 6 月。根据中国知网检索情况发现（检索时间为 2023 年 2 月），期刊中发表最多最全面的是"中国档案文献遗产选刊"系列文章（共 27 篇，涉及前两批名录）和"中国精品档案解析"系列文章（共 30 篇，涉及前三批名录），此外可能还有"中国档案记忆选刊"系列文章，在报纸中"中国档案报"是各项档案文献遗产的主要传播者。同时，不同批次的文献利用情况存在一定规律性，第一批至第五批名录中文献的研究及发文数量呈上升趋势（见图 2-2），第五批名录由于公布

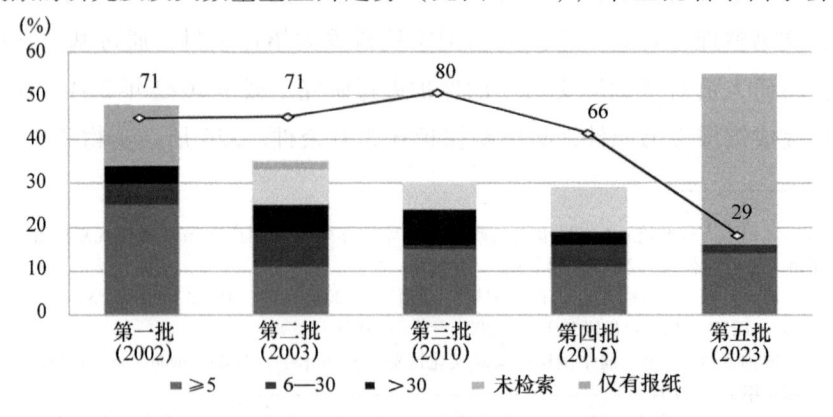

图 2-2 五批中国档案文献遗产的中国知网检索情况

---

① 天眼新闻：《奋进新征程 建功新时代：全面推进乡村振兴 锦屏：加大"锦屏文书"修复力度 全力推进档案数字化建设》，[2022-08-24]，https://baijiahao.baidu.com/s?id=1742008497573149614&wfr=spider&for=pc，2023 年 1 月 20 日。

第二章 进展：国家档案精品走出去的实践现状与研究现状

时间较短，其带来的研究热度未能完全体现。第四批名录文献的研究发文数量虽然相较于第三批有所下降，但依然高于第二批的研究发文数量，因此可以认为中国档案文献遗产名录的研究热度在持续走高。

入选《中国档案文献遗产名录》的档案文献在中国知网发文数量见表2-8，可知各个批次在不同类型出版物中均有一定研究热度。即使第五批文献遗产公布时间为2023年1月，笔者调研时间为2023年2月，不到一个月的时间也显示了该名录的影响力和研究热度。

表2-8 入选《中国档案文献遗产名录》的档案文献在中国知网发文数量表

批次	发表文章情况（单位均为"篇"）				
	期刊论文	学位论文	会议论文	报纸及其他成果	检索总数
第一批（2002）	272	113	10	87	482
第二批（2003）	426	127	23	15	591
第三批（2010）	3793	363	208	134	4498
第四批（2015）	941	92	55	29	1117
第五批（2023）	39	30	1	0	70

将中国知网中检索的有关研究该名录中档案文献的论文数量按照"≤5篇""6—30篇"">30篇""未检索到""仅有报纸"的区间进行划分，详见表2-9。

对前四批发文数量>30篇的档案文献和尚未检索到的档案文献具体情况见表2-10。目前，前三批名录的文献利用情况更好，第三批名录中文献的高度开发（发文数量>30篇）情况最佳，占比达30%；第一批名录中文献的轻度开发（发文数量≤5篇）情况最佳，占比达44%。第三批文献中，"侵华日军南京大屠杀相关专题档案"、《新刊黄帝内经》的研究发文数量远超其他档案文献。此外，未入选世界名录的"敦煌写经"、《永乐大典》、"鱼鳞图册"、"锦屏文书"、《竺可桢日记》手稿的发文数量超过100篇，或许能够争取新一轮的世界名录申报。

表2-9 入选《中国档案文献遗产名录》的档案文献在中国知网发文分布表

批次	≤5篇	6—30篇	>30篇	未检索到	仅有报纸	文献总数（篇）
第一批（2002）	25（52%）	5（10%）	4（8%）	0（0%）	14（29%）	48
第二批（2003）	11（31%）	8（23%）	6（17%）	8（23%）	2（6%）	35
第三批（2010）	15（50%）	1（3%）	8（27%）	6（20%）	0（0%）	30
第四批（2015）	11（38%）	5（17%）	3（10%）	10（34%）	0（0%）	29
第五批（2023）	14（25%）	2（4%）	0（0%）	39（71%）	0（0%）	55

表头：文章发表数量情况（单位均为"篇"）

表2-10 前四批《中国档案文献遗产名录》受关注最大及最小的档案文献

批次	检索相关发文数量>30篇的档案文献名称	发文数量	未检索到，即0篇的档案文献名称
一	纳西族东巴古籍	121	无
	贵州省"水书"文献	97	
	汉冶萍煤铁厂矿有限公司档案	67	
	西夏文佛经《吉祥遍至口和本续》	58	
	清代玉牒	50	
	抗战时期华侨机工支援抗战运输档案	44	
	中山陵档案	35	
	清代金榜	34	
	清代《清漾毛氏族谱》	32	
	大生纱厂创办初期的档案	31	

第二章　进展：国家档案精品走出去的实践现状与研究现状　77

续表

批次	检索相关发文数量 >30 篇的档案文献名称	发文数量	未检索到，即 0 篇的档案文献名称
二	《永乐大典》	351	明代洪武皇帝颁给搠思公失监的圣旨
	清代"样式雷"图档	153	明代徽州江氏家族分家阄书
	利簋	92	清初世袭罔替诰命
	中国工农红军长征档案文献	60	林则徐、邓廷桢、怡良合奏虎门销烟完竣折
	四川自贡盐业契约档案文献	40	
	长芦盐务档案	40	清代末年至中华人民共和国成立前九龙关管辖地区图
	《共产党宣言》中文首译本	36	
	清代内蒙古垦务档案	34	吐鲁番维吾尔郡王额敏和卓及其裔家谱
			大清国致荷兰国书
三	侵华日军南京大屠杀相关专题档案	4904	清代雍正皇帝为指派康济鼐办理藏务事给达赖喇嘛的敕谕
	《新刊黄帝内经》	3331	
	敦煌写经	364	清代嘉庆皇帝为确立达赖灵童事给班禅活佛的敕谕
	侨批档案	268	
	锦屏文书	136	孙中山葬礼纪录电影原始文献
	辛亥革命武昌起义档案文献	78	
	《本草纲目》（金陵版原刻本）	74	南京国民政府商标局商标注册档案
	四川省凉山彝族自治州毕摩文献	61	
	苏州市民公社档案	44	湘鄂赣省工农银行发行的货币票券
四	"慰安妇"——日军性奴隶档案	103	宁化府益源庆历史档案
			盛京内务府册档
	晚清民国龙泉司法档案	76	《尺度经·智者意悦》（稿本）
			清代册封扎萨克世袭多罗达尔罕贝勒的册文
	近现代苏州丝绸样本档案	44	孙中山、胡汉民、廖仲恺给戴季陶的题字
			张静江有关孙中山临终病情及治疗情况记录
	保定商会档案	38	解放战争时期临朐支前《军鞋账》
			中华人民共和国第一届全国人民代表大会第一次会议档案

在检索过程中发现了两个方面的问题，可能会影响最终检索的准确性，但对最终整体趋势和利用情况的判定影响较小。

一方面，某些文章囊括多个档案文献，使得最终检索结果可能有一定程度的重复。其一，如第一批的"彝族文献档案"、第三批的"彝族自治州毕摩文献"以及第五批的"彝族《查姆》史诗"和"毕节彝族古文字档案"会在"彝族档案"相关文章计算中出现一定的重复；而第三批的"南京大屠杀档案"、第四批的"慰安妇档案"和第五批的"七三一部队罪行档案"也会有一定重复。其二，如"第五批中国档案文献遗产名录公布浙江三件档案文献入选""三件清代珍档的故事"这种本身就涉及多篇文献的文章。

另一方面，部分档案文献名称使得检索过程可能存在一定疏漏。一是档案文献的名称存在一定的模糊性，如第四批的"盛京内务府册档"和第五批的"盛京内务府稿档"均未检索到相关文献，通过相似文献了解到与其高度相关的"黑图档"虽然是关于盛京内务府文书的档案文献，但更多的研究集中于建筑领域，并且在检索"样式雷建筑图档"的时候会出现在检索结果中，因此无法确定"黑图档"是否可以等同于前两项"盛京内务府档案"，故未将这类文献选择进来。二是档案名称过长或较为复杂，如"清代雍正皇帝为指派康济鼐办理藏务事给达赖喇嘛的敕谕""林则徐、邓廷桢、怡良合奏虎门销烟完竣折"，这类文献难以判断其是确实没有相关研究，还是由于名称太长而未能准确检索。

五是形成惠及各界的档案文化力量。其一，为红色文化发展主动提供支撑。例如，2015年5月，南京市档案局与南京新闻广播电视台联合举办"看民国户籍卡片，寻祖辈南京印迹"的活动，活动以馆藏南京的民国户籍卡档案为基础，邀请了100多名市民走进档案馆，近距离接触这些历史档案，寻找民国时期户籍卡中的祖辈、故人印记，最终受邀南京市民都找到了自己祖辈、故人的民国时期户籍卡。[①] 2016年11月，"双城记忆——南京·广州纪念孙中山先生诞辰150周年档案史料展"

---

① 网易新闻：《民国户籍卡向市民开放》，[2015-05-27]，https://www.163.com/news/article/AQJ6FURU00014Q4P.html，2023年1月20日。

在南京、广州两地同步展出，实现了线上线下的互动，观展人数突破20万人次。① 2022年4月，为纪念红军长征胜利70周年，缅怀先烈业绩，弘扬长征精神，四川省档案（局）馆特别制作了"红军长征在四川"档案网上展览，展览追随红军在四川的足迹，突出四川特色，特精选了220余幅历史图片，图文并茂地再现了当年红军长征在四川的征途。② 红色文化是中国特色文化的重要组成部分，红色档案为红色文化发展提供了证据、记忆、情怀等物质层面和精神层面的完整服务。

其二，为社会主义现代化建设成就主动提供细节展演。例如，2018年12月，由江苏省档案馆、省政协文化文史委、中铁大桥局集团有限公司等单位主办的"国家记忆南京长江大桥建成50周年档案史料展"在梅园新村纪念馆开幕③；2020年10月，敦煌市委、市政府筹办的"纪念藏经洞发现120周年——当代写经精品展"首展于敦煌，是对敦煌优秀传统文化创造性转化和创新性发展的一次积极实践。社会主义现代化建设成就是中国特色社会主义文化的依托，各种档案为社会主义文化的展现提供最为真实的展演。

其三，为不同时期的中国文化主动提供档案史料。例如，2018年7月，河北省档案局携手中央电视台《揽胜神州》栏目组共同推出大型八集系列节目《档案话"长芦"》，该片通过翔实的档案史料和生动的故事脉络，再现了卷帙浩繁的长芦盐务档案背后隐藏的历史。④ 各种历史档案书写了中华民族5000多年的文明史。

六是形成具有国际影响的档案文化精品。例如，2002年11月，"南非国民议会千年项目地图展"在南非首都开普敦隆重开幕，《大明混一图》复制件在展览中占据了中心位置，引起了轰动，南非主要报纸、电

---

① 鄢增华：《中山陵档案保护与开发利用之思考》，《档案与建设》2021年第3期。
② 张洁梅、李敬：《红色记忆 巍巍丰碑：记"红军长征在四川"档案网上展览》，《四川档案》2006年第5期。
③ 中国江苏网：《千份"大桥档案"首度公开 南京长江大桥建成50周年档案史料展开幕》，[2018-12-27]，https://baijiahao.baidu.com/s?id=1620958474548824623&wfr=spider&for=pc，2023年2月3日。
④ 河北省档案局：《〈档案话"长芦"〉第八集长芦蝶变（上）》，《档案天地》2022年第4期。

台、电视台对《大明混一图》均作了突出报道。① 又如，2015年7月，指挥家谭盾的音乐作品《女书：活在未来》将"永州女书"搬上第56届威尼斯双年展中国馆的舞台，江永女书开始走入国际视野②；2021年12月，介绍"江永女书"的《传奇女书》被意大利著名杂志《全景》周刊评为当年"意大利最值得阅读的50本书"之一，也是书单中唯一一本译自中文的书籍。③ 再如，2016年11月，"双城记忆——南京·广州纪念孙中山先生诞辰150周年档案史料展"在美国夏威夷四大都会馆、明伦学校、希尔顿酒店等地进行交流展示，受到当地华人华侨的欢迎，引发强烈共鸣。④ 还如，2019年9月，"俄罗斯—中国庆祝中华人民共和国成立70周年历史档案文献展"在俄罗斯圣彼得堡开幕，深化了中俄友谊。上述活动说明中国档案精品已通过复制件、音乐作品、图书、展览等多种形式在不同领域获得了国际社会的认可。

（二）不足之处

一是尚未形成良好的社会公共文化形象。长期以来，我国地方档案部门的实际工作主要集中于本区域内各行政事业部门档案实体的接收整理和保管，公共文化方面所进行的工作相对较少。例如，周林兴认为当前档案馆并未在文化教育、文化价值偏好等进行更加积极的回应与培育，同时引导社会公众积极地参与到文化治理体系中来；⑤ 张东华认为，以公共档案馆为代表的基层文化机构所提供的文化服务较为单薄，难以有效匹配乡村居民特定的文化需求；⑥ 苏君华认为，公共档案馆在保障公民文化权益实现上还存在着价值维度取向、功能维度认识、资源维度选择与体制维度安排等障碍。⑦ 截至2021年底，全国共有3215个公共图书

---

① 张文：《了解非洲谁占先？〈大明混一图〉在南非引起轰动》，《地图》2003年第3期。
② 新华网：《借当代艺术感知中国：威尼斯双年展中国馆参观侧记》，[2015-07-05]，http://edu.people.com.cn/n/2015/0705/c1053-27255921.html，2023年1月20日。
③ 人民网：《江永女书的意大利传人（海客话中国）》，[2022-08-31]，https://baijiahao.baidu.com/s?id=1742636698343759742&wfr=spider&for=pc，2023年1月20日。
④ 鄢增华：《中山陵档案保护与开发利用之思考》，《档案与建设》2021年第3期。
⑤ 周林兴：《论档案馆的文化治理研究》，《档案学研究》2020年第1期。
⑥ 张东华、高芮：《数字乡村战略背景下公共档案馆文化场域建构的路径探析》，《档案与建设》2020年第10期。
⑦ 苏君华：《基于公民文化权益实现的公共档案馆发展研究》，《档案学研究》2013年第5期。

馆、3316个文化馆、6183个博物馆、4万多个乡镇综合文化站、57万个村级综合性文化服务中心①，所有公共图书馆、文化馆、美术馆、综合文化站和大部分博物馆均实现了公民的无障碍、零门槛进入，并积极开展丰富多样的社会文化活动，在政府、社会、公众等各个层面拥有良好的社会公共文化形象。

二是尚未形成国家档案精品资源/宣传合力。一方面，诸多档案精品分布分散，不同区域档案精品资源分布不平衡，亟须通过数字化、共享平台、跨界合作、跨域合作等方式形成走出去的资源合力。例如，南侨机工档案主要分散保存在云南省档案馆、广西壮族自治区档案馆和不同博物馆、纪念馆、报社、研究会和南侨机工后人手中，导致南侨机工档案所承载的记忆是碎片化的，不利于南侨机工抗战事迹的传播。② 另一方面，对国家档案精品的宣传力度还需提升，尚未形成强大的宣传合力、集合多方力量以"档案文化强国"的形象走出去。例如，2009年8月14日到16日，新加坡国家档案馆、国家档案局和云南省档案局等机构联合举办"华之魂侨之光——南侨机工回国抗战档案史料"图片展，在昆明、新加坡、北京等城市开展；2014年9月，我国建立南侨机工博物馆，馆中陈列了2000余份文献材料、4000余件南侨机工遗物及珍贵的历史照片；2015年9月，厦门市委宣传部和统战部联合举办"南洋华侨机工回国抗战"纪念展，在厦门华侨博物院开展，共展出了15件珍贵文物、290幅历史图片等；2015年7月20日，电视剧《南侨机工英雄传》在上海新闻综合频道播出；2017年6月，纪录片《大揭秘之南侨机工之浴血重生》在湖北卫视播出。也就是说，以"南侨机工档案"为主题的宣传方式不可谓不多、宣传作品不可谓不丰富，但其不管是作为国内"档案精品"的辐射力，还是作为国外"档案文化"宣传的突破点，均存在较大提升空间。

三是尚未形成有效的档案文化产业链和文化品牌。我国档案馆将

---

① 央广网：《中宣部：截至2021年底全国已有公共图书馆3215个 博物馆6183个》，[2022-08-18]，https：//baijiahao.baidu.com/s? id=1741473754749420662&wfr=spider&for=pc，2023年1月20日。
② 华林、邱志鹏、杜仕若：《南侨机工档案文献遗产数字资源整合研究》，《档案管理》2019年第5期。

其馆藏档案文化资源进行产品确认并商业化开发的实践较少，文化产业、文化事业的其他相关单位却进行了诸多尝试，为档案资源转型、为市场需求的资源提供更多的主体参考。例如，国家博物馆与民间文艺家协会遗产抢救办公室发起的"民间家书征集"活动，前后征集到3万多封家书，内容丰富、时间跨度大，并创新创办了一个以百姓视角来记录民间记忆的"产品"——《百姓档案》栏目。又如，闽粤两省档案馆将"侨批档案"申报为世界记忆遗产，形成了包括展览、画册、书籍等在内的各种"产品"。两则案例中都形成了档案文化资源"产品"，但区别在于主体选择上，前者是通过普通百姓、专业的独立制作人、社会DV制作人、制作公司等联合，以反映社会普通民众生活的影视纪录片的形式在电视台或网络媒体销售播出，后者是以政府财力、物力和人力单方面进行的申报、管理和宣传活动。这种差异使得政府在类似于"侨批档案"等大规模的资源积累等方面有优势，却无力应对国内市场上规模小、变化快、接地气的资源需求和文化需求，也无力应对国外市场上更复杂、更多元的档案文化需求。可概括为以下三个方面。

（1）国家档案精品的走出去很难简单地用"社会效益"或"经济效益"来评价，但至少国际文化外交通行的做法一般少不了"文化产业"这一途径，或者说"经济效益"也可以视作"社会效益"的组成部分或组成步骤之一。但是，国内在档案文化产品的开发与利用中仍然将"社会效益"放在首位，既缺少"经济效益"的评价切入方式，又缺少"文化产业"的路径切入方式。

（2）档案文化产品成功的"核心要素"即满足用户档案需求以生成价值、实现档案产品的增值以实现产品流通，不管是在满足国外用户的档案需求层面，还是在实现国家档案精品的增值及流通层面，均未出现"产业链"迹象。

（3）要真正实现"雅俗共赏"的国家档案文化精品，需要有产生大量的档案文化产品的动力和机制，需要有档案文化产品传播和共享的渠道，需要培养相当规模的档案文化产品消费群体，单靠档案部门是不可能完成的，这为打造档案文化特别是国家档案精品文化产业链、塑造中国档案文化品牌提出更多期待。

四是对国家档案精品的研究还需深入。从入选《中国档案文献遗产名录》的档案文献在中国知网最早和最近的发文时间（见表2-11）来看，如上文所说，对该名录的研究热度一直都在，早在第一批名录公布之前，对每个批次的档案文献均有研究。但从笔者调研时间2023年2月来看，最近的发文时间均在2022年，说明尚未形成基于国家档案精品的强大的关注度和广泛的研究力量。从"热点"上升为"强点"，尚需时日。

表2-11 入选《中国档案文献遗产名录》的档案文献在中国知网发文时间表

各批次文献在中国知网发表文章时间最早		
批次	档案文献名称	文章发表时间
第一批（2002）	西夏文佛经《吉祥遍至口和本续》	1994年9月15日
第二批（2003）	《永乐大典》	1951年1月31日
第三批（2010）	《本草纲目》（金陵版原刻本）	1955-08月8日
第四批（2015）	《四部医典》（金汁手写版和16—18世纪木刻版）	1977年3月2日
第五批（2023）	随州曾侯乙编钟	1981年3月2日

各批次文献在中国知网发表文章时间最近		
批次	档案文献名称	文章发表时间
第一批（2002）	贵州省"水书"文献	2022年2月22日
第二批（2003）	利簋	2022年12月28日
第三批（2010）	侵华日军南京大屠杀相关专题档案	2022年12月20日
第四批（2015）	四川省阿坝藏族羌族自治州茂县羌族刷勒日文献	2022年11月5日
第五批（2023）	鱼鳞图册	2022年6月2日

五是有些档案遗产客观上存在推广局限。一方面，相比于世界级档案文献，国家级档案文献在推广方面相对薄弱，特别是对"档案"精品的特质体现不多。例如，《永乐大典》在文学上的研究与推广远高于作为档案文献遗产的推广，"敦煌写经"在中国书法、书画等艺术领域具有更多的研究与推广成果，《中医药大辞典》、"藏医挂图——曼唐"在医药学领域的宣传推广也明显多于其作为档案文献遗产进行的

宣传实践。另一方面，有些国家档案精品去国外推广有明确的政策限制。例如，2002年1月，国家文物局印发《首批禁止出国（境）展览文物目录》，其中包含现存于国家博物馆的"利簋"（入选第二批《中国档案文献遗产名录》）、存于湖北省博物馆的"曾侯乙编钟"（入选第五批《中国档案文献遗产名录》），此目录出台依据《中华人民共和国文物保护法实施条例》第六章第四十九条，即"一级文物中的孤品和易损品，禁止出境展览。禁止出境展览文物的目录，由国务院文物行政主管部门定期公布。未曾在国内正式展出的文物，不得出境展览"①。利簋、曾侯乙编钟属于青铜器，形成历史能追溯到西周、战国时期，是研究考古、历史等多个领域的重要文物，也由于其载体的特殊性难以制造复制品，因此这类档案精品在对外宣传与海外展览上存在一定推广局限。

第二节 研究现状

一 研究方法与文献来源

基于文献数据定量加工与主题定性判断和选择，采用科学计量学方法和科学知识图谱法，借助基于JAVA平台的VOSviewer软件进行国家/地区、机构、关键词共现和聚类分析，利用Citespace可视化分析工具软件进行国家/地区、机构、关键词排名和关键词突现分析。VOSviewer通过主题聚类功能反映研究领域中的热点主题、研究领域内出现的新主题。CiteSpace可视化软件利用中介中心性来发现和衡量文献中节点的重要性，当节点的中介中心性≥0.1时称为关键节点，进而预测研究领域的前沿与趋势。通过上述方法，以Web of Science数据库和中国知网数据库为主要数据来源，对发文量和年份、科研合作网络、研究主题、研究热点进行分析，从而得出结论。

---

① 全国文物艺术品鉴定评估认证平台：《文物局195件禁止出境文物（第一批次）》，[2019-01-21]，http：//www.mastersappraisal.cn/html/news/xingyedongtai/2019/0121/436.html，2023年1月20日。

（一）Web of Science（WoS）检索

WoS 在线数据库几乎包含全世界所有重要的研究论文，是全球获取学术信息的重要平台，因此检索结果具有一定的权威性和代表性，检索时间为 2022 年 9 月 30 日，基本检索条件为选择数据库 =（Web of Science Core Collection），TS =（"Cultural confidence" or "archives resources" or "archives quality" or "go out" or "spread"），检索的语种 =（英语），日期范围不限定，文献类型 =（Article or Review Article or Proceeding Paper），剔除与研究主题明显不符的文献，最终获得国外样本文献 146 篇，将检索结果记录为 download_txt 格式，设定为"全记录并且包含所引用的参考文献"进行输出。

（二）中国知网（CNKI）检索

CNKI 包括丰富的中文文献资源，收录了中文各个学科领域中最具权威性和影响力的学术论文。截至 2022 年 11 月 30 日，笔者以"文化自信""档案资源""档案精品""走出去""传播"为题名和关键词在 CNKI 数据库中进行精准匹配，论文发表时间不限，期刊来源不限。首次检索出 341 篇文献，再手动剔除导读、资讯和评论等非学术研究文献，最终获得与本书主题相关的国内样本文献 155 篇。

二 发文量和年份分析

对收集的文献进行统计，即国外相关文献 146 篇、国内 155 篇，发文趋势见图 2-3。可见，从 2010 年之后，国内外关于本主题的研究呈上升趋势，2019 年左右高峰趋势明显，发文规律遵循多项式分布特征。

三 科研合作网络分析

（一）国外发文量较多的国家、地区及机构

图 2-4 为 CiteSpace 软件绘制的 WoS 中有关"档案走出去"研究国家/地区科研合作网络，可见，位于中心位置、节点较大的为美国、澳大利亚、加拿大、德国和英国，其中美国与其他国家合作关系紧密且广泛。

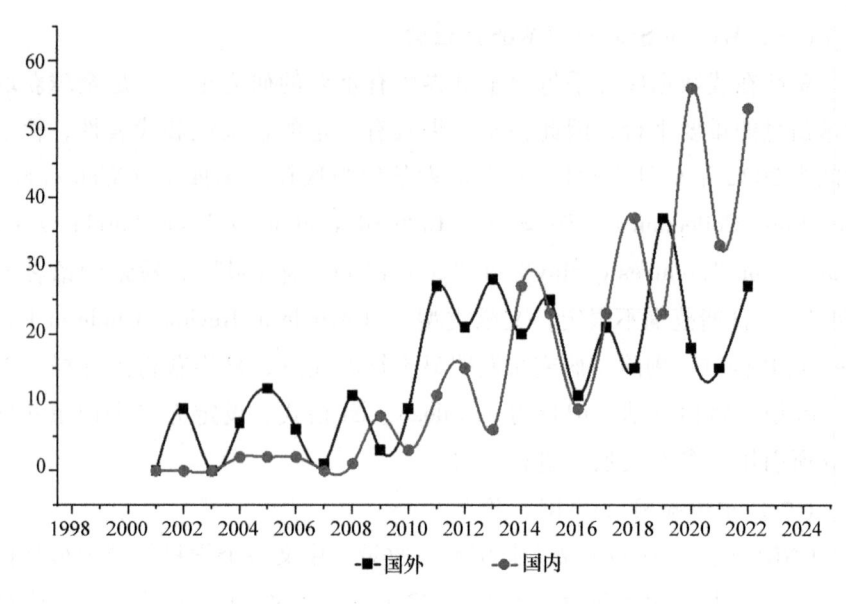

图 2-3　国内外研究发文量趋势

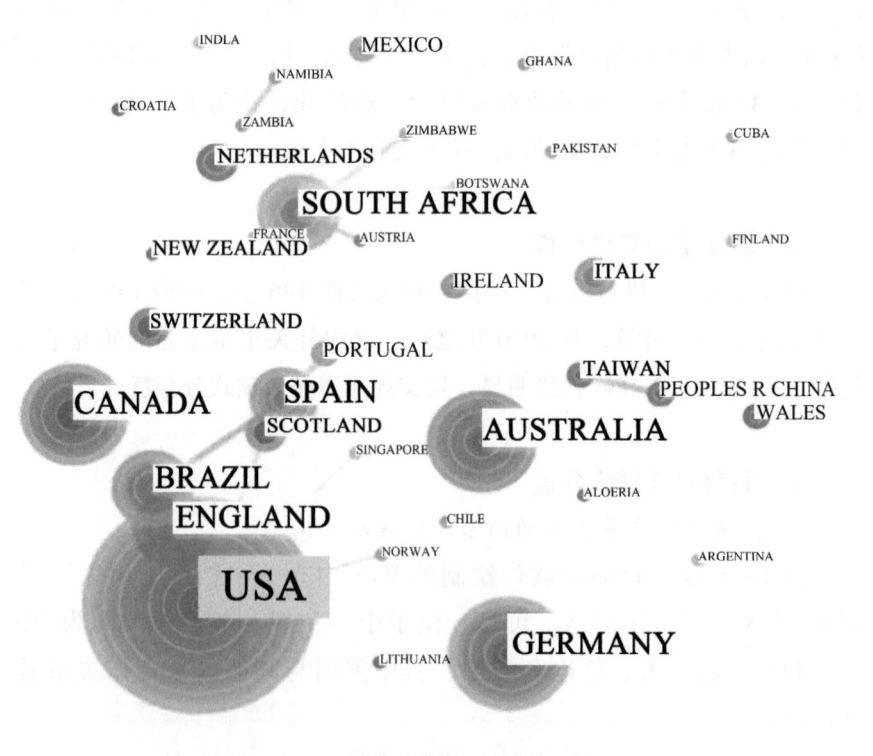

图 2-4　国外发文国家/地区合作网络

表2-12为应用CiteSpace软件分析的国家/地域的发文数量排名情况，发文量排名前5的国家/地区为美国（35篇）、澳大利亚（12篇）、加拿大（10篇）、德国（10篇）、英国（8篇）。

表2-12　　　　　　发文量前10位的国家/地区

排名	按发文量排名	
	国家/地域	发文量（篇）
1	美国	35
2	澳大利亚	12
3	加拿大	10
3	德国	10
5	英国	8
6	南非	7
7	巴西	6
8	西班牙	5
9	中国台湾	3
9	新西兰	3

国外发文机构的分析结果（见表2-13）显示，发文量排在前5位的机构为加州大学洛杉矶分校、南非大学、罗格斯州立大学、卡罗莱纳大学、马里兰大学。

表2-13　　　　国外发文量和中心性前10位的机构

排名	按发文量排名	
	发文机构	发文量（篇）
1	加州大学洛杉矶分校	4
2	南非大学	3
2	罗格斯州立大学	3
2	卡罗莱纳大学	3

续表

排名	按发文量排名	
	发文机构	发文量（篇）
2	马里兰大学	3
2	罗斯托克大学	3
2	多伦多大学	3
8	巴西利亚大学	2
8	德克萨斯大学奥斯汀分校	2
8	洪堡大学	2

图 2-5 为应用 VOSviewer 软件绘制的国外有关"档案走出去"研究机构科研合作密度可视化图，形成了以南非大学、马里兰大学、罗格斯州立大学、加州大学洛杉矶分校、多伦多大学等为中心的高密度科研合作区。

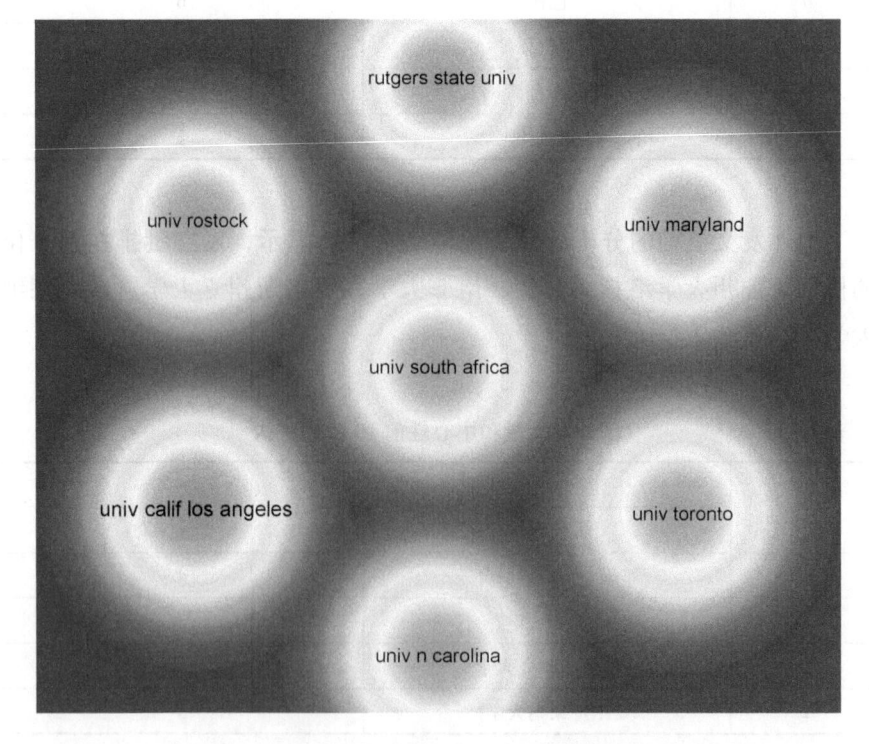

图 2-5 国外研究机构科研合作密度可视化图

（二）国内发文较多的机构及作者

利用 CiteSpace 软件对国内发文机构及发文作者进行分析，结果见表 2-14，发文量排名前 5 的机构为中国人民大学信息资源管理学院（30 篇）、上海大学文化遗产与信息管理学院（10 篇）、武汉大学信息管理学院（9 篇）、辽宁大学信息资源管理学院（6 篇）、黑龙江大学信息管理学院（6 篇）。

表 2-14　　　　　　　国内发文机构结果统计

排名	按发文量排名	
	机构	发文量（篇）
1	中国人民大学信息资源管理学院	30
2	上海大学文化遗产与信息管理学院	10
3	武汉大学信息管理学院	9
4	辽宁大学信息资源管理学院	6
4	黑龙江大学信息管理学院	6
6	福建师范大学社会历史学院	5
7	南京大学信息管理学院	4
8	南昌大学人文学院	3
8	四川大学公共管理学院	3
8	数据工程与知识工程教育部重点实验室	3

利用 CiteSpace 生成以作者为节点的可视化图谱，笔者筛选出发文量≥2 的作者，见图 2-6，排名前 10 的作者见表 2-15。

表 2-15　　　　　　　国内发文作者结果统计

排名	作者发文量排名		
	作者	作者单位	发文量（篇）
1	张斌	中国人民大学信息资源管理学院	7
2	王玉珏	武汉大学信息管理学院	5

续表

排名	作者发文量排名		
	作者	作者单位	发文量（篇）
2	王小云	湘潭大学公共管理学院	5
2	杨文	中国人民大学信息资源管理学院	5
5	徐拥军	中国人民大学信息资源管理学院	4
6	郭若涵	中国人民大学信息资源管理学院	3
6	丁华东	上海大学文化遗产与信息管理学院	3
6	马仁杰	安徽大学管理学院	3
6	赵彦昌	辽宁大学信息资源管理学院	3
6	孙大东	郑州大学信息管理学院	3

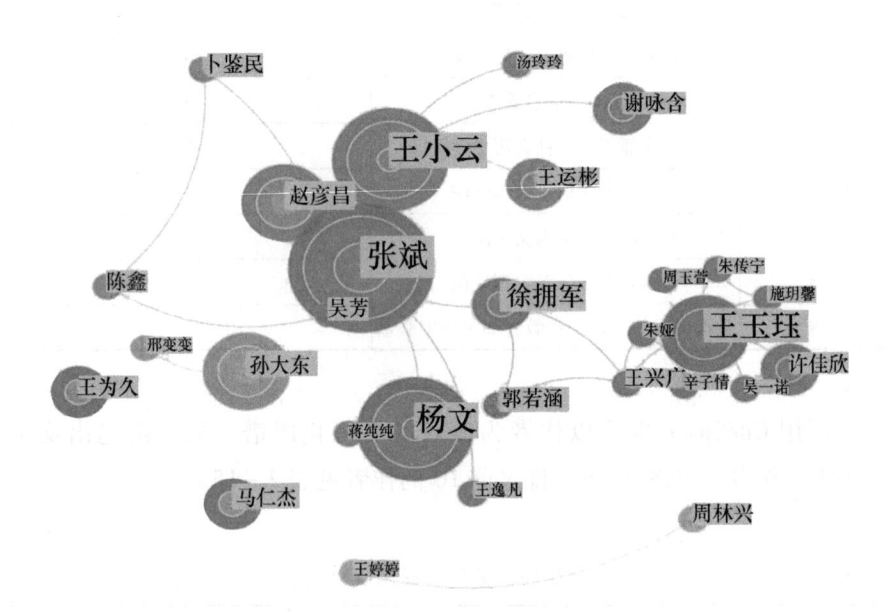

图 2-6 国内作者可视化图谱

四 研究主题识别

（一）国外研究主题：关注档案的记忆价值、文化价值、遗产价值

关键词是表示文献主题和研究方向的自然表达，也是文献核心内容

第二章　进展：国家档案精品走出去的实践现状与研究现状　91

浓缩和提炼后的表述方式。通过对关键词的统计分析，在一定程度上能够揭示国外有关"档案走出去"的研究热点。笔者使用Citespace软件对关键词进行分析，为追求结果的真实性，对相同意义的关键词进行合并，Threshold值设为10，结果见图2-7。

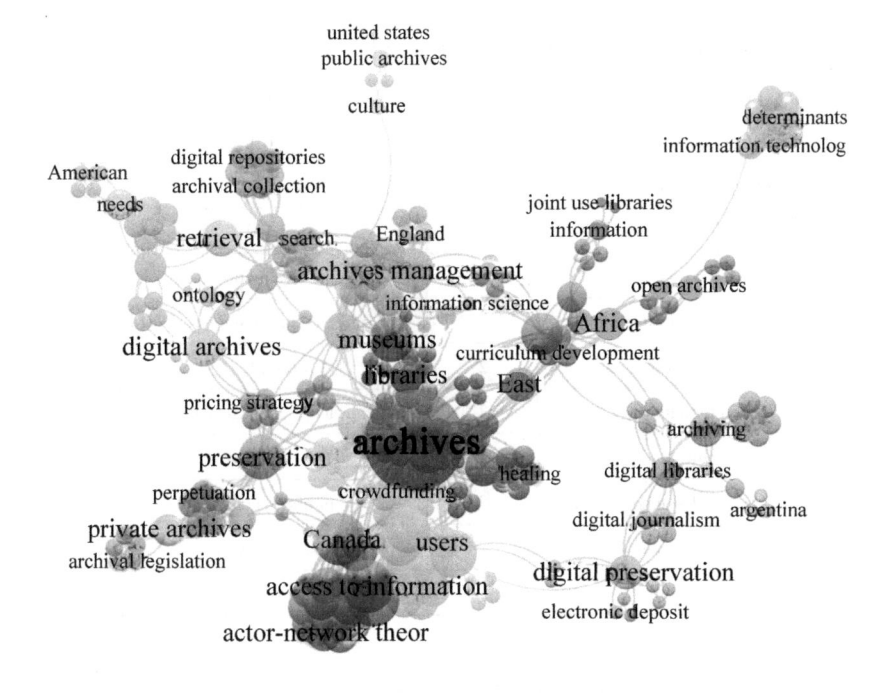

图2-7　国外研究关键词共现图

当前国外学者在"archives management""digital archives""records management""digital preservation""community archive"等有关"档案走出去"的主题上给予重点关注，排名前15的具体关键词和发文量信息见表2-16。

在梳理国外有关"档案走出去"研究文献内容的基础上，结合图2-7、表2-16，可将当前国外研究主题归为两大类，如表2-17所示。

表2-16　　　　　　　排名前15的关键词与中介中心性信息

排名	按发文量排名		按中心性排名	
	关键词	发文量（篇）	关键词	中介中心性
1	archives management	5	records management	0.29
2	digital archive	5	digital preservation	0.24
3	records management	5	community archive	0.24
4	digital preservation	4	digital libraries	0.24
5	community archive	3	archives management	0.2
6	information technology	3	access to information	0.13
7	digital libraries	3	retrieval	0.08
8	history	2	management	0.08
9	access to information	2	information technology	0.07
10	disaster management	2	web 20	0.07
11	information	2	knowledge management	0.06
12	knowledge	2	digital archive	0.05
13	digital storage	2	public record	0.05
14	archival science	2	digital archivies	0.05
15	film archive	2	needs	0.03

表2-17　　　　　　　国外研究主题及代表性关键词

研究主题	代表性关键词
档案保存记忆价值、传承文化价值	archives management、public record、historical period、history、archival building、document management、records conservation、records preservation、collective memory、historic research
档案申遗或遗产化管理	records management、information technology、knowledge management、historical period、history、open archives、documentary heritage、records preservation、archivist source、cultural heritage、historical archive、national heritage record

第一类主要集中在倡导档案的保存记忆价值和传承文化价值，为档案精品走出去提供内容向导。例如，因为档案被视为历史事件的公

正见证①，档案文件又是记忆的替代品和历史调查的来源②，所以Foote指出"档案可以被视为扩展人类交流时空范围的宝贵手段"③。又如，在第一届国际档案大会上，时任国际档案理事会第二任主席的法国国家档案局局长夏尔布莱邦指出，"档案是一个国家、省、行政机关的记忆，档案馆保存的是一个国家的历史证据和作为国家灵魂的材料"，可见，以档案为载体传承国家或民族的记忆早已成为档案工作者的根本遵循。④再如，Taitano通过"二战"中关岛的案例揭示档案和集体记忆以及文化的关系，认为档案与集体记忆相互构建，集体记忆通过文化传承增加档案价值⑤，Terry Cook指出档案在人权保护中的作用和影响，认为档案是正义的代理人，档案工作者应该明确自身社会责任将档案工作与伦理意识、文化传承相结合。⑥

第二类主要集中在通过档案申遗或遗产化管理，强化档案在更广范围的文化传播和文化输出。例如，AbidA.分析了文献遗产入选世界记忆的具体标准，强调其"文化"在全世界范围内的推广意义。⑦又如，Ross Harvey以手稿为例，从影响、时间、地点、人物、主题、形式、社会价值等方面详细分析了文献遗产的价值，为在更广范围内传播档案文化提供范例。⑧再如，肯尼亚国家博物馆（2017年）依托藏品遗产档

---

① Jenkinson H. ed., *A Manual of Archive Administration Including the Problems of War Archives and Archive Making*, Oxford: Clarendon Press, 1922, p. 77.

② Brothman B., "The past That Archives Keep: Memory, History, And the Preservation of Archival Records", *Archivaria*, Vol. 51, No. 1, 2001, pp. 48 – 80.

③ Foote K., "To Remember and Forget: Archives, Memory, And Culture", *The American Archivist*, Vol. 53, No. 3, 1990, pp. 378 – 392.

④ 冯惠玲：《档案记忆观、资源观与"中国记忆"数字资源建设》，《档案学通讯》2012年第3期。

⑤ Taitano, Melissa Marie Guerrero, Archives and Collective Memory: A Case Study of Guam and the Internmentof Chamorros in Manenggon During World War Ⅱ, Ph. D. dssertation, Los Angeles: University of Califomia, 2007, p. 43.

⑥ Terry Cook, "Evidence, Memory, Identity, And Community: Four Shifting Archival Paradigms", *Archival Science*, Vol. 13, No. 2, 2013, pp. 95 – 120.

⑦ "Inlormation Literacy for Lifelong Learning", LFLA Council and General Conference, [2023 – 03 – 12], http://www.ifla.org/IV/ifla70/papers/116e-Abid.pdf.

⑧ Ross Harvey, "Archives and the Digital Library", *Australian Academic & Research Libraries*, Vol. 38, No. 4, 2007, p. 297.

案，利用3D数字成像技术建立互动的虚拟网站，让全球各地利用者在线虚拟访问并利用馆藏精品档案，来推动本国优秀文化在世界范围内的传播；[①] 由一些泰国学者共同组建的泰国法政大学大屠杀在线档案馆（2017年），通过整合本国相关档案资料揭示了历史的悲剧，警醒人类要吸取教训、呼吁避免用暴力作为处理争端和分歧的手段。[②]

（二）国内研究主题：关注文化自信、档案强国、档案文化

笔者使用Citespace软件对关键词进行共现分析，发现"档案强国""档案文化""文化遗产"等是研究重点，具体见图2-8。

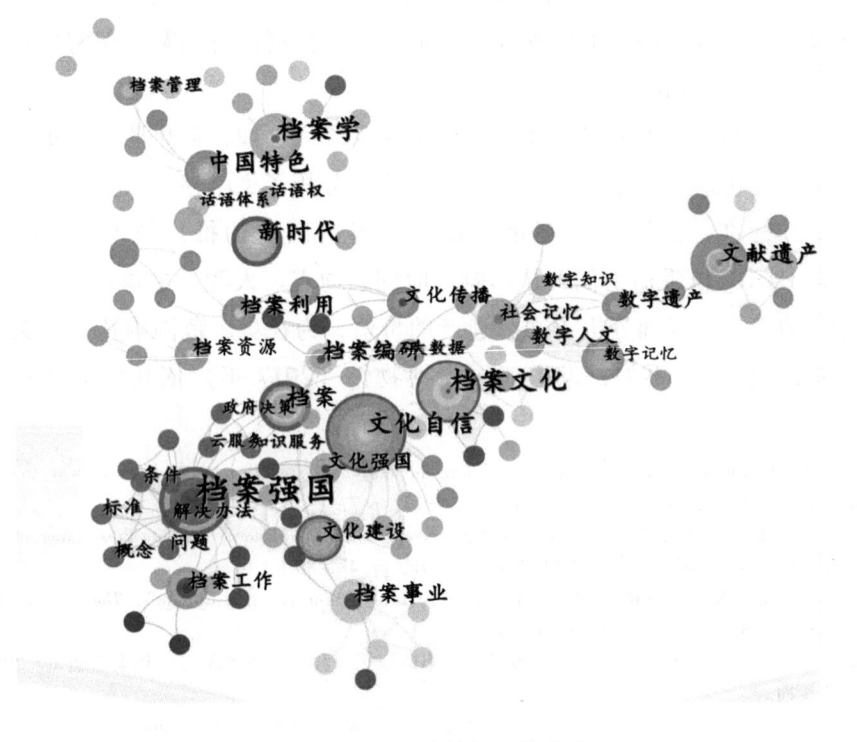

图2-8 国内研究关键词共现图

[①] 中国档案：《肯尼亚：利用虚拟博物馆项目保存历史》，[2017-07-14]，http://www.chinaarchives.cn/home/category/detail/id/4478.html，2023年10月4日。

[②] 黄霄羽、管清潆：《"互联网+"时代国外档案利用服务的前沿特征》，《档案与建设》2018年第10期。

国内发文量排名前15的关键词与中介中心性排名前15的关键词具体信息如表2-18所示，两者对比发现"文化自信""档案强国""档案文化"最为核心。

表2-18　国内发文量排名前15的关键词与中介中心性关键词

排名	按发文量排名		按中介中心性排名	
	关键词	发文量（篇）	关键词	中介中心性
1	文化自信	25	新时代	0.28
2	档案强国	23	档案	0.25
3	档案文化	23	档案强国	0.24
4	文献遗产	18	档案文化	0.19
5	档案学	7	档案学	0.11
6	中国特色	7	文化自信	0.1
7	档案事业	7	社会记忆	0.08
8	档案	6	数字遗产	0.08
9	新时代	5	中国特色	0.07
10	文化建设	4	大数据	0.07
11	档案馆	4	创新建设	0.07
12	数字记忆	4	文献遗产	0.06
13	社会记忆	4	文化建设	0.06
14	文化强国	4	文化传播	0.06
15	档案工作	3	档案编研	0.06

在梳理国内研究领域文献内容的基础上，结合图2-8、表2-18，可以得出档案学界主要围绕"建设与文化强国相匹配的档案强国"等相关论述展开研究，逻辑出发点主要基于"档案事业服务于文化强国建设"等相关语境[①]，研究重点在于档案事业的内涵建设与服务功能。例如，王英

---

① 杨冬权：《谈档案与文化建设：在2012年全国档案工作者年会上的讲话》，《档案学研究》2012年第6期。

玮、方鸣以"构建档案强国的评价指标体系"[①], 周林兴以"文化强国战略下公共档案馆的社会责任"[②], 易涛以"文化强国背景下的乡村档案文化建设"[③], 崔洪铭"基于文化统计框架分析档案事业对文化建设的作用"[④]、唐佳欣以"档案强国的精神内涵与实现路径"[⑤] 等，阐释了档案事业与文化事业的内在关联，但尚未发现直接表述"走出去"的相关研究。

2016年以后，"坚定文化自信，担当文化使命"成为包括档案事业在内的文化事业推动优秀传统文化创造性转化与创新性发展的主要目标[⑥]，档案学界开始围绕"坚定文化自信"等相关论述展开研究，逻辑出发点调整为"档案事业服务于文化自信建设"等相关语境，中国档案事业发展走出去的研究初见端倪，尤其是在"一带一路"国家倡议下备受关注。

一方面，部分档案学者基于档案资源与文化自信的内在联系，认为档案资源是一种文化要素或文化载体，中华民族优秀传统文化以及中国特色社会主义文化可以依靠档案来体现，中国文化自信的基础来自中国档案资源的储备，档案部门应通过打造档案文化精品来提高档案文化自信和自觉。例如，夏秀丽、于淼以"厚植文化自信与打造档案展览"[⑦]，胡卫国以"档案开发赓史，文化自信兴邦"[⑧]，冯秋航以"分层次、分领域、分类别制定实现文化自信的中长期档案事业发展规划"[⑨]，许桂清以"基于传承历史记忆和坚定文化自信、打造新时代档案文化产品"[⑩]，分

---

① 王英玮、方鸣：《构建"档案强国"评价指标体系的思考》，中国档案学会《建设与文化强国相匹配的"档案强国"论文集》，中国文史出版社2014年版，第9—15页。

② 周林兴：《文化强国战略下公共档案馆的社会责任及实现机制研究》，《档案学研究》2014年第4期。

③ 易涛：《社会认同视野下乡村档案文化建设的动力与条件研究》，《档案学研究》2013年第5期。

④ 崔洪铭：《档案事业对文化建设的作用研究：基于对FCS（文化统计框架）的分析》，《档案学通讯》2014年第3期。

⑤ 唐佳欣：《浅析档案强国的精神内涵与实现路径》，《档案学研究》2015年第5期。

⑥ 刘家义：《坚定文化自信 担当文化使命：推动优秀传统文化创造性转化创新性发展》，《光明日报》2018年11月26日第9版。

⑦ 夏秀丽、于淼：《厚植文化自信打造档案展览浓浓津味——2013—2017年天津市档案馆档案展览述评》，《档案天地》2018年第10期。

⑧ 胡卫国：《文化自信：档案编研开发的新实践新思考》，《档案与建设》2018年第11期。

⑨ 冯秋航：《以文化自信引领新时代档案工作创新发展》，《中国档案》2018年第12期。

⑩ 许桂清：《传承历史记忆 坚定文化自信》，《中国档案报》2017年12月7日第3版。

别阐释了档案部门在文化自信建设中的责任担当与具体措施。

另一方面，部分档案局馆基于中国档案事业与国外交流的内在联系，通过各种"走出去"的方式被国际社会所认知、认可与认同。2014年以来，青岛市档案馆开创性推出档案历史文化题材微电影"蓝色三部曲"——《寻找逝去的记忆》《历史无言》《跨越时空的对话》，讲述与青岛早期城市历史关系密切的涉德、涉日、涉美故事，取得良好的反响，其中《跨越时空的对话》成为2017年加拿大金枫叶国际电影节提名作品，并荣获2018年"美国迈阿密电影节暨金灯塔电影节"中美电影交流特别贡献奖。[①] 2016年5月，近现代苏州丝绸档案被《世界记忆亚太地区名录》收录，同年10月赴法国巴黎西郊高迈伊市达盖尔博物馆展出[②]，次年10月被推荐入选《世界记忆名录》。2016年12月，福建侨批档案赴印度尼西亚雅加达展出[③]，于2018年12月赴菲律宾马尼拉展出，以"百年跨国两岸书"为主题见证了"海上丝绸之路沿线国家侨乡与世界各地的交流历史"[④]。2018年12月，16世纪至20世纪初中外"丝绸之路"历史档案文献赴联合国教科文组织总部巴黎展出，以"锦瑟万里、虹贯东西"为主题，见证了"陆上丝绸之路沿线国家在外交、贸易、文化、艺术等领域的交往历史"[⑤]。上述档案精品展览是档案史料发掘整理、档案信息资源建设以及档案学术理论研究等多方面的集中体现，走出国门是档案界践行"文化走出去"战略的最好体现。

五 研究热点分析

"研究主题识别"主要对国内外关于本课题研究的主题进行分析，

[①] 聂慧哲：《青岛市档案馆用微电影讲好中国档案故事》，《中国档案报》2019年5月16日第1版。

[②] 甘戈、卜鉴民：《档案海外展览展示工作初探》，《中国档案》2017年第12期。

[③] 中国新闻网：《福建侨批档案展在印尼雅加达展出：见证"海丝"历史》，[2016-12-09]，https://www.chinanews.com.cn/hr/2016/12-09/8089355.shtml，2023年3月12日。

[④] 东南网菲律宾（微信公众号）：《"世界记忆遗产"福建侨批图片展在菲律宾举办》，[2018-12-10]，https://mp.weixin.qq.com/s/iKIEegPp9kt45wWeRa3AIg，2023年3月12日。

[⑤] 张轶哲：《16世纪至20世纪初中外"丝绸之路"历史档案文献展亮相巴黎联合国教科文组织总部》，《中国档案》2018年第12期。

全面、准确地把握国内外"档案走出去"的主题内容。本节主要运用VOSviewer中关键词共现图谱,以期反映"档案走出去"领域中的研究热点及其知识结构。

(一)国外研究热点分析

笔者使用 VOSviewer 分析软件,将文献发表时间叠加到关键词共现网络中获取关键词时间叠加图,如图2-9所示。

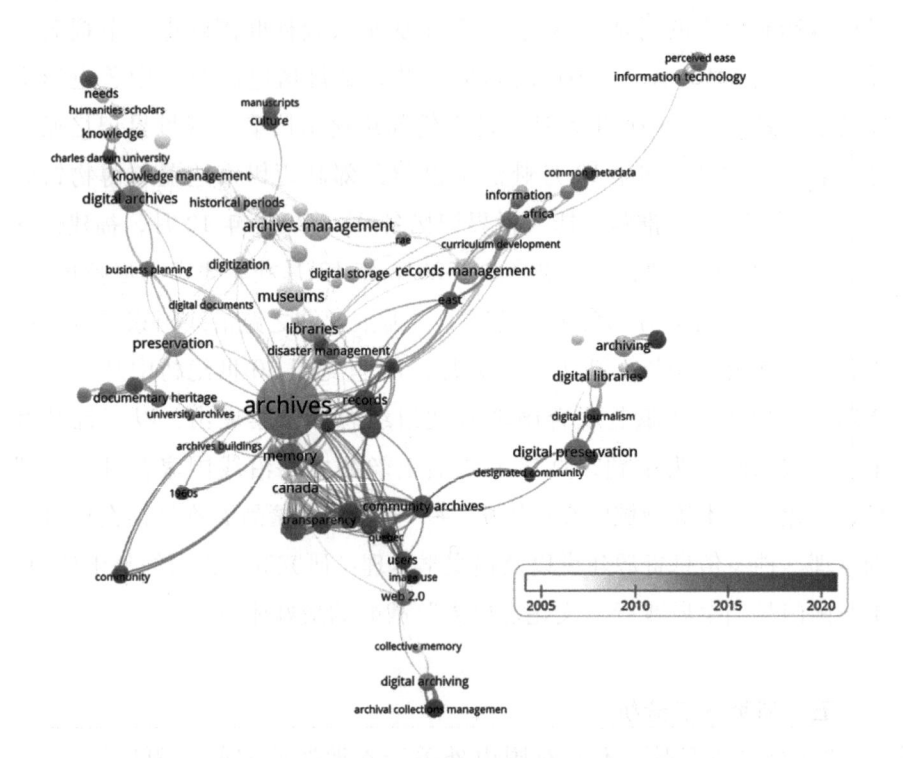

图2-9 国外研究关键词共现叠加可视化图谱

使用 VOSviewer 软件生成关键词聚类密度视图,如图2-10所示,节点区域内的数量越多,它的权重就越大,在颜色呈现上越趋向于红色;权重越小,颜色呈现上越趋向于蓝色。

由图2-9、图2-10可知,数字遗产、数字档案、民族记忆、国家形象、记忆共同体等是研究的热点问题,具体表现在三个方面。

(1)通过档案增强民族历史记忆,保证国家对外"声誉"。国家

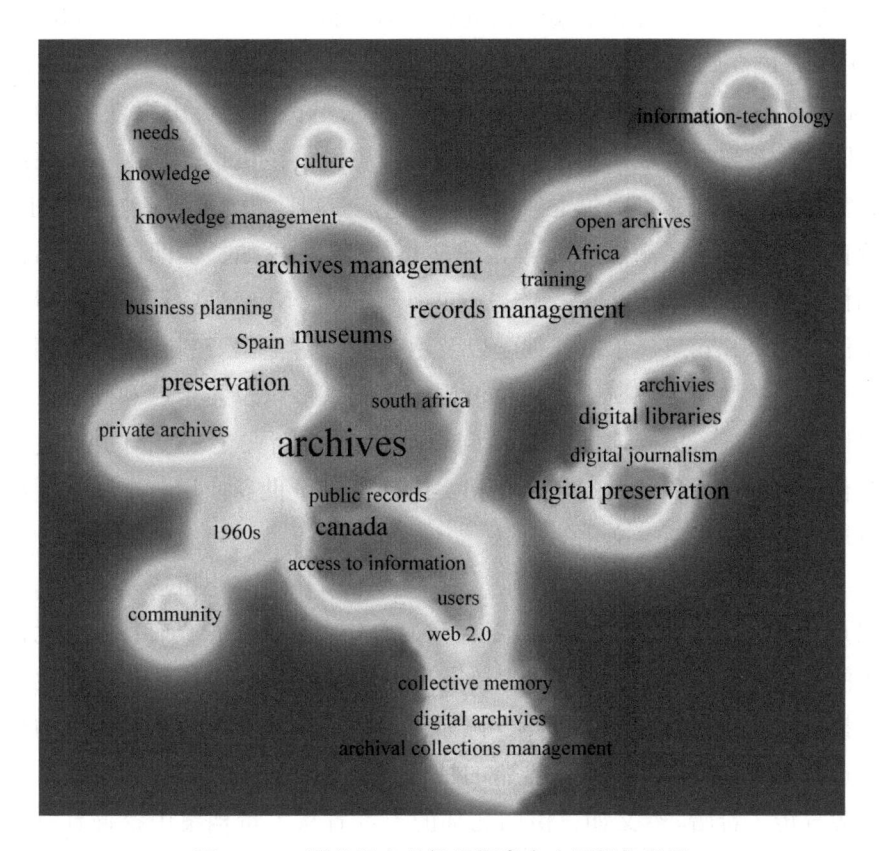

图 2-10　国外研究关键词聚类密度可视化图谱

"声誉"或国家形象是一种软实力，不同于军事或经济实力，[①] 而档案资源在国家形象培养和声誉建设方面发挥着重要作用。[②] 例如，2003 年印度政府旅游和文化部文化司发起了国家手稿任务（National Mission for Manuscript，namami），负责对国家具有独特遗产价值的原始档案手稿进行鉴定、记录、保存和数字化以形成"印度手稿宝藏"（Vijnananidhi），一方面提高学者和广大公众对原始档案的认识、传承和保存国家记忆，

[①] Joseph S. Nye., *Soft Power：The Means to Success in World Politics*, Public Affairs, 2004, p. 149.

[②] Ibrahima Ndoye, "Crafting the Image of Nations in Foreign Audiences: How Developing Countries Use Public Diplomacy and Public Relations?", that Matters to the Practice, 2009, p. 415.

另一方面提升印度言和手稿学在世界范围的影响力。[①] 又如，于2004年4月1日成立的威尔士博物馆档案馆和图书馆（Museums Archives and Libraries Wales，CyMAL），其中保存的有威尔士民谣、历史报纸、照片、地图等一系列有关威尔士民族记忆的档案资源，该机构开发了一个在线数字档案展示区，将威尔士独特的档案遗产资料收藏汇集在一个平台上，旨在让国际观众了解威尔士丰富的文化遗产。[②] 再如，伊朗国家图书馆和档案馆（National Library and Archives of Iran，NLAI）收藏了反映伊朗生活、艺术、建筑、乐器、神学以及习俗的丰富档案资料，包括伊朗书法手稿、微型画、波斯语和阿拉伯语的插图手稿以及艺术品和硬币，这些档案中充满了民族记忆，揭示了历史悠久的波斯文化，NLAI并通过数字化技术创建各种可读的数字化档案文件以供全世界使用，来增强世界对现代伊朗和伊斯兰文化的理解。[③]

（2）通过开发档案形成文创产品，占据国外"文化市场"。自20世纪60年代以来，教科文组织与各国政府合作，着手保护具有特殊文化代表的遗址档案，[④] 保护的同时为档案遗产的品牌化、市场化和商业化运作提供了政策指导和法律保障。例如，希腊将帕台农神庙所有相关的档案进行商业化推广，反映了希腊的社会文化、政治精神和民族情感，向世界宣传了希腊。[⑤] 又如，伊朗北部的吉兰省从大量档案中挖掘具有本土特色的文化资源来创建城市品牌，在能够体现城市文化元素的任何地方打上自己的品牌，诸如食物、建筑、音乐、服装、当地戏剧和土著手

[①] Gupta D. K., Sharma V., "Enriching and Enhancing Digital Cultural Heritage Through Crowd Contribution", *Journal of Cultural Heritage Management and Sustainable Development*, Vol. 7, No. 1, 2017, pp. 14–32.

[②] Tedd L. A., "People's Collection Wales: Online Access to the Heritage of Wales from Museums, Archives and Libraries", *Program*, Vol. 45, No. 3, 2011, pp. 333–345.

[③] Madden K., Seifi L., "Digital Surrogate Preservations of Manuscripts and Iranian Heritage: Enhancing Research", *New Library World*, Vol. 112, No. 9/10, 2011, pp. 452–465.

[④] Fyall A., Rakic T. eds., *The Future Market for World Heritage Sites*, Managing World Heritage Sites, Routledge, 2006, pp. 185–202.

[⑤] Brokalaki Z., Patsiaouras G., "Commodifying Ancient Cultural Heritage: The Market Evolution of the Parthenon Temple", *Journal of Historical Research in Marketing*, Vol. 14, No. 1, 2021, pp. 4–23.

工艺品，这一项目引起了国际广泛关注。① 再如，印度塔塔钢铁公司（Tata Steel，India）将1907年成立至2007年间100年运营的广告档案进行开发，并著成书籍和论文在全球发行，体现了印度反对英国殖民并逐渐走向独立的光辉历程。② 再如，意大利作为世界顶级旅游目的地，在将档案资源运用于文化创意产业发展方面有着先进的经验，档案参与服装设计、电影拍摄、广告制作、艺术表演等文化活动上发挥了重要作用，档案为意大利在国际舞台上"时尚形象"的塑造奠定了文化基础。③

（3）通过档案精品走出去，推动人类文化共同体可持续发展。联合国教科文组织于2005年倡导实现人类文化的完整性。④ 2016年联合国教科文组织再次强调文化是推动人类可持续发展（社会经济可持续发展、社会包容、可持续城市发展和环境可持续性发展）的巨大动力。⑤ 加拿大⑥、德国⑦、澳大利亚⑧以及挪威⑨通过打造图书馆、档案馆和博物馆

---

① Pourzakarya M., "Searching for Possible Potentials of Cultural and Creative Industries in Rural Tourism Development: A Case of Rudkhan Castle Rural Areas", *Consumer Behavior in Tourism and Hospitality*, Vol. 17, No. 2, 2022, pp. 180 – 196.

② Sreekumar H., Pratap S., "Forging the Nation State: An Advertising History of Tata Steel, India", *Journal of Historical Research in Marketing*, Vol. 14, No. 3, 2022, pp. 351 – 373.

③ Della Lucia M., Segre G., "Intersectoral Local Development in Italy: The Cultural, Creative and Tourism Industries", International Journal of Culture, *Tourism and Hospitality Research*, Vol. 11, No. 3, 2017, pp. 450 – 462.

④ Pourzakarya M., Bahramjerdi S. F. N., "Reviewing the Role of Cultural and Creative Industries in Developing an Urban Cultural Policy Platform in Rasht City, Iran", *Journal of Place Management and Development*, Vol. 16, No. 2, 2022, pp. 145 – 162.

⑤ Mbaye J., Pratt A. C., "Cities, Creativities and Urban Creative Economies: Re-descriptions and Make + Shifts from Sub-Saharan Africa", *International Journal of Urban and Regional Research*, Vol. 44, No. 5, 2020, pp. 781 – 792.

⑥ Bak G., Armstrong P., "Points of Convergence: Seamless Long-Term Access to Digital Publications and Archival Records at Library and Archives Canada", *Archival Science*, Vol. 8, No. 4, 2008, pp. 279 – 293.

⑦ Kirchhoff T., Schweibenz W., Sieglerschmidt J., "Archives, Libraries, Museums and the Spell of Ubiquitous Knowledge", *Archival Science*, Vol. 8, No. 4, 2008, pp. 251 – 266.

⑧ Bradley K., "Built on Sound Principles: Audio Management and Delivery at the National Library of Australia", *IFLA Journal*, Vol. 40, No. 3, 2014, pp. 186 – 194.

⑨ Henningsen E., Larsen H., "The Mystification of Digital Technology in Norwegian Policies on Archives, Libraries and Museums: Digitalization as Policy Imperative", *Culture Unbound*, Vol. 12, No. 2, 2020, pp. 332 – 350.

联合体（Libraries, Archives and Museums, LAMs）来保存国家记忆，再通过数字化保证全球用户通过门户网站 archive.org 就可以访问到包括经济、医疗、心理、教育、法律等档案信息，该模式在理念上确立了文化共同体精神，弥补了部分国家群体在知识、文化及信息资源占有上的不足。① 此外，南非的纳尔逊·曼德拉基金会记忆中心、黑尔堡大学国家遗产和文化研究中心以及南非国家档案馆和南非各省级档案馆共同收集非洲人国民大会妇女联盟（African National Congress Women's League, ANCWL）档案，这些档案在记录南非解放斗争方面发挥重要作用，通过对这部分档案的整理和描述体现出女性对南非文化、经济和政治发展的巨大贡献，这意味着关于妇女的边缘化档案也是构建人类文化共同体的重要组成部分。②

(二) 国内研究热点分析

笔者使用 VOSviewer 软件对关键词进行共现分析，结果见图 2-11，反映了当前国内学者在"档案资源""文献遗产""社会记忆""全球治理""中国特色""文化自信"等有关"档案走出去"主题上给予重点关注。

（1）探讨包括档案在内的各类资源的记忆功能，为文化自信背景下国家档案精品走出去提供启悟价值。对资源在塑造国家对外美誉度的重要作用展开研究，充分发挥我国各类信息资源、文化资源在世界范围内的影响力、感召力。丁文霞、谢众（2017）指明，一批以彰显中国文化悠远厚重多元纪录片的问世对国家形象的建构起到不可估量的作用。③ 罗传祥（2017）指出，日本右翼势力在"二战"后，一直努力篡改教科书内容，拒绝承认"二战"审判的部分结果，否认南京大屠杀这一历史

---

① Van Passel E., Rigole J., "Fictional Institutions and Institutional Frictions: Creative Approaches to Open Glams", *Digital Creativity*, Vol. 25, No. 3, 2014, pp. 203–211.

② Netshakhuma N. S., "The Role of Archives in Documenting African National Congress Women's League Records That Impacted the Development of Their Records: 1960–1990", *Global Knowledge, Memory and Communication*, Vol. 70, No. 1, 2021, pp. 44–59.

③ 丁文霞、谢众：《社会记忆理论视角下纪录片的档案属性探析》，《档案学通讯》2017年第2期。

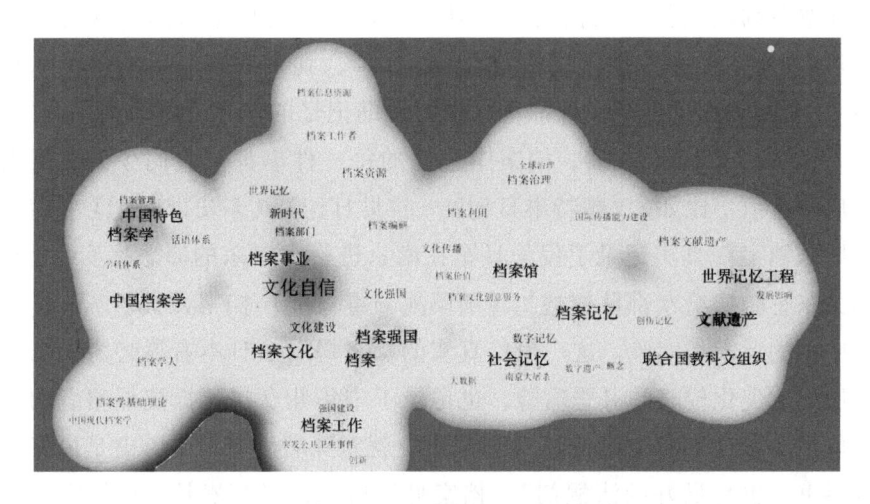

图 2-11　国内研究关键词聚类密度可视化图谱

事实，旨在改善日本在"二战"中的国家形象，维护其统治地位。① 寇京等（2018）认为，档案的重构功能，能还原事实真相，还能重塑国家形象。② 王小云等（2019）认为，将具有世界的、国家的、民族的历史文化价值的代表性档案文献、理论成果和文化精品挑选出来凝聚为"国家档案精品"，是响应文化自信的内在要求，是弘扬民族优秀文化的必要手段，是提升中国文化影响力、增强国际话语权的必然策略。③ 覃兆刿、孟月（2019）认为，档案资源在开发的过程中要深层开发能够说明国家优势、国家形象和维护国家利益，有助于外交、民族团结、海洋权益和国防决策的战略性档案信息。④

（2）探讨档案的文化功能，为文化自信背景下国家档案精品走出去提供坚实底蕴。文化制约着人们回忆、表达和交流记忆的方式，在心理学领域记忆作为神经认知能力的概念已经得到广泛认可，但记忆又需要通过文化视角进行重建，神经认知又不可能实现长时期存储信息的功能，

---

① 罗传祥：《论档案的社会记忆控制机制》，《档案管理》2017 年第 3 期。
② 寇京、陆阳：《国家认同外部危机治理中的档案功能研究》，《浙江档案》2018 年第 10 期。
③ 王小云、谢咏含、陈闽芳、李健：《文化自信背景下国家档案精品走出去研究》，《档案学通讯》2019 年第 3 期。
④ 覃兆刿、孟月：《论档案与国家软权力》，《档案学研究》2019 年第 3 期。

因此覃兆刿教授提出的借助生命外力延伸记忆的档案行为可视为社会"健脑现象"①，从文明之初的"结绳记事"，到文字发明后的"文以载道"，再到如今的电子文件都可以成为帮助记忆的"工具和装置"。"今藏一张纸，未来万卷书"，档案中记忆的每一件事都对我们今天有巨大的启悟价值。比如，《魏特琳日记》《拉贝日记》《东史郎日记》《南京大屠杀档案》真实记录了侵华日军在南京进行大屠杀的罪恶事实；《日本关东军防疫给水部队概述》《细菌战与毒气战》档案证实了731部队在中国的反人类实验。这一份份真实的档案揭示了日本右翼势力试图歪曲历史、美化侵略的丑恶嘴脸，也记录了中华儿女拼死抵抗侵略者的斑斑血泪。习近平总书记说过"忘记历史就意味着背叛""历史是最好的教科书，也是最好的清醒剂"。档案见证历史，封存岁月，把档案研究透、固化民族记忆，通过国家档案精品走出去将这些记忆传达给世界大众，既体现了档案的威力又体现了档案人的作为，也为世界各国维护世界和平带来启示。

（3）探讨档案的教育功能为文化自信背景下国家档案精品走出去提供文化基因。档案精品走出去首先要在我国得到广泛普及，得到广大民众的支持与理解，为此，《全民科学素质行动规划纲要（2021—2035年)》要求"利用科技馆、博物馆、科普教育基地等科普场所广泛开展各类学习实践活动"，档案馆作为政府主导下的公共文化服务机构，是进行科普教育的第一场所，也是广大市民接受终身教育不可缺少的教育领地。利用馆藏资源进行社会科普教育的案例已有许多。黄河档案馆利用馆藏资源进行科普，让社会大众了解治理黄河时发生的历史故事；岳阳市档案馆利用馆藏非典档案，向社会公众宣传防疫知识；德州市城建档案馆建成城建档案文化科普教育基地，向社会全面展示城市建设成果；沈阳市档案馆建成沈阳市科普教育基地，全力开展爱国主义教育基地建设。此外，档案文化资源的客观、真实、可靠性在社会教育方面的优势明显，比如民进党当局为追求政治利益，扭曲台湾同胞集体记忆，档案

---

① 覃兆刿：《档案文化建设是一项"社会健脑工程"：记忆·档案·文化研究的关系视角》，《浙江档案》2011年第1期。

部门可利用档案澄清历史事实，驳斥荒谬言论。档案馆可以通过各种服务，讲好中国故事，共塑中华民族历史生成的文化基因。

六 总体评述

通过对国内外研究成果进行综合分析发现，有关"文化自信背景下国家档案精品走出去"相关模式的探索还处于初创阶段，现有研究"应然"呼吁多，"实然"分析少，实证研究鲜见，聚焦于"文化自信→档案外宣"的研究更是少之又少，具体存在以下几个方面的不足。

第一，尚未发现一套立足中国国情，专门构建文化自信背景下国家档案精品走出去的框架体系。通过对已有文献进行调研，发现国内主要集中于通过档案信息资源或档案文献遗产建设来探讨档案文化建设及交流，但是尚没有把握问题的复杂性和系统性，研究理论还比较分散，往往强调单个问题的解决，未将国家档案精品内涵扩展为"资源、制度和学术精品"或其他架构体系，造成逻辑起点不够全面的问题。

第二，缺乏分析文化自信背景下国家档案精品走出去维度与各组成维度之间关系的规律和内外部之间关系的研究。文化自信背景下国家档案精品走出去是一项复杂的系统工程，仅仅依靠某几个学科或某几个部门来指导社会实践是远远不够的。缺少融合不同主体"通过档案讲好中国故事，共塑中华民族文化基因"，进而将国家档案精品的舞台扩大至"国家文化话语权、全球文化发展与博弈"，造成发展定位高度不够的问题。

第三，国内外研究缺乏以"人类命运共同体"的视角切入档案资源对外传播。本书想要明确通过档案精品走出去并不是带有"文化侵略""文化渗透"的思想，中华文明作为世界文明的重要部分，有其历史之美和文化之美，没有通过中华文化走出去向世界表达中国文化主张、与世界人民共享文化成果，鲜明地展示当今中国对人类文化进步发展的积极追求和现实回应，造成战略影响比较有限的问题。

因此，对国内研究而言，至少需要从三个方面使得研究更加深入。

一是基于档案资源与文化自信的内在联系，认为档案资源是一种文化要素或文化载体，中华民族优秀传统文化以及中国特色社会主义文化必须依靠档案来体现，中国文化自信的基础来自中国档案资源的储备，档案部门应通过打造档案文化精品来提高档案文化自信和自觉。

二是基于档案体制与制度自信的内在联系，认为档案体制是一种管理要素或管理对象，业已建成的中国特色全国馆网架构下的国家档案资源体系、利用体系和安全体系，是国家体制自信的重要组成部分，档案体制自信应扎根于完善的全国馆网档案资源体系。

三是基于档案事业与境外交流的内在联系，认为中国档案是国际档案大家庭中的一员，无论是中国档案资源，还是中国档案制度，或是中国档案学术，亟须被国际社会所认知、认可与认同，尤其是涉台、涉疆、涉藏、"一带一路"等方面的档案汇编、出版与展览等外宣活动。

第三章

借鉴：国际组织、主要国家的典型做法

第一节 国际组织的做法

联合国教科文组织的世界记忆项目是档案领域最有影响力的国际项目，项目自1992年成立以来，已有三十多年，对我国档案领域的发展产生了深远的影响。

一 概况

截至2022年12月，入选《世界记忆名录》的项目共有432个。从区域划分来看，覆盖全球132个国家、组织和地区，具体分布见表3-1。①表3-1中的地区划分采用世界记忆官网的地区划分方式。目前，全球世界记忆项目最多的地区为欧洲及北美洲，项目数超过总项目数的一半，即52%；其次是亚洲及大洋洲，即22%，与欧洲及北美洲的差距巨大；非洲、阿拉伯国家最少，所占比例合起来只有7%。对中国而言，需更加努力增加自身世界记忆的数量以及带动亚洲国家提升世界记忆项目在全球的影响力。

从国家排行榜来看，世界记忆名录国家前20位如表3-2所示，20个国家中有13个来自欧洲及北美洲，5个来自亚洲及大洋洲，2个来自

---

① 第四章中表格数据由笔者团队通过世界记忆网站调研所得，调研时间为2022年12月，在此统一说明，参见：https://webarchive.unesco.org/web/20220323041423/。

拉丁美洲和加勒比地区。作为世界第二大、亚洲第一大经济体以及拥有五千年文明史的中国排名第8，与世界记忆项目数最多的德国、英国相差10个项目，说明我国还需更加努力促进世界记忆项目在国内的发展，以及深入推动我国13个世界记忆项目走出去，促进我国世界记忆项目在国际层面影响力的提升和良性互动。

表3-1　　　　　　　　全球世界记忆名录分布表

地区名称	国家及组织数	国家及地区总数量	项目数	项目数百分比
欧洲及北美洲	42	67①,②	274	52%
亚洲及大洋洲	26	71③,④	116	22%
拉丁美洲和加勒比地区	36	46⑤,⑥	93	18%
非洲	14	54⑦	24	5%
阿拉伯国家	7	22⑧	13	2%
其他	7	—	7	1%
总计	132	129	527	100%

---

① 维基百科：欧洲，https：//zh. m. wikipedia. org/zh-hans/% E6% AC% A7% E6% B4% B2，2022年12月16日。

② 维基百科：北美洲，https：//zh. wikipedia. org/wiki/% E5% 8C% 97% E7% BE% 8E% E6% B4% B2，2022年12月16日。

③ 维基百科：亚洲，https：//zh. wikipedia. org/wiki/% E4% BA% 9A% E6% B4% B2，2022年12月16日。

④ 维基百科：大洋洲，https：//zh. wikipedia. org/wiki/% E5% A4% A7% E6% B4% 8B% E6% B4% B2，2022年12月16日。

⑤ 维基百科：拉丁美洲，https：//zh. wikipedia. org/wiki/% E6% 8B% 89% E4% B8% 81% E7% BE% 8E% E6% B4% B2#% E7% 8B% B9% E7% BE% A9，2022年12月16日。

⑥ 维基百科：加勒比地区，https：//zh. wikipedia. org/wiki/% E5% 8A% A0% E5% 8B% 92% E6% AF% 94% E5% 9C% B0% E5% 8C% BA，2022年12月16日。

⑦ 维基百科：非洲，https：//zh. wikipedia. org/wiki/% E9% 9D% 9E% E6% B4% B2，2022年12月16日。

⑧ 维基百科：阿拉伯世界，https：//zh. wikipedia. org/wiki/% E9% 98% BF% E6% 8B% 89% E4% BC% AF% E4% B8% 96% E7% 95% 8C，2022年12月16日。

表 3-2　　　　　　　　世界记忆名录国家前 20 位排行榜

排名	国家	项目数	所属地区
1	德国	23	欧洲及北美洲
1	英国	23	欧洲及北美洲
3	波兰	17	欧洲及北美洲
4	荷兰	16	欧洲及北美洲
4	韩国	16	亚洲及大洋洲
6	奥地利	15	欧洲及北美洲
7	俄罗斯	14	欧洲及北美洲
8	中国	13	亚洲及大洋洲
8	法国	13	欧洲及北美洲
8	墨西哥	13	拉丁美洲和加勒比地区
11	西班牙	11	欧洲及北美洲
11	美国	11	欧洲及北美洲
13	巴西	10	拉丁美洲和加勒比地区
13	伊朗	10	亚洲及大洋洲
13	葡萄牙	10	欧洲及北美洲
16	印度	9	亚洲及大洋洲
17	捷克	8	欧洲及北美洲
17	丹麦	8	欧洲及北美洲
17	印度尼西亚	8	亚洲及大洋洲
17	意大利	8	欧洲及北美洲

无论从全球世界记忆名录分布来看还是世界记忆名录国家前 20 位排行榜来看，欧洲及北美洲地区国家在世界记忆名录中的占比都遥遥领先，且均超过 50%；亚洲及大洋洲、拉丁美洲和加勒比地区的国家虽紧随其后，但与欧洲、北美国家相比差距明显；而非洲地区和阿拉伯地区国家项目数占比不足 10%，且单个国家项目数也极少，在世界档案文献申遗领域进展十分缓慢。

二 要求

（一）《世界记忆名录指南》（2012）

2012年1月，联合国教科文组织发布《世界记忆名录指南》，介绍了世界记忆项目的目的、运作模式、意义以及项目申报流程和标准等。认为设置世界记忆项目的目的是确保全世界珍贵的档案资料和图书馆、博物馆馆藏得到保护和传播，呼吁关注世界的文献遗产，提高全世界对文献遗产的存在及其重要性的认识。

其第一点"项目运作"规定，"世界记忆项目有国际、地区和国家三级委员会和三级名录，它们都有独立的网站且根据总方针独立运作"，我国档案精品走出去可借鉴世界记忆项目的运作模式，展开国家级、省市级、区县级三级档案精品项目管理委员会和三级名录，由下至上择优推荐档案精品，形成金字塔模式。不同级别的名录的根本区别在于其所登记的档案精品的地域影响力，使之在其所申报、管理的地域内影响力最高。省市级、区县级档案精品名录对接中国国家级的世界记忆名录或世界遗产名录，既保证了各级名录的独立性，又保障了其联合后形成巨大影响力，有效强化档案精品的保管以争取入围国家级或世界级名录。需要注意的是，不管是哪个级别的档案精品，都可以发挥自身优势，实现走出去。

其第三点"提名"中阐明名录的提名不限制多个国家的联合申报，我国目前所有的世界级记忆项目都是独立申报，与其他国家联合申报既是国家档案精品走出去的可行路径，也是档案资源实现查漏补缺，完善史实的多面性、系统性、完整性的绝好机会，其所产生的影响力也将进一步放大。

其第五点"宣传"中"鼓励入选文献遗产的保管单位宣传自己的地位，吸引大众对入选文献的关注"。国家档案精品可通过参与申报国际级、地区级项目获得联合国教科文组织的认证，加大国内国外宣传力度，开展档案展览、会议讲座等活动；国内档案机构可同国外机构联手合作，加强媒体曝光度，吸引国内外游客、观众前去观展，或增强海内外学者的关注度。此外，多样化开发国家档案精品衍生产品，包括网站制作、文创开发、数据库开放等以吸引大众关注,提升国家档案精品的影响力。

(二)《关于保存和获取包括数字遗产在内的文献遗产的建议书》(2015)

2015年11月,联合国教科文组织发布《关于保存和获取包括数字遗产在内的文献遗产的建议书》,认为文献遗产是包含对某个社群、文化、国家或全人类具有重大和持久价值,且其老化或丧失会构成严重损失的单一文件或组合文件,包括多媒体作品、互动超媒体、在线对话、来自复杂系统的动态数据对象、移动内容以及未来出现的新格式等,对包括数字遗产在内的文献遗产的确认、保存、获取、政策措施和国际合作等提出了建议。

其第二点"保存"中"鼓励会员国支持记忆机构参与制定国际保存标准,请会员国支持开发数字化保存领域的学术课程,并在国家、地区和国际层面开展网络联系活动,以便更加切实有效地实施世界记忆计划,促进教科文组织会员国之间在最佳做法模式的基础上进行经验交流等"。我国档案精品走出去一方面需遵守国际法规准则,加强国际交流与合作,借鉴外国文献遗产、档案精品对外传播的优秀经验;另一方面通过交流,积极主动参与制定国际标准,增强话语权,将我国档案精品的优秀做法传播到全世界。

其第三点"获取"中"请会员国酌情通过外联活动和世界记忆计划出版物的方式,提高本国文献遗产的知名度和可获取性"。我国档案精品走出去需注重档案文化产品的形式多样化,积极探寻对外传播路径,增强国家档案精品的国际知名度。

其第四点"政策措施"中"会员国应通过鼓励开发有关文献遗产及其在公众领域存在的教育和研究的新形式和新工具,改进文献遗产的获取"。我国应提倡加强跨学科交叉、跨领域融合的文献遗产教育,挖掘其他相关科学对文献遗产的技术支持,如促进生物学、物理学等自然学科在遗产保护方面的研究,历史学、哲学等人文学科在遗产情感挖掘方面的研究。在文献遗产获取利用方面,顺应互联网发展,发掘远端在线交流、云端展览等新形式,降低文献遗产利用成本,简化利用手续,促进大众获取与利用。

其第五点"国际合作"中"请会员国为国家之间交流与其自身的文化、共有历史或遗产相关的文献遗产副本，以及一直是另一国家保存工作之对象的其他经确认的文献遗产副本提供便利"。国家档案精品走出去可挖掘共有历史和文献遗产，例如，东亚国家关于日本侵略战争的档案共享、"一带一路"国家关于丝绸之路等的档案共享，从而扩大我国档案文献遗产的关注度以及影响力。

（三）《世界记忆项目：教育和研究分委会展望——起草于2020年》（2021）

2021年3月，联合国教科文组织发布《世界记忆项目：教育和研究分委会展望——起草于2020年》，介绍了世界记忆项目教育和研究分委会的任务、工作内容和未来展望等，阐述世界记忆项目运转的框架、战略和促进措施，并鼓励专家们思考如何改进世界记忆项目的教育研究以及如何进一步发挥世界记忆项目的教育作用。

其第二点"任务"中"为世界记忆项目或文献的创造性课程与研究发展提供帮助，特别是通过与互联网有关的跨学科、跨国界方式开展"。我国档案精品走出去应注重文献遗产在教育领域的研究和运用。例如，通过互联网开展跨学科、跨国界的线上教育活动，提升国内外年轻群体对文献遗产和世界记忆项目的关注度，增强国家档案精品在青少年群体中的影响力与认知度。

其第五点"教材"中《世界记忆教材》选用的文献遗产实例优先考虑世界记忆名录入选文献，在课程设计时纳入更多学科。例如，首版《世界记忆教材》面向11—18岁的学生，在以后的版本中还将增加面向更低年龄段的实例。国家档案精品走出去应积极探索教育途径的多样化与教育产品的多元化，使文献遗产渗透到教育领域中去，更快推动面向青少年的国家档案精品走出去。例如，举办针对青少年的世界记忆知识竞赛、面向青少年阅读需求和偏好的展览活动等。

（四）《世界记忆项目总方针》（2021）

2021年7月2日，联合国教科文组织发布《世界记忆项目总方针》，认为世界记忆项目的愿景是世界的文献遗产属于所有人，应当为了所有人的利益对其予以完整的保存和保护，并在充分尊重文化习俗和客观现实的前提下，确保文献遗产能够永久被所有人无障碍地利用。《世界记忆项目总方针》介绍了世界记忆项目的愿景、任务、目标、意义和委员会，阐述了世界记忆项目的申报、提名和宣传等流程。

其第五点"国际日"中"联合国大会指定了一些国际日来纪念人类生活与历史的重要方面，联合国教科文组织等专门机构也可以设立国际日"。节日是优秀传统文化的衍生，设立国际日是重视庆祝事宜的体现，亦是希望通过国际日的活动提升大众对生活与历史的关注。例如，联合国教科文组织2005年设立世界音像遗产日（10月27日），2015年设立非洲世界遗产日（5月5日），以此提高全世界对音像遗产和非洲遗产的关注。国家档案精品可借助国际档案日（6月9日）、世界文化遗产日（每年6月的第二个星期六）等节日展开宣传活动。通过多元化的宣传材料、多样化的宣传方式，线上、线下联动开展国际日庆祝活动，引导大众积极参与进而提升对文献遗产重要性的认识。又如，国家档案局于2022年6月9日举办"6·9"国际档案日线上专题讲座，[1] 中国人民大学信息资源管理学院于2022年6月13日举办国际档案日课程思政公开课。[2]

其第六点"研究与教育"中"世界记忆项目鼓励在研究和学术领域利用文献遗产作为历史研究的原始资料，以《世界记忆名录》作为研究的切入点"。将世界记忆项目内容纳入大、中、小学课程设置中，并在学校与记忆机构之间建立联系，能够提升对文献遗产的保护意识，有助于历史与现实的对话。国家档案精品走出去可将档案材料作为历史研究切入点，强化对史实的梳理及档案材料的整理，吸引专家学者深入研究，完善档案精品走出去的逻辑性与系统性。特别是以教育教学为立足点，引导不同年龄段的学生从档案材料看世界历史、从档案精品看世界多元文化。

---

[1] 国家档案局：《国家档案局办公室关于2022年"6·9"国际档案日线上专题讲座收看安排的通知》，[2022-05-23]，https://www.saac.gov.cn/daj/tzgg/202205/2889c9d7da5d4f59b3da445a0d0ad747.shtml，2022年12月16日。

[2] 中国人民大学信息资源管理学院：《信息资源管理学院举办国际档案日课程思政公开课》，[2022-06-11]，https://irm.ruc.edu.cn/xydt/xyxw/fd03c8c3ac814bc1b506af2c9db2a203.htm，2022年12月16日。

其第七点"展览与活动"中"展览可采取多种形式，从一系列海报到设在记忆机构的大规模多媒体体验展"。国家档案精品走出去以吸引全球用户关注、提升公众档案利用和档案保护意识、促进中华文化在世界范围内的交流与发展为目标之一。对于普通观众而言，好奇心是其参与的主要动力之一，提供丰富多彩的宣传产品是档案精品走向世界的关键。档案展览满足大众的好奇心，沉浸式观展提升体验感，讲座、放映会、颁奖仪式等是增强观众好奇心与情感体验的其他方式。国家档案精品走出去的过程中应结合不同地域、不同年龄段观众的爱好与习惯，创新档案精品形式，除档案文献原件的宣传外，积极进行其附属品的创意开发，即档案文献文创产品的制作、出售，以增强宣传的精准度与有效性。

其第八点"各级名录宣传"中"对每级名录，所有成功入选的提名者都会收到一个官方的证书，可举办一次隆重的证书颁发仪式"。国家档案精品入选《世界记忆名录》后也应把握一切宣传机会，积极造势，包括主流媒体的联动宣传、社交媒体/自媒体的引入，热点、节日的热度借势等，进而提高档案文献的知名度。

（五）《世界记忆项目国际咨询委员会章程2021版》（2021）

2021年7月14日，联合国教科文组织发布《世界记忆项目国际咨询委员会章程2021版》，说明了委员会的职责、遴选、任期时间、更替等事项，阐明了委员会旨在为联合国教科文组织的使命作出贡献，通过强调文献遗产作为知识创造、表达和交流的主要手段的重要性，在促进和平的同时，促进知识共享以有利于增进了解和对话。

其第三点"遴选"中"世界记忆项目国际咨询委员会成员的遴选应依据其在文献遗产保护方面的专业程度，并适当考虑地域和性别代表性，并以此种方式代表成员国和主要国际专业组织在该领域普遍存在的各类学科和思想流派"。我国世界记忆委员会可积极参与世界记忆项目国际咨询委员会的遴选，从而向世界展示我国档案文献遗产的特色与精神，扩大我国文献遗产在亚洲乃至世界的影响力。

三 典范

教育是人们认识世界记忆的一种有效方式，因此联合国教科文组织

第三章 借鉴：国际组织、主要国家的典型做法　　115

在 2015 年成立了教育和研究分委会学校工作小组（WGS）①，其目的是通过开发世界记忆项目相关知识的教育工具，促进文献遗产在世界范围内的认知度，尤其是提升年轻人对文献遗产重要性的认识，推动全球文化对话。2021 年 3 月发布的《世界记忆项目：教育和研究分委会展望——起草于 2020 年》，尤其鼓励改进世界记忆项目的教育研究以及发挥世界记忆项目的教育作用。目前，WGS 主要从事以下几类活动。

（一）出版儿童读物和教材，激发儿童对世界记忆的兴趣

2020 年，WGS 针对小学生出版了《让我们探索世界记忆》一书②，封面如图 3-1 所示，引导孩子们踏上了解联合国教科文组织世界记忆计划以及来自世界各地的其他重要文献遗产收藏的旅程，理解文献遗产的价值，激发他们对不同历史和文化的兴趣。

该读物至少具有三个特点。一是趣味性，该书运用了可爱的字体与有趣的简笔画，以绘本的形式呈现了各种有关世界记忆的信息和照片，并且创造了三位充满爱心与智慧的小主人公，陪伴小读者们探索世界记忆的大门；二是教育性，该书强调了文献遗产中的重要主题，如语言、宗教、地理、性别平等、相互理解和人权等问题，这表明 WGS 希望充分展现世界记忆蕴含的人文精神，通过孩子们让这些人文精神得到延续；三是培养儿童的主动性，该书鼓励孩子们收集和保存文献遗产，并阐述选择、获取和保

图 3-1　《让我们探索世界记忆》封面

---

① 中国海洋档案馆：《世界记忆项目教育和研究分委会展望（下）》，[2022-03-28]，https：//hyda.nmdis.org.cn/c/2022-03-28/76763.shtml，2022 年 12 月 16 日。

② "Let's Explore the Memory of the World with Tia", Jik and Pokpok, [2022-12-16], https：//unesdoc.unesco.org/ark：/48223/pf0000377412.

存文献遗产的过程，以此促进孩子们对世界记忆有更深的理解，如此一来儿童便不再被动地从书上吸收有限的世界记忆知识，而是能够主动地了解世界记忆，即使是未选入该读物的世界记忆也能得到被认识的机会。

WGS 预计出版正式进入学校的教材《世界记忆教材》，该教材书稿已于 2019 年提交联合国教科文组织审查①，主要面向 11—18 岁的学生，预计之后会发行面向更低龄儿童的版本。教材中选用的实例优先考虑《世界记忆名录》的入选文献，教材作者和被选用实例尽量来自更多地区并最终包括所有地区。

（二）出品针对课堂教学的线上资源，便于在世界范围内传播

2021 年教师节，WGS 为教师等教育工作者推出了一门免费的在线课程——《如何将"世界记忆"带入课堂？》②，如图 3-2 所示，该课程的主要内容是告诉教师如何在课堂中利用《世界记忆名录》来促进跨文化对话，为学生创造引人入胜的创造性体验，使《世界记忆名录》成为丰

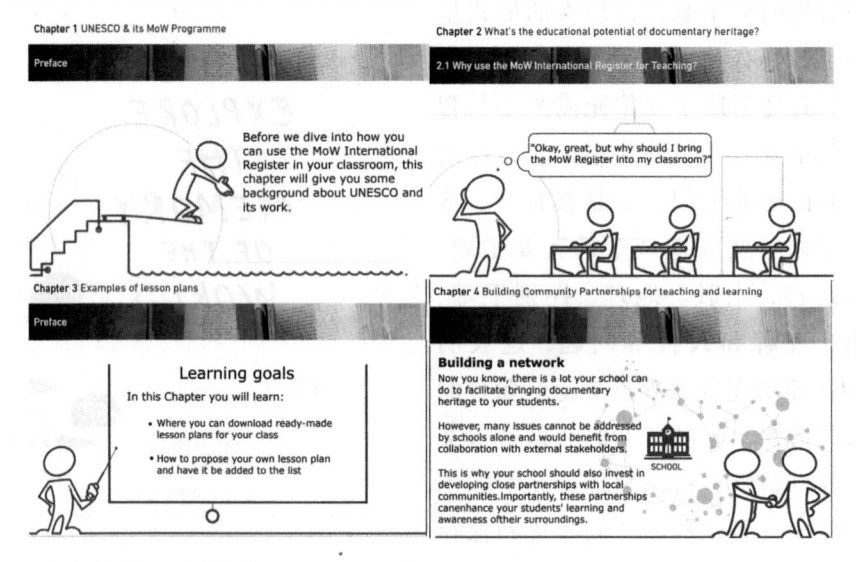

图 3-2 在线课程界面

---

① 中国海洋档案馆：《世界记忆项目教育和研究分委会展望（下）》，[2022-03-28]，https：//hyda. nmdis. org. cn/c/2022-03-28/76763. shtml，2022 年 12 月 16 日。

② "UNESCO Memory of the World Online Course"，UNESCO，[2022-12-16]，https：//www. unesco. org/mowcourse。

第三章　借鉴：国际组织、主要国家的典型做法　　117

富课程的绝佳工具。① 课程共分为四个章节，并配有互动功能和视听材料。第一章介绍了教科文组织的工作及其世界记忆计划；第二章提供了关于在四个不同主题领域中引入哪些注册项目以及如何引入的具体想法；第三章包括现成的教案，教师可以下载并直接在课堂上使用；第四章提供了与当地社区以及档案馆、图书馆和博物馆等机构建立密切合作关系的技巧。

　　该课程具有以下四个特征。一是普适性与针对性相结合。一方面，该课程以英语授课，面向全世界教师，而不是局限于某一地区；另一方面，该课程面向四类与文化教育相关的学科，提供了世界记忆进入课堂教学的方案②，详情如图3-3所示，包括历史、文学、语言和艺术。以历史学科为例，该课程讲述了世界记忆走进历史课堂的意义，诸如可以帮助学生更好地学习历史、揭示过去与现在之间意想不到的联系、更好地展望未来；提供了包括《白银级员工：开发巴拿马运河的西印度劳工》（Silver Men: West Indian Labourers at the Panama Canal，美国的世界记忆）等6项世界记忆作为案例，为历史老师选择走进课堂的世界记忆

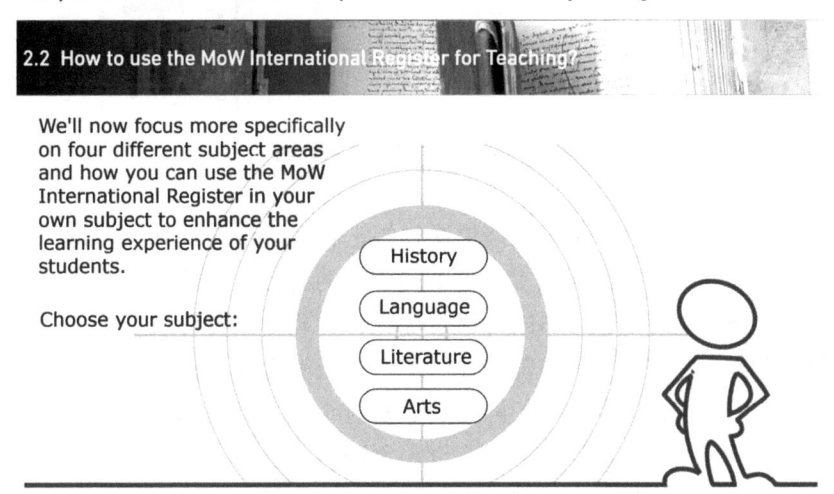

图3-3　课程中的四类学科

---

① "Launches E-Course on Incorporating Documentary Heritage in Teaching", UNESCO, [2022-12-16], https://www.unesco.org/en/articles/unesco-launches-e-course-incorporating-documentary-heritage-teaching.
② "UNESCO Memory of the World Online Course", UNESCO, [2022-12-16], https://www.unesco.org/mowcourse.

项目提供了参考，并讲述了世界记忆融入历史课堂的小技巧，例如阅读和抄录手稿、提供作业练习等。

二是便捷性。该课程在世界记忆官网以演示文档的形式进行，共有59张PPT，预计完成时长不到45分钟，且提供了PPT目录导航，教师通过点击导航中的标题就能跳转到相应部分，较短的课程时间和便捷的播放功能促进了该课程的教师接受程度，有利于大范围的推广①，具体如图3-4所示。

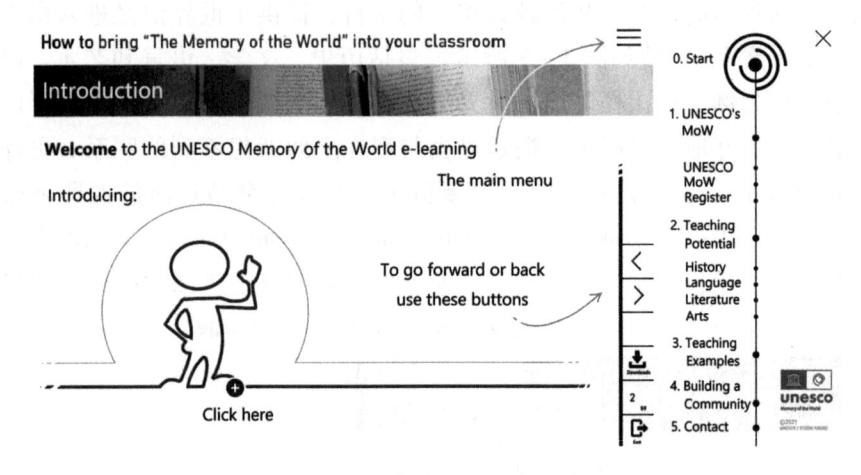

图3-4 在线课程目录导航

三是延伸性。教师可以围绕该课程提出自己的课程计划并与世界各地的其他教师分享，这项功能实现了不同思想的碰撞，教师在分享该资源的同时促进该资源在讨论中不断升级、优化，并延伸出各种适合不同教育环境的教学方法。课程中为教师们提供了六个能够沟通讨论和获取世界记忆教学资料的渠道，分别为学校网络、非政府组织和私营部门、世界记忆机构、大学、媒体以及教科文官网，点击不同的图标，在线课程会对该渠道进行简单介绍并提供网络链接。例如，点击"学校"这一图标，教师能够跳转到ASPnet专属网站进行学习和交流②，具体如图3-5所示。ASPnet

---

① "UNESCO Memory of the World Online Course"，UNESCO，[2022-12-16]，https：//www.unesco.org/mowcourse.

② "UNESCO Memory of the World Online Course"，UNESCO，[2022-12-16]，https：//www.unesco.org/mowcourse.

第三章 借鉴：国际组织、主要国家的典型做法

是教科文组织建立的相关学校网络，包括 182 个国家的 11500 多所与教科文组织合作的学校，教师通过该网站能够搜索需要的信息或提出世界文化记忆教学的相关建议，以得到世界各地教师的反馈，建立起教学合作关系。

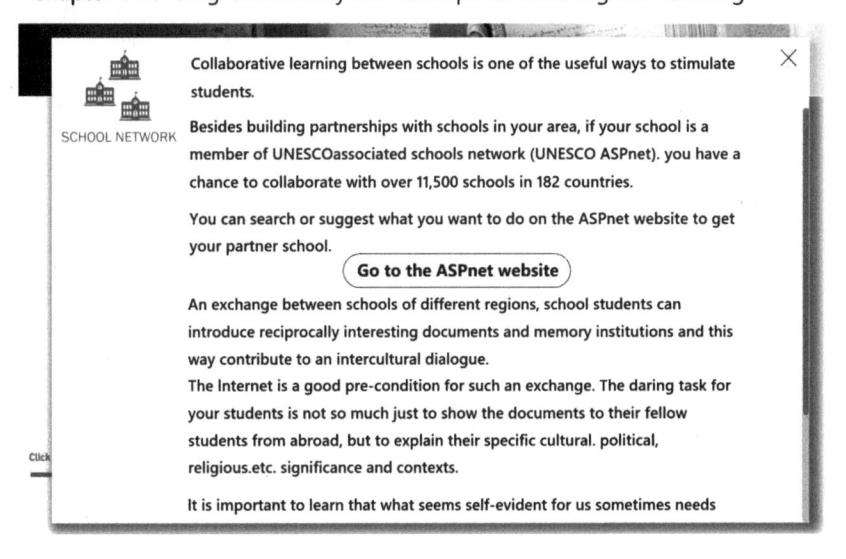

图 3-5 提供沟通渠道的界面

四是内容翔实。在课程的第二章节中详细列举了 27 项与历史、语言、文学、艺术四个科目相关的世界记忆，提供了关于在这四个不同领域中引入哪些注册项目以及如何引入的具体想法，详情如表 3-3 所示，按照课程介绍的先后顺序排列。

表 3-3　　　　　　　27 项课程中介绍的世界记忆

科目	世界记忆名称	所属国家	入选时间	主要内容
历史	白银级员工：开发巴拿马运河的西印度劳工 Silver Men：West Indian Labourers at the Panama Canal	美国	2011	西印度人在巴拿马运河的经历和贡献。
	1983 年妇女选举请愿书 The 1983 Women's Suffrage Petition	新西兰	1997	包括 1983 年妇女选举请愿书原件，1893 年的妇女选举请愿书导致新西兰成为世界上第一个妇女赢得投票权的自治国家。
	澳大利亚的罪犯记录 The Convict Records of Australia	澳大利亚	2007	详细记录 1787—1867 年间被英国运送到澳大利亚的囚犯信息，包括罪行和刑期、文化水平、在澳大利亚的行为、婚姻状况甚至外貌等。
	索姆河战役 The Battle of the Somme	英国	2005	1916 年的电影《索姆河战役》具有独特的意义，它既是对第一次世界大战中一场关键战役的记录，又是世界上第一部长篇战斗纪录片。
	1940 年 6 月 18 日的呼吁 The Appeal of 18 June 1940	法国、英国	2005	包括 6 月 18 日广播的呼吁手写文本、6 月 22 日的呼吁、8 月 3 日海报的手稿和海报本身，6 月 18 日的呼吁是无线电广播史上最引人注目的作品之一。
	托尔德西利亚斯条约 Treaty of Tordessilas	葡萄牙、西班牙	2007	包括该条约原件，1494 年 6 月 7 日的托尔德西利亚斯条约涉及在两个王国之间建立一条新的分界线，西班牙和葡萄牙划分世界的分界线的修改导致巴西的诞生，是了解美国历史以及欧美之间的经济和文化关系必不可少的文件。

续表

科目	世界记忆名称	所属国家	入选时间	主要内容
语言	土著语言合集 Colección de LenguasIndigenas	墨西哥	2007	这本合集共166卷，共128个标题，印刷于16—20世纪，是用土著语言写成的，是在殖民时代为传播福音而制作的，包括艺术或语法、词汇、忏悔录、教义问答、布道书。
	翡翠佛塔四语石刻 Myazedi Quadrilingual Stone Inscription	缅甸	2015	Myazedi四语石刻位于蒲甘历史名城，是公元12世纪记录缅甸历史、宗教和文化的最古老的缅甸语铭文，包括四种语言的铭文：Pyu、Mon、Myanmar和Pali。
	语言档案馆的世界语言多样性精选数据集 Selected Data Collections of the World's Language Diversity at The Language Archive	荷兰	2015	语言档案馆（TLA）的指定馆藏包括64个数字馆藏，其中包含记录世界各地102种语言和文化的视听和文本资源。
	纳西东巴古籍 Ancient Naxi Dongba Literature Manuscripts	中国	2003	纳西族是古羌族的后裔，尽管居住环境条件极其艰苦，物质匮乏，但纳西族仍然创造了独特而鲜明的民族文化；由于这种文化通过宗教传承，这种宗教的祭司被称为"东巴"。
	腓尼基字母表 The Phoenician Alphabet	黎巴嫩	2005	腓尼基字母表的发明是世界上所有字母表的原型，是黎巴嫩对全人类做出的最重大贡献。
	来自博阿兹柯伊的赫梯楔形文字片 The Hittite cuneiform tablets from Bogazköy	土耳其	2001	楔形文字泥板档案提供了关于赫梯文明的唯一现存记录材料，这个总计近25000片的档案包括那个时代的社会、政治、商业、军事、宗教、立法和艺术生活的记录。
	最早的伊斯兰铭文 Earliest Islamic (Kufic) inscription	沙特阿拉伯	2003	该铭文是迄今为止世界上发现的年代最久远的阿拉伯文铭文。
	42行古腾堡圣经，牛皮纸印刷，及其当代纪录片背景 42-ine Gutenberg Bible, printed on vellum, and its contemporary documentary background	德国	2001	古腾堡被认为是欧洲凸版印刷与金属活字的发明者，1450年左右的这项发明对欧洲的教育产生了重大影响，为大众识字铺平了道路。

续表

科目	世界记忆名称	所属国家	入选时间	主要内容
文学	巴亚桑戈尔王子的列王之书 Bayasanghori Shâhnâmeh/Prince Bayasanghor's Book of Kings	伊朗	2007	菲尔多西是伊朗诗歌界的杰出人物，是波斯帝国的民族主义诗人，《列王纪》（*Shahnâmeh*）是他的史诗级作品，是波斯语著作的经典之一。
	绍塔·鲁斯塔韦利诗《披着豹皮的骑士》手稿集 Manuscript Collection of Shota Rustaveli's Poem "Knight in the Panther's Skin"	乔治亚州（美国）、英国	2013	《披着豹皮的骑士》融合了格鲁吉亚、东方和欧洲的传统文化，记录了中世纪从皇室到商人以及农民不同社会群体的特征和生活方式；它也可以说是新柏拉图思想发展的高峰，是一首关于人性、友情、爱情、平等和争取自由的赞歌。
	梨俱吠陀 Rigveda	印度	2007	梨俱吠陀是四大吠陀经中最古老的一部，它是所谓雅利安文化的源泉，其所有表现形式从印度次大陆传播到南亚和东南亚的大部分地区，以及中亚的部分地区。
	盘集故事 Panji Tales Manuscripts	柬埔寨、印度尼西亚、马来西亚、荷兰、英国	2017	盘集故事是13世纪的故事，讲述了爪哇英雄Paji王子的许多冒险经历，标志着爪哇文学的发展不再被12世纪在爪哇广为人知的伟大印度史诗罗摩衍那和摩诃婆罗多所掩盖。
	缅甸国王阿朗帕亚致英国国王乔治二世的金信 The Golden Letter of the Burmese King Alaungphaya to King George Ⅱ of Great Britain	德国、缅甸、英国	2015	1756年缅甸国王阿朗帕亚写给英国国王乔治二世的金书，具有非凡的审美价值，信的内容是阿朗帕亚给英国人的贸易建议。
	安妮弗兰克日记 Diaries of Anne Frank	荷兰	2009	描述了安妮在第二次世界大战期间与她的家人和其他4个人一起躲藏的两年间的生活。
	一城之：每日倒影记录 Ilseongnok: Records of Daily Reflections	韩国	2011	朝鲜王朝（1392—1910）第22代君主正祖国王在登基前的日记。
	歌德和席勒档案馆歌德文学遗产 The literary estate of Goethe in the Goethe and Schiller Archives	德国	2001	既包含歌德的著名文学作品，也包含不为人知的文献，例如信件和论文。

续表

科目	世界记忆名称	所属国家	入选时间	主要内容
艺术	民歌柜 Dainu Skapis-Cabinet of Folksongs	拉脱维亚	2001	包括大量民歌文本、童话、传说、谚语、舞蹈、信仰、旋律等，总数近三百万件。
	内布拉星象盘 Nebra Sky Disc	德国	2013	内布拉星象盘实体，是世界上最古老的对宇宙现象的具体描述。
	波斯插图和插图手稿 Persian Illustrated and Illuminated Manuscripts	埃及	2007	包括71部罕见的插图和彩绘波斯手稿，展示了波斯伊斯兰细密绘画的历史、波斯书法字体风格的发展，以及单幅作品集和专辑汇编的艺术。
	悉尼港的巨型玻璃板底片 Giant GlassPlate Negatives of Sydney Harbour	澳大利亚	2017	包括三幅记录了悉尼港景色的巨大的玻璃底片。
	莱奥什·亚纳切克档案 Archives of Leoš Janáček	捷克	2017	包含作曲家 Leoš Janáček 的所有作曲手稿、经他认证的作曲副本和带修改说明的校样、他的剧本手稿、文学和科学研究、他的笔记本和图书馆，其中有大量小说和科学文献以及他的手写评论，后来还通过信件补充了这些收藏。

在课程的第三章节，以第二章中介绍的部分世界记忆和其他的世界记忆为例，向教师们提供了详细的教案，教师们可以下载教案资源包进行学习，资源包中的具体内容，如表3-4所示。当前教案中缺少文学科目的示范，因此我国可以积极关注该在线课程的资源更新情况，推进我国文学类世界记忆的申请和宣传，争取后续更新的文学类教案中能够出现我国的世界记忆项目，利用联合国教科文组织官方平台帮助我国世界记忆走出去。

表3-4　　　　　　　　教案资源包中列举的世界记忆

科目	世界记忆名称	课程名称	课程计划书内容
历史	白银级员工：开发巴拿马运河的西印度劳工 Silver Men: West Indian Labourersat the Panama Canal	船将驶过一座山 Where Ships Will Sail Through a Mountain	教案撰写人、课堂目的、面向人群、教学技巧、教学内容、教师教学笔记、具体教学内容与方式等。
历史	1983年妇女选举请愿书 The 1983 Women's Suffrage Petition	变革之风 Winds of Change	
历史	索姆河战役 The Battle of the Somme	我们在这里是因为我们在这里 We're Here Because We're Here	
历史	1940年6月18日的呼吁 The Appeal of 18 June 1940	你能抵抗吗？ Can You Resist?	
历史	托尔德西利亚斯条约 Treaty of Tordessilas	共享世界 Sharing The World	
历史	维特博伊的信件期刊 Letter Journals of Hendrik Witbooi	豺狼与狮子 The Jackal and the Lion	
语言	古代纳西东巴文学手稿 Ancient Naxi Dongba Literature Manuscripts	写作的艺术1—纳西东巴手稿 The Art of Writing 1 – Naxi Dongba Manuscripts	
语言	腓尼基字母表 The Phoenician Alphabet	写作的艺术2—腓尼基字母表 The Art of Writing 2—The Phoenician Alphabet	
语言	最早的伊斯兰铭文 Earliest Islamic (Kufic) inscription	写作的艺术3—阿拉伯的神圣涂鸦 The Art of Writing 3 – Divine Graffiti in Arabic	
艺术	民歌柜 DainuSkapis-Cabinet of Folksongs	木柜里的歌—收藏我的歌！ Songs in a Wooden Cabinet-Collect my song!	
艺术	内布拉星象盘 Nebra Sky Disc	内布拉星象盘—想象月亮 The Nebra Sky Disc-Imagine the Moon	

（三）推出世界记忆创意教育产品

2021年11月20日，WGS为儿童推出世界记忆电子日历①，如图3-6所示。电子日历选取了《世界记忆名录》中的12个项目分别对应12个月，这些世界记忆都来自不同的国家或地区，12项世界记忆如表3-5所示。孩子们下载或网页访问电子日历以后，两位年轻的角色娜拉和利奥每个月都会带领孩子们前往一个新的国家，认识一项当地的世界记忆，并了解它作为世界记忆的内涵，为孩子们提供引人入胜且有趣的学习体验，从而促进儿童之间的跨文化对话和全球公民意识。

图3-6 世界记忆电子日历英文版

表3-5　　　　　　电子日历中介绍的世界记忆

世界记忆名称	所属国家	所属区域	内容详情
盘集故事 Panji Tales Manuscripts	柬埔寨、印度尼西亚、马来西亚、荷兰、英国	亚洲及大洋洲 欧洲及北美洲	盘集故事是13世纪的故事，讲述了爪哇英雄Paji王子的许多冒险经历，标志着爪哇文学的发展不再被12世纪在爪哇广为人知的伟大印度史诗罗摩衍那和摩诃婆罗多所掩盖。

---

① "Launches Memory of the World E-Calendar for Children"，UNESCO，[2022-12-16]，https://www.unesco.org/en/articles/unesco-launches-memory-world-e-calendar-children.

续表

世界记忆名称	所属国家	所属区域	内容详情
腓尼基字母表 The Phoenician Alphabet	黎巴嫩	亚洲及大洋洲	腓尼基字母表的发明是世界上所有字母表的原型，是黎巴嫩对全人类做出的最重大贡献。
苏伊士运河的记忆 Memory of the Suez Canal	埃及	阿拉伯国家	以文献、珍本、照片、绘画等形式记录，分散在不同国家的不同机构中，记录了苏伊士运河这一连接了东西方的最重要的水道之一，并在过去两个世纪影响了全球尤其是中东的历史。
瓦加尔时代的古代地图集 A collection of Ancient Maps from the Wajar Era	伊朗	亚洲及大洋洲	是手写和石版印刷地图的汇编，展示了伊朗的高原是历史丝绸之路的主要部分以及南北走廊的交界处，是重要的研究文献，为研究不同西亚地区的人口、自然、历史和文化地理提供了真实的资料来源。
西非旧明信片集 Collection of Old Postcards from West Africa	塞内加尔	非洲	包括 1900—1959 年期间的旧明信片，这些明信片提供了丰富的信息，可以阐明整个非洲历史的整个篇章，特别是塞内加尔；它们共有 1515 个项目，涵盖的主题多种多样，例如政治、宗教、农业、经济、教育、体育、基础设施等。
咸海档案馆 Aral Sea Archival Fonds	哈萨克斯坦	亚洲及大洋洲	包括 1965—1990 年之间的文件，追溯了咸海的生态悲剧和拯救咸海的努力，是研究咸海和了解咸海如何在 20 世纪 60 年代缩小 10% 的独特信息来源。
政府诉曼德拉等人 State Versus Mandela and Others	南非	非洲	里沃尼亚审判是该州政府首次根据法案行使权力，该法案于 1960 年禁止非洲人国民大会（African National Congress）和泛非主义者大会（Pan Africanist Congress of Azania），逮捕和起诉最大的参与争取民主南非的内部反种族隔离组织，这次审判让曼德拉有机会在码头上向广大公众宣布非洲人国民大会的宗旨和目标。

续表

世界记忆名称	所属国家	所属区域	内容详情
《土著语言集合》 Colección de Lenguas Indigenas	墨西哥	欧洲及北美洲	这本合集共166卷，共128个标题，印刷于16—20世纪，用土著语言写成，包括艺术或语法、词汇、忏悔录、教义问答、布道书。
《1983年妇女选举请愿书》 The 1983 Women's Suffrage Petition	新西兰	亚洲及大洋洲	包括1983年妇女选举请愿书原件，该请愿书使新西兰成为世界上第一个妇女赢得投票权的自治国家。
加勒比被奴役人民的文献遗产 Documentary heritage of Enslaved Peoples of the Caribbean	巴巴多斯	拉丁美洲和加勒比地区	与17世纪、18世纪和19世纪被奴役的加勒比人民生活有关的独特文献证据集。
斯科尔特萨米村的档案 Archive of the Skolt Sami village of Suenjel	芬兰	欧洲及北美洲	斯科尔特萨米村的档案形成了一个关于土著社区的独特文献体系，保存了几个世纪，档案由用骨头制成的胶水连接在一起的文件组成，最终形成了一个9米长的卷轴；这些藏品表明，以捕鱼和放牧驯鹿为生的斯科尔特萨米人很早就了解书面文件的重要性。
米高梅公司出品《绿野仙踪》 The Wizard of Oz (Victor Fleming 1939), produced by Metro-Goldwyn-Mayer	美国	欧洲及北美洲	改编自儿童读物《奇妙的奥兹男巫》，时至今日，《绿野仙踪》仍然是最受欢迎的电影作品之一。

由表3-5可知，世界记忆电子日历中介绍的世界记忆主要分为三类。第一类是广受儿童喜爱的《绿野仙踪》。第二类是具有教育性质的世界记忆。例如，教育人权的《加勒比被奴役人民的文献遗产》《政府诉曼德拉等人》《土著语言集合》；又如，激发女性自我意识觉醒的《1983年妇女选举请愿书》；再如，阐述世界文献遗产重要性的《斯科尔特萨米村的档案》，以及教育环境保护的《咸海档案馆》。第三类是多文化交融而产生或对某一区域乃至世界文化有影响的世界记忆，诸如《盘集故事》《腓尼基字母表》《苏伊士运河的记忆》《瓦加尔时代的古代地图集》《西非旧明信片集》。

该日历具有三个特点。一是以网络作为创意产品的载体，该日历可通过计算机和平板电脑访问，并且很快将作为应用程序（通过 Apple 和 Android）提供，且数字资源使得电子日历的功能更加丰富。例如，该电子日历中包含了信息丰富的弹窗、有趣的游戏与活动等。二是与儿童的日常生活息息相关，将世界记忆与日历相融合，使儿童将世界记忆的学习与日常生活联系起来，易于养成不断了解世界记忆的习惯。三是保证创意产品的趣味性，除各种游戏与活动之外，日历采用了冒险的形式让孩子们随着两个角色在世界各地寻找与了解世界记忆。

此外，上述的世界记忆项目中，《苏伊士运河的记忆》《腓尼基字母表》《瓦加尔时代的古代地图集》被收录到联合国教科文组织的《丝绸之路（Silk Road）》这一项目的《丝绸之路沿线文献遗产名录》中。① 由于丝绸之路在历史上连接了不同文明的文献遗产，许多的文化交流都发生在丝绸之路上，因此联合国教科文组织希望通过《丝绸之路》这一项目，更好地了解历史悠久的丝绸之路的丰富历史和共同遗产，以及文化之间相互影响的方式，从丝绸之路沿线的文化交流中吸取经验，以努力促进未来的文化对话和相互尊重。② 我国可以多参与《丝绸之路》这一重点项目，大力推广入选了《丝绸之路沿线文献遗产名录》的世界记忆走出去，诸如《纳西东巴古籍》《清代金榜》《清代样式雷图档》《清代内阁秘本档》《本草纲目》《黄帝内经》《中国西藏元代官方档案》等。

（四）出版图书，提升世界记忆名录的认知度

截至 2022 年 12 月 18 日，联合国教科文组织共发布了 2803 份刊物，其中与世界记忆名录相关的图书、计划和会议文件、期刊等有 162 份，图书出版了 27 本（同一本书的各种语言版本算为 1 本）③，有 6 本能够直接在联合国教科文组织官网上阅读电子版，它们多为 2016 年后出版，详情如表 3 - 6 所示。

---

① "Documentary Heritage Along the Silk Roads"，UNESCO，[2022 - 12 - 16]，https：//en. unesco. org/silkroad/silk-road-themes/documentary-heritage.

② "The UNESCO Silk Roads Programme"，UNESCO，[2022 - 12 - 16]，https：//en. unesco. org/silkroad/unesco-silk-roads-programme-0.

③ UNESDOC，[2022 - 12 - 16]，https：//unesdoc. unesco. org/.

表 3-6　　　　　　　　有电子版的 6 本世界记忆图书

序号	书名	出版时间	语种	主要内容
1	东方手稿的宝库 The Treasury of oriental manuscripts	2012	乌兹别克语①、俄语②、英语③	乌兹别克斯坦提交的世界记忆项目《阿尔比鲁尼东方学研究所档案》是世界上最丰富的手稿库之一，该书讲述了其手稿收藏的历史，研究了书法艺术和各种书法流派的活动、基金会手稿的设计及其装订的特点等，阐述了造纸业的发展，描述了不同类型的手稿纸，以及介绍了研究所基金会手稿收藏的保护和鉴定项目。
2	世界记忆：亚洲及太平洋地区的文献遗产④ Memory of the World: documentary heritage in Asia and the Pacific	2016	英语	对亚洲及太平洋地区 1997—2012 年所有世界记忆项目的内容和保管机构进行了详细的介绍，附带了精美的插图，并阐述了各项世界记忆正面临的威胁。
3	世界记忆：MOWCAP 的 20 年；2018 年亚太登记册上的文献遗产⑤ Memory of the World: 20 years of MOWCAP; documentary heritage on the Asia-Pacific Register 2018	2018	英语	介绍了联合国教科文组织亚太地区世界记忆委员会（MOWCAP）自 2008 年至 2016 年创建亚太地区名录以来收录的重要文献遗产，附带了精美的插图，并阐述了各项世界记忆正面临的威胁。
4	让我们探索世界记忆⑥ Let's explore the Memory of the World with Tia, Jik and PokPok	2020	英语	包括一系列视觉效果丰富的世界记忆项目，以及世界记忆中一些最受欢迎的国际文献遗产，故事中描绘的三个主要人物在对智慧、知识与和平的追求的驱使下，有了有趣的发现，并逐渐收集了他们的故事，强调了文献遗产中重要主题，如语言、宗教、地理、性别平等、相互理解和人权等问题。

---

① "The Treasury of Oriental Manuscripts (Uzb)", UNESCO-UNESDOC, [2023-10-05], https://unesdoc.unesco.org/ark:/48223/pf0000217377_uzb.

② "Сокровища Восточных Рукописей", UNESCO-UNESDOC, [2023-10-05], https://unesdoc.unesco.org/ark:/48223/pf0000217377_rus.

③ "The Treasury of Oriental Manuscripts", UNESCO-UNESDOC, [2023-10-05], https://unesdoc.unesco.org/ark:/48223/pf0000217377.

④ "Memory of the World: Documentary Heritage in Asia and the Pacific", UNESCO-UNESDOC, [2023-10-05], https://unesdoc.unesco.org/ark:/48223/pf0000246237.

⑤ "Memory of the World: 20 Years of Mowcap; Documentary Heritage on the Asia-Pacific Register 2018", UNESCO-UNESDOC, [2023-10-05], https://unesdoc.unesco.org/ark:/48223/pf0000265210.

⑥ "Let's Explore the Memory of the World with Tia, Jik and Pokpok", UNESCO-UNESDOC, [2023-10-05], https://unesdoc.unesco.org/ark:/48223/pf0000377412.

续表

序号	书名	出版时间	语种	主要内容
5	拉丁美洲和加勒比地区的文献遗产：联合国教科文组织世界记忆计划 2000—2018 年地区名录① Patrimonio documental de América Latina y el Caribe: el Registro Regional del Programa Memoria del Mundo de la UNESCO 2000–2018	2020	英语、西班牙语	介绍了自 2000—2018 年拉丁美洲和加勒比地区的世界记忆项目，以使用项目所属国家/地区的语言编写摘要（巴西以西班牙语显示）。
6	通过访问遗产档案保存非洲解放的记忆：对南部非洲 9 个国家的初步调查② Preserving memory of African liberation through access to heritage archives: A preliminary survey of 9 countries in Southern Africa	2020	英语	介绍了南部非洲 9 个国家和区域的遗产档案相关调研结果，更好地阐述了相关文献遗产的存在意义，从而加深对这一遗产的了解、尊重和保护。

由表 3 - 6 可知，这 6 本书除儿童读物《让我们探索世界记忆》《东方手稿的宝库》是针对乌兹别克斯坦提交的《阿尔比鲁尼东方学研究所档案》这一世界记忆的详细介绍外，另外 4 本都是对某一地区所有文献遗产的具体介绍，涵盖了亚洲及太平洋地区、拉丁美洲和加勒比地区以及非洲。

此外，还有 21 本书在联合国教科文组织官网上未提供电子版，详情如表 3 - 7 所示。大致分为三类。一是世界记忆的会议记录。例如，《第一届国际世界记忆会议记录，奥斯陆，1996 年 6 月 3 日至 5 日》和《第二届国际世界记忆会议，墨西哥科利马，2000 年 9 月 27 日至 29 日；会议记录》。二是世界记忆项目介绍类书籍。例如，《世界记忆》《人类的

---

① "Patrimonio documental de América Latina y el Caribe: el Registro Regional del Programa Memoria del Mundo de la UNESCO 2000 - 2018"，UNESCO-UNESDOC，[2023 - 10 - 05]，https://unesdoc.unesco.org/ark:/48223/pf0000380829.

② "Preserving Memory of African Liberation Through Access to Heritage Archives: A Preliminary Survey of 9 Countries in Southern Africa"，UNESCO-UNESDOC，[2023 - 10 - 05]，https://unesdoc.unesco.org/ark:/48223/pf00000380478.

记忆：教科文组织的文献遗产；书籍、手稿、乐谱、图像、声音和电影档案》《改变世界的文件：联合国教科文组织的书籍、手稿、地图、乐谱和图像档案遗产》《国家和民族的记忆：联合国教科文组织计划的世界名录；世界记忆》，这些书籍主要有英语、波兰语、德语、荷兰语版本。三是对某一国家或某一具体世界记忆项目或传统文化的介绍。例如，来自韩国的《韩国的世界遗产》《韩国金属活字的痕迹：纪念十周年》《5月18日光州民主起义》、荷兰的《安妮弗兰克日记》《一个年轻女孩的日记》等。

表3-7　　　　　　　　　无电子版的世界记忆图书

序号	书名	出版时间	语种
1	约翰福音第14—21章 Évangile de Jean, chap. 14 - 21	1962	法语、古希腊语
2	护盾 Le Bouclier	1969	法语、古希腊语
3	拉萨米安 La Samienne	1969	法语、古希腊语
4	马特纳达兰，第一版：六至十四世纪的亚美尼亚手稿 Matenadaran, v.1: Armenian manuscripts of VI – XIV centuries	1991	俄语
5	第一届国际世界记忆会议记录，奥斯陆，1996年6月3日至5日 Proceedings of the 1st International Memory of the World Conference, Oslo 3 – 5 June 1996	1996	英语
6	世界之镜：三千年的手稿和书籍 Spiegel der Welt: Handschriften und Bücher aus drei Jahrtausenden	2000	德语
7	第二届国际世界记忆会议，墨西哥科利马，2000年9月27日至29日，会议记录 2ndInternational Memory of the World Conference, Colima, Mexico, 27 - 29 September 2000; proceedings	2001	英语
8	韩国金属活字的痕迹：纪念十周年 Traces of Jikji and Korean movable metal types: in commemoration of the 10th anniversary	2003	英语、朝鲜语

续表

序号	书名	出版时间	语种
9	世纪传奇：神话收藏之旅；马丁博德默基金会 Légendesdes siècles: parcours d'une collection mythique; Fondation Martin Bodmer	2004	法语、英语
10	"遗产"评级：文化资源增值 Prädikat "Heritage": Wertschöpfungen aus kulturellen Ressourcen	2007	英语、德语
11	韩国的世界遗产 World heritage in Korea	2007	英语
12	财宝基金：土著语言收藏，哈利斯科州公共图书馆"胡安·何塞·阿雷奥拉" Fondos del tesoro: Colección de lenguas indígenas, Biblioteca Pública del Estado de Jalisco "Juan José Arreola"	2007	西班牙语
13	人类的记忆：教科文组织的文献遗产；书籍、手稿、乐谱、图像、声音和电影档案 Das Gedächtnis der Menschheit: das Dokumentenerbe der UNESCO; Bücher, Handschriften, Partituren, Bild-, Ton- und Filmarchive	2008	德语
14	安妮弗兰克日记 Le Journal d'Anne Frank	2009、2013	阿拉伯语、法语
15	5月18日光州民主起义 The May 18 Gwangju Democratic Uprising	2010	英语
16	改变世界的文件：联合国教科文组织的书籍、手稿、地图、乐谱和图像档案遗产 Documenten die de wereld veranderden: hetUNESCO-erfgoed van boeken, handschriften, kaarten, partituren en beeldarchieven	2010	荷兰语
17	国家和民族的记忆：联合国教科文组织计划的世界名录；世界记忆 Memory of States and nations: world register of the UNESCO programme; Memory of the World	2011	英语、法语、波兰语
18	一个年轻女孩的日记 The Diary of a young girl	2012	英语
19	世界记忆 Memory of the World	2015、2012	英语、朝鲜语

续表

序号	书名	出版时间	语种
20	在他者的注视下：1890—1930 年厄瓜多尔亚马逊慈幼会宗座代牧区的文献遗产 En la Mirada del Otro: acervo documental del Vicariato Apostólico Salesiano en la Amazonía Ecuatoriana, 1890 - 1930	2015	西班牙语
21	卡扎尔时代精选地图集 Atlas of the selected maps from Qajar era	2017	英语、俄语、伊朗语、波斯语

从联合国教科文组织出版的图书中不难发现，欧洲与北美洲地区的国家以及韩国早在世界记忆发展初期就已十分重视这一项目，在 2010 年之前就与联合国教科文组织合作出版了许多有关世界记忆的书籍用以科普和推广。亚洲及大洋洲地区（韩国除外）、拉丁美洲和加勒比地区、非洲地区直至 2016 年后才陆续出版有关图书，并且通常只是对整个地区中所有的世界记忆进行概述性的介绍，缺少深入挖掘。说明我国在出版世界记忆书籍这一方面还存在严重不足，在未来的世界记忆推广过程中应努力填补与欧美国家以及韩国之间的差距。

第二节 主要国家的经验

截至 2023 年 3 月，笔者选取德国（世界项目数欧洲第一，23 项）、韩国（亚洲第一，16 项）、美国（北美洲第一，11 项）、澳大利亚（大洋洲第一，6 项）作为案例。

一 德国

德国共有 23 项入选世界记忆名录，如表 3-8 所示。虽然德国与英国的世界记忆项目数在世界均排名第一，但德国的 23 项世界记忆均登记在了正式的世界记忆名录中，而英国有 1 项与以色列联合申报的世界记忆《艾萨克·牛顿爵士的科学和数学论文》（*The Papers of Sir Isaac Newton*），暂未进入正式名录，只是在 2017 年被教科文组织推荐列入世界记忆名录，因此笔者选择德国作为欧洲地区的代表性国家。

表3-8　　　　　　　　　　德国世界记忆概况

序号	入选时间	世界记忆名称	保存机构	项目内容
1	1999	柏林唱片档案馆的1893—1952年传统音乐声音文件（爱迪生圆柱体）（录制年份：1999） Early cylinderrecordings of the world's musical traditions（1893-1952）in the Berlin Phonogramm-Archiv	柏林唱片档案馆	包含数千张已故艺术家的稀有录音和不再播放的音乐作品。
2	2001	路德维希·范·贝多芬第9号交响曲 Ludwig van Beethoven-Symphony n° 9, d-minor, op. 125	贝多芬故居、巴黎国家图书馆、柏林国家图书馆	第九交响曲的原稿，是世界上最著名的作品之一，拥有贝多芬作品中最令人印象深刻和最伟大的构想之一。
3	2001	歌德和席勒档案馆歌德文学遗产 The literary estate of Goethe in the Goethe and Schiller Archives	歌德和席勒档案馆	包含歌德的著名文学作品，也包含不为人知的文献，例如信件和论文。
4	2001	羊皮纸古腾堡圣经及同时代背景记录 42-ine Gutenberg Bible, printed on vellum, and its contemporary documentary background	哥廷根下萨克森州立大学图书馆	包含1282页古腾堡圣经原件，42行的古腾堡圣经是欧洲第一本使用活字印刷的书籍。
5	2001	大都会（2001年版本底片） METROPOLIS-Sicherungsstück Nr. 1: Negative of the restored and reconstructed version 2001	弗里德里希·威廉·穆尔瑙基金会	包含电影修复版本，《大都会》（1927）无疑是德国无声电影艺术的著名见证，一个创造历史的见证。
6	2003	赖歇瑙修道院（博登湖）制作的奥托王朝时期的彩绘手稿 Illuminated manuscripts from the Ottonian period produced in the monastery of Reichenau（Lake Constance）	德国慕尼黑巴伐利亚州立图书馆等六家图书馆	赖歇瑙书画手稿原件，赖歇瑙修道院的书籍装饰位于博登湖的一个岛上，是德国奥托时期书籍插图的缩影。
7	2005	儿童与家庭童话 Kinder-und Hausmärchen（Children's and Household Tales）	卡塞尔大学图书馆	卡塞尔市的儿童和家庭故事的副本，其中包含格林兄弟的大量手写补充和注释。

续表

序号	入选时间	世界记忆名称	保存机构	项目内容
8	2005	科维尼亚图书馆档案 The Bibliotheca Corviniana Collection	国立赛切尼图书馆、奥地利国家图书馆等	包括匈牙利国王马蒂亚斯·科维努斯的200份手稿。
9	2005	根据托勒密的传统和阿美利哥·维斯普西及其他人的发现绘制的宇宙地理 Universalis cosmographia secundum Ptholomaei traditionem Americi Vespucii aliorumque Lustrationes	沃尔夫格城堡的图书馆	包括一张这一幅孤本古地图的原版，正是在这版地图上，"America"第一次被标识在我们今日称其为"南美洲"的区域。
10	2007	戈特弗里德·莱布尼茨来往信件 Letters from and to Gottfried Wilhelm Leibniz within the collection of manuscript papers of Gottfried Wilhelm Leibniz	戈特弗里德威廉莱布尼茨图书馆、汉诺威下萨克森州立图书馆	戈特弗里德·莱布尼茨给1100名收件人的大约15000封信。
11	2009	尼伯龙根之歌 Song of the Nibelungs, a heroic poem from mediaeval Europe	巴伐利亚州立图书馆（手稿A）、圣加仑修道院图书馆（手稿B）、巴登州立图书馆（手稿C）	尼伯龙根之歌最重要和最完整的三份手稿。
12	2011	柏林墙的兴建与倒塌及1990年《最终解决德国问题条约》 Construction and Fall of the Berlin Wall and the Two-Plus-Four-Treaty of 1990	德国外交部政治档案馆、德国广播电台等	柏林墙从建造到倒塌的15份历史文件，包括电影、照片、二加四条约等。
13	2011	奔驰1886年专利 Patent DRP 37435 "Vehicle with gas engine operation" submitted by Carl Benz, 1886	梅赛德斯—奔驰股份公司	三轮燃气发动机的原始专利副本和汽车上市的其他八份文件。
14	2013	"金牛"——全部七件原件和奥地利国家图书馆的"瓦茨拉夫国王的豪华手稿副本" The "Golden Bull" —All seven originals and the "King Wenceslaus' luxury manuscript copy" of the Österreichische Nationalbibliothek	原件存在法兰克福历史研究所，副本存在各档案馆与研究所	查理四世长子波西米亚国王瓦茨拉夫四世的个人华丽手稿、文塞斯劳斯国王的个人宏伟手稿。

续表

序号	入选时间	世界记忆名称	保存机构	项目内容
15	2013	《共产党宣言》手稿第一页和资本论——卡尔·马克思个人注释本 DasManifest der Kommunistischen Partei, draft manuscript page and Das Kapital. Erster Band, Karl Marx's personal annotated copy	阿姆斯特丹的国际社会历史研究所	卡尔·马克思的《共产党宣言》手稿的第一页和他的个人版《资本论》（附有他自己的注释）。
16	2013	内布拉星象盘 Nebra Sky Disc	哈雷州立史前博物馆	内布拉星象盘实体，是世界上最古老的宇宙现象的具体描述。
17	2013	洛尔施药典（班贝格州立图书馆，理学.医学.1） Lorsch Pharmacopoeia (The Bamberg State Library, Msc. Med. 1)	班贝格州立图书馆	包含150页的拉丁医学理论和实践，主要部分由482个药物处方组成。
18	2015	缅甸国王阿朗帕亚致英国国王乔治二世的金信 The Golden Letter of the Burmese King Alaungphaya to King George Ⅱ of Great Britain	戈特弗里德威廉莱布尼茨图书馆	包括金信原件，金信在世界历史以及18世纪的缅甸和欧洲历史上独树一帜，具有突出的审美价值，信的内容是阿朗帕亚给英国人的贸易建议。
19	2015	代表马丁路德发起的宗教改革的开始和早期发展的文件 Documents representing the beginning and the early development of the Reformation initiated by Martin Luther	柏林国家图书馆、美因茨莱布尼茨欧洲历史研究所等	包括宗教改革初期的大量手稿、信件和原版印刷品，以及路德的希伯来圣经版个人副本和海报印刷品。
20	2015	约翰·塞巴斯蒂安·巴赫的h-Moll-Messe（B小调弥撒）亲笔手稿 Autograph ofh-Moll-Messe (Mass in B minor) by Johann Sebastian Bach	柏林国家图书馆	小调弥撒曲（BWV 232）的个人记录，99页的音乐手稿。
21	2015	道路与王国之书 Al-Masaalik Wa Al-Mamaalik	德国的哥达图书馆、伊朗国家博物馆	包含21幅地图，代表了10世纪的伊斯兰帝国。
22	2017	法兰克福奥斯威辛审判档案 Frankfurt Auschwitz Trial	德国黑森州档案馆	包括454卷文件和103盘磁带，这些文件包含调查文件、证人的证词等。

续表

序号	入选时间	世界记忆名称	保存机构	项目内容
23	2017	安东尼努斯敕令 Constitutio Antoniniana	吉森大学图书馆	安东尼努斯敕令的纸莎草纸版，该宪法颁布的目的是在危机情况下团结罗马社会，世界历史上第一次在一个包括欧洲、非洲和亚洲不同文化背景的数百万人的地区建立单一的公民身份。

（一）歌德和席勒档案馆歌德文学遗产

2001 年入选世界记忆名录，歌德（Johann Wolfgang von Goethe）是德国最著名的文学作家之一，也是魏玛的古典主义最著名的代表，魏玛（德语：Weimar）位于德国中部的联邦州图林根，这里对世界艺术与设计的发展有着巨大的贡献，1998 年，"古典魏玛"（Classical Weimar）被列为世界文化遗产。歌德留下的文学遗产是德国乃至世界文学史上的珍贵宝藏。歌德文学遗产包含了歌德最重要的手稿《浮士德》精抄本、《威廉·迈斯特的漫游记》、《意大利之旅》、《诗歌与真理》、《东西方歌舞》。除此之外，还有大约 500 个档案箱，包含数千封信件、日记、有关科学主题的著作和有关艺术理论的论文。①

国内宣传方面，一是高质量开放展示歌德文学遗产。例如，由魏玛古典基金会（Klassik Stiftung Weimar）管理的歌德和席勒档案馆（Goethe and Schiller Archives）对歌德文学遗产、私人收藏、建筑结构收藏、版画收藏、地质科学收藏都进行了高度的数字化，公民可通过官网直接访问查看②，也可以在网络上虚拟游览歌德和席勒档案馆③，还针对特殊人群开通语

---

① "UNESCO-Weltdokumentenerbe Goethes Literarischer Nachlass ∣ Ein Vielfältiges Vermächtnis"，UNESCO，[2022 - 12 - 17]，https：//www.unesco.de/kultur-und-natur/weltdokumentenerbe/weltdokumentenerbe-deutschland/goethes-literarischer-nachlass.
② "Recherche-Das älteste Literaturarchiv in Deutschland"，Klassik Stiftung Weimar，[2022 - 12 - 17]，https：//www.klassik-stiftung.de/goethe-und-schiller-archiv/recherche/.
③ "360 Virtual Tours"，Digital Services of the Klassik Stiftung Weimar，[2022 - 12 - 17]，https：//www.klassik-stiftung.de/en/home/digital/360-irtual-tours/.

音导览、手语导览等无障碍服务①，其中手语导览需到馆参观才能获取。如图3-7所示。

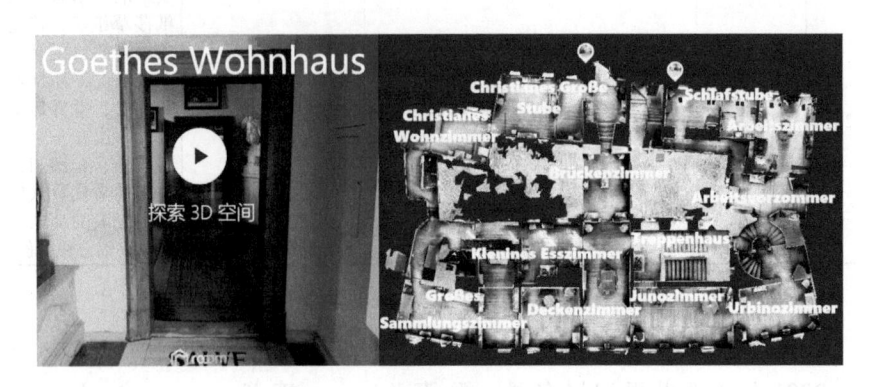

图3-7 歌德文学遗产展示

二是通过多样化的展览立体展示歌德文学遗产的成就。例如，2018年，由慕尼黑美术馆（Kunsthalle Munich）和马尔巴赫魏玛沃尔芬比特尔研究协会（Marbach Weimar Wolfenbüttel Research Association）、魏玛古典基金会三方合作之下，在德国慕尼黑艺术馆举办了"你是浮士德——歌德的艺术戏剧展"②，展示了来自欧洲和美国的艺术家的150多幅关于《浮士德》的绘画、纸上作品、雕塑、照片、音乐和电影，该展览还提供了线上VR虚拟观展服务。③ 又如，魏玛古典基金会每年都会在歌德和席勒档案馆举办大量展览，目前共策划了16场与歌德相关的展览，即将于2023年开放。④

三是通过教育、研讨等形式宣传歌德文学遗产。例如，歌德和席勒

---

① "Audioguides", Digital Services of the Klassik Stiftung Weimar, [2022-12-17], https://www.klassik-stiftung.de/en/your-visit/programmes/media/audioguides/.

② "Audioguides", Digital Services of the Klassik Stiftung Weimar, [2022-12-17], https://www.kunsthalle-muc.de/en/exhibition/details/youarefaust/.

③ "Digital Exhibition 'You Are Faust'", Kunsthalle of the Hypo Cultural Foundation, [2022-12-17], https://www.kunsthalle-muc.de/en/exhibitions/faust-digital/.

④ "Suche", Klassik Stiftung Weimar, [2022-12-17], https://www.klassik-stiftung.de/suche/? q=Goethe#tx_ solr%5Bfilter%5D%5B0%5D=contentType%3Aexhibition&tx_ solr%5Bq%5D=Goethe.

档案馆为不同年龄阶段的学生提供文化教学计划。① 又如，2017年在魏玛以"浮士德的愿景"为主题开展教师培训研讨会②，该研讨会由巴伐利亚州和图林根州协会（Landesverbänden Bayern und Thüringen）与图林根州教师培训、课程开发和媒体研究所（Thüringer Institut für Lehrerfortbildung, Lehrplanentwicklung und Medien）以及魏玛古典基金会合作组织。

国外宣传方面，一是在世界范围内以各种语言出版歌德的传记、文学作品、个人研究等方面的书籍。例如，在亚马逊上搜索"Goethe"，检索结果超过两万条，在艺术、科学、传记、文学等图书板块都有大量来自歌德或关于歌德的作品，格式包括纸质版与电子版，语言囊括英语、德语、法语、西班牙语、俄语、中文等。

二是将歌德的文学著作改编成戏剧、电影等在世界范围内演出。例如，德国德累斯顿马戏剧院将《浮士德》改编成默剧在全世界演出，该默剧于2019年11月10日在上海美琪大戏院上演。演员通过夸张的肢体动作、情绪表达，将歌德的故事毫无障碍地传达给每一位观众。③ 又如，电影《浮士德——魔鬼的诱惑》（Faust）是根据歌德的戏剧《浮士德》自由改编而成，获得了第68届威尼斯电影节最佳影片金狮奖。④

三是与多国协作开展歌德文学遗产相关学术研究。例如，2022年3月，在德国彼得森图书馆（Petersen-Bibliothek）举办了德日歌德自然科学研究研讨会，该研讨会由"日本科学促进会"（JSPS）和"德国研究基金会"（DFG）资助，由东京大学和魏玛古典基金会合作举办，会集了来自日本和德语国家的知名专家；⑤ 2022年5月，在德国安娜·阿玛

---

① "Educational Programmes", Klassik Stiftung Weimar, [2022-12-17], https://www.klassik-stiftung.de/en/education/educational-programmes/.

② "Rückblick", Kulturelle Bildung Bedeutet Vielfalt, [2022-12-17], https://www.klassik-stiftung.de/bildung/ueber-unsere-bildungsarbeit/rueckblick/#c1137.

③ 界面新闻：《默剧版〈浮士德〉首次来沪，融合欧洲多种戏剧艺术形式》，[2019-11-09]，https://www.jiemian.com/article/3667049.html, 2022年12月17日。

④ 维基百科：《浮士德——魔鬼的诱惑》，[2022-06-12]，https://zh.wikipedia.org/zh-tw/%E6%B5%AE%E5%A3%AB%E5%BE%B7_（2011%E5%B9%B4%E7%94%B5%E5%BD%B1），2022年12月17日。

⑤ "Deutsch-Japanisches Seminar Zu Goethes Studien Zur Naturwissenschaft", Klassik Stiftung Weimar, [2022-12-17], https://www.klassik-stiftung.de/goethe-und-schiller-archiv/das-archiv/tagungen/goethes-studien-zur-naturwissenschaft-2022/.

利亚公爵夫人图书馆（Herzogin Anna Amalia Bibliothek-Studienzentrum）举办了"歌德在（和）美国"主题会议，该会议由魏玛古典基金会、明斯特大学和大众汽车基金会（Volkswagen Stiftung）共同举办，参会人员来自明斯特大学、芝加哥大学和大众汽车基金会资助的歌德协会。①

（二）电影《大都会》的修复版

2001年入选《世界记忆名录》。《大都会》于1927年在德国柏林首映，是德国最著名的默片，也是科幻电影的类型鼻祖。② 首映后不久，由于票房收益、政审和"二战"等原因，其内容被篡改，电影原件散落在世界各地。经过多年的艰苦努力，2001年弗里德里希·威廉·穆尔瑙基金会（Friedrich Wilhelm Murnau Foundation）成功地找到了部分丢失的电影资料，并在国外档案中发现了丢失底片的原版，因此可以识别和恢复大约80%的原版。2008年在阿根廷的布宜诺斯艾利斯电影博物馆（Museo del Cine Pablo Ducrós Hicken）中，发现了本片的16毫米拷贝版胶带，该电影博物馆在这一卷胶带中找到并数字化修复了约23分钟的失落电影片段，使得该作品在2010年几乎可以完全呈现。③ 默片是没有任何配音、配乐或与画面协调的声音的电影，《大都会》是默片的经典之作，艺术价值非常高，片中犀利的思想和壮观的布景设计及特效，使得影片成为德国默片时代的代表作。

国内宣传方面，一是对《大都会》原片积极修复，并在全国重新上映。2002年、2007年、2010年在德国上映了《大都会》修复版，票房总计高达1208804美元。④ 二是将《大都会》改编成其他艺术形式。例如，2013年波恩比埃尔剧院将《大都会》改编成舞台剧进行演出，将默

---

① "Goethe in/and America", Klassik Stiftung Weimar, ［2022-12-17］, https：//www.klassik-stiftung.de/goethe-und-schiller-archiv/das-archiv/tagungen/tagung-goethe-in/and-america/.

② 维基百科：《大都会（1927年电影）》,［2023-07-21］, https：//zh.m.wikipedia.org/zh-hans/%E5%A4%A7%E9%83%BD%E6%9C%83_（1927年%E5%B9%B4%E9%9B%BB%E5%BD%B1），2023年10月5日。

③ "Deutsche UNESCO-Kommission", UNESCO,［2022-12-17］, https：//www.unesco.de/kultur-und-natur/weltdokumentenerbe/weltdokumentenerbe-deutschland/metropolis-stummfilm-fritz-lang.

④ "Metropolis", Box Office Mojo,［2022-12-17］, https：//www.boxofficemojo.com/title/tt0017136/.

片改编为舞台剧面临巨大的挑战，该改编在德国国内引起了长时间的广泛讨论。①

国外宣传方面，一是推动《大都会》在全球上映。2010年《大都会》在柏林国际电影节上重新上映②，有利于其进入全球观众的视野；2011年在欧洲、中东和非洲上映，国际票房总计113545美元；③同年《大都会》获得了美国影视土星奖（Saturn Awards）中的一个奖项——"最佳经典DVD"，以及两项提名——"最佳配乐"与"最佳国际电影"④。

二是大力宣传数字化后的《大都会》及相关作品。一方面将电影数字版发布到网络上，在全球最大视频播放网站YouTube中能够观看《大都会》（1927版）的完整版与部分经典片段，完整版总计播放量86万次⑤，影片中最经典的舞蹈片段播放量高达284万次⑥。另一方面则是制作成光碟，《大都会》目前已经推出蓝光光碟及DVD，可在亚马逊购买。⑦

三是通过拍卖提高全球知名度。在国外，电影海报的收藏、展览、代理和拍卖已经成为专业的产业。《大都会》海报参与了多次拍卖，著名的英国报纸《卫报》在2012年盘点了全球十大最贵电影海报⑧，第一

---

① "Kolumne: Grand Guignol Im Opernhaus-Ein Plädoyer Für Mehr Krimis Auf Theaterbühnen", [2022 – 12 – 17], https://nachtkritik.de/index.php?option=com_content&view=article&id=8727:metropolis-in-bonn-inszeniert-jan-christoph-gockel-fritz-lang-und-endet-bei-stanley-kubrick&catid=38:die-nachtkritik&Itemid=40.

② "Internationale Filmfestspiele Berlin 2010", Wikipedia, [2023 – 10 – 01], https://de.wikipedia.org/wiki/Internationale_Filmfestspiele_Berlin_2010.

③ "Metropolis", Box Office Mojo, [2022 – 12 – 17], https://www.boxofficemojo.com/title/tt0017136/.

④ 抖音百科：第37届土星奖，[2022 – 12 – 17]，https://www.baike.com/wikiid/8651271891135999895?from=wiki_content&prd=innerlink&view_id=2e8o1x65ns2s00#catalog_3，2023年10月5日。

⑤ "Metropolis", YouTube, [2022 – 12 – 17], https://www.youtube.com/results?search_query=metropolis.

⑥ "Metropolis-Dance Scene", YouTube, [2022 – 12 – 17], https://www.youtube.com/watch?v=A0D4fHieW8o.

⑦ "Metropolis", Amazon, [2022 – 12 – 17], https://www.amazon.com/s?k=metropolis&crid=1M5JC9PPCSFIF&qid=1668046382&sprefix=mtropolis%2Caps%2C731&ref=sr_pg_1.

⑧ "The 10 Most Expensive Film Posters-in Pictures", | Film | The Guardian, [2022 – 12 – 17], https://www.theguardian.com/film/gallery/2012/mar/14/10-ost-expensive-film-posters-in-pictures.

名是《大都会》海报国际版，在2005年以690000美元的价格售出；第三名是《大都会》海报德国版，在2000年售出357750美元；到了2012年，《大都会》海报国际版，定价85万美元，最后以120万美元成交。①《大都会》海报的价值问题在世界范围内引起了广泛讨论。

（三）儿童与家庭童话集

2005年入选《世界记忆名录》，《儿童与家庭童话集》俗称《格林童话》，主要包括格林兄弟手抄本的印刷版和数字化版，印刷版保存在卡塞尔大学图书馆（Universitätsbibliothek Kassel）②，数字化版可在卡塞尔大学图书馆在线平台 ORKA 查看。③ 格林兄弟的这套童话举世闻名，与《安徒生童话》《一千零一夜》并列为"世界童话三大宝库"。

国内宣传方面，一是建立主题展览馆。格林世界卡塞尔（Grimmwelt Kassel）在2015年正式开放，是格林兄弟作品、工作和生活的展览中心④，如图3-8所示，开幕大约一年，已有超过15万人参观了格林世界，其中约四分之一为外国游客。格林世界卡塞尔几乎每周都会举办大量的展览活动⑤，例如常设展览"从A到Z穿越格林兄弟世界"⑥、面向成人的特展展览"不可能？愿望的魔法"⑦。

二是将《格林童话》与教育活动相融合。格林世界卡塞尔开展了各种研讨会及课程，可以适应各年级。⑧ 例如，"像格林时代一样写作"教

---

① FreeWeChat：《120万美元买一张电影海报？现在投资还来得及吗？》，https：//freewechat. com/a/MjM1NDQ5NjE0MQ = =/2652873888/1，2022年12月17日。

② "UNESCO-Weltdokumenterbe Die Kinder-und Hausmärchen Der Brüder Grimm"，Deutsche UNESCO-Kommission，［2022 - 12 - 17］，https：//www. unesco. de/kultur-und-natur/weltdokumentenerbe/weltdokumenterbe-deutschland/maerchen-brueder-grimm.

③ "Kinder-Und Haus-Märchen"，ORKA（Open Repository Kassel），［2022 - 12 - 17］，https：//orka. bibliothek. uni-kassel. de/viewer/toc/1433243313511/0/.

④ Grimmwelt Kassel-Wikipedia，［2022 - 12 - 17］，https：//de. wikipedia. org/wiki/Grimmwelt_Kassel.

⑤ GRIMM WELT KASSEL，［2022 - 12 - 17］，https：//www. grimmwelt. de/de/kalender.

⑥ Kalender，Grimmwelt Kassel，［2022 - 12 - 17］，https：//www. grimmwelt. de/de/kalender/die-grimmwelt-von-a-z？date = 2022 - 11 - 12 + 15％3A00.

⑦ "UNMÖGLICH？Die Magie Der Wünsche"，Grimmwelt Kassel，［2022 - 12 - 17］，https：//www. grimmwelt. de/de/ausstellungen/unmoeglich-die-magie-der-wuensche#programm.

⑧ Schule&Bildung，Grimmwelt Kassel，［2022 - 12 - 17］，https：//www. grimmwelt. de/de/schule-bildung.

第三章 借鉴：国际组织、主要国家的典型做法 143

图 3-8 格林世界卡塞尔展厅内部

育活动，学生们像格林时代那样用钢笔和墨水写信，学生们可以轻松地沉浸在格林时代，体验没有除墨器或类似物品的艰苦日子。①

三是国内发行纪念产品。例如，为纪念《格林童话》出版发行 200 周年，德国自 2012 年起开始发行《格林童话》纪念银币系列，如图 3-9 所示。背面图案包括格林兄弟肖像、《白雪公主》、《青蛙王子》、《睡美人》、《小红帽》等，面额均为 20 欧元。

图 3-9 《青蛙王子》系列纪念银币

国外宣传方面，一是依靠各种媒体传播《格林童话》。源自民间的格林童话自诞生以来经历了一系列转变，从最初的口头文学变为书面文

---

① "》FROTEUFEL《 | Schreiben Wie Zu Grimms Zeiten", Grimmwelt Kassel, [2022-12-17], https://www.grimmwelt.de/de/angebote/froteufel.

学，再由书面文学变成影视作品和文化商品。① 从影视作品来看，迪士尼数次改编了《格林童话》中的经典故事《灰姑娘》《白雪公主》《长发公主》等，这些影片在全球都受到了追捧，且迪士尼围绕电影中的人物形象打造了一系列主题公园、人物手办等各种衍生商业产品，大大促进了《格林童话》的传播。

二是依靠文旅融合传播《格林童话》。德国政府为了纪念格林兄弟诞辰200周年，于1975年规划了一条旅游线路名为德国童话之路，这条道路经过了格林兄弟居住的各个地方，以及其经典作品的发生地。② 该旅游线路设有官网，支持德语、英语、中文、意大利语等语言，官网详细介绍了该路线的景点，并提供了英、德双语的互动式地图。③

三是国际协同举行文化传播活动。例如，2017年在青岛举办的德国文化周上，德国格林兄弟协会首次授权将德国格林童话节引入中国，并特别派出童话青春形象大使和"灰姑娘剧团"在青岛市每天上演《灰姑娘》《小红帽》等经典格林童话舞台剧，还原德文原著魅力，为广大青少年筑起一个个神奇又浪漫的童话世界。④

（四）"金牛"

2013年入选《世界记忆名录》，"金牛"这个名字来源于文件上的金色悬挂印章，如图3-10所示⑤，它是罗马帝国法律的契约，规定了选举的方式以及选举人对罗马—德意志国王的加冕礼，从1356年开始，直到1806年旧王国结束，可以说是中世纪帝国最重要的宪法文件，原件保存在法兰克福历史研究所（Institut für Stadtgeschichte）。

国内宣传方面，主要通过多地联合举办展览来推动"金牛"的影响

---

① 高晓倩：《格林童话在现代传媒中的流变与传承》，《电影文学》2014年第17期。
② 维基百科：德国童话之路，[2023-05-13]，https://zh.wikipedia.org/wiki/%E5%BE%B7%E5%9B%BD%E7%AB%A5%E8%AF%9D%E4%B9%8B%E8%B7%AF，2023年10月5日。
③ Deutsche Märchenstraße，[2022-12-17]，https://www.deutsche-maerchenstrasse.com/en/german-fairy-tale-route-cn。
④ 央广网：《2017德国文化周在青岛开幕 格林童话节首次引入中国》，[2017-09-07]，https://news.cnr.cn/native/city/20170907/t20170907_523939158.shtml，2022年12月17日。
⑤ "Die Goldene Bulle"，Institut Für Stadtgeschichte，[2022-12-18]，https://www.stadtgeschichte-ffm.de/en/city-history/digital-presentations/die-goldene-bulle。

第三章　借鉴：国际组织、主要国家的典型做法　　145

图 3 - 10　莱茵河的帕拉蒂尼伯爵的金牛的副本

力。例如，由法兰克福历史研究所、法兰克福历史博物馆（Historisches Museum Frankfurt）、法兰克福博物馆（Dommuseum Frankfurt）、犹太街博物馆（Jüdisches Museum）联合举办的"法兰克福和金牛"展览，是由德国一个城市赞助一个分布在多个博物馆或文化机构的大型展览，通过这种方式吸引游客，因为一个博物馆可能不值得长途旅行，但三四个博物馆可以，游客愿意花费更多的时间和金钱。①

国外宣传方面，一是支持多种语言查看"金牛"数字化版本。可在法兰克福历史研究所官网上通过外部链接以数字化形式浏览原始金牛手稿，包括拉丁语转录、英语翻译、早期现代高地德语翻译、现代德语翻译等版本。

二是将"金牛"印章制作成邮票，传播范围广。例如，2006 年 1 月，德国发行了价值 1.45 欧元的邮票，邮票上印有查理四世国王在金牛

---

① "Exhibit Review：Die Kaisermacher, Frankfurt Am Main Und Die Goldene Bulle 1356 - 1806（January 2007）", H-Net, [2022 - 12 - 18], https：//networks.h-net.org/node/35008/discussions/112828/exhibit-review-die-kaisermacher-frankfurt-am-main-und-die-goldene.

上的金印①，如图 3-11 所示，以纪念金牛诞生 650 周年。该邮票在世界范围内都颇受欢迎，例如，eBay（可让全球民众在网上买卖物品的线上拍卖及购物网站）上有许多来自德国、英国、美国、韩国、新西兰等国家的卖家拍卖"金牛"邮票。② 又如，荷兰最大的在线邮票商店 Post-Beeld 也在售卖"金牛"邮票。③

图 3-11 金牛诞生 650 周年纪念邮票

（五）内布拉星象盘

2013 年入选《世界记忆名录》，内布拉星象盘，是一个直径为 30 厘米的青铜盘，其中一个盘上符号可能是太阳或满月、一个新月和许多恒星（包含一群被认为是昴宿星团的恒星），在盘边有两个后来加上的黄

---

① "650 Jahre Goldene Bulle-Briefmarke Selbstklebend Postfrisch, Katalog-Nr. 2516, Deutschland", Briefmarken Sieger, ［2022 - 12 - 18］, https：//www. briefmarken-sieger. de/650-ahre-goldene-bulle-briefmarke-selbstklebend-postfrisch-katalog-nr-2516-eutschland/.

② "Golden Bull Stamp in Germany & Colonies for Sale", EBay, ［2022 - 12 - 18］, https：//www. ebay. com/sch/3489/i. html?_from = R40&_ nkw = Golden + Bull + stamp&LH_ TitleDesc = 0.

③ "2006, Goldene Bulle 1v", Freestampcatalogue, ［2022 - 12 - 18］, https：//www. freestampcatalogue. de/swda0602-oldene-bulle-1v.

金制弧形物，标志了夏至和冬至之间的角度，如图 3-12 所示。① 内布拉星象盘的发现证实了欧洲青铜时代的人已经有每年密集观测太阳一年的运行，以及太阳在夏至和冬至时日出和日落位置夹角的天文知识。

图 3-12 内布拉星象盘

国内宣传方面，一是线下展览与线上虚拟展览相结合，且虚拟展览设计有趣。例如，内布拉星象盘收藏于德国的哈雷州立史前博物馆（Landesmuseum für Vorgeschichte Halle），该馆设置了专门的页面介绍内布拉星象盘，包括星象盘制造时间、内涵、发现与修复历史等内容②，也是该馆永久展览的一部分③。又如，该馆在 2022 年 3 月至 9 月举办了内布拉星象盘虚拟展览，游客可以在虚拟动画中感受手持天空盘，乘坐金色的太阳船在地平线上滑翔等。④

国外宣传方面，在欧洲布展较多。例如，内布拉星象盘是名为"仿造的天空"展览的核心文物，曾于 2005 年 7 月至 10 月在丹麦哥本哈根

---

① 维基百科：《内布拉星象盘》，[2022-04-13]，https：//zh. wikipedia. org/zh-tw/%E5%85%A7%E5%B8%83%E6%8B%89%E6%98%9F%E8%B1%A1%E7%9B%A4，2022 年 12 月 18 日。

② "Nebra Sky Disc", State Museum of Prehistory, [2022-12-18], https：//www. landesmuseum-vorgeschichte. de/en/nebra-sky-disc. html? switch = contrast.

③ "Dauerausstellung", Landesmuseum Für Vorgeschichte, [2022-12-18], https：//www. landesmuseum-vorgeschichte. de/dauerausstellung. html? switch = contrast.

④ "Die Himmelsscheibe Von Nebra-Eine Virtuelle Reise", Landesmuseum Für Vorgeschichte, [2022-12-18], https：//www. landesmuseum-vorgeschichte. de/virtuelle-reise. html.

展出、于 2005 年 11 月至 2006 年 2 月在奥地利维也纳展出、于 2006 年 9 月至 2007 年 2 月在瑞士巴塞尔展出、于 2022 年 2 月至 7 月作为巨石阵世界展览的一部分在英国伦敦展出。

（六）约翰·塞巴斯蒂安·巴赫的 h-Moll-Messe（B 小调弥撒）亲笔手稿

2015 年入选《世界记忆名录》，创作于巴赫去世不久，手稿有 99 页长，作为他最著名的作品之一，至今仍然具有巨大影响力，现存于柏林国家图书馆（Staatsbibliothek zu Berlin）。①

国内宣传方面，开发相关数据库。柏林国家图书馆将存储在不同地点的 B 小调弥撒手稿在互联网上实现虚拟的统一，将分散于各地的手稿进行数字化，并按照演奏顺序将 B 小调弥撒手稿数字化版拼成了完整的乐谱，编制了导航目录便于观看。柏林国家图书馆在其官网建立了专门的网页进行展示②，详情如图 3-13 所示。

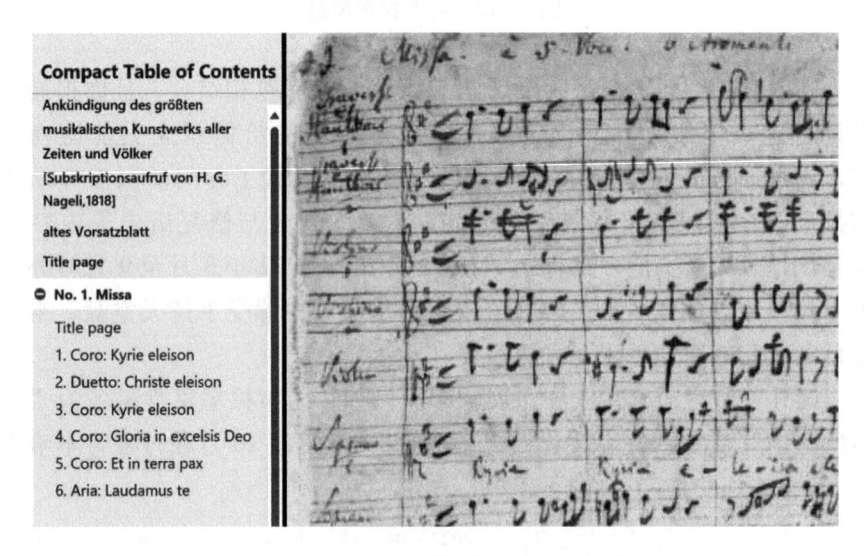

图 3-13　B 小调弥撒手稿数字化网页资源

---

① "Ein Unikat: Bachs H-Moll-Messe", UNESCO, [2022-12-18], https://www.unesco.de/kultur-und-natur/weltdokumentenerbe/weltdokumentenerbe-deutschland/h-moll-messe-bach.
② "Bach, Johann Sebastian: Messen; V (4), Coro, Orch; H-Moll; BWV232; BCE1, 1733-1749", Digitalisierte Sammlungen, [2022-12-18], https://digital.staatsbibliothek-berlin.de/werkansicht? PPN = PPN837945372&PHYSID = PHYS_ 0005&DMDID =.

国外宣传方面，通过国际售卖与拍卖活动提升影响力。例如，2011年开始，柏林国家图书馆出版《B小调弥撒亲笔手稿的影印本》①，包括德语、英语和日语版；2012年8月，伦敦佳士得拍卖了巴赫的手稿——《康塔塔（我全心全意爱着那至高者）》，最终以33.7万英镑高价出售。②

（七）法兰克福奥斯威辛审判档案

2017年入选《世界记忆名录》，法兰克福奥斯威辛审判是指从1963年12月20日到1965年8月19日期间在法兰克福对二十二名纳粹人员进行的一系列审判。该档案记录了法兰克福奥斯威辛审判主要程序的原始磁带，将世界的注意力集中在大屠杀的系统性工业化大规模谋杀上③，当前该世界记忆包含的录音与文档已全部数字化，可在专门的网站 auschwitz-prozess 上查看。④

国内宣传方面，一是推广著名纪录片——《奥斯威辛大审判》（Verdict on Auschwitz）。《奥斯威辛大审判》发行于1993年，由430小时的原始录音带组成，目前有DVD版本⑤，不仅揭示了奥斯威辛集中营的恐怖，而且揭示了德国法兰克福法庭令人不寒而栗的气氛。该纪录片多次在德国电视播放，报纸等纸媒的相关报道也非常多。

二是专门研究机构——弗里茨鲍尔研究所（Fritz Bauer Institut）的活动丰富。弗里茨鲍尔研究所是德国一所专门研究纳粹罪行和德国本土犹太人今昔生活情况的研究所。该研究所出版了许多有关法兰克福奥斯威辛审判的书籍，诸如《"对我们自己的判断……"——第一次法兰克福奥斯威辛试验的历史和影响》⑥；开展了各种讲座活动，诸如计划在2023

---

① "Mass in B. Minor, BWV 232: Facsimile of the Autograph Score in the Staatsbibliothek Zu Berlin (German, English and Japanese Edition)", IMSLP, [2023-10-05], https://imslp.org/wiki/Mass_in_B_minor,_BWV_232_(Bach,_Johann_Sebastian).

② 中国新闻网：《巴赫手稿拍出33.7万英镑》，[2012-08-27]，http://collection.sina.com.cn/pmzx/20120827/071581559.shtml，2022年12月18日。

③ "Wichtige Zeugen in Schrift Und Ton", UNESCO, [2022-12-18], https://www.unesco.de/kultur-und-natur/weltdokumentenerbe/weltdokumentenerbe-deutschland/frankfurter-auschwitz-prozess.

④ "Auschwitz-Prozesses (1963-1965)", Tonbandmitschnitt des, [2022-12-18], https://www.auschwitz-prozess.de/.

⑤ "Verdict on Auschwitz", Amazon, [2022-12-18], https://www.amazon.com/Verdict-Auschwitz-Edgar-M-Boehlke/dp/B000MAFXQY.

⑥ "Gerichtstag Halten über Uns Selbst...", The Journal of Modern History, [2023-10-05], https://www.journals.uchicago.edu/doi/abs/10.1086/380274.

年举办"现代反犹思想史——从怨恨到狂热"①"大屠杀受害者的心理长期影响"②等主题讲座；举办了大量的展览，诸如书籍《奥斯威辛试验4Ks2/63法兰克福》、主要审判录音的数字版、宣判、弗里茨鲍尔研究所和柏林奥斯威辛—比克瑙国家博物馆出版的录音、协议和文件等内容的历史文献展。③

国外宣传方面，一是有专门的宣传网站——黑森州档案馆（Hessisches Staatsarchiv），并不断通过全球最大视频网站 YouTube 进行宣传。黑森州档案馆建立了专门的网站介绍该项世界记忆④，网页支持多国语言，包括德语、西班牙语、英语、法语和希伯来语（犹太民族使用的语言）。新冠疫情期间，黑森州档案馆在 YouTube 上不断扩大宣传内容，上传了第一次法兰克福奥斯威辛审判的播客（包含六个部分文件）⑤，具体包括456 份文件和 103 个磁带，作为主要审判的 424 小时录音等。

二是在世界范围内举办相关展览。例如，由弗里茨鲍尔研究所和法兰克福犹太博物馆合作举办的展览"法庭上的纳粹罪行"⑥，包含大量展品（实物、照片、文件、音频和视频记录），于 2014 年在犹太博物馆首次展出后，从 2014 年至 2022 年先后在埃尔福特的图林根州议会、海德堡和蒂宾根的地方法院、劳普海姆的基督徒和犹太人历史博物馆、科隆市的 NS 文献中心、纽伦堡纳粹党集会场的文献中心、柏林恐怖地形图

---

① "Vom Ressentiment Zum Fanatismus Zur Ideengeschichte Des Modernen Antisemitismus", Fritz Bauer Institut, [2022-12-18], https：//www.fritz-bauer-institut.de/veranstaltungen/veranstaltung/vom-ressentiment-zum-fanatismus.

② "Psychische Langzeitfolgen Betroffener Holocaust-Opfer", Fritz Bauer Institut, [2022-12-18], https：//www.fritz-bauer-institut.de/veranstaltungen/veranstaltung/psychische-langzeitfolgen-betroffener-holocaust-opfer.

③ "Auschwitz-Prozess 4Ks 2/63 Frankfurt Am Main", Fritz Bauer Institut, [2022-12-18], https：//www.fritz-bauer-institut.de/ausstellungen/auschwitz-prozess-4-s-263-rankfurt-am-main.

④ "Frankfurt Auschwitz Trial", UNESCO, [2022-12-18], https：//en.unesco.org/memoryoftheworld/registry/425.

⑤ 六个部分具体包括联合国教科文组织世界记忆名录、奥斯威辛集中营和灭绝营、法兰克福奥斯威辛—审前的刑事起诉、第一次法兰克福奥斯威辛审判、案例文件、国家社会主义暴力犯罪的来源。

⑥ "Fritz Bauer. Der Staatsanwalt", Fritz Bauer Institut, [2022-12-18], https：//www.fritz-bauer-institut.de/ausstellungen/fritz-bauer-der-staatsanwalt.

博物馆、布伦瑞克市博物馆、维也纳司法宫等地举行，2022年弗里茨鲍尔研究所计划在本次展览的基础上开展在线展览。

（八）《安东尼努斯敕令》

2017年入选《世界记忆名录》，《安东尼努斯敕令》是罗马皇帝卡拉卡拉（即安东尼努斯）在公元212年宣布的一道敕令，目的是在危机形势下统一罗马社会，赋予罗马帝国所有自由居民罗马公民权利。根据吉森大学学者的说法，《安东尼努斯敕令》是第一个确立此类广泛民事权利的已知文件，同时纸莎草纸藏品是国际重要的藏品之一，制作手法早已失传的纸莎草纸最重要的一部分就是该敕令原文唯一的残片副本，现保存在吉森大学图书馆（Uni-Bibliothek in Gießen）。

国内宣传方面，一是将《安东尼努斯敕令》进行数字化并开放。可以在Gießen papyrus和ostraca（吉森纸莎草和陶片）网站①中在线查看数字副本，该网站由多所德国的大学共同开发，包括吉森大学、莱比锡大学等。由吉森大学图书馆支持的该网站的旧版本于2012年停止运行，2013年后由莱比锡大学通过网站papyrus portal（纸莎草门户）提供数字副本。②

二是举办相关展览和讲座。例如，2018年6月吉森大学图书馆举办了一场"宪法"展览③，在《安东尼努斯敕令》被列入联合国教科文组织世界记忆名录之际，有难得的机会在一个特殊的空调展示柜中观赏到1800多年前的纸莎草纸。又如，在2018年6月吉森大学开展"'帝国神圣的礼物'或'税收伎俩'——今天的《安东尼努斯敕令》告诉我们什么？"的讲座。

国外宣传方面，一是建立了安东尼努斯敕令相关网站。④ 该网站支

---

① "Papyri-Die Gießener Papyrussammlungen", Bibliothekssystem, [2022-12-18], https://www.uni-giessen.de/ub/ueber-uns/sam/papyri-ostraka-keilschrifttafeln/papyri.

② "Das Portal", PapyrusPortal, [2022-12-18], https://www.papyrusportal.de/content/start.xml.

③ "Ausstellung Der 'Constitutio Antoniniana' in Eer Universitätsbibliothek", Justus Liebig Universitat Giessen, [2022-12-18], https://www.uni-giessen.de/de/ueber-uns/veranstaltungen/ausstellungen/constitutio.

④ "Constitutio Antoniniana", Justus Liebig Universitat Giessen, [2022-12-18], http://www.constitutio.de/de.

持英、德双语，包含对《宪法安东尼努斯敕令》的介绍、法令文本、卡拉卡拉皇帝及其相关事件，罗马公民、罗马帝国、资产阶级和法律，公民身份和法律相关性，对纸莎草纸的介绍、保护和修复等。

二是出版了许多书籍。例如，法语版《安东尼努斯敕令：3世纪罗马公民身份的普遍化》[1]、德语版《安东尼努斯敕令前后来自埃及的罗马论文》[2]、西班牙语版《安东尼宪法：对吉森论文的反思》[3]、意大利版《卡拉卡拉》[4] 等。

（九）德国世界记忆项目的特点

德国的世界记忆项目范围非常广泛，涉及音乐、天文、童话、战争、文学、电影、艺术等多个领域。

一是将精品档案数字化，建立专门的网站对档案的原始样貌、真实历史、研究现状和最新宣传活动等进行详细的阐述，或上传至公共社交平台、视频网站以扩展影响，详情如表3-9所示。

表3-9　德国世界记忆项目数字化概况

项目名称	数字化资源	网址	网站支持语言
路德维希·范·贝多芬第9号交响曲	位于柏林国家图书馆的第四乐章原稿数字化版	https：//gallica.bnf.fr/ark：/12148/btv1b525003923	法语、英语、德语、西班牙语、意大利语、俄语
	位于贝多芬故居的原稿和草图数字化版	https：//www.beethoven.de/de/work/view/5556714292117504/Sinfonie + Nr. + 9 + (d-Moll) + op. +125	德语
	位于巴黎国家图书馆的最后合唱部分原稿数字化版	https：//gallica.bnf.fr/ark：/12148/btv1b525003923	法语、英语、德语、西班牙语、意大利语、俄语

---

[1] "Constitutio Antoniniana, L'universalisation De La Citoyennete Romaine Au 3e Siècle"，Amazon，[2022-12-18]，http：//t-t.ink/3ruLX.

[2] "Römische Testamentsurkunden Aus Ägypten Vor Und Nach Der Constitutio Antoniniana"，Open Edition Books，[2023-10-05]，https：//books.openedition.org/chbeck/3188.

[3] "La Constitutio Antoniniana：Reflexiones Sobre El Papiro Giessen 40 I"，Academa，[2023-10-05]，https：//www.academia.edu/45518660/LA_CONSTITUTIO_ANTONINIANA_DEL_212_D_C_E_IL_PARADIGMA_URBANO_UNA_DIVERSA_LETTURA_DI_P_GIESSEN_40_I.

[4] "Caracalla"，Amazon，[2023-10-05]，https：//www.amazon.it/Caracalla-Alessandro-Galimberti/dp/8869734323.

第三章 借鉴：国际组织、主要国家的典型做法

续表

项目名称	数字化资源	网址	网站支持语言
歌德和席勒档案馆歌德文学遗产	歌德文学遗产、私人收藏、建筑结构收藏、版画收藏、地质科学收藏的数字化版	https：//www. klassik-stiftung. de/goe-the-und-schiller-archiv/recherche/	德语、英语、法语
	歌德和席勒档案馆 VR 展览	https：//www. klassik-stiftung. de/en/home/digital/360-irtual-tours/	德语、英语、法语
羊皮纸古腾堡圣经及同时代背影记录	古腾堡数字项目网站	http：//www. gutenbergdigital. de/	德语
大都会（2001年版本底片）	《大都会》电影修复版	https：//www. youtube. com/watch？v=5BBnMCAIuQg	支持全球所有语言
赖歇瑙修道院（博登湖）制作的奥托王朝时期的彩绘手稿	各图书馆保存的不同的手稿数字化版	① https：//daten. digitale-sammlungen. de/0009/bsb00096593/images/index. html？fip=193. 174. 98. 30&id=00096593&seite=1 ② http：//daten. digitale-sammlungen. de/0000/bsb00004502/images/index. html？fip=193. 174. 98. 30&id=00004502&seite=1 ③ https：//daten. digitale-sammlungen. de/0008/bsb00087481/images/index. html？fip=193. 174. 98. 30&id=00087481&seite=1 ④ https：//www. bamberg. info/poi/staatsbibliothek_ bamberg-4743/ ⑤ http：//archivesetmanuscrits. bnf. fr/ark：/12148/cc72232k	①—③：德语 ④：德语、英语 ⑤：德语
儿童与家庭童话	《儿童与家庭童话集》的格林兄弟手抄本数字化版	https：//orka. bibliothek. uni-kassel. de/viewer/toc/1433243313511/0/	德语、英语、法语、西班牙语
科维尼亚图书馆档案	包括匈牙利国王马蒂亚斯·科维努斯的200份手稿数字化版	http：//diglib. hab. de/？db=mss&list=ms&id=2-ug-4f&catalog=Heinemann&image=00011	德语、英语
根据托勒密的传统和阿美利哥·维斯普西及其他人的发现绘制的宇宙地理	所绘制地图的数字化版	https：//www. loc. gov/resource/g3200. ct000725C/	英语

续表

项目名称	数字化资源	网址	网站支持语言
尼伯龙根之歌	尼伯龙根之歌各版手稿数字化版	https://www.blb-karlsruhe.de/sammlungen/unesco-weltdokumentenerbe-nibelungenlied	德语
柏林墙的兴建与倒塌及1990年《最终解决德国问题条约》	文件 Schabowski note（《沙博夫斯基笔记》）原稿数字化版，内容为1963年肯尼迪在柏林召开的会议，宣布所有东德公民普遍享有旅行自由	https://www.hdg.de/lemo/bestand/objekt/dokument-notizzettel-schabowski.html	德语
奔驰1886年专利	三轮燃气发动机的原始专利副本和汽油车上市的其他8份文件数字化版	https://mercedes-benz-publicarchive.com/marsClassic/de/instance/print/Benz——Co-Patentschrift-37435.xhtml?oid=34377214	德语、英语
"金牛"——全部七件原件和奥地利国家图书馆的"瓦茨拉夫国王的豪华手稿副本"	金牛各种版本的数字化版	https://www.stadtgeschichte-ffm.de/en/city-history/digital-presentations/die-goldene-bulle	德语、英语
《共产党宣言》、草稿页和《资本论》，第一卷，卡尔·马克思的个人注释本	《共产党宣言》数字化版	https://search.iisg.amsterdam/Record/362619	英语、荷兰语
	《资本论》数字化版	https://search.iisg.amsterdam/Record/397374	英语、荷兰语
内布拉星象盘	内布拉星象盘网站	https://www.landesmuseum-vorgeschichte.de/en/nebra-sky-disc.html?switch=contrast	德语、英语
洛尔施药典	洛尔施药典数字化版	https://bibliotheca-laureshamensis-digital.de/view/sbbam_mscmed1	德语、英语
缅甸国王阿朗帕亚致英国国王乔治二世的金信	金信数字化版	http://der-goldene-brief.gwlb.de/index.php?id=281	德语
代表马丁·路德·金发起的宗教改革的开始和早期发展的文件	路德关于诗篇第一讲的手稿数字化版	https://www.slub-dresden.de/entdecken/handschriften/luthers-psalmenkommentar	德语、英语

续表

项目名称	数字化资源	网址	网站支持语言
约翰·塞巴斯蒂安·巴赫的h-Moll-Messe（B小调弥撒）亲笔手稿	B小调弥撒亲笔手稿数字化版	https://digital.staatsbibliothek-berlin.de/werkansicht?	德语
道路与王国之书	道路与王国之书数字化版	https://dhb.thulb.uni-jena.de/receive/ufb_cbu_00011296?derivate=ufb_derivate_00010485	德语
法兰克福奥斯威辛审判档案	法兰克福奥斯威辛审判档案包含的录音与文档数字化版	https://www.auschwitz-prozess.de/	德语
	法兰克福奥斯威辛审判的播客	https://landesarchiv.hessen.de/youtube_2021-03	支持全球所有语言
《安东尼努斯敕令》	安东尼努斯敕令网站	https://www.constitutio.de/de	德语、英语

注：不在表中的世界记忆无专门的数字化版本或网页无法打开

二是联合其他国家协同举行的活动类型丰富，包括展览、拍卖会、国际学术会议、国际文化节等。例如，关于法兰克福奥斯威辛审判档案的"法庭上的纳粹罪行"的全球巡回展览；关于《大都会》电影宣传海报、巴赫的手稿等的拍卖活动；关于歌德文学遗产的在2022年3月至5月在日本、美国等举行的国际学术会议；关于《格林童话》的在2017年至今在中国青岛举行的国际文化节。

三是传播媒体多样、传播效果突出，包括出版各种语言的书籍、在全球上映电影或演出舞台剧、发行特别邮票等。例如，将歌德的文学著作戏剧化、电影化并在全球上演，《格林童话》的书籍和改编影视作品全球流行，各种语言的《B小调弥撒亲笔手稿的影印本》全球畅销，"金牛"印章制作的邮票向全球发售。

四是文化+旅游的宣传模式效果喜人。例如，支持德语、英语、汉语、意大利语等语言的德国童话之路，详细介绍了该路线的景点，并提供了英、德双语的互动式地图，支持世界人民畅游《格林童话》世界。又如，2020年8月，中、德两国合作开展了"云游中国"与"云游德国"的活动，为吸引中国游客，德国国家旅游局利用微博①、微信公众号②等平台推广，图文并茂地展示了德国上百处著名景点，其中就包括与德国世界记忆息息相关的柏林墙、歌德和席勒档案馆，详情如图3-14所示。

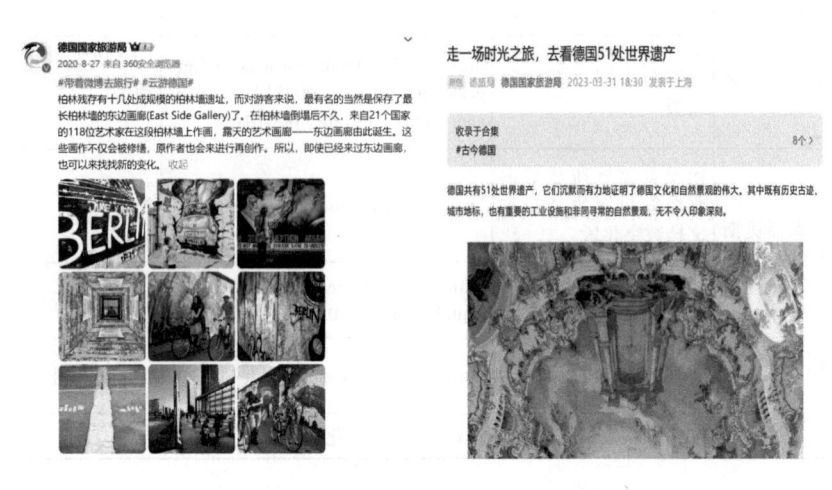

图3-14　德国国家旅游局关于其世界记忆在中国的宣传

二　韩国

韩国共有16项入选《世界记忆名录》，如表3-10所示。其数量位居世界第五、亚洲第一。

表3-10　韩国世界记忆概况

序号	入选时间	世界记忆名称	保存机构	项目内容
1	1997	训民正音手稿 The Hunmin Chongum Manuscript	坎松美术馆	解释创建新书写系统的目的，手稿的总章节数为33，其中礼部4篇、海礼部29篇。

---

① 新浪微博：《@德国国家旅游局的个人主页》，[2011-01-21]，https://weibo.com/u/1930081091，2023年11月17日。

② 德国国家旅游局：《走一场时光之旅，去看德国51处世界遗产》，[2023-03-31]，https://mp.weixin.qq.com/s/kxR_Q0AWC8RQbz67nmvEKg，2023年11月17日。

续表

序号	入选时间	世界记忆名称	保存机构	项目内容
2	1997	朝鲜王朝年鉴 The Annals of the Choson Dynasty	久江岳档案馆、韩国政府档案记录服务釜山分局	根据年月顺序以编年体形式记载了朝鲜王朝从始祖太祖到哲宗（1392—1863）的25任国王的统治历史，共1893卷888册，是一部古老而庞大的历史书。
3	2001	白云和尚抄录佛祖直指心体要节（vol. Ⅱ），《大僧禅教文集》第二卷 Baegun hwasang chorok buljo jikji simche yojeol（vol. Ⅱ），the second volume of "Anthology of Great Buddhist Priests' Zen Teachings"	法国国家图书馆东方文献室	写于高丽恭愍王21年（1372年），收录了朝鲜历代高僧流传给世人的佛道，其目的是弘扬禅风、传承佛法。
4	2001	皇家秘书处的日记 Seungjeongwon Ilgi, the Diaries of the Royal Secretariat	九江岳档案馆	"承政院"是朝鲜正宗时期设立的机关，是处理国家所有机密的国王秘书室，是17世纪到20世纪初朝鲜王朝最大数量的真实历史记录和国家机密。
5	2007	印制大藏经木版及其他佛经 Printing woodblocks of the Tripitaka Koreana and miscellaneous Buddhist scriptures	海印寺	包括81258块木质印版的高丽大藏经和其他5987部佛教著作。
6	2007	维圭：朝鲜王朝的皇室礼仪 Uigwe：The Royal Protocols of the Joseon Dynasty	久江岳档案馆，长江阁，韩国研究院	是根据儒家原则，以国家重大事件或国家重大仪式为基准，按照规定的形式整理朝鲜时代使用的文件而形成的记录，主要记录了长达500多年的朝鲜王朝（1392—1910）的皇家礼仪。
7	2009	东医宝鉴：东方医学的原理与实践 Donguibogam：Principles and Practice of Eastern Medicine	韩国国家图书馆、长江阁，韩国研究院	由宣祖时期的大夫韩俊整理，于1613年完成，共25卷25册，内容涵盖众多医学知识和治疗技术。

续表

序号	入选时间	世界记忆名称	保存机构	项目内容
8	2011	日省录 Ilseongnok: Records of Daily Reflections	久江岳档案馆	记录了朝鲜王朝150年（1760—1910）的国家事务，以国王的日记的形式发布，但实际是政府的官方记录，共2329册。
9	2011	1980年人权文献遗产大韩民国光州反抗军事政权的5月18日民主起义档案 Human Rights Documentary Heritage 1980 Archives for the May 18th Democratic Uprising against Military Regime, in Gwangju, Republic of Korea	5月18日全南大学研究中心、光州市政厅、5月18日纪念基金会	记录了韩国1980年5月在光州发生的起义事件，涉及市民起义、惩罚肇事者和赔偿等，包括照片、图像、文字记录等。
10	2013	南中一基：李舜臣将军的战争日记 Nanjung Ilgi: War Diary of Admiral Yi Sun-sin	忠清南道牙山市显忠祠	1592—1598年日本侵略时期是李舜臣指挥官的亲笔战场记录，不仅详细记录了战斗情况，还记录了当时的气候、地形和普通老百姓的生活，是研究过去自然地形和环境以及平民生活状况的重要资料。
11	2013	新村运动档案（新社区运动） Archives of Saemaul Undong (New Community Movement)	大韩民国政府、新村运动中央会	韩国政府和国民在1970年至1979年推进的新村运动过程中产生的档案资料，包括总统演讲稿、裁决文件、公文、信件、新村教材、相关照片和影像等。
12	2015	儒家印刷版画 Confucian Printing Woodblocks	韩国研究高级中心	朝鲜时代儒家学者著作的印刷版画，共718种64226张，内容涵盖文学、政治、经济、社会、人际关系等各个领域，其目的是实现儒家的人类共同体。
13	2015	KBS特别直播"寻找离散家庭"的档案 The Archives of the KBS Special Live Broadcast "Finding Dispersed Families"	韩国国家档案馆	韩国放送公社对战争离散家庭团聚的现场直播记录，历时138天453小时45分钟，一共包括20522条记录、463盘磁带，内容涵盖制作人工作笔记本、失散家属写的申请、每日广播时间表、提示表、纪念专辑和照片。

续表

序号	入选时间	世界记忆名称	保存机构	项目内容
14	2017	国债赎回运动档案 Archives of theNational Debt Redemption Movement	国家债务赎回运动纪念博物馆、韩国研究高级中心	记录1907—1910年间韩国公众为帮助政府偿还欠日本的巨额债务的全过程。
15	2017	朝鲜统信社/选通信士的文献：17—19世纪韩日和平建设与文化交流的历史 Documents on Joseon Tongsinsa/Chosen Tsushinshi: The History of Peace Building and Cultural Exchanges between Korea and Japan from the 17th to 19th Century	东京国立博物馆	收录了1607—1811年间韩国向日本派遣的12个使领馆的相关资料，包括外交记录、旅行记录、文化交流记录以及学术、艺术、产业方面的知识。
16	2017	朝鲜王朝的皇家印章和授书藏书 Royal Seal and Investiture Book Collection of the Joseon Dynasty	韩国国立故宫博物院	为朝鲜时代王室制作的王室印章和授勋书。

（一）训民正音手稿

1997年入选《世界记忆名录》，1446年世宗国王出版《指示人民的正确声音》（Hunmin Chongum）一书①，如图3-15所示作为对新书写系统的介绍。该书由正文和评论组成，通过详细的评论和示例解释了创建新书写系统的目的，发明一种全新的、极其有效的字母书写系统，是世界文化的重大发展，也是具有重大意义的历史事件。

国内宣传方面，一是设立韩文日，并在当天举行志愿、书法展览、作品纪念等多种活动。例如，韩国将10月9日设为韩文日②，以纪念训民正音文字系统的出现，并于2016年10月举办"根据训民正音海礼本书写"③志愿活动，学生们抄写下训民正音解例本后，韩文日将在光化

---

① UNESCO：《训民正音手稿》，https：//mowcaparchives.org/items/show/79，2023年11月17日。

② 한글날，나무위，[2022-12-18]，https：//namu.wiki/w/%ED%95%9C%EA%B8%80%EB%82%A0。

③ "훈민정음해례본따라쓰기" 봉사활동 업무시간（금요일 오전），문화재제자리찾기，[2022-12-18]，http：//caro.or.kr/board01/3160。

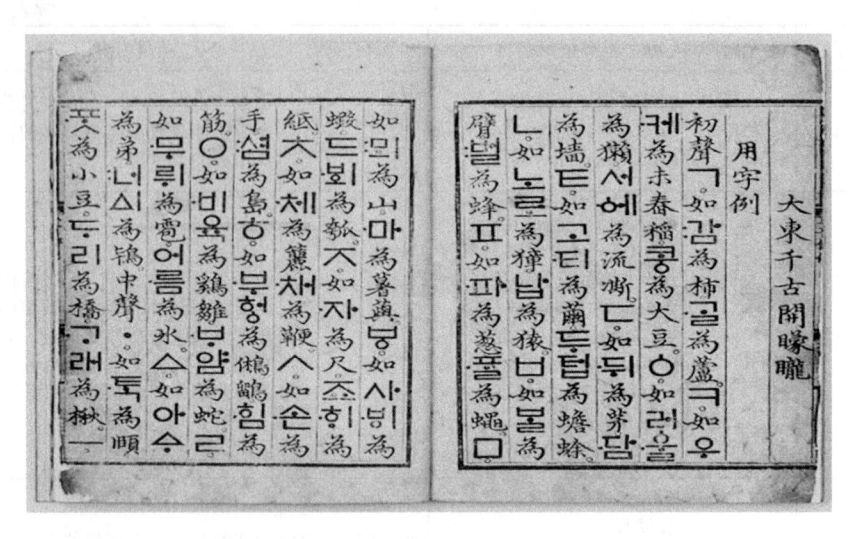

图 3-15　《训民正音手稿》

门广场展示。

二是学术成果较多。例如，在韩国信息量最大的文献信息数据库——RISS 数据库①检索与训民正音相关的学术文章（检索时间为 2022 年 12 月 18 日），其中学术论文 1448 篇、学位论文 436 篇，发表时间从 1932 年至今，从 2010 年开始，每年关于训民正音的论文发表数量维持在 40—70 篇，由此可见，"训民正音手稿"项目具有较大的研究价值和广泛的研究热度。

三是举办各种展览。例如，2021 年 9 月 3 日至 10 月 30 日，国立韩文博物馆举办"训民正音的大光"书法展②，并邀请韩国书法家文冠孝再现《训民正音解例本》，并附上大家容易理解的翻译，以便国民了解训民正音精神的实质；2022 年 1 月 20 日，开设以"训民正音，千年文字计划"③为主题的常设展览，以此重新诠释代表性文化遗产和韩文的

---

① 훈민정음, RISS, [2022-12-18], https://www.riss.kr/index.do.
② "한글서예가 청농 문관효, 광개토태왕 비문 다시 쓰다", 진도신문, [2023-10-01], http://www.yhjindo.com/news/articleView.html?idxno=4631.
③ "국립한글박물관 8년 만에 상설전 첫 개편… '훈민정음 재해석'", 연합뉴스, [2022-12-18], https://www.yna.co.kr/view/AKR20220120121600005.

根基，展示韩文从训民正音书写系统创制至今约600年来的使用和变化。

国外宣传方面，注重输出多个与"训民正音"相关度较高的综艺节目。例如，在综艺节目《美秋里》（2019年）①、《新西游记》第8季（2020年）②、《蹦蹦地球游戏厅》（2022年）③ 等推出"训民正音"游戏，该游戏内容是在特定时间禁止说任何外来语和外来词汇。韩国综艺节目作为韩国文化输出的重要一环，邀请众多偶像参与，包括水晶男孩、Super Junior、防弹少年团、Winner、BTOB、Oh My Girl、IVE等，从而吸引全球粉丝观看，因此在世界范围内具有较高知名度，尤其在东亚地区，以中国视频网站哔哩哔哩为例，《新西游记》的播放量已达1千万次。④ "训民正音"以综艺为载体也在东亚地区进一步扩大了知名度，训民正音游戏片段播放量已达10万次。⑤ 此外，该节目在中国的微博、小红书等社交平台上的话题度颇高。再如，韩国放送公社制作"历史特辑：训民正音是如何产生的"的节目，在YouTube视频网站上播放量已达167万次。⑥

（二）1980年人权文献遗产大韩民国光州反抗军事政权的5月18日民主起义档案

2011年入选《世界记忆名录》，1980年，为了反对全斗焕的军事独裁统治，以光州居民为中心，要求尽快建立民主政府，废除包括全斗焕保安司令官在内的新军部势力及戒严军等开展的民主运动，但由于新军

---

① 哔哩哔哩：《［美秋里］最搞笑的游戏——训民正音game》，[2020-03-10]，https：//www.bilibili.com/video/BV18F411u7br/，2022年12月18日。
② 哔哩哔哩：《新西游记201127》，[2020-11-28]，https：//www.bilibili.com/video/BV1n541157EF/? spm_ id_ from =333.337.search-card.all.click，2022年12月18日。
③ 哔哩哔哩：《［地戏厅2］［训民正音］》，[2023-06-24]，https：//www.bilibili.com/video/BV1Yh4y1g77Z/? spm_ id_ from =333.337.search-card.all.click&vd_ source =22f857c3a886fc40964c2a9adbae275f，2023年10月1日。
④ 哔哩哔哩：《新西游记S1S2S3S4S5S6全集合集中字》，[2018-11-20]，https：//www.bilibili.com/video/BV1Xt41117at/? spm_ id_ from =333.337.search-card.all.click&vd_ source =22f857c3a886fc40964c2a9adbae275f，2023年10月1日。
⑤ 哔哩哔哩：《训民正音》，https：//search.bilibili.com/all? vt =23125881&keyword =% E8% AE% AD% E6% B0% 91% E6% AD% A3% E9% 9F% B3&from_ source =webtop_ search&spm_ id_ from =333.1007&search_ source =5，2022年12月18日。
⑥ "KBS 역사스페셜-소리문자 훈민정음 어떻게 만들어졌나"，YouTube，[2022-12-18]，https：//www.youtube.com/watch? v =Ji-k65eXOmo。

部武装镇压，光州民主运动最终失败。"5·18"民主化运动不仅对韩国的民主化起到了关键作用，而且对东亚其他国家也产生了影响，打破了冷战格局，实现了民主主义。档案记录了1980年5月18日至27日在韩国光州发生的起义事件，涉及市民起义、惩罚肇事者和赔偿等，包括照片、图像、文字记录等。

国内宣传方面，一是成立专门组织——"5·18"民主抗争纪念活动委员会①，负责各种活动的开展。例如，2022年举办了42周年"5·18"民众抗争纪念活动"复活祭"②、特别企划"五月之夜"③、"五月行动"（May Action）④、"5·18"事迹旅行"五月步"⑤等。该委员会成立于1993年，由国内外各官方或民间机构共同组成，包括国家报勋处、光州市政府、广州市教育厅、"5·18"民主功绩协会、"5·18"纪念基金会、"5·18"民主化运动记录馆、"5·18"民众抗争首尔纪念事业会等。该委员会的主要任务是开展"5·18"民众抗争纪念活动及研究项目、其他地区与海外支援及团结项目、"5·18"民众抗争精神传承与发展项目以及符合活动委员会宗旨的项目。

二是加强光州的特色旅游开发。例如，光州文化旅游部对"5·18"光州学生独立运动纪念馆和纪念公园进行宣传⑥，使之成为光州旅游胜地，从而吸引更多游客了解"5·18"民主运动。又如，韩国放送公社于2021年8月4日推出系列节目"5月的记录"⑦，以此纪念"5·18"运动，赞扬不畏强权、反抗压迫的精神，并鼓励民众去光州现场感悟。

---

① 5·18 민중항쟁기념행사위원회，[2022-12-20]，https：//518people.org/?ckattempt=1.
② "제42주년 5·18 민중항쟁기념행사 '부활제'"，5·18 민중항쟁기념행사위원회，[2022-12-20]，https：//518people.org//bbs/board.php?bo_table=notice&wr_id=165.
③ "5·18 민중항쟁기념행사위원회.제42주년 5·18 민중항쟁기념 특별기획 '오월의 밤'"，[2022-12-20]，https：//518people.org//bbs/board.php?bo_table=notice&wr_id=164.
④ "제42주년 5·18 민중항쟁기념 '오월행동'"，5·18 민중항쟁기념행사위원회，[2022-12-20]，https：//518people.org//bbs/board.php?bo_table=notice&wr_id=162&page=2.
⑤ "5·18 사적지여행<오월걸음>여행자 모집공고"，5·18 민중항쟁기념행사위원회，[2022-12-20]，https：//518people.org//bbs/board.php?bo_table=notice&wr_id=171.
⑥ "광주역사기행"，Tour Gwangju，[2022-12-18]，https：//tour.gwangju.go.kr/home/tour/mytour/open.cs？act=view&courseId=44.
⑦ "KBS 영상 아카이브 5월의 기록"，5·18 민주화운동기록관，[2022-12-18]，https：//www.518archives.go.kr/index.do？PID=102&bbsSn=00914.

第三章　借鉴：国际组织、主要国家的典型做法

三是举办展览活动。例如，2021年5月，光州广域市"5·18"民主运动记录馆与"5·18"民众抗争首尔纪念事业会合作，在首尔特别市西大门历史馆举办"5·18"民主化运动记录物展示会①，展示会主题为"超越记录，用文化记忆"，展会以向"5·18"民主运动记录馆捐赠史料的赵光钦照片为中心，重点介绍"5·18"民主化运动的过程。

国外宣传方面，一是建设"5·18"民主运动记录馆②，该馆于2015年5月13日正式开放，并搭建线上网站，支持中文、日语、英语、德语、法语访问，记录馆将"5·18"运动记录档案资料保存，通过研究和展示，作为民主主义和人权教育的资料，与世界人民分享"5·18"民主运动的历史价值和精神。

二是进行多种艺术创作。例如，制作光州民主化运动题材电影③，包括《华丽的休假》（2007年）、《26年》（2012年）、《出租车司机》（2017年）。创作音乐会歌剧《薄荷糖》（2020年）④，这是"5·18"民主化运动40周年特别企划，时长总计160分钟，可于2020年10月31日至2020年11月7日免费在线观看。制作"5·18"民主运动追悼曲《518—062》，这是韩国偶像组合防弹少年团成员闵玧其高二时期为纪念"5·18"民主运动所制作的歌曲，"518"为民主运动日期，"062"为民主运动发生地点光州的区号，该歌曲在全国最大的视频网站YouTube上播放量为37万次⑤，在中国视频网站哔哩哔哩上播放量已达4千次⑥。

三是于2021年9月13日，参加联合国教科文组织世界记忆名录10周

---

① "서울서 5·18 민주화운동 기록물 전시회",광주광역시, [2022 - 12 - 18], https://www.gwangju.go.kr/boardView.do? pageId = www789&boardId = BD_ 0000000027&seq = 9055.
② "온라인 전시관", 5·18 민주화운동기록관, [2022 - 12 - 18], https：www.518archives.go.kr/index.do? PID =099&bbsSn = 00960.
③ "5·18 광주 민주화운동' 소재 영화", 스포츠?, [2022 - 12 - 18], http：//www.sportsq.co.kr/news/articleView.html? idxno = 285880.
④ "5·18 민주화운동 40주년 특별기획 콘서트 오페라〈박하사탕〉", Gwangju Culture&Art Center, [2022 - 12 - 18], https：//gjart.gwangju.go.kr/ko/cmd.do? opencode = p0101&bnum = 4068&boper = view.
⑤ "D-Town-518-062（Prod&Comp. by SUGA）", YouTube, [2022 - 12 - 18], https：//www.youtube.com/watch? v = kdAV7tJf0Pg.
⑥ 哔哩哔哩：《［闵玧其］［中字］DTown-518-062》, [2015 - 11 - 27], https：//www.bilibili.com/video/BV11s411d7Yr/? spm_ id_ from = 333.337.search-card.all.click, 2022年12月18日。

年纪念世界人权记录巡回展《人权—普世价值，文化记忆》①，"5·18"民主运动以起义市民为中心，通过记录下来的日记、文件资料、照片和影像等，肯定光州市民在民主运动中的牺牲和斗争精神。巡回展介绍了12个国家世界记忆遗产中人权运动的核心事件，以记录文件资料、照片、影像为中心进行展示，并宣布人权应超越国家主权，扩大到全世界普遍性的意义，更深入地向全世界分享"5·18"民主运动的可贵精神。

（三）国债赎回运动档案

2017年入选《世界记忆名录》，国债赎回运动档案记录了1907年至1910年韩国公众为帮助政府偿还欠日本的巨额债务，从而拯救韩国免受殖民统治而进行的全国性运动的整个过程和历史。档案由2475份文件组成，涉及运动的背景、开始、范围、影响力的扩大等，还包括日本政府（驻韩国总馆）与该运动有关的文件、大众媒体材料、报纸和杂志等②，如图3-16所示。

国内宣传方面，一是建立多样化机构。例如，1998年3月建立国债赎回运动纪念公园③，公园是为了纪念国债补偿运动的崇高精神，为广大市民提供休息空间而建造的，公园设施包括大钟、钟阁、绿岛、便利设施等。公园内的达古峰大钟，清脆悦耳的声音承载着当地的精神和情感，向全世界传达着韩国大邱市民渴望和谐繁荣的愿望。又如，2011年10月成立国债赎回运动纪念事业会和国债赎回运动纪念馆④，事业会负责国债赎回运动纪念活动和学术会议的组织，纪念馆保存和展出国债赎回运动时期形成的文档资料和照片影像。

---

① "5·18 기록물 유네스코 세계기록유산 등재 10주년 기념 세계인권기록물 순회전시〈인권-보편적 가치,문화적 기억으로〉",5·18 민주화운동기록관，[2022-12-18]，https：//www. 518archives. go. kr/index. do? PID =099&bbsSn =00960.

② 국채보상운동 디지털 아카이브，[2023-11-18]，http：//www. gukchae-archive. org/gp/#intro.

③ "국채보상운동기념공원",대구시가지 정보 사이트，[2022-12-19]，http：//web. archive. org/web/20110526041828/http：//tour. daegu. go. kr/kor/see/spot/park/1186873_ 4504. asp.

④ 국채보상운동 기념사업，[2023-9-29]，http：//www. gukchae. com/kor/park/sub01. asp.

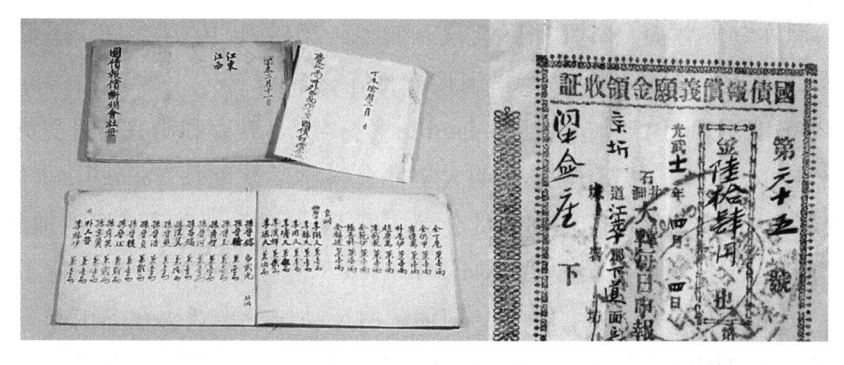

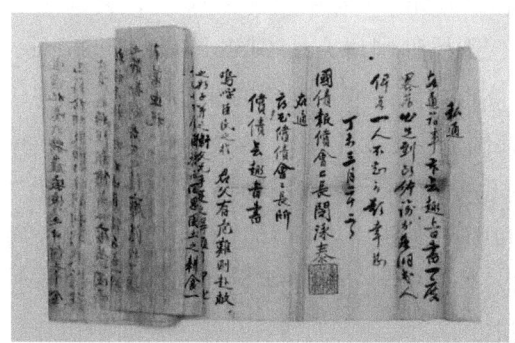

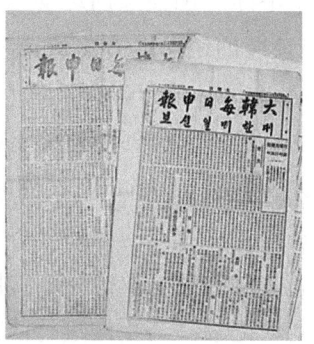

第三章　借鉴：国际组织、主要国家的典型做法　　165

图 3 – 16　国债赎回运动部分档案示例

二是开展多样化活动。例如，韩国邮政局在 2007 年为纪念国债偿还运动 100 周年发行 100 周年纪念邮票。① 又如，2017 年 4 月 27 日韩国教育放送公社制作国债赎回运动动画纪录片，以有趣的事件和人物为主题，向小学生科普相关历史，目前动画纪录片的播放量已达 6.9 万次。② 再如，2021 年 10 月 26 日至 2022 年 2 月 27 日，国债赎回运动纪念事业会为迎接国债赎回运动纪念馆开馆 10 周年，举办"戒烟则国存"特别企划展③，展示 1907 年国债赎回运动时期的烟草文化的资料。

---

① "국채보상운동 100 주년 기념", 한국 우체국, [2022 – 12 – 19], https://stamp.epost.go.kr/sp2/sg/spsg0102.jsp? tbsmh01seqnum = 1329&tbsmh15seqnum = 2621.
② "역사가 술술-나라 빚을 갚자! 국채보상운동", YouTube, [2022 – 12 – 19], https://www.youtube.com/watch? v = Zk-zNd5MRZ8.
③ "'담배를 끊으면 나라가 산다'…국채보상운동기념관 개관 10 주년 특별기획전", 조선일보, [2022 – 12 – 19], https://www.chosun.com/national/regional/2021/10/24/XNRSEU352JBZ5NOMUWMDWHEVJA/.

国外宣传方面，举办国际会议。例如，2018年10月2日，国家债务赎回运动纪念事业会举办"国债赎回运动精神传遍全球"的国际会议①，国际注册小组委员会主席 Jan Bos（荷兰）、教育和研究小组委员会主席 Lothar Jordan（德国）、启明大学社会科学学院院长 Young-Chul Kim（韩国）、世界记忆国际咨询委员会副主席 Papa Momar Diop（塞内加尔）和国际注册小组委员会成员 Roslyn Russell（澳大利亚）等都进行了发言。又如，2021年12月17日，国债赎回运动纪念事业会在釜山和平纪念馆举办"国债赎回运动纪念馆开馆10周年国际会议"②，会议主题为"国债赎回运动地方史研究"，剑桥韩国研究所 CISK（The Cambridge Institute for the Study of Korea，位于马萨诸塞州剑桥的非营利研究机构，其使命是促进来自韩国和关于韩国的文本的创作、收集、传播和保存）负责人 Wayne de Fremery，同时也是西江大学韩国学专业副教授，以"国债补偿运动时期的国际局势和朝鲜半岛局势"为主题进行演讲，成均馆大学文献信息系教授吴三均以"推动联合国教科文组织列入主权债务赎回运动记录"为主题进行演讲。

（四）朝鲜王朝的皇家印章和授书藏书

2017年入选《世界记忆名录》，是为朝鲜王室制作的印章和授勋书，国王和王后的名字和头衔被刻在印章上，从作为王位继承人开始到持有者去世，整个过程记录了国王和王后一生中重要的时刻和仪式，构成了个人和整个王室血统的档案。授勋书和皇家敕令是印章的附赠物，提供对姓名和仪式场合的描述和说明，这些印章和书籍大约有570年的历史③，如图3-17所示。

国内宣传方面，韩国多家媒体对朝鲜王朝的皇家印章和授书藏书进行报道。例如，2017年10月31日，韩国新闻网 NEWS 1 对朝鲜王朝的

---

① "Celebration of the Inscription of the National Debt Redemption Movement Archives", UNESCO, [2022-12-19], http：//www.mowcapunesco.org/celebration-of-the-inscription-of-the-national-debt-redemption-movement-archives/.

② "국채보상운동기념관 개관 10주년 국제컨퍼런스 열려",연합뉴스, [2022-12-19], https：//www.yna.co.kr/view/AKR20211217146700051.

③ "한국의 세계기록유산", 문화재청, [2023-11-17], https：//www.heritage.go.kr/heri/html/HtmlPage.do?pg=/unesco/MemHeritage/MemHeritage_14.jsp&pageNo=5_4_2_0.

第三章　借鉴：国际组织、主要国家的典型做法　　167

图 3-17　朝鲜王朝的皇家印章和授书藏书

皇家印章和授书藏书的存在价值进行报道。① 同一天，《每日日报》也对印章和授书藏书的历史、意义进行报道。② 2017 年 11 月 1 日，韩国《在外同胞报》对朝鲜王朝的皇家印章和授书藏书项目入选《世界记忆名录》进行报道③，并介绍了印章和藏书的历史、作用等。2019 年 7 月 2 日，韩国文化遗产发表文章《朝鲜王室的权威和永恒的延续》④，详细介绍了皇家印章和授书藏书的历史、制作和对世界文化的意义。2019 年 9 月 24 日，《韩国中央日报》采访国立故宫博物院藏品管理部官员、朝鲜王朝皇家印章专家徐俊⑤，由对话可知，韩国政府在海外发现皇家印章时，向徐俊发送印章照片以辨别印章真假，以及安全返回韩国的许多皇

---

①　"세계기록유산 '조선왕실 어보와 어책' 등 3건, 어떤 가치 있나", NEWS1, [2022-12-19], https：//www.news1.kr/articles/? 3139269.
②　"신규등재 세계기록유산 '조선왕실 어보와 어책'은 무엇?" 매일일보, [2022-12-19], http：//www.m-i.kr/news/articleView.html? idxno =354707.
③　"'조선왕실 어보와 어책'등 3건 유네스코 세계기록유산에 등재" 재외동포신문사, [2022-12-19], http：//www.dongponews.net/news/articleView.html? idxno =35412.
④　"조선 왕실의 권위와 영원한 지속을 표상하다", 문화재청, [2022-12-19], https：//www.cha.go.kr/cop/bbs/selectBoardArticle.do? nttId =74711&bbsId = BBSMSTR_1008.
⑤　"Good Deeds Should Be Rewarded：People Who Donate Long-Lost Royal Seals Need to Be Comensated", Korea JoongAng Daily, [2022-12-19], https：//koreajoongangdaily.joins.com/news/article/article.aspx? aid =3068275.

家印章已经经过修复。

国外宣传方面，一是高品质的跨国界和跨区域的在线展览。例如，韩国国立故宫博物院与谷歌艺术与文化（Google Arts & Culture）项目合作推出朝鲜王朝专题的永久虚拟展览①，在线上网站上展出超高分辨率的朝鲜王朝的皇家印章和授书藏书的图像，并通过标志性地标和博物馆的街景图片，让人感觉在实地参观博物馆，给人们带来新奇的参观体验。谷歌艺术与文化（Google Arts & Culture）是谷歌公司推出的一项非商业计划，它与世界各地的文化机构和艺术家合作，共同保护世界艺术和文化并将其带到互联网上，以便任何人在任何地方都可以观看。又如，2018年6月21日，韩国国有文化遗产机构通过虚拟现实技术推出韩国物质和非物质文化遗产的在线展览②，该在线平台展示了来自70个国家1500个组织的600多万件艺术品和文物，其中包括"朝鲜王朝的皇家印章和赠书收藏"，这些文献遗产通过高清晰度"艺术相机"进行了数字再现，让参观者体验到朝鲜王朝皇室的面貌。二是注重利用国外媒体资源。例如，截至2022年12月19日，关于朝鲜王朝的有声读物纪录片在全球最大的视频网站YouTube上播放量已达136万次。③

（五）韩国世界记忆项目的特点

韩国的16项世界记忆中，与古代史有关的：一是关于王室的就有五项，如表3－10中的第2、4、6、8、16项；二是与韩国古代政权历史相关的除上述五项外，还有第1、12、15项，合计8项；久远的历史和相对严肃的王室政权主题经韩国通过娱乐产业的推广十分成功。体现在电影、电视剧、综艺节目、偶像产业等方面。例如，在综艺节目上推出"训民正音游戏"；韩国放送公社制作专题节目"历史特辑：训民正音是如何产生的""五月的记录"等，上传到全球最大的视频网站YouTube上；

---

① "Royal Symbols", Google Arts & Culture, [2022－12－19], https：//artsandculture.google.com/story/OgUxTehJV0qNIg.

② "Korea's Cultural Heritage Brought to Life via VR", Korea Herald, [2022－12－19], http：//www.koreaherald.com/view.php?ud=20180621000646&mod=skb.

③ "조선왕조실록 한번에 이해하기 | 잠 잘때 듣는 인문고전 | 책읽어주는남자 | 오디오북 | 3 시간", YouTube, [2022－12－19], https：//www.youtube.com/watch?v=Qm_DwIBSNyo.

制作文献遗产相关题材电影、音乐剧、歌曲等，包括电影《华丽的休假》《26年》《出租车司机》等，歌剧《薄荷糖》，歌曲《518—062》，并以韩国偶像为载体，包括水晶男孩、Super Junior、防弹少年团、Winner、BTOB、Oh My Girl、IVE等，吸引全球各地的粉丝观看综艺节目、电影，收听歌曲，从而潜移默化地进行文化输出，推动文献遗产进一步走向世界。

与近现代史有关的：一是关于起义、民主运动的第9、11项；二是与战争有关的第10、13项；韩国重视历史运动与革命的纪念，赞扬民主运动的精神、价值和意义，往往依托民主抗争纪念活动委员会、纪念事业会等组织，将纪念活动与旅游胜地、纪念馆、纪念公园等深入融合。例如，2007年，韩国邮政局为纪念国债赎回运动100周年推出纪念邮票；光州文化旅游部对"5·18"民主运动纪念馆和纪念公园进行宣传，使之成为光州旅游胜地；2018年10月2日，国家债务赎回运动纪念事业会举办"国债赎回运动精神传遍全球"的国际会议；2021年12月17日，举办"国债赎回运动纪念馆开馆10周年国际会议"。

以数字化工作作为对外交流的基础。例如，如表3-11所示，将文献遗产翻译成各种语言，搭建数字化资源网站，制作图片、视频、纪录片等，这些方式不仅能更加方便地查看文献遗产，而且能更加有效地拓宽向外传播的途径，推动文献遗产走向世界。

表3-11　　　　　　韩国世界记忆项目数字化概况

项目名称	资源详情	网址	网站支持语言
训民正音手稿	训民正音数字版，包括韩语、英语、中文、日语、俄语、泰语、蒙古语、越南语等版本	http://t-t.ink/1UOi5	韩语、英语
朝鲜王朝年鉴	年鉴数字版	https://sillok.history.go.kr/main/main.do	韩语、英语
	部分年鉴中文数字版	http://t-t.ink/2bLFT	韩语、英语

续表

项目名称	资源详情	网址	网站支持语言
白云和尚抄录佛祖直指心体要节（vol.Ⅱ），《大僧禅教文集》第二卷	经书图片、视频	https：//www.heritage.go.kr/heri/cul/culSelectDetail.do?pageNo=1_1_1_1&ccbaCpno=1123111320000	韩语、英语、汉语、日语
皇家秘书处的日记	日记数字版	https：//sjw.history.go.kr/main.do	韩语、英语
	部分日记中文数字版	http：//t-t.ink/2417Wx	韩语、英语
印制大藏经木版及其他佛经	大藏经图片、视频以及海印寺的经书存放图纸	https：//www.heritage.go.kr/heri/cul/culSelectDetail.do?pageNo=1_1_1_1&ccbaCpno=2113200540000	韩语、英语、汉语、日语
维圭：朝鲜王朝的皇室礼仪	图片、视频	https：//www.heritage.go.kr/heri/cul/culSelectDetail.do?pageNo=1_1_1_1&ccbaCpno=1123219010900	韩语、英语、中文、日语
东医宝鉴：东方医学的原理与实践	东医宝鉴数字版，包括韩语、中文版本	http：//t-t.ink/1VrXH	韩语、英语
日省录	数字版记录，包括韩语、中文版本	http：//t-t.ink/2hxiG	韩语、英语
	视频、图片	http：//www.heritage.go.kr/heri/cul/culSelectDetail.do?VdkVgwKey=11,01530000,11&pageNo=1_1_1_0	韩语、英语、汉语、日语
1980年人权文献遗产大韩民国光州反抗军事政权的5月18日民主起义档案	"5·18"运动的视频、照片、数字化文件资料	https：//www.518archives.go.kr/books/index.html	韩语
	"5·18"民众抗争活动纪念委员会	https：//518people.org/?ckattempt=2	韩语
南中一基：李舜臣将军的战争日记	数字版日记，包括韩语、中文版本	http：//t-t.ink/1VrZE	韩语、英语
新村运动档案（新社区运动）	数字版档案，包括文档、图书、照片、视频等	http：//archives.saemaul.or.kr/	韩语
儒家印刷版画	儒家印刷版画图片	http：//t-t.ink/2lxqa	韩语、英语

续表

项目名称	资源详情	网址	网站支持语言
KBS 特别直播"寻找离散家庭"的档案	"寻找离散家庭"视频、图片等	http://family.kbsarchive.com/videos/	韩语、英语
	KBS 官方网站	https://www.kbs.co.kr/	韩语
国债赎回运动档案	档案数字版	http://t-t.ink/2CqbM	韩语、英语
	国债赎回运动官方网站	http://www.gukchae.com/chi/#section1	韩语、英语、汉语、日语
朝鲜统信社/选通信士文献：17—19世纪韩日和平建设与文化交流的历史	部分文献数字版	http://t-t.ink/4xv1P	韩语
朝鲜王朝的皇家印章和授书藏书	部分书籍数字版、图片、视频	http://t-t.ink/2ErKK	韩语、汉语、日语

三 美国

截至 2022 年 12 月，美国共有 11 项入选《世界记忆名录》，如表 3-12 所示。在世界排名中居于第 11 位，在北美洲居于第 1 位。

表 3-12　　　　　　　美国世界记忆概况

序号	入选时间	世界记忆名称	保存机构	项目内容
1	2005	瓦耳德西姆勒地图 Waldseemüller map	美国国会图书馆	第一幅使用 America 称呼美洲的地图。
2	2007	米高梅公司出品《绿野仙踪》 The Wizard of Oz (Victor Fleming 1939), produced by Metro-Goldwyn-Mayer	绿野仙踪博物馆	米高梅公司出品的电影《绿野仙踪》，改编自儿童读物《奇妙的奥兹男巫》。
3	2009	1950—2000 年约翰·马歇尔部落影视收藏 John Marshall Ju/'hoan Bushman Film and Video Collection, 1950-2000	史密森尼学会人类研究电影档案馆、哈佛皮博迪博物馆	对纳米比亚东北部卡拉哈里沙漠的一个文化群体部落（Ju/'hoansi）持续视听形成的记录。

续表

序号	入选时间	世界记忆名称	保存机构	项目内容
4	2011	美国陆地卫星计划记录：多光谱扫描仪（MSS）传感器 Landsat Program records: Multi-spectral Scanner (MSS) sensors	美国地质勘探局（USGS）档案馆及其全球国际合作伙伴地面接收站	记录了跨越近四十年的地球陆地表面、海岸线和珊瑚礁的变化。
5	2011	荷兰西印度公司档案 Dutch West India Company (Westindische Compagnie) Archives	英国国家档案馆、荷兰国家档案馆、纽约州档案馆等各提名国相关档案馆	记录荷兰西印度公司的商业和奴隶贸易、战争、早期现代外交、种植园文化和日常生活问题。
6	2011	白银级员工：开发巴拿马运河的西印度劳工 Silver Men: West Indian Labourers at the Panama Canal	巴拿马运河博物馆	关于西印度人在巴拿马运河的经历和贡献的文档资料。
7	2013	埃莉诺·罗斯福论文永久收藏项目 Permanent Collection of the Eleanor Roosevelt Papers Project	乔治·华盛顿大学历史系、富兰克林·D. 罗斯福总统图书馆和博物馆	关于埃莉诺·罗斯福夫人的大量书面、口头和视听资源。
8	2015	摩西和弗朗西丝·阿希收藏 Moses and Frances Asch Collection	史密森尼学会民俗和文化遗产中心	包含来自世界各地的著名和鲜为人知的作家、诗人、纪录片家、民族志学家和草根音乐家的材料。
9	2017	奥坎波别墅文献中心 The Villa Ocampo Documentation Center	奥坎波别墅、哈佛大学哈佛学院图书馆	包括 Victoria Ocampo 的图书馆和维多利亚的个人档案以及 Sur 杂志及其编辑和业务记录。
10	2017	《莎士比亚文献》，一部讲述威廉·莎士比亚生平的纪录片 The "Shakespeare Documents", a documentary trail of the life of William Shakespeare	美国福尔杰莎士比亚图书馆、英国莎士比亚出生地信托基金、英国国家档案馆等	了解威廉·莎士比亚生平的重要档案来源，包括莎士比亚的个人生活，他的出生、死亡、家庭事务、财产和商业交易，以及他在文化、宗教、社会、政治等方面发生的重大变化。
11	2017	阿莱塔·雅各布斯论文 Aletta H. Jacobs Papers 1871–1974	阿姆斯特丹的国际妇女运动档案馆、荷兰解放和妇女历史知识研究所	包括当时美国和英国著名女性参政论者的信件，阿莱塔·雅各布斯的国际政治活动以及在欧洲、美国、非洲和亚洲的旅行资料。

（一）瓦耳德西姆勒地图

2005年入选《世界记忆名录》，记录了15世纪末和16世纪初西班牙和葡萄牙探险队的新信息[1]，被公认为世界上第一幅反映独立西半球和太平洋存在的真实描绘的印刷或手稿地图，如图3-18所示。

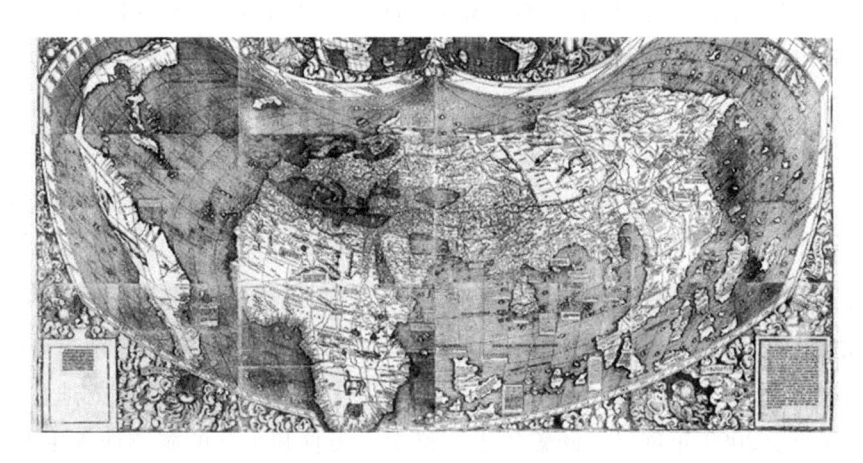

图 3-18 瓦耳德西姆勒地图

国内宣传方面，一是各机构举办相关展览活动。例如，2007年，美国瓦萨图书馆举办"美国制图：500年的制图描绘"[2]的线上展览，为庆祝瓦耳德西姆勒地图诞生500周年，展示马丁·瓦尔德塞米勒的地图（以传真的形式）和其他地图，并以此描绘后来几个世纪的美国，该展览为瓦萨学院社区的成员和其他人提供观察和了解世界某个地区不断变化的机会。2007年12月12日，美国国会图书馆也在"探索早期美洲"的展览活动中展出了瓦耳德西姆勒地图原件[3]，以此提高关注度。

二是教育推广。例如，美国教育网站Study.com推出瓦耳德西姆勒

---

[1] "The Waldseemüller Map: Charting the New World", Smithsonian Magazine, [2023-11-19], https://www.smithsonianmag.com/history/the-waldseemuller-map-charting-the-new-world-148815355/.

[2] "Mapping America: 500 Years of Cartographic Depictions", Vassar College, [2022-12-16], https://www.vassar.edu/specialcollections/exhibit-highlights/2006-2010/mapping_america/.

[3] "Exploring the Early Americas", Library of Congress, [2022-12-16], https://www.loc.gov/exhibits/exploring-the-early-americas/.

地图线上课程计划①，通过文字课程、讨论问题和动手地图绘制活动向学生传授瓦耳德西姆勒地图的历史和意义，让学生能够识别瓦耳德西姆勒地图，了解该地图的由来及意义，感受该地图的历史价值，课程时长为1.5—2小时。又如，俄亥俄州立大学于2012年4月6日举办瓦耳德西姆勒地图的专题讲座（The Waldseemüller Map of 1507: Lecture and Book signing）②，通过调查与该地图相关的许多古代、中世纪和文艺复兴时期的资料，借助各种时期地图和图表，解开地图中被遗忘的故事和意义，这有助于学生更好地了解该地图的背景和历史。

三是媒体专题报道。例如，2009年12月，美国华盛顿特区的史密森学会官方发行刊物 Smithsonian Magazine，也可通过线上网站查看的"瓦耳德西姆勒地图：绘制新世界地图"③的报道详细介绍了瓦耳德西姆勒地图的来源。又如，2017年11月27日，美国探险旅行在线杂志 Atlas Obscura（由2006年美国记忆冠军约书亚·福尔和纪录片制片人迪伦·图拉斯于2009年创立，涵盖历史、科学、美食和小众的旅游地等主题）从地理的角度对瓦耳德西姆勒地图进行了专题报道，介绍了瓦耳德西姆勒地图的历史和所处的地理位置、收藏情况等。④

国外宣传方面，一是许多媒体和学者都对瓦耳德西姆勒地图进行了专题报道。例如，2018年7月4日，英国广播公司（British Broadcasting Corporation，BBC）的旅游系列节目"改变世界的地方"（Places That Changed the World）⑤讲述了瓦耳德西姆勒地图的故事，并肯定了瓦耳德西姆勒地图的现实意义和价值。又如，2021年5月12日，意大利历史

---

① "Waldseemuller Map Lesson Plan", Study. com, [2022 - 12 - 16], https://study.com/academy/lesson/waldseemuller-map-lesson-plan.html.
② "The Waldseemüller Map of 1507: Lecture and Book signing", The Ohio State University, [2022 - 12 - 16], https://artsandsciences.osu.edu/events/waldseemuller-map-1507-ecture-and-book-signing.
③ "The Waldseemüller Map: Charting the New World", Smithsonian Magazine, [2022 - 12 - 16], https://www.smithsonianmag.com/history/the-waldseemuller-map-charting-the-new-world-148815355/.
④ "In 1507, This Map Used the Name 'America' for the First Time", Atlas Obscura, [2022 - 12 - 16], https://www.atlasobscura.com/articles/waldseemuller-gores-maps-world-globes-first-america.
⑤ "The Epic Story of the Map That Gave America Its Name", BBC, [2022 - 12 - 16], https://www.bbc.com/travel/article/20180702-he-epic-story-of-the-map-that-gave-america-its-name.

学家亚历山德罗·巴贝罗（2005年被法兰西共和国授予"艺术与文学骑士勋章"）发布瓦耳德西姆勒地图的讲解视频①，希望更多的人了解瓦尔德西姆勒地图。二是关于瓦耳德西姆勒地图的各种艺术创作。例如，YouTube视频网站用户上传的瓦耳德西姆勒地图的纪录片，点击次数已达一万次②；亚马逊电商平台售卖各种瓦耳德西姆勒地图的文创产品③，包括印刷版地图、kindle版地图、海报、图书等，该网站支持多种语言访问，是全世界上最大的电商平台。

（二）《绿野仙踪》

2007年入选《世界记忆名录》，由米高梅公司出品，是一部奇幻电影，改编自儿童读物《奇妙的奥兹男巫》，讲述了堪萨斯州小姑娘桃乐茜被龙卷风带入魔幻世界，在"奥兹国"经历了一系列冒险后最终安然回家的故事。目前，《绿野仙踪》已在全世界广泛传播，它催生了一系列续集、舞台剧、音乐剧、电影、电视节目、传记、关于书籍和电影意义的学术研究、广告、玩具、游戏和其他相关的产品等，在文学、艺术、绘画等领域影响巨大。

国内宣传方面，第一，举办丰富的教育活动。例如，2018年10月，电影教育（Teach with Movies）组织推出《绿野仙踪》电影课程计划④，老师在教室播放《绿野仙踪》电影，并要求学生看完电影后书写观后感、创建故事板、撰写日记文章，理解象征意义，并得出自己对这部电影的思考，该组织被选为2019年美国社会研究委员会、得克萨斯州社会研究委员会和美国地理教育委员会大会的主持人。2000年4月21日，为纪念《绿野仙踪》原著《奇妙的奥兹男巫》诞生100周年，美国国会图书馆举办"绿野仙踪：美国童话"⑤教育展览。又如，2021年10月8

---

① "Alessandro Barbero-La Mappa Di Waldseemuller（Doc）"，YouTube，[2022-12-16]，https://www.youtube.com/watch？v=CiZTh_3Hl-4.

② "El mapa Waldseemuller"，YouTube，[2023-03-21]，https://www.youtube.com/watch？v=C2c06-4qSM.

③ "WaldseemüllerMap"，Amazon，[2023-03-21]，https://www.amazon.com/s？k=Waldseem%C3%BCller+map&ref=nav_bb_sb.

④ "The Wizard of Oz-The Hero's Journey"，Teach with Movies，[2022-12-16]，https://teachwithmovies.org/the-wizard-of-oz-and-the-heros-journey/.

⑤ "The Wizard of Oz：An American Fairy Tale"，Library of Congress，[2022-12-16]，https://www.loc.gov/exhibits/oz/.

日,请触摸博物馆,位于美国宾夕法尼亚州费城,举办绿野仙踪教育展览①,邀请所有年龄段的游客对绿野仙踪进行多感官探索。

第二,建设各种博物馆和主题公园。例如,1970年7月开园的绿野仙踪主题公园(Land of Oz Theme Park)②,如图3-26所示,位于北卡罗来纳州西部的山毛榉山公园路上,主题公园举办各种活动以吸引各国游客访问,官方网站也售卖服装、玩具和图书等各种绿野仙踪相关文创产品。又如,2004年建立绿野仙踪博物馆(The Oz Museum)③,位于堪萨斯州99号高速公路I-70号,展品为《绿野仙踪》电影的各种道具,博物馆还拥有线上网站,可购买各种文创产品,包括图书、服装、杯具器皿等。

国外宣传方面,第一,许多国外权威媒体都对《绿野仙踪》进行了专题报道。例如,在法国国际广播电台RF(Radio France,法国唯一面向全球播音的广播电台)搜索"Magicien d'Oz"④(检索时间为2022年12月16日),共出现361条关于《绿野仙踪》的剧集和文章,从音乐剧、讲座、电影制作等各种角度出发讲述《绿野仙踪》的故事;2010年4月4日,英国广播公司制作"欢乐的绿野仙踪"特别表演,重现《绿野仙踪》的电影场景,在YouTube视频网站播放量已达17万次⑤;2022年8月14日,中国CCTV-10科教频道《读书》栏目推出《绿野仙踪》专题⑥,希望在梦幻绚烂的场景中和跌宕起伏的情节里,慢慢地教会孩子们正义、勇气和爱的能力。

第二,在世界范围内以各种语言发布《绿野仙踪》相关衍生著作和产品。例如,在全球最大的电商平台亚马逊图书板块上搜索"The Wizard of Oz"⑦

---

① "The Wizard of Oz Educational Exhibit", Please Touch Museum, [2022-12-16], https://www.pleasetouchmuseum.org/learn/exhibits/all/the-wizard-of-oz-educational-exhibit/.
② Land of Oz Theme Park, [2022-12-16], https://www.landofoznc.com/.
③ OZ Museum, [2022-12-16], https://ozmuseum.com/.
④ "Magicien D'Oz", Radio France, [2022-12-16], https://www.radiofrance.fr/recherche?q=Magicien%20d%27Oz&p=&entities=EXPRESSIONS_ARTICLES&date=all&duration=all.
⑤ "Merry Old Land of OZ-Over the Rainbow-Episode 3-BBC One", YouTube, [2022-12-16], https://www.youtube.com/watch?v=uCQFUsaX6Gw.
⑥ 央视网:《爱与勇气的动画之书:〈绿野仙踪〉》,[2022-8-14], https://tv.cctv.com/2022/08/14/VIDEwLNxD9B4poimJnhl8VhX220814.shtml, 2022年12月16日。
⑦ "The Wizard of Oz", Amazon, [2022-12-16], https://www.amazon.com/s?k=the+wizard+of+oz&i=stripbooks-intl-ship&crid=ASSOA2GCU37V&sprefix=the+wizard+of+oz%2Cstripbooks-intl-ship%2C896&ref=nb_sb_noss_1.

(检索时间为2022年12月16日),检索结果超过1000条,包括插画、挂历、周年纪念等各种类型,格式包括纸质版和电子版,语言涉及英语、德语、法语、西班牙语、俄语、汉语、韩语、日语等。此外,亚马逊电商平台售卖各种绿野仙踪的文创产品①,包括图书、影碟、插画、服装和玩具等,该电商平台网站支持各种语言访问,包括英语、中文、韩语、日语、德语、法语等。

第三,在全球开展《绿野仙踪》音乐剧巡演。例如,由百老汇娱乐集团(Broadway Entertainment Group,BEG)倾力打造的原版音乐剧《绿野仙踪》于2019年5月11日至7月14日在中国开展巡演,包括广州、佛山、济南、北京、上海、重庆、厦门、泉州8个城市②,为中国观众带来超乎想象的视听盛宴;于2019年8月13日至17日在巴林国际会展中心演出③,进一步带动巴林旅游业的发展;于2019年10月2日至11月8日在沙特阿拉伯巡演,包括达兰④、利雅得⑤、吉达⑥等城市。百老汇娱乐集团(BEG)成立于2012年,是世界上第一家巩固国际巡回演出并将优质娱乐带入新兴市场的戏剧发行公司,它集知识产权、制作和发行于一体,在国际上提供一流的演出,目前,百老汇娱乐集团(BEG)已成功扩展到中东、南亚和中亚以及东欧的新兴市场。

(三)1950—2000年约翰·马歇尔部落影视收藏

2009年入选《世界记忆名录》,该项目是约翰·马歇尔(著名电影、纪录片制作人,出生于美国波士顿,获得哈佛大学、耶鲁大学人类学学

---

① "The Wizard of Oz", Amazon, [2022-12-16], https://www.amazon.com/s?k=The+Wizard+of+Oz&ref=nb_sb_noss.
② 搜狐网:《音乐剧〈绿野仙踪〉| 勇敢、正义和爱,是童话与成长中永恒的主题。》,[2019-3-10], https://www.sohu.com/a/300298066_827253, 2022年12月16日。
③ "The Wizard of Oz'arrives in Bahrain", Broadway, [2022-12-17], https://www.broadwayentertainmentgroup.com/BEGNews/%E2%80%98THE-WIZARD-OF-OZ%E2%80%99-RRIVES-IN-BAHRAIN.
④ "Broadway Entertainment Group & Dubai Opera", Broadway, [2022-12-17], https://www.broadwayentertainmentgroup.com/BEGNews/BEG-MAKES-HISTORY.
⑤ "The Wizard of Oz Show", Eye of Riyadh, [2023-10-01], https://www.eyeofriyadh.com/events/details/the-wizard-of-oz-show.
⑥ "The Wizard of Oz Show", Eye of Riyadh, [2023-10-01], https://www.eyeofriyadh.com/events/details/the-wizard-of-oz-show.

士学位)对纳米比亚东北部卡拉哈里沙漠的一个文化群体部落(Ju/'hoansi)持续视听形成的记录①(见图3-19)。该项目历时五十年,不仅记录了土著人民的传统生活方式以及与土地的联系,而且记录了这些生活方式在与纳米比亚独立斗争同步发展起来的迅速变化的政治和经济格局中的转变,是20世纪开创性的视觉人类学项目之一。

图3-19 约翰·马歇尔拍摄图片场景

国内宣传方面,该项目在学术上影响深远。例如,2009年7月,加州大学洛杉矶分校劳工中心举办种族问题研究展览②,在示范性民族志研究中认为马歇尔的部落影视收藏在世界上是独一无二的,并认为该材料可用于研究历史和当代生活、文化和语言以及土著人口的国际发展政

---

① "Documentary Educational Resources,'John Marshall'",[2022-12-17],https://www.der.org/resources/filmmaker-bios/john-k-marshall/.
② "Exemplary Ethnographic Research", UCLA Labor Center,[2022-12-17],https://www.labor.ucla.edu/what-we-do/research-tools/ethnography/exemplary-ethnographic-research/.

治。又如，2017年宾夕法尼亚博物馆（Penn Museum）的探险杂志介绍了马歇尔部落影视作品①，赞扬了马歇尔的探险和记录精神，肯定了该作品的现实价值。再如，Visual Anthropology②（《视觉人类学》）期刊上一共发表了102篇与约翰·马歇尔作品相关的文章（检索时间为2022年12月17日），肯定了马歇尔对视觉人类学这一学科发展的重大价值③。

国外宣传方面，纪录片教育资源（Documentary Educational Resources，DER）电影网站将马歇尔的部落影视收藏作为纪录片教育资源推出④，包括23部电影和一系列纪录片。DER由约翰·马歇尔和蒂莫西·阿什于1968年创立，旨在支持记录、研究和学习人类行为的电影，该组织最初的活动集中在支持和发行马歇尔与阿什的开创性作品，目前已发展成为纪录片制作和社会科学研究交叉领域的领导者，国际公认的纪录片人类学和民族志电影中心。

（四）白银级员工：开发巴拿马运河的西印度劳工

2011年入选《世界记忆名录》，是由巴巴多斯、牙买加、巴拿马、圣卢西亚、英国和美利坚合众国提交的文献遗产，该项目记录关于西印度人及其在巴拿马运河的经历和贡献，是1838年解放后时期出现的最重要的自愿移民运动之一。

国内宣传方面，第一，2012年7月，美国佛罗里达大学设立巴拿马运河博物馆收藏项目PCMC（The Panama Canal Museum Collection）⑤，记录了巴拿马运河和巴拿马国家的活动及经验，该项目保留了美国建设和运营前后有关运河的历史信息，PCMC保存并提供对馆藏中具有历史意

---

① "Kalahari Adventures Bob Dyson's Travels in Africa", Penn Museum, [2022-12-17], https://www.penn.museum/sites/expedition/kalahari-adventures/.

② Visual Anthropology 是一本同行评审的学术期刊，涵盖文化人类学的视觉领域和密切相关的领域，特别是电影研究和艺术史，以及视觉人类学本身的历史。参见：https://www.tandfonline.com/journals/gvan20.

③ "John Marshall", Taylor & Francis Onine, [2022-12-17], https://www.tandfonline.com/action/doSearch?AllField=John+Marshall&SeriesKey=gvan20.

④ "Documentary Educational Resources. 'John Marshall'", [2022-12-17], https://www.der.org/resources/filmmaker-bios/john-k-marshall/.

⑤ "Panama Canal Museum Collection", UF Libraries, [2022-12-17], https://pcmc.uflib.ufl.edu/.

义和独特性的材料,以促进知识的创造和传播,并为佛罗里达大学的公共文化和种族研究作出突出贡献。

第二,国内媒体的专题报道。例如,2012年8月15日,美国在线日报 People's World(《人民世界》)发布"劳动史上的今天:由75000人建造的巴拿马运河开通"①,阐述巴拿马运河开通对人力的耗费,肯定了该运河的重要价值,认为是美国的主要战略和经济资产彻底改变了世界航运模式。2018年4月18日,史密森学会杂志 Smithsonian Magazine 发布"巴拿马运河如何对建造它的合同工造成巨大损失"②,发出对运河开通付出的人力代价的感叹。

国外宣传方面,第一,国外媒体的报道比较普遍。例如,2010年1月16日,中国CCTV央视网制作特别节目,报道了1914年8月15日巴拿马运河首次通航的场景③,2017年8月31日,英国广播公司制作纪录片《巴拿马运河的故事》④,这部纪录片利用非凡的照片和镜头档案、对运河工人的罕见采访以及对运河地区生活的第一手资料,揭开了世界上最大胆和最重要的技术成就之一的艰辛故事。2021年9月16日,中国网易新闻发布文章《巴拿马运河,一条建立在黑人白骨上的"地峡生命线"》⑤,阐述了运河工程的建设对工人的剥削,对工人的生活环境、工作内容和酬劳进行详细描述,白种工人按照美国国内标准领取高工资,称为"黄金集团",有色工人则按照当地标准领取低工资,称为"白银集团",揭示了在运河建造过程中的种族歧视以及对有色人种的剥削和压榨。

---

① "Today in Labor History: Panama Canal, Built by 75,000, Opens", People's World, [2022-12-17], https://www.peoplesworld.org/article/today-in-labor-history-panama-canal-built-by-75000-pens/.
② "How the Panama Canal Took a Huge Toll On the Contract Workers Who Built It", Smithsonian Magazine, [2022-12-17], https://www.smithsonianmag.com/history/how-panama-canal-took-huge-toll-on-contract-workers-who-built-it-180968822/.
③ CCTV:《1914年8月15日巴拿马运河首次通航》,[2010-01-16], https://tv.cctv.com/2010/01/16/VIDE1355508057018887.shtml, 2022年12月17日。
④ "The Panama Canal", BBC, [2011-12-17], https://www.bbc.co.uk/programmes/b092f82m.
⑤ 网易:《巴拿马运河,一条建立在黑人白骨上的"地峡生命线"》,[2021-09-06], https://www.163.com/dy/article/GJ7P107S05520HXD.html, 2022年12月17日。

第二，建设巴拿马运河博物馆（1997年建立，位于巴拿马城），博物馆常设展览"The Canal in Panamanian Hands"[①]，讲述了跨地峡路线的重要性、探索和建造运河的艰辛过程，能使访问者了解几代人为收回主权而进行的斗争以及巴拿马伟大的运河扩建项目的实施。

（五）奥坎波别墅文献中心

2017年入选《世界记忆名录》，是阿根廷和美利坚合众国提交的文献遗产，奥坎波别墅文献中心[②]（见图3-20）包括维多利亚·奥坎波的图书馆、个人档案以及 Sur 杂志及其编辑和业务记录，具体包含11000多本书、2500份定期出版物、1000张照片、出版材料、手稿、唱片、签名和印刷的乐谱剪报、维多利亚·奥坎波自己的装订本以及许多与杂志历史相关的文件，这些材料是研究和了解20世纪拉丁美洲文化发展的绝佳资源。

国内宣传方面，第一，可通过奥坎波别墅官方网站[③]购票参观别墅，别墅为会员设计虚拟会议，讨论感兴趣的主题和演讲，并可访问在线商店，购买各种文创产品，包括书籍、出版物和礼物等。奥坎波别墅还举办各种活动、讲习班和课程，从而吸引游客和感兴趣的人们访问，并在YouTube视频网站上注册账号且持续更新动态[④]，提升关注度。第二，许多时尚杂志对奥坎波别墅进行报道。例如，2018年11月1日 Atlas Obscura 发布文章《一座美丽的河畔豪宅，20世纪初阿根廷的知识分子生活在这里蓬勃发展》[⑤]，介绍了维多利亚·奥坎波、奥坎波别墅的历史和地理位置。2021年10月26日，Vogue 发布专题报道——"奥坎波别墅，文化遗产和世界历史象征"，阐述了别墅的历史和发展，并从时尚的角

[①] "The Canal in Panamanian Hands"，Museo Canal，[2022-12-17]，https：//museodelcanal. com/en/exhibition-history/.

[②] "Villa Ocampo"，Tripadviso，[2022-12-17]，https：//www. tripadvisor. com/Attraction_Review-g947955-2613131-eviews-Villa_ Ocampo-San_ Isidro_ Province_ of_ Buenos_ Aires_ Central_ Argentina. html.

[③] "Villa Ocampo"，AAVO，[2022-12-17]，https：//asociacionamigosdevillaocampo. org. ar/.

[④] "Municipalidad De Villa Ocampo"，YouTube，[2022-12-17]，https：//www. youtube. com/c/municipalidadvo/videos.

[⑤] "Villa Ocampo A beautiful riverside mansion"，Atlas Obscura，[2022-12-17]，https：//www. atlasobscura. com/places/villa-ocampo.

图3-20 奥坎波别墅

度报道了别墅的各个区域,包括博物馆、商店和小酒馆等,目前该别墅已成为著名的旅游胜地。①

国外宣传方面,第一,将奥坎波别墅作为旅游景点积极宣传,以吸引各国游客。例如,2019年10月,全球最大的旅游网站Tripadvisor推出专题报道"巨大的博物馆,阿根廷最伟大的文化人物之一——维多利亚·奥坎波的故居"②,该网站及旗下网站在全球49个市场均设有分站,月均独立访问量达4.5亿次,2019年11月,该网站与携程集团宣布达成合作战略以扩大全球市场。第二,作为国际文化交流的重要场所。例如,在2018年12月G20峰会期间,应阿根廷总统夫人阿瓦达邀请,国

---

① "Villa Ocampo, Legado Cultural Y Símbolo Emblema De La Historia Mundial", Vogue, [2022-12-17], https://www.vogue.mx/estilo-de-vida/articulo/villa-ocampo-casa-de-victoria-ocampo-donde-es-historia-como-es.

② "Villa Ocampo", Tripadviso, [2022-12-17], https://www.tripadvisor.com/Attraction_Review-g947955-2613131-eviews-Villa_Ocampo-San_Isidro_Province_of_Buenos_Aires_Central_Argentina.html.

家主席习近平夫人彭丽媛和出席二十国集团领导人布宜诺斯艾利斯峰会的部分国家领导人配偶共同参观奥坎波别墅感受室内陈设并了解有关别墅的历史文化、建筑风格等。①

（六）《莎士比亚文献》，一部记录威廉·莎士比亚生平的纪录片

2017年入选《世界记忆名录》，是英国和美利坚合众国提交的文献遗产。《莎士比亚文献》是了解威廉·莎士比亚生平的重要档案来源，这些独特的手写文件，可以追溯到莎士比亚的一生，为理解他的生活叙述和找到他的创作源泉提供证据基础，文件包括莎士比亚的个人生活，如他的出生、死亡、家庭事务、财产和商业交易，以及他在文化、宗教、社会、政治等方面发生的重大变化。

国内宣传方面，第一，丰富的展览活动。例如，2018年8月28日至12月14日，美国特拉华大学图书馆举办在线展览"事情不是他们看起来的那样（UD收藏中的伪造和欺骗）——莎士比亚赝品"②，展示了莎士比亚手抄本和手稿的伪造品。又如，1932年建立福尔杰莎士比亚图书馆（位于华盛顿）③，永久性地展览莎士比亚的作品和生活，该图书馆拥有世界上最大的莎士比亚印刷作品，并提供各种与莎士比亚相关的教育资源。再如，辛辛那提博物馆CMC（Cincinnati Museum Center，位于美国俄亥俄州）于2017年8月25日至10月29日举办莎士比亚作品展览④，展品为莎士比亚作品的第一本印刷集。

第二，建立莎士比亚记录（Shakespeare Documented，2016年1月20日开放）网站⑤，该网站拥有莎士比亚生平的最多和最权威的主要资料，汇集了所有已知的莎士比亚手稿和印刷品参考资料，包括他的作品和他

---

① 观察者网：《彭丽媛出席二十国集团领导人峰会配偶活动》，[2018-12-01]，https://www.guancha.cn/politics/2018_12_01_481791.shtml，2022年12月17日。

② "Things Aren't What They Seem"，University of Delaware，[2022-12-17]，https://exhibitions.lib.udel.edu/things-arent-what-they-seem/home/shakespeare-forgeries/.

③ "Shakespeare Exhibition Hall"，Folger Shakespeare Library，[2022-12-17]，https://www.folger.edu/about/building-renovation-project/features/shakespeare-exhibition-hall.

④ "Shakespeare Exhibition Opens at Cincinnati Museum Center"，Museum Publicity，[2022-12-17]，https://museumpublicity.com/2017/08/25/rare-exclusive-copy-17th-century-first-folio-featured-shakespeare-exhibition-cincinnati-museum-center-2/.

⑤ Shakespeare Documented，[2022-12-17]，https://shakespearedocumented.folger.edu/.

的家人的参考资料，提供了莎士比亚作为专业剧作家、演员、诗人、商人和家庭男人的丰富生活资料。

国外宣传方面，第一，国外权威媒体的多次报道。例如，2016年4月16日，英国广播公司（British Broadcasting Corporation，BBC）推出"莎士比亚的书架"广播节目①，邀请多位著名教授一起探索莎士比亚的世界；又如，2016年法国广播电台RF（Radio France）推出七个与莎士比亚相关的网络日记，并建立莎士比亚读书俱乐部；② 再如，2022年7月14日，在中国CCTV-3综艺频道的《我的艺术清单》栏目中，中国文联中国电视家协会演员委员会副会长萨日娜认为《莎士比亚全集》是其书柜中的"老人"，认为莎士比亚戏剧是永恒的经典。③

第二，举办大型活动纪念莎士比亚。例如，2012年4月23日是莎士比亚诞辰448周年，莎士比亚的故乡斯特拉福德小镇举办了游行活动，各地莎士比亚戏剧爱好者重现莎翁戏剧中的经典形象，我国浙江昆曲表演团体和学生舞龙表演团队也加入了盛装游行的队伍。④ 又如，在2016年莎士比亚逝世400周年之际，英国文化协会、英国广播公司、英国电影学院、英国国家剧院、皇家莎士比亚剧院、纪念莎士比亚逝世400周年联合会、莎士比亚出生地基金会、莎士比亚环球剧院等开展规模空前的合作，在全球140个国家和地区举办"永恒的莎士比亚"系列纪念活动，具体包括线上活动、舞台表演、电影表演、各类展览、朗读会、座谈会、研讨会、提供专门为课堂和英语学习者提供的教学资源等。⑤

第三，建立莎士比亚出生地信托基金（Shakespeare Birthplace Trust，

---

① "Shakespeare's Bookshelf"，BBC，[2022-12-17]，https：//www.bbc.co.uk/programmes/b0786900.
② "Podcasts & Articles"，Radio France，[2022-12-17]，https：//www.radiofrance.fr/recherche? q=Shakespeare&p=&entities=ALL&date=all&duration=all.
③ CCTV：《我的艺术清单》，[2022-07-14]，https：//tv.cctv.com/2022/07/14/VIDE4CmRusC37ndiuLhe6IyG220714.shtml? spm=C52493215293.P3spyw8NVOhy.0.0，2022年12月17日。
④ CCTV：《中国龙舞动莎士比亚故乡》，[2012-04-22]，https：//tv.cctv.com/2012/04/22/VIDENHAZLKPC3F6nIYcOzA4N120422.shtml，2022年12月17日。
⑤ 搜狐：《"永恒的莎士比亚"纪念活动将在全球展开》，[2015-11-14]，https：//www.sohu.com/a/41762958_119718，2022年12月17日。

SBT，1847年成立）①，莎士比亚出生地信托基金（SBT）被认为是世界上最重要的莎士比亚慈善机构，总部位于英格兰沃里克郡，是英国最古老的莎士比亚保护协会，它致力于在国际上促进对威廉·莎士比亚的戏剧和其他作品的欣赏和研究，以及莎士比亚知识的总体进步。该信托基金不仅维护和保存莎士比亚的财产、博物馆、图书馆、书籍、手稿、历史价值记录、图片、照片和古代物品，还帮助建立与莎士比亚相关的机构和网站，包括莎士比亚记录（Shakespeare Documented 网站）②、福尔杰莎士比亚图书馆③、莎士比亚周（Shakespeare Week，机构）④ 等。

第四，大力推广莎士比亚及其著作在学术领域的影响力。例如，在 Web of Science 核心合集数据库检索 "Shakespeare" 共有580条结果（检索时间为2022年11月25日）⑤，内容涉及历史、心理学、戏剧等各种主题，囊括英国、德国、西班牙、韩国、中国等。又如，在中国文献检索网站知网上检索"莎士比亚"（检索时间为2022年11月25日），检索结果为期刊1150篇、学位论文175篇、国内会议5次、国外会议4次，涉及世界文学、文艺理论、外国语言文学、戏剧电影与电视艺术等多个学科。

（七）阿莱塔·雅各布斯论文

2017年入选《世界记忆名录》，阿莱塔·雅各布斯（Aletta Jacobs，1854—1929）是荷兰第一位拥有医学博士学位的女医生，是众多犹太活动家之一，也是国际妇女选举权联盟的领军人物。该论文系列包括当时美国和英国著名女性参政论者的信件，并记录了阿莱塔·雅各布斯的国际政治活动以及在欧洲、美国、非洲和亚洲的旅行资料。

国内宣传方面，第一，收录了阿莱塔·雅各布斯参与活动的纪录片。美国CriticalPast网站收录了阿莱塔与其他两位女权运动者在德国柏林参

---

① Shakespeare Birthplace Trust，[2022 - 12 - 17]，https：//collections.shakespeare.org.uk/.
② Shakespeare Documented，[2022 - 12 - 17]，https：//shakespearedocumented.folger.edu/.
③ Folger Shakespeare Library，[2022 - 12 - 17]，https：//www.folger.edu/about/building-renovation-project/features/shakespeare-exhibition-hall.
④ Shakespeare Week，[2022 - 12 - 17]，https：//www.shakespeareweek.org.uk/.
⑤ "Shakespeare"，Clarivate，[2022 - 11 - 25]，https：//www.webofscience.com/wos/alldb/summary/7fd5bdaf-3986-4af1-89c1-8785a6fdee7-614177fd/relevance/1.

加女权运动的纪录片①，可供人们进一步感受到阿莱塔对于女权主义的贡献。CriticalPast 成立于 2007 年，是世界上最大的免版税档案素材馆藏之一，其馆藏完全数字化且可搜索，以满足全球广播新闻、电视、电影和出版专业人士的需求。

第二，对阿莱塔·雅各布斯进行了人物报道。例如，美国非营利组织 My Hero Project 于 2011 年 8 月 25 日在其线上网站对阿莱塔进行了人物报道②，并认为阿莱塔是一位走在时代前沿的女性，肯定了阿莱塔对女权主义、教育、妇女选举权、节育和社会福利所作出的突出贡献。My Hero Project 于 1995 年成立，旨在促进分享来自世界各地的在线数字故事项目的积极榜样。它的主要重点是教育，为想要学习数字电影制作的人提供免费的媒体艺术教育资源。又如，2017 年 8 月 28 日，美国女性媒体平台（ENTITY Mag）报道《认识阿莱塔·雅各布斯：关于荷兰第一位女医生的 5 个事实》这一文章③，从医生和女权主义者两个角色对阿莱塔进行分析介绍，赞扬了阿莱塔不屈不挠为穷人、女性战斗的精神。

国外宣传方面，第一，国外许多媒体对阿莱塔进行人物专题报道。例如，荷兰公共服务广播公司 NTR 与众多社会和文化组织密切合作，于 2020 年推出"阿莱塔的旅程——追随阿莱塔·雅各布斯的脚步"节目④，可在荷兰公共广播公司（Nederlandse Publieke Omroep，NPO）视频网站上观看。又如，荷兰性别平等和妇女历史研究所 Atria，建立阿莱塔·雅各布斯的专题项目，详细报道了阿莱塔的个人经历、对和平和妇女选举权的贡献以及阿莱塔的各种著作⑤，Atria 负责收集、管理和分享具有价值的妇女的遗产，并在研究和事实的基础上，促进男女在所有多样性中

---

① "Jane Addams, Alice Hamilton, and Aletta Jacobs in Berlin, during World War I", CriticalPast, [2022-12-18], https://www.criticalpast.com/video/65675026876_Laura-Jane-Addams_buildings_umbrella_people.
② "Aletta Jacobs", My Hero, [2022-12-18], https：//myhero.com/Aletta_Jacobs_2006.
③ "Meet Aletta Jacobs: 5 Facts About the Netherland's First Female Physician", ENTITY, [2022-12-18], https：//www.entitymag.com/aletta-jacobs-netherlands-physician/.
④ "Step Vaessen in De Voetsporen Van Aletta Jacobs", NTR, [2022-12-18], https：//www.ntr.nl/Alettas-reis/336.
⑤ "Aletta Jacobs", Atria, [2022-12-18], https：//institute-genderequality.org/aletta-jacobs/.

的平等待遇。再如，2022年3月28日，澳大利亚的维多利亚州立图书馆对阿莱塔进行了人物报道①，并认为她是女性历史的先驱。此外，欧盟创建的门户网站Europeana也于2022年10月24日对阿莱塔·雅各布斯进行了人物专题报道②，介绍了阿莱塔的生平以及对于普及女性生理知识与争取女性权利的贡献，Europeana网站包含欧洲3000多个机构的数字化文化遗产收藏，超过5000万件文化和科学文物的记录，其原型是2008年推出的欧洲数字图书馆网络（EDLnet）。

第二，多所学校以阿莱塔·雅各布斯命名。例如，阿莱塔·雅各布斯就读的位于荷兰萨佩米尔的中学"Rijks Hogere Burgerschool"于1949年改名为阿莱塔·雅各布斯博士学院（dr. Aletta Jacobs College）③，以此纪念阿莱塔·雅各布斯的突出贡献。该学院目前涵盖各种理论教育、体育教育、实践教育并指导社区实习。又如，阿莱塔就读的荷兰格罗宁根大学将其公共卫生学院命名为阿莱塔·雅各布斯公共卫生学院（Aletta Jacobs School of Public Health）④，以此纪念阿莱塔在穷人医疗领域取得的巨大成就。

第三，举办各种展览活动。例如，荷兰格罗宁根大学于2018年举办Consultation room of dr. Aletta Jacobs（阿莱塔·雅各布斯博士的咨询室）永久性展览⑤，展品为阿莱塔·雅各布斯个人物品，包括在中国和南非的旅行中随身携带的行李箱、手表、茶和面包干罐等。又如，位于威尼斯的意大利文化基金会威尼斯双年展Biennale di Venezia于2022年4月至9月在艺术展中展出阿莱塔研究女性节育使用的子宫模型⑥，以此赞扬阿莱塔在女性节育与科普女性生理知识上所作的突出贡献。

---

① "The Gerritsen Collection&Dr Aletta H. Jacobs: A Pioneer of Women's History&visionary", State Library Victoria, [2022 - 12 - 18], https://blogs.slv.vic.gov.au/our-stories/ask-a-librarian/aletta-jacobs-the-gerritsen-collection/.

② "Aletta Jacobs", Europeana, [2022 - 12 - 18], https://www.europeana.eu/en/exhibitions/pioneers/aletta-jacobs.

③ dr. Aletta Jacobs College, [2022 - 12 - 18], https://www.aletta.nl/.

④ "Aletta Jacobs School of Public Health", University of Groningen, [2022 - 12 - 18], https://www.rug.nl/aletta/.

⑤ "Consultation Room of Dr. Aletta Jacobs", University of Groningen, [2022 - 12 - 18], https://www.rug.nl/museum/exhibitions/permanent/consultation-room-aletta-jacobs?lang=en.

⑥ "Aletta Jacobs", La Biennale di Venezia, [2022 - 12 - 18], https://www.labiennale.org/en/art/2022/leaf-gourd-shell-net-bag-sling-sack-bottle-pot-box-container/aletta-jacobs.

第四，设立相关纪念日。例如，荷兰格罗宁根大学设立了阿莱塔·雅各布斯年：2021年4月20日至2022年4月20日①，在整个阿莱塔年期间组织广泛的活动，包括关于女性影响力的特别播客、以女性为重点的城市徒步、以阿莱塔·雅各布斯为主题的艺术项目等，纪念年的设立肯定了阿莱塔·雅各布斯为医疗与女性带来的巨大价值，并希望格罗宁根大学的学生以阿莱塔为榜样为社会作出一定的贡献。

（八）美国世界记忆项目的特点

一是美国联合申报的世界记忆项目较多。如表3-13所示，美国11项世界记忆中，5项为美国与其他国家联合申报。可见，与其他国家联合申报既是入选《世界记忆名录》的可行路径，也是加强国家间的文化交流和协同合作、扩大文献遗产关注度的有效手段。此外，联合申报对世界记忆项目的宣传工作十分有益，在申报国家的国内宣传方面，各国的权威媒体会加大国内宣传力度，合作国之间也会加强文化交流，积极探索在全世界范围内的宣传途径，增加"走出去"的契机。

二是美国对文献遗产的信息化工作比较重视。所有项目都通过与其他机构合作或申请资金实现档案内容的数字化、档案载体的虚拟化、档案数据库建构等，从而拓宽文献遗产的传播渠道，如表3-14所示。

表3-13　　　　　　美国世界记忆项目申报形式

申报类别	世界记忆项目名称	申报国家
独立申报	瓦耳德西姆勒地图	美国
	米高梅公司出品《绿野仙踪》	
	1950—2000年约翰·马歇尔Ju/'hoan部落影视收藏	
	美国陆地卫星计划记录：多光谱扫描仪（MSS）传感器	
	埃莉诺·罗斯福论文永久收藏项目	
	摩西和弗朗西丝·阿希收藏	

---

① "About Aletta Jacobs", University of Groningen, [2022-12-18], https://www.rug.nl/alettajaar/over/.

续表

申报类别	世界记忆项目名称	申报国家
联合申报	荷兰西印度公司档案	美国、英国、荷兰、巴西、加纳、圭亚那
	白银级员工：开发巴拿马运河的西印度劳工	美国、英国、巴拿马、巴巴多斯、牙买加、荷属安的列斯、苏里南共和国
	奥坎波别墅文献中心	美国、阿根廷
	《莎士比亚文献》：一部讲述威廉·莎士比亚生平的纪录片	美国、英国
	阿莱塔·雅各布斯论文	美国、荷兰

表 3-14　　　　　美国世界记忆项目数字化概况

项目名称	资源详情	网址	网站支持语言
瓦耳德西姆勒地图	幸存副本的图片、视频、文本等	https：//www.loc.gov/search/?all=true&fa=online-format：image&q=Waldseem%C3%BCller+map	英语
米高梅公司出品《绿野仙踪》	《绿野仙踪》电影的各个版本	https：//www.soundtrack.net/album/the-wizard-of-oz-2014/	英语
1950—2000年约翰·马歇尔部落影视收藏	23部电影和一系列纪录片的数字版	https：//www.der.org/search_gcse/?q=John+Marshall	英语
美国陆地卫星计划记录：多光谱扫描仪（MSS）传感器	Landsat官方网站	https：//www.usgs.gov/landsat-missions	英语
荷兰西印度公司档案	部分数字化档案	http：//www.archives.nysed.gov/research/research-guide-dutch-related-resources	英语
白银级员工：开发巴拿马运河的西印度劳工	口述档案、照片、书籍	https：//guides.uflib.ufl.edu/c.php?g=443784&p=3026581	英语
埃莉诺·罗斯福论文永久收藏项目	罗斯福的传记、作品、书信的数字版以及音频、视频资料	https：//erpapers.columbian.gwu.edu/online-editions	英语

续表

项目名称	资源详情	网址	网站支持语言
摩西和弗朗西丝·阿希收藏	音频资料	https：//folkways. si. edu/podcasts	英语
奥坎波别墅文献中心	别墅图片、历史以及部分文件资料的数字版	http：//t-t. ink/2uhcK	英语
《莎士比亚文献》，一部讲述威廉·莎士比亚生平的纪录片	莎士比亚文献资料的数字版	https：//www. folger. edu/	英语
阿莱塔·雅各布斯论文	阿莱塔论文、来往信件资料的电子版	https：//collectie. atria. nl/archives/item/440072-apers-aletta-henriette-jacobs-1871-1974？offset = #file_ 467393	英语、荷兰语

　　三是注重宣传形式的多样性和有效性。线上宣传方面，搭建线上网站、与各领域媒体合作推出专题报道、注重通过社交平台进行宣传、与电商平台合作售卖文创产品、推动文献遗产的二次创作等。线下宣传方面，举办各种展览、与教育机构合作推出教育专题的讲座和课程、与艺术机构合作寻求多种形式的宣传等。

　　四是注重宣传内容的个性化和针对性。根据世界记忆项目的特点寻求最合适、最高效的宣传方式。例如，在"奥坎波别墅文献中心"和"绿野仙踪"项目上，挖掘文化与旅游的交叉性，与旅游机构寻求深度合作，将奥坎波别墅、绿野仙踪博物馆、主题公园等作为旅游胜地进行宣传，在娱乐的同时进行文化输出。在人物著作项目上，以人为载体，举办各种活动肯定人物价值的同时加大其著作的宣传力度，表现在"莎士比亚"和"阿莱塔·雅各布斯"项目上。

四　澳大利亚

　　澳大利亚共有6项入选《世界记忆名录》，如表3－15所示。在世界排名第26，是大洋洲世界记忆项目数最多的国家。

表 3-15　　　　　　　　　　澳大利亚世界记忆概况

序号	入选时间	世界记忆名称	保存机构	项目内容
1	2001	马博案手稿 The Mabo Case Manuscripts	澳大利亚国家图书馆	包括19箱马博的个人文件和73卷马博等诉昆士兰州案期间提交给法院的材料。其中包括一系列关于土地所有权和使用权的争斗和法律案件。马博案是澳大利亚原住民挑战当时法律体系的重大法律案件，马博是第一个被点名的原告，因此称为马博案。
2	2001	詹姆斯·库克奋进号日志 The Endeavour Journal of James Cook	澳大利亚国家图书馆	奋进号日志由一组手写卷组成；这本日志写于1768年至1771年间，记录了英国人第一次前往太平洋的航行；对于记录探索大溪地和社会群岛、第一次环绕新西兰和绘制详细海图以及首次绘制澳大利亚东海岸海图具有重要意义。
3	2007	凯利帮的故事（1906） The Story of the Kelly Gang (1906)	澳大利亚国家电影和声音档案馆	包括《凯利帮的故事》剩下的9分钟片段，宣传故事背景的宣传小册子；作为澳大利亚文化的核心元素凯利丛林游侠传奇的原始电影代表，这部电影具有创造性意义，2007年后至少不断修复了22次，直至2020年已修复该片17分钟的内容。
4	2007	澳大利亚的罪犯记录 The Convict Records of Australia	新南威尔士州档案管理局	详细记录1787—1867年间被英国运送到澳大利亚的囚犯信息，包括罪行和刑期、文化水平、在澳大利亚的行为、婚姻状况甚至外貌等。
5	2009	昆士兰工党对昆士兰人民的宣言（1892年9月9日） Manifesto of the Queensland Labour Party to the People of Queensland (dated 9 September 1892)	澳大利亚昆士兰州立图书馆	包括宣言的手写原件，它详细描述了昆士兰工党的不满，主要是对当时的统治阶级，包括擅自占地者、雇主和政府；旨在遏制资本主义的过度行为，并承诺平等的政治权利以及社会和经济正义。
6	2017	悉尼港的巨型玻璃板底片 Giant Glass Plate Negatives of Sydney Harbour	新南威尔士州立图书馆	包括三幅记录了悉尼港景色的巨大的玻璃板底片（尺寸为1.35米×0.94米）。

（一）詹姆斯·库克奋进号日志

2001年入选世界记忆项目，詹姆斯·库克是英国皇家海军的探险家、航海家、制图师和船长，他实现了欧洲与澳大利亚东部海岸线和夏威夷群岛的第一次有记录的接触①，使得世界地图扩大了近800万平方千米的陆地。詹姆斯·库克奋进号日志如图3-21所示②，它于1923年在伦敦以5000英镑的价格被澳大利亚国家图书馆（National Library of Australia，NLA）购买。它是图书馆最珍贵的藏品之一，也是澳大利亚最重要的历史文献之一。该日志对于记录探索大溪地和社会群岛、第一次环绕新西兰和绘制详细海图以及首次绘制澳大利亚东海岸海图具有重要意义。

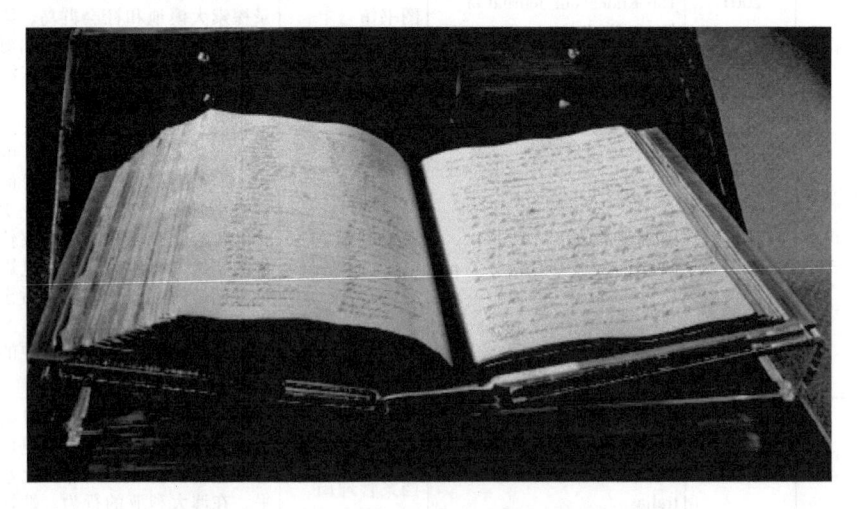

图3-21　《詹姆斯·库克奋进号日志》原版

国内宣传方面，一是NLA对詹姆斯·库克奋进号日志进行了数字化，在NLA官网可查阅完整的数字化版本。③ 二是充分发挥教育作用。

---

① "James Cook"，Wikipedia，[2022-12-20]，https://en.wikipedia.org/wiki/James_Cook.
② "James Cook's Endeavour Journal"，National Library of Australia，[2023-11-17]，https://www.nla.gov.au/digital-classroom/senior-secondary/cook-and-pacific/indigenous-responses-cook-and-his-voyage/james.
③ "Journal of H. M. S. Endeavour，1768-1771 [Manuscript]"，Trove，[2022-12-20]，https://nla.gov.au/nla.obj-228958440/view.

例如，在 NLA 官网的数字教室服务中，为教师提供了詹姆斯·库克奋进号日志的教学方法，在数字教室的教学大纲中看到，无论小学、初中或是高中，学生们都要学习詹姆斯·库克奋进号日志，尤其是了解詹姆斯·库克与澳大利亚原住民之间的互动。①

国外宣传方面，一是民间自发跨国成立了库克船长协会。②该协会拥有来自澳大利亚、加拿大、新西兰等国家的国际会员，主要职能是发行期刊，每期都包含关詹姆斯·库克生活的许多方面以及与他相关的文章。除此之外，该协会官网发布和记录了大量有关詹姆斯·库克的纪念活动，收藏了许多关于詹姆斯·库克的藏品、期刊、传记。③二是举办大型展览。例如，NLA 在 2018 年举办了大型国际展览"库克与太平洋"，公民无须前往堪培拉的澳大利亚国家图书馆，即可看到来自世界各地的稀有库克物品，包括世界各地的艺术品、地图、物品、库克探险队的三本日志等④，很多物品都是第一次一起展出。三是出版精美书籍。例如，*Cook's Endeavour Journal*：*The Inside Story* 是澳大利亚国家图书馆插图精美的精选集锦系列中的第二本书，生动地讲述了詹姆斯·库克在新西兰和澳大利亚东海岸的勇敢探索和冒险的故事，该书可在亚马逊网站上购买。⑤

（二）凯利帮的故事

2007 年入选《世界记忆名录》，1906 年由查尔斯·泰特执导的《凯利帮的故事》象征着澳大利亚电影业的诞生，是世界上第一部完整的叙事故事片，电影主要讲述了内德·凯利及其帮派与警察和政府殊死搏斗，

---

① "Endeavour Voyage", National Library of Australia, ［2022 - 12 - 20］, https：//www.nla.gov.au/digital-classroom/year-4/first-contacts/themes/endeavour-voyage.
② Captain Cook Society（CCS）, ［2022 - 12 - 20］, https：//www.captaincooksociety.com/.
③ "James Cook's Endeavour Journal", National Library of Australia, ［2023 - 9 - 27］, https：//www.nla.gov.au/digital-classroom/senior-secondary/cook-and-pacific/indigenous-responses-cook-and-his-voyage/james.
④ "Resting Place of Cook's Endeavour in the United States", Trove, ［2022 - 12 - 20］, https：//webarchive.nla.gov.au/awa/2022 0603142352/https：//www.nla.gov.au/media-releases/2019/04/24/resting-place-of-cook-s-endeavour-in-the-united-states.
⑤ "James Cook's Endeavour Journal：The Inside Story", National Library of Australia, ［2023 - 10 - 05］, https：//www.nla.gov.au/digital-classroom/senior-secondary/cook-and-pacific/indigenous-responses-cook-and-his-voyage/james.

最后凯利帮全军覆没的故事。1906年《凯利帮的故事》上映，全片长共70分钟，1976年该电影原片被认定丢失，1978年后陆陆续续在澳大利亚的电影放映商藏品中和垃圾场里找到了原片的一部分，2006年又在英国发现了一部分，2006年11月澳大利亚国家电影和声音档案馆（National Film and Sound Archive，NFSA）开始对电影已寻回的原片进行修复，2007年《凯利帮的故事》进入《世界记忆名录》时仅修复了9分钟的片段，之后经过至少22次的修复[1]，在2020年修复片段达到了17分钟。[2] 目前，《凯利帮的故事》原片保存在澳大利亚国家电影和声音档案馆。[3]

国内宣传方面，一是对《凯利帮的故事》（1906）进行数字化，使其走进民众视野。2006年，NFSA与阿姆斯特丹的技术实验室一起逐帧对1906年版本的《凯利帮的故事》进行了数字修复，并于2007年以DVD形式发行[4]，现在利用互联网可以在NFSA官网上看到原片片段。[5] 二是举行线下放映会，在NFSA的大银幕上能够看到《凯利帮的故事》（1906）的原片修复版。

国外宣传方面，一是将《凯利帮的故事》形成IP，在世界范围内传播。清华大学新闻与传播学院教授尹鸿认为，IP指那些具有高专注度、大影响力并且可以被再生产、再创造的创意性知识产权。[6]《凯利帮的故事》的核心主人公内德·凯利是澳大利亚历史上真实存在的人物，他既

---

[1] "The Story of the Kelly Gang", The Australian Register Unesco Memory of the World Program, [2022-12-20], https://www.amw.org.au/sites/default/files/memory_of_the_world/australias-film-heritage/story-kelly-gang.html.

[2] "The Story of the Kelly Gang", Wikipedia, [2022-12-20], https://en.wikipedia.org/wiki/The_Story_of_the_Kelly_Gang#Release_and_reception.

[3] "The Story of the Kelly Gang (1906)", UNESCO, [2022-12-20], https://en.unesco.org/memoryoftheworld/registry/602.

[4] "The Story of the Kelly Gang (1906)", Australia's Audio and Visual Heritage Online, [2022-12-20], https://aso.gov.au/titles/features/story-kelly-gang/notes/.

[5] "The Story of the Kelly Gang-Ned Kelly's Last Stand and Capture", National Film and Sound Archive of Australia, [2022-12-20], https://www.nfsa.gov.au/collection/curated/story-kelly-gang-ned-kellys-last-stand-and-capture.

[6] 尹鸿、王旭东、陈洪伟、冯斯亮：《IP转换兴起的原因、现状及未来发展趋势》，《当代电影》2015年第9期。

有劫富济贫的侠肝义胆，又有无恶不作的恶鬼行径，人物形象的矛盾引来无数争议，也使他成为了澳大利亚历史、民间传说、文学、艺术和电影中的标志性人物，这些文学作品成就了内德·凯利，让他成为了澳大利亚经典的侠盗形象。① 有关他的澳大利亚文学作品或电影被多次翻拍成新版电影、音乐剧、歌谣等，在世界范围内广泛传播。例如，2019年上映的新版电影《凯利帮的真实历史》先后在加拿大、澳大利亚、荷兰、俄罗斯、韩国、英国等地上映，全球最权威的票房统计网站 The Numbers 中显示，《凯利帮的真实历史》总票房451195美元，其中俄罗斯和英国占比最高，分别为162178美元和109695美元。除影院票房外，该影片的DVD和蓝光版本2020年9月13日的日销量分别位列当日第四和第五。② 二是NFSA在YouTube上注册了官方账号，上传了数段1906年版《凯利帮的故事》的关键场景，介绍了该电影的历史、特点、价值等。③

（三）澳大利亚世界记忆项目的特点

一是多通过改编成电影、书籍、音乐剧、歌谣等现代流行方式进行传播。澳大利亚的六项世界记忆中，有两项与澳大利亚的欧洲殖民时期有关，即展现了被欧洲殖民历史的《澳大利亚的罪犯记录》和原住民顽强抵抗欧洲强权的《马博案手稿》。欧洲殖民时期是澳大利亚一段重要的历史，因此澳大利亚出品了许多以这一历史为背景的精彩文艺作品。例如，澳大利亚出品了与《马博案手稿》相关的影视作品、书籍、音乐、纪录片等，甚至专门设立了法定假期马博日，使得马博这个名字在澳大利亚家喻户晓，让反殖民思想深入每一个澳大利亚人的心，体现了澳大利亚原住民对于澳大利亚的重要性。又如，2018年由澳大利亚、美国、加拿大合拍的《夜莺》（The Nightingale）在全球上映，该电影故事

---

① 西北师范大学外国语学院：《益周读书——〈凯利帮真史〉的历史向度与民族迷思》，[2019-12-10]，https：//wyxy.nwnu.edu.cn/2019/1210/c845a135807/page.htm，2022年12月2日。

② "True History of The Kelly Gang (2020)", Financial Information, [2022-12-20], https：//www.the-numbers.com/movie/True-History-Of-The-Kelly-Gang-(Oz)#tab=international.

③ "World's First Feature Film, The Story of the Kelly Gang (1906)-Ned Is Captured", YouTube, [2022-12-20], https：//www.youtube.com/watch?v=iZYRCzMYCvI.

背景设立在19世纪的澳大利亚,三位主角身份背景分别为被流放到澳大利亚的爱尔兰女囚犯、澳大利亚原住民以及英国军官,影片主题是女性权益和反殖民的汇合。再如,澳大利亚和英国合拍的两集迷你剧《玛丽·布莱恩特的奇险旅程》(*The Incredible Journey of Mary Bryant*),本剧于2005年首播,讲述了18世纪末澳大利亚第一代移民的艰难逃亡之旅,体现了澳大利亚被殖民时期的苦难。

二是数字化程度较高。如表3-16所示,几乎所有档案都进行了数字化,甚至很多都能用虚拟现实技术实现,从而让公众有较好的体验感。

表3-16　　　　澳大利亚世界记忆项目数字化概况

项目名称	数字化资源	网址	网站支持语言
《马博案手稿》	马博的个人文件和马博诉昆士兰州案期间提交给法院的材料数字化版	https://nla.gov.au/nla.obj-224065802/findingaid	英语
詹姆斯·库克奋进号日志	奋进号日志数字化版	https://nla.gov.au/nla.obj-228958440/view	英语
凯利帮的故事(1906)	凯利被警察射杀和抓获的片段修复版(原片被硝酸盐损害)	https://www.nfsa.gov.au/collection/curated/story-kelly-ganged-kellys-last-stand-and-capture	英语
澳大利亚的罪犯记录	澳大利亚的罪犯记录网站,可以搜索与浏览英国囚犯运输登记册,了解1787—1867年间被运送到澳大利亚的囚犯	https://convictrecords.com.au/	英语
昆士兰工党对昆士兰人民的宣言(1892年9月9日)	昆士兰工党对昆士兰人民的宣言数字化版	http://t-t.ink/2bLI8	英语
悉尼港的巨型玻璃板底片	三幅玻璃底片的数字化版	http://t-t.ink/2Bjuy	英语

第四章

引领：国家档案精品走出去的必要性、必然性和紧迫性

第一节 以国家档案精品走出去服务文化自信自强

一 服务话语体系构建

习近平总书记在党的二十大报告中提出，"加强国际传播能力建设，全面提升国际传播效能，形成同我国综合国力和国际地位相匹配的国际话语权"，时任国务委员兼外交部部长王毅在《求是》杂志撰文指出，"着力提升国际传播力和话语权，深入做好党的二十大精神阐释宣介，讲好中国共产党的故事、中国人民的故事，展现可信、可爱、可敬的中国形象"[1]，国家档案局局长陆国强在2023年全国档案局长馆长会议上的报告中要求，"深化国际交流合作，在发挥档案独特作用服务中国特色大国外交上下功夫""围绕党的二十大决策部署，以加强档案国际交流合作为载体，推动中华文化更好走向世界""深度参与国际标准研制，加大国际标准采标力度，分享我国标准化经验，进一步提升我国影响力和话语权"[2]。此时，回首新中国首项大型文物展览"中华人民共和国出土文物展览"（1973—1978），即以表现中华民族优秀历史文化为主体，

---

[1] 王毅：《矢志民族复兴，胸怀人类命运 奋进中国特色大国外交新征程》，《求是》2023年第1期。

[2] 陆国强：《全面贯彻落实党的二十大精神 奋力书写档案事业现代化和高质量发展新篇章：在全国档案局长馆长会议上的报告》，《中国档案报》2023年2月27日第1版。

时间跨度从旧石器时代到17世纪的明代，为实现我国外交的突破作出了历史性的贡献，被赞誉为"文物外交"①，可以发现，国家档案事业在中国特色外交尤其是文化领域对外文化交流上同样肩负重任。至于如何"发挥档案独特作用"，本书以习近平总书记在党的二十大报告中提到的"加快构建中国话语和中国叙事体系"为指导，借鉴复旦大学张维为教授的"文明型国家"话语体系，谈谈构建文明型国家话语体系的档案方案。

2011年1月，复旦大学中国研究院院长张维为教授创造性地提出了"文明型国家"的概念，即一个延绵不断长达数千年的古老文明与一个超大型现代国家几乎完全重合的国家——中国，并出版了《中国震撼》《中国触动》《中国超越》《文明型国家》《这就是中国》等图书，建构了文明型国家话语体系，解构了西方话语关于中国的主流叙述，为中国模式提供了一套完整的逻辑分析和理论支撑，为讲好"中国故事"，充分认识和包容中国文明特殊的内部差异性和复杂性提供了强有力的概念工具。"文明型国家"已经成为当今全球政治的主流话语之一。

以档案资源特色诠释中华文明的独特性、连续性和普遍性，基于档案来建设好、讲述好和传播好中国文明型国家话语体系，在当前国际环境下不失为一种切实、有效的方案。

（一）档案具有诠释文明型国家特征的多种资源优势，文明的支撑，不能空口无凭

古老文明，同时又具备了现代国家的气质，两者相辅相成、相得益彰，这就是今天的中国。档案纵贯千年、横跨百业，是确保文明不断裂的基础工具。中国作为唯一的文明型国家，具有八大特征，这八大特征均可运用档案的资源优势来全方位诠释，具体逻辑关系见图4-1。

其一，超大型的人口规模，建设了"覆盖人民群众的档案资源体系和方便人民群众的档案利用体系"。中国档案学会理事长杨冬权在党的十九大报告、二十大报告的指引下，提出"档案资源体系不但要覆盖所有人的所有方面，而且要覆盖民族复兴的所有部门和所有方面"②，可以

---

① 单霁翔：《博物馆使命与文化交流合作创新》，《四川文物》2014年第3期。
② 杨冬权：《始终牢记初心，以档案力量服务中国式现代化》，《档案学研究》2023年第1期。

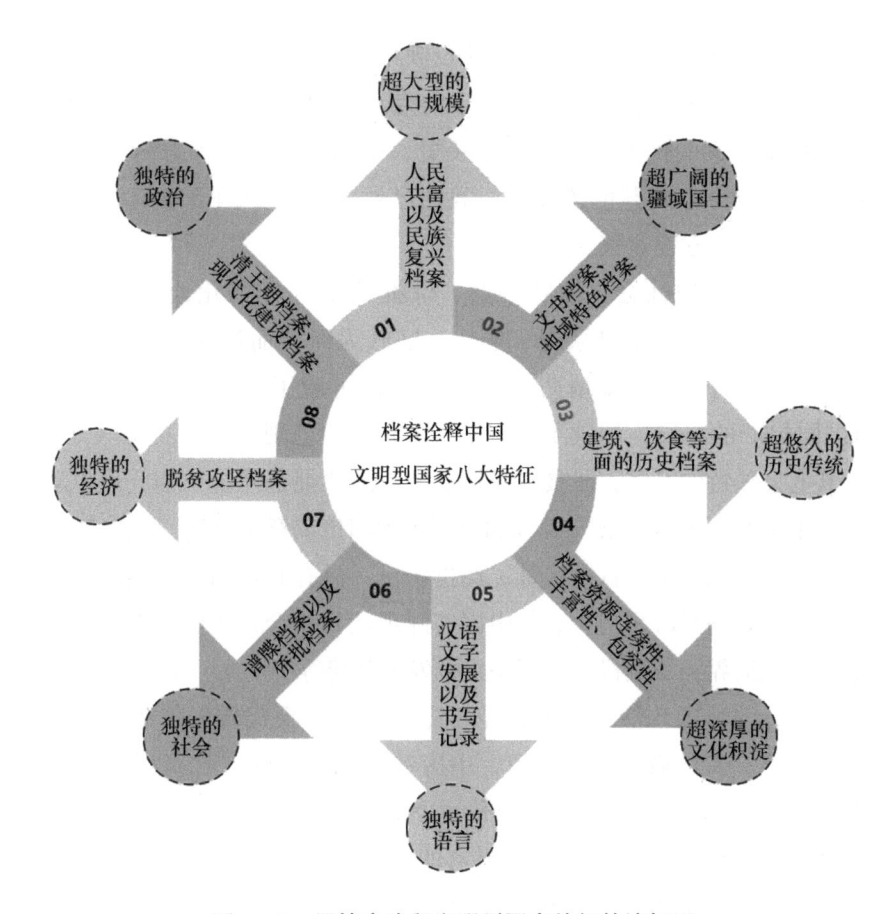

第四章 引领：国家档案精品走出去的必要性、必然性和紧迫性　199

图 4-1　用档案诠释文明型国家特征的演绎图

预见的是，见证人民共富与民族复兴的档案，是构建文明型国家以及相关话语体系的最佳资源。

其二，超广阔的疆域国土，形成了覆盖广泛、内容丰富、形式多样、结构优化的文书档案、专门档案、地域特色档案、民族档案等档案资源体系。

其三，超悠久的历史传统，我国在建筑、饮食、政治、哲学、宗教、语言、艺术、音乐、医学、军事、文学等多领域均有自成体系的历史档案成果。

其四，超深厚的文化积淀，档案资源的连续性（如从甲骨文到现今的简化字）、丰富性（如均能反映不同时代不同方面的实践记录）、包容性（如中国的56个民族）能最大化反映中华文化的延续、博大与融合。

其五，独特的语言，汉语言文字的发展记录、书写记录、使用记录就是一部中华文明优秀传统文化发展史，中国的一万多种方言记录就是中国人民互通共享智慧的浓缩史，我国已然完成"中国语言资源有声数据库"建设、"方言建档"工作。

其六，独特的社会，谱牒档案、侨批档案等细节化绘制了一幅幅"中国传统社会是一个以家庭、家族、宗族为纽带而形成的社会"以及"爱国爱家"的蓝图，疫情防控档案常态化再现了中国人"舍己为家""家国同构"的特质，超越了西方个人本位的价值观。

其七，独特的经济，脱贫攻坚档案是中国"混合经济"当代最生动的写照，中国的"混合经济"延续和发展了中国传统意义上的"民本经济"，即经济发展首先是为了百姓福祉、经世济民。只有通过国家层面的宏观调控，以及与市场经济相结合、与中国实际现状相结合，我们才能实现消除贫困、避免世界经济危机、全国一盘棋发展基建等一个又一个创举。

其八，独特的政治，我国已经建立了强大的现代政府体系，但同时又拥有自己独特的政治文化资源，中国数千年形成的"选贤任能"的政治理念以及"百国之合"的历史传承是最大的政治财富，清代大金榜、满族建立清王朝档案是古代政治财富的写照，当代档案工作在推进国家治理体系和治理能力现代化中的基础性、重要性作用是独特政治的发扬和延续。

（二）档案具有诠释文明型国家制度的综合治理优势，文明的叙事，不能无的放矢

中国作为重要的文明型国家，形成了"国家型政党"的政党制度、"协商民主"的民主制度、"选贤任能"的组织制度、"混合经济"的经济制度等"一国四方"的一整套制度安排。档案是诠释国家制度的原始性、凭证性、综合性资料。

档案工作作为维护党和国家历史真实面貌、保障人民群众根本利益的重要事业，以"为党管档、为国守史、为民服务"为职责，崇尚将中国共产党与国家、与人民的利益协调一致，形成了"集中统一"的档案管理体制，全国档案领域的《"十四五"规划》与地方《"十四五"规划》的施行上下联动、充分调研、广泛讨论，形成了一批涵盖综合档案馆系统、高校、企事业单位等多领域的国家级档案专家、全国档案工匠型人才、全国青年档案业务骨干，以及通过国家档案局的宏观政策诸如建立全国档案利用体系等确保公众享有相应档案权利的公平正义、通过尝试市场配置实现档案文创产品、档案文化产业的发展。

具体而言，政治领域，发挥档案开放及政府信息公开在发展社会主义民主、公民参政议政等方面的重要作用；经济领域，发挥各领域专业档案的作用，发挥信用档案、房地产档案、婚姻档案、诉讼档案、司法档案、人事档案、医疗档案等在社会主义市场经济中的重要作用；社会领域，发挥档案记忆范式在构建完整社会记忆、档案电子凭证范式在保障社会规范运行及保障弱势群体权益、档案社会治理范式在调节各群体社会关系及维护社会公平正义等方面的重要作用；文化领域，满足档案文化需求，把握档案文化交流主动权，发挥档案在留史、育人、对外交流中的重要作用；生态领域，发挥档案在草林植被、地质水文、生物保护等的重要参考作用。最终发挥中华民族共同体档案在凝聚共识、聚集国力、维护统一方面的强大支撑作用。

（三）档案具有诠释文明型国家模式的多重推广优势，文明的话语，不能生搬硬套

中国作为重要的文明型国家，其实践理性、强势政府、民生为大、渐进改革、对外开放、三力平衡等中国模式使得反映各项实践活动的档案具有天然的推广优势。

档案及档案工作在中国具有悠久的发展历史，中国古代以编史修志为核心的档案文献编纂活动诸如编纂《永乐大典》《四库全书》等是中华传统文化的重要根基，现当代中国档案实践建立了庞大完整的档案馆网体系，是中国特色社会主义文化的现实根基，既体现了中国文化的世俗性（实践理性），也体现了源远流长的统一执政集团传统带来的文化的延续与实践优势（效能政府）。以人民为中心的档案服务理念深入人心，档案开放力度明显加大、共享程度显著提高，民生档案体系建设基本完成，完整体现了我国从贫苦—温饱—小康—全面小康的建设历程（民生为大）。通过完善与修订档案法明确党对档案工作的领导、增强各级档案主管部门统

筹谋划和指导协调能力，增进局馆协同、加强基层档案机构履职能力建设（渐进改革）。我国档案学从 20 世纪二三十年代受西方图书馆学影响—20 世纪五六十年代学习苏联模式—20 世纪八九十年代受欧美档案学影响至今，都是有选择地适应外部世界、有选择地学习别国经验，诸如形成了自己的全宗理论、文件生命周期理论在中国的内化等，总体上以我为主、绝不盲从（对外开放）。鼓励、引导、规范社会力量参与档案事务，实现政治力量、社会力量、资本力量的动态平衡（三力平衡）。档案及档案工作的模式既是全面反映文明型国家模式的一个缩影，又是宣传档案工作的一个契机，还是扩展档案价值的一个新的领域。

二 助力对外文化交流

习近平总书记曾指出"文化交流具有独具一格的特殊优势""如果说政治、经济、安全合作是推动国家关系发展的刚力，那么人文交流则是民众加强感情、沟通心灵的柔力"[1]，国家档案精品既覆盖了政治、经济、安全等领域，又覆盖了传统技艺、艺术、人文等领域，特别是国与国之间、民族与民族之间、一国民众与另一国民众之间有着共情、纽带、交集之处所形成的档案，则天然地具备助力文化交流的优势，本课题组详细梳理了"档案展览的对外推广"[2]，这里粗略谈谈助力的两个方面。

（一）助力中国文化的"对外传播"

习近平总书记提出"要精心做好对外宣传工作，创新对外宣传方式"[3]，档案信息资源因价值不同、精品与否、开发程度上的差异，极可能形成档案在表现形态上过于原始或呆板、在凝聚议题上过于被动或官方、在语言表述上不够现代或通俗等印象，是不利于、不适应国际传播环境的，但是一旦在议题设置和传播手段上形成突破，则是另一番情形。

---

[1] 习近平：《共创中韩合作未来 同襄亚洲振兴繁荣：在韩国国立首尔大学的演讲（2014 年 7 月 4 日，首尔）》，《人民日报海外版》2014 年 7 月 5 日第 4 版。

[2] 王运彬、叶曦、黄隆瑛、郑洁洁：《新时代档案展览的海外推广研究》，《档案学研究》2019 年第 3 期。

[3] 习近平：《习近平谈治国理政》第 1 卷，外文出版社 2014 年版，第 156 页。

例如，围绕"一带一路"国家倡议设置议题，苏州市工商档案管理中心及时围绕习近平主席在多个国际场合发出的"一带一路"倡议，以近现代苏州丝绸样本档案成功入选《世界记忆亚太名录》为契机（2016年5月），举办了"一带一路"丝路档案欧洲巡回展。对外宣传"不是生硬地讲述中国故事，而是要贴近外国民众的欣赏习惯与审美情趣，用外国思维生动讲述中国故事，正确发出中国声音，以此让他们更好地体验中国文化"①，而如果这种中国文化既与他们的历史有着千丝万缕的联系——古代的丝绸贸易往来，又与他们的现在有着命运与共的关系——如今的人类命运共同体，丝绸档案讲述的就不再仅仅是中国单方的故事，而是双边甚至多边的故事和共识。不仅有苏州、大连等地举办的丝绸之路档案海外展，还有上海、福建等地举办的海上丝绸之路档案巡回展，均是以古代"丝绸之路"之历史脉络衬托当今"一带一路"之战略规划，通过设置"我国与各国人民源远流长的交往与友谊"之议题，实现"传播中华民族优秀传统文化、让世界更好地了解中国"②。

又如，围绕"讲好红色档案里的中国故事"丰富传播手段，上海市档案局陆续推出了一系列以"红色记忆"为素材、讴歌中国共产党人的档案展览（2016年6月），并努力寻找一种海外观众阐释中国道路、讲好中国故事、讲述中国共产党的故事的有效路径，其"红星照耀中国——外国记者眼中的中国共产党人"展览推出后，中外反响热烈，"外国记者眼中的＊＊＊""国际友人眼中的＊＊＊"等一度成为网搜"热词"③。习近平总书记在党的二十大报告中提出"加强全媒体传播体系建设，塑造主流舆论新格局"④，只有加强国际传播能力建设，依靠重视传统基础设施、运用网络社交平台等在国际舆论场域抢占阵地、拓展空间，才能充分展

---

① 周赟、赵晖：《以辩证思维驾驭对外文化交流：习近平对外文化交流思想的显著特征》，《理论探索》2017年第6期。
② 王运彬、叶曦、黄隆瑛、郑洁洁：《新时代档案展览的海外推广研究》，《档案学研究》2019年第3期。
③ 郑泽青：《服务大局 彰显档案文化的影响力：上海市档案局（馆）举办档案展览述略》，《中国档案》2018年第1期。
④ 习近平：《高举中国特色社会主义伟大旗帜 为全面建设社会主义现代化国家而团结奋斗：在中国共产党第二十次全国代表大会上的报告》，人民出版社2022年版，第44页。

示民族和谐、文明富强的国家形象和为人民谋幸福、为民族谋复兴、为世界谋大同的中国共产党的形象。笔者在档案学课程思政教材"用档案讲好中国共产党初心使命的故事"篇章中阐明了国际传播能力建设的三个基础,"档案见证什么:以档案见证党的奋斗历程和伟大成就""编纂做什么:用档案还原党的光荣传统和优良作风""局馆干什么:在党史学习教育中用好用活档案",在呈现方式的高标准、表达方式的多样性和传播方式的创新性等方面已经初具在国际舆论场域崭露头角的能力,期待在国家档案事业领域中对外传播人才培养和平台建设能够更进一步。

(二) 助力中国文化的"国际认证"

国际认证,仅仅是一个形象的比喻,其实就是世界记忆的逐级申报。显然,能够成功申报联合国教科文组织的《世界记忆名录》,是深化文明互鉴、得到国际社会认可的重要指征。

例如,侨批档案入选《世界记忆名录》之前,精心制定了世界巡展时间路线,多次赴日本、马来西亚、新西兰、泰国、柬埔寨、印度尼西亚、美国等国展出,通过外展为入选该名录进一步造势;入选之后,再度举办学术研讨会、精品展示会、侨乡联谊会等,使其影响更大、评价更高,更易被展出地的政府和人民接受。①

再如,福建侨批档案于2018年12月赴菲律宾安吉利斯展出时,分为"过番谋生赴重洋""云中谁寄锦书来""家书封封抵万金""世界记忆永流芳"四个部分,极富感染力,菲律宾红溪礼示大学校长Dr. Joseph Emmanuel L. Angels在参观此展览后,十分欣赏海外华侨华人的爱国精神,也希望菲律宾的海外侨民能够学习华侨华人精神,为菲律宾的国家建设贡献力量;② 2023年9月,中国驻菲律宾使馆、泉州市对外文化交流协会、菲华各界联合会在马尼拉举办"海丝泉州走进中菲人文之驿"活动,推出"跨山越海两地情"菲律宾主题侨批展、"根脉寻踪"泉州百个家族移民菲律宾族谱展、"宋元中国·海丝泉州"主题摄影展三大

---

① 王运彬、叶曦、黄隆瑛、郑洁洁:《新时代档案展览的海外推广研究》,《档案学研究》2019年第3期。

② 中国侨网:《"侨批档案图片展"在菲律宾巡展反响热烈》,[2018-12-12],https://www.chinaqw.com/zhwh/2018/12-12/210673.shtml,2023年9月26日。

主题展览，汇集泉州在菲华侨主题侨批200多件、泉州家族移民菲律宾及播迁史40多个版面1000多册、主题摄影作品100幅，菲律宾众议员贝尼特斯及各领域嘉宾等300余人参加开幕活动①。可见，侨批档案所蕴含的家国文化引起了东南亚、欧美各国的华人华侨、国际友人等的传播与共鸣。

逐级申报《世界记忆名录》，是档案展览甚至档案事业的重要推动力。中国档案精品赴海外展览是申报工作的重要基础和必要步骤，或借助档案学术研讨会推介，或借助工作研讨会展示，或借助孔子学院等教育部门的合作路径展览，即官方的路径至关重要，但是要真正走出去且也能走进去，民间的路径也不可忽视。因为"认证"，既有官方的书面认可，还有人们的心底认同。对此，习近平总书记曾专门批示"鼓励民间力量介入对外宣传，充分挖掘民间组织与个人的精神活力"，侨批档案能够在海外华侨华人心中激起共情，当然离不开民间力量。如果将这个经验推广、复制到其他国家档案精品的海外推广，至少启示我们，国际认证是两方面的，必须同时努力。

三 促进国际学术交流

2008年11月，由覃兆刿教授撰、注的《档案事业"三字经"》出版，其中文原版于2009年发表在《档案管理》杂志第1期上。② 2021年，国际档案学权威杂志 Archival Science 2021年第1期发表题为"The Three-Character Classic of Archival Work：a brief overview of Chinese archival history and practice"（《档案事业三字经：中国档案事业的演进》）的文章。③ 该文以中国传统的文本形式勾勒了中国档案事业的历史发展长卷，在保留中文写作风格的基础上对档案事业三字经进行了重新创作与延伸

---

① 高乔：《展示泉州海丝文化 回顾侨胞迁徙历史》，《人民日报海外版》2023年9月15日第6版。

② 覃兆刿：《档案事业"三字经"》，《档案管理》2009年第1期。

③ Zhaogui Qin, Chunmei Qu, Ashleigh Hawkins, "The Three-Character Classic of Archival Work：A Brief Overview of Chinese Archival History and Practice", Archival Science, Vol. 21, No. 1, 2021, pp. 97–116.

解读，对中国档案事业的发展历程和重要节点进行了系统梳理和深入阐释，并进一步讨论了中国档案传统在不同历史时期的发展特点，展现了中国档案学研究由封闭走向开放、由传统走向数字、由载体管理走向内容挖掘等，阐明了中国档案事业在新时代与新社会背景下催生出的"变"与"新"。该文由覃兆刿教授（该文的原著作者、湖北大学教授）、曲春梅教授（山东大学教授、英国利物浦大学档案研究中心访问学者）、Ashleigh Hawkins（英国利物浦大学档案研究中心博士生）合作完成；创作期间，James Lowry（英国利物浦大学档案研究中心博士，Archival Science 特约编辑）对该文提出了非常有建设性的建议，Heather Macnei（加拿大档案学者、Archival Science 特约编辑）为该文提出了具体的修改意见。该文作为中国原创档案理论成果即中国档案学术精品"走出去"的一个缩影，如果详细梳理、往前追溯和展望未来，这样一个介绍中国档案事业的发展历程与独到之处的浓缩版"走出去"，既不是唯一的一次，也不会是最后一次，却是发表过程严谨艰辛、发表后颇受好评和颇有反响的一次国家档案学术精品"走出去"。文化自信自强，既少不了国家档案资源精品在国际上被广泛"认证"，也少不了国家档案制度精品在国际上被广泛"认识"，还少不了国家档案学术精品在国际上被广泛"接受"。

研究中国档案学术活动中的创新性和实践性，需要回答"中国档案学术自信的检验标准何在"的命题。坚持开创具有国际范式的中国特色档案学术研究理论自信，助力国内档案学术研究人员走出传统思维定式的僵局，寻求不同的视角和切入点，迸发出新的灵感火花，用共同的经验和智慧解决专业领域的难题，更为重要的是以此展现出中国档案学术智慧、特色，不断在与国际档案学术思想的交融中形成自己的话语权，是检验中国档案学术自信的标准。换言之，少了国家档案学术精品的走出去，话语体系的构建是不完整的，也影响到资源、制度、文化等相关领域的自信自强。

（一）唯有通过交流，才能凝结出中国档案学术理论精品

中国档案学基础理论体系分为初创期（1949—1977）——完成了档案学建设从被动学习国外到主动发展自身特色的转变；发展期（1978—

第四章 引领：国家档案精品走出去的必要性、必然性和紧迫性　207

1996）——档案学学科体系进一步完善、档案学理论的科学化程度提升、档案学理论的国际化进程开启，特别是1996年，第十三届国际档案大会在中国召开，中国档案学开始走向世界、走向开放；① 成型期（1997年至今）——中国档案学基础理论体系逐渐完善和成熟，中国特色档案学理论体系进一步发展。②

纵观中国档案学术研究领域，相比档案学本土原创性理论，国外的"来源原则""文件生命周期理论""文件连续体理论"等在很长一段时间里成为中国档案学的主要思维研究方式，但可喜的是中国档案学者也在一直探寻彰显中国特色、符合本土实践的档案学理论体系，塑造中国档案学术尊严。例如，冯惠玲教授的中国特色电子文件管理理论③、王英玮教授的档案文化论④、覃兆刿教授的双元价值观⑤、张斌教授的档案价值论⑥、徐拥军教授的后保管理论⑦、钱毅教授的三态两化（即模拟态、数字态、数据态、数字化、数据化）档案信息理论⑧等，详见表4-1。尤其进入信息时代以来，中国开创了独具特色的数字人文、计算档案学等前沿领域理论，档案学基础理论的现代感逐渐凸显。在新时代中国档案学术理论将进一步传承档案学基础理论的文化价值，构建面向人文复兴的数字人文理论、面向实现社会主义现代化的中国特色档案信息理论、面向新时代治国理政的档案治理理论、面向证据时代的电子文件管理理论和电子档案理论，进一步凸显中国特色、中国风格、中国气派。⑨

---

① 冯惠玲：《走向世界的中国档案学：第十三届国际档案大会对中国档案学术研究的影响》，《档案学通讯》2000年第5期。
② 张斌、尹鑫：《中国特色档案学基础理论体系的历史发展与当代构建》，《中国图书馆学报》2021年第6期。
③ 冯惠玲：《拥有新记忆：电子文件管理研究》，《档案学通讯》2003年第1期。
④ 王英玮：《档案文化论》，《档案学通讯》2003年第2期。
⑤ 覃兆刿：《从一元价值观到双元价值观：近代档案价值观的形成及其影响》，《档案学研究》2003年第2期。
⑥ 张斌：《档案价值论》，《档案学通讯》2003年第3期。
⑦ 徐拥军：《档案后保管范式与知识管理》，《档案学通讯》2008年第2期。
⑧ 钱毅、马林青：《基于三态视角的档案描述标准特征及演进脉络分析》，《档案学通讯》2021年第5期。
⑨ 张斌、尹鑫：《中国特色档案学基础理论体系的历史发展与当代构建》，《中国图书馆学报》2021年第6期。

表 4-1　　　中国特色原创档案理论部分档案学者成果举要

中国特色原创档案理论	学者代表	著作举要	期刊论文举要
电子文件管理理论	冯惠玲	①《关于加强我国电子文件科学管理的报告》（2009） ②《中国电子文件管理：问题与对策》（2010） ③《电子文件管理国家战略》（2011） ④《电子文件风险管理》（2013） ⑤《电子文件管理100问》（2014） ⑥《走向单轨制的电子文件管理》（2019）	①拥有新记忆——电子文件管理研究．档案学通讯 ②关于电子文件管理顶层设计的若干设想．中国档案 ③我国电子文件管理国家战略的特点．档案学通讯 ④走向单轨制电子文件管理．档案学研究
档案文化论	王英玮	①《档案文化论》（1998） ②《信息管理导论》（2010） ③《知识经济时代档案部门的生存与发展策略》（2011） ④《档案管理学》（2021）	①试论全宗理论研究中的若干问题．档案学通讯 ②档案文化论．档案学通讯 ③档案学基础理论的建设与发展．中国档案 ④关于社会转型期我国档案文化建设与发展问题的思考．中国档案
双元价值观	覃兆刿	①《双元价值观的视野：中国档案事业的传统与现代化》（2003） ②《档案双元价值论谈》（2015） ③《双元价值·双重责任·双向拓展．档案双元价值论谈》（2015） ④《谈档案法修订中的"双元价值"取向与复合责任诉求，记忆历史文化》（2016）	①从一元价值观到双元价值观——近代档案价值观的形成及其影响．档案学研究 ②价值目标与伦理重构——关于档案馆社会化服务的功能与效能研究．档案学研究 ③论韦伯组织理论建构中的"合理性"与"档案"——兼及韦伯档案观的双元价值分析．档案学研究 ④析经典管理理论中的"档案"要素——兼及档案作为管理要素的"双元价值"分析．档案管理
档案价值论	张斌	①《档案价值论》（2000） ②《新经济时代的企业档案管理》（2007） ③《科技档案管理学》（2009） ④《科技档案工作体系研究》（2021）	①档案价值与档案的价值．山西档案 ②论档案价值形态．北京档案 ③档案价值认识的系统结构．档案学通讯 ④档案价值论．档案学通讯

续表

中国特色原创档案理论	学者代表	著作举要	期刊论文举要
档案后保管理论	徐拥军	①《商务档案管理》（2003） ②《企业档案知识管理模式》（2009） ③《档案记忆观的理论与实践》（2017） ④《北京奥运遗产传承研究》（2021）	①档案后保管范式与知识管理．档案学通讯 ②企业档案知识服务的理论依据与实践方法．档案学研究 ③论档案后保管范式．兰台世界 ④档案记忆观的理论基础．档案学研究
三态两化档案信息理论	钱毅	①《政务数据库系统》（2004） ②《档案数据库的规范和质量控制》（2007） ③《档案数字化质量控制》（2015）	①谈档案数字化工程中的数据存储．档案学通讯 ②档案数据库建设中存在的问题及解决思路．档案学通讯 ③档案管理理论对档案数据库建设的影响分析．北京档案 ④档案数据库质量控制的内涵与策略．档案学通讯

（二）唯有通过历练，才能验证出中国档案学术理论精品

张斌教授认为，"虽然西方国家关于现代信息技术对档案工作影响的相关理论研究和实践探索比中国起步早、发展比中国成熟，其档案利用理论和实践研究比较丰富。但是从中国当前档案学的成就和发展现状来看，中国与西方国家在档案学理论研究和档案工作实践探索方面的差距越来越小，甚至在某些方面，中国已经走在了前面"[①]。

一是中国悠久的历史档案传统。中国五千多年有文字记载的历史中形成的档案载体形式、档案保护工艺、体现朝代特色的档案馆库建筑等，通过中国档案学历史传统话语的依托，有助于讲好中国档案学故事、传播中国档案界声音。

二是中国丰富的现代档案实践。中国建立了世界上数量最多的档案机构，培养了数量最多的档案干部，建立了完善的学科体系，建立了具有中国特色的档案价值论、全宗理论和分类理论[②]等，中国独具特色的

---

① 崔珍珍：《齐心协力打造中国档案学派：专访中国人民大学档案学院院长、教授张斌》，《中国档案报》2018年4月12日第1版。

② 杨文、张斌：《再论新时代中国特色档案学话语体系的构建》，《图书情报知识》2022年第4期。

东方文化、丰富的档案资源，有助于在国际舞台打造中国声音、形成中国学派、提升中国话语权，完成中国特色的档案管理学科建设。①

（三）唯有通过扬弃，才能创新出中国档案学术理论精品

以原创性档案学术理论为研究视角，以古今中外档案学成熟的档案学科理念与模式为参照点，依托和而不同的自由学术氛围以及具有中国档案学基因的多元化学科理念和研究方法体系，在国际交流中不断完善中国档案学学术思想和理论模式，提升中国档案学术理论影响力。在中外学术交流中肯定中国本土的档案学术理论发展成就，在汲取外国档案学优秀经验中剖析自我不足，在"舶来理论"取舍和"本土理论"审视中，把握档案学术理论主心骨——"中国档案学是一门以揭示档案现象的本质与规律为目的的学科"②，将"独创性、构造性和超前性"作为衡量和批判档案学理论的标尺，以此不断审视和提升档案学术品质，逐渐扩大本土档案理论在国际档案学界的影响力和话语权，尤其是探寻具有中国特色、符合本土化管理实践的档案学理论体系，从菲利普·布鲁克斯的"文件生命周期理论"到何嘉荪的"文件运动规律研究"，从谢伦伯格的"文件双重价值论"到覃兆刿的"档案双元价值论"，形成了极具特色的具有中国基因的档案学术理论精品。

四 他山之石——出版行业的经验

不管是运用档案诠释文明型国家进行话语体系的构建，还是利用档案资源助力海外文化交流，抑或是借助中国档案学术理论精品促进国际学术交流，图书都是一种重要形式。出版行业作为服务文化自信的重要行业，其经验深刻阐释了必要性——不走出去不行，必须这么做。

从20世纪80年代起，中国图书/出版"走出去"就已开展③，例如20世纪80年代的"熊猫"丛书、90年代的"大中华文库"、21世纪初

---

① 冯惠玲、闫慧、张姝婷等：《中国图书情报与档案管理教育发展研究：历史与现状》，《中国图书馆学报》2020年第1期。
② 徐拥军：《对档案学研究对象、文书学和档案学关系的反思》，《档案学通讯》2003年第4期。
③ 这里将"出版""图书"等相关概念统称为"出版"，如无特别交代，均指"出版行业"。

的"中国图书对外推广计划""中国当代文学百部精品对外译介工程""经典中国出版工程""国家社会科学基金中华学术外译项目"等，业已取得颇为丰富的成绩。2018年8月23日，在第25届北京国际图书博览会上，中共中央政治局委员、中宣部部长黄坤明强调，"要深化国际合作，努力实现出版业高质量发展，加快推动我国从出版大国向出版强国迈进"。全国新闻出版行业领军人才、南开大学教授戚德祥等认为，"在出版全球化的场域中，中国出版对外交流与国际合作正在进入新的发展阶段，让中国出版从走出去实现走进去，从量的增长向质的提升转变"[1]。中国新闻出版研究院院长魏玉山在总结新中国出版"走出去"70年的历程时，认为无外乎"人财物"的走出去，即"出版物'走出去'""人员'走出去'""资本'走出去'"，还有从20世纪90年代侧重图书的"实物"走出去到现如今图书的版权"走出去"[2]。现在中国出版的"走出去"已经进入新阶段，回顾过往，中国出版大量引进了世界先进科技、优秀文化的同时，也把中国优秀的传统文化、科学技术、治理经验等通过出版物输送到世界各地，这里就必要性谈三点看法。

（一）重译介

对于包含图书在内的非遗、文博、文献等中华文化走出去，鲍晓英教授认为"译介"是一个关键步骤，不仅限于简单的文字翻译，还包含重要内容的传播，在与时任中国外文局副局长兼总编辑黄友义的访谈中，我们意识到"译介"[3]的任一细节都关乎"走出去"的成功与否。据黄局长介绍，外国人对中国的俚语常常难以理解，例如，就译介主体而言，要翻译——"被打得死去活来"，如果没有专业的译者或者中方的协助，则极有可能被翻译为"一批被打死了，活着的一批又来了"。国际上知名度比较高的译本都是中外合作的结果，要么译者是中外夫妻，要么是

---

[1] 戚德祥、王壮：《供应链理论指导下的中国出版走出去国际物流体系优化策略》，《中国出版》2019年第7期。

[2] 魏玉山：《让中国出版物走进五洲四海：中国出版"走出去"70年礼赞》，《出版发行研究》2019年第12期。

[3] 鲍晓英：《中国文化"走出去"之译介模式探索：中国外文局副局长兼总编辑黄友义访谈录》，《中国翻译》2013年第5期。

中国人和外国人合作。又如，就译介内容而言，18世纪法国传教士杜赫德主编的《中华帝国全志》对于晦涩难懂的中医药词汇用音译、直译、意译相结合的方式进行翻译，但译者是没有中医背景的欧洲人，对中医所言"开心"，则翻译为"心情舒畅"，而实际上是指"开心智、开心窍"[①]。能够遴选代表中华优秀传统文化的非遗、出版、文博或国家档案精品，一般都侧重于传统、经典、民间等，其含义较为专、深、特，译介主体的选择非常重要。除此之外，译介途径和译介受众也都关乎最终的译介效果。所以，不译介，则会影响到中华文化海外传播的精准有效。

（二）重合作

早在2010年外文出版社出版的《中国图书"走出去"成功案例选》一书中，就列举了15个成功案例，虽然走出去的路径各有千秋，但是无一例外都包含着中外合作的思想。梁斐分析了入选国家重点扶持的几大文化"走出去"工程的学术图书，诸如国家新闻出版广电总局的"经典中国国际出版工程""图书版权输出奖励计划"、中宣部的"丝路书香出版工程"、全国哲学社会科学工作办公室的"中华学术外译项目"、国务院新闻办公室的"中国图书对外推广计划"，认为虽然具备了"集中与多元并存"的传播者要素以及"积极探索多种形式"的传播渠道要素，但是在"建设学术传播共同体、形成集群效应"与"加强与外放选题合作、提高英文组稿能力"[②]方面仍有提升空间。简言之，需要就"走出去"的国内主体建设方面加强合作，凝聚为面向"走出去"的全方位、全链条、全渠道的合作，特别是就"走出去"的国际国内双方而言，他总结为"双向遴选、共同开发"的选题机制和出版流程。所以，不合作，则会影响到中华文化海外传播的集群效应。

（三）产业化

从纯粹的产业地位看，2013年，我国新闻出版企业已在境外建立各种分支机构459家，中国出版集团和中国教育出版传媒集团进入2014年

[①] 付璐、肖永芝：《浅谈〈中华帝国全志〉对〈本草纲目〉的翻译与传播》，《中医杂志》2019年第15期。

[②] 梁斐：《中国学术出版"走出去"的要素剖析与改进思路》，《国际传播》2019年第4期。

全球出版业50强，中国出版业国际竞争力不断增强。党的十八大以来，对于出版"走出去"的定位更加全面综合，既要作为出版业占领国际市场、参与国际竞争的重要路径，又要服务于国家文化软实力、国家外交路线的综合战略[1]，并且致力于构建出版"走出去"的全产业链布局，大大小小的出版企业成为出版"走出去"的主力军，不仅有国有企业，还有民营企业、行业组织和科研机构等。一是版权贸易方面，"除30家左右的专业版权贸易机构外，各出版集团及许多出版社都有版权部或版权经理人，版权贸易已经成为出版单位的重要业务活动"[2]。二是产业主体方面，出版社的引导。樊程旭等以"经典中国国际出版工程"为例，阐释了该项目通过对国内国外的、不同领域的、不同语种的出版社的资助，极大激发了国内出版社"走出去"的积极性，推动了国内一大批作家作品在海外的出版，很好地把那些具有鲜明中国主题、精彩中国故事、生动中国话语的中国图书推向世界。[3] 三是产业环境方面，汉语国际化的培育。郎琦等认为，汉语难学的现实是制约汉语国际化和中华文化海外传播的重要因素，张智慧建议在"一带一路"国家倡议支持下，"应加强汉语在沿线国家的传播和推广，将孔子学院和孔子课堂的资源向沿线国家倾斜"[4]。可以预见的是，由最权威的专家和一流的语言人才编写出版既能体现中华文化本质又能具有本土文化兼容性的优质汉语文献[5]，既是汉语国际教育的重要前提，也是中国图书、中国非遗、中国档案等所有中华传统优秀文化走出去的重要前提。所以，无产业，则会影响到中华文化海外传播的可持续性。

当然，受篇幅限制，出版行业"走出去"的经验不止这些，但至少

---

[1] 蔡晓宇：《中国出版十年"走出去"历程的回顾、反思与展望》，《出版广角》2015年第7期。

[2] 魏玉山：《让中国出版物走进五洲四海：中国出版"走出去"70年礼赞》，《出版发行研究》2019年第12期。

[3] 樊程旭、刘莹晨：《中国出版物在周边国家和"一带一路"沿线国家出版发行情况简析：以经典中国国际出版工程为例》，《出版发行研究》2016年第11期。

[4] 张智慧：《汉语国际化传播面临的若干理论与实践问题分析》，《智库时代》2018年第30期。

[5] 郎琦、张金辉：《以中华文化海外传播助推更多中国产品出口》，《云南社会科学》2020年第1期。

启示我们，不走出去，就没有出版行业蓬勃发展的今天，也就没有出版行业在服务国际文化交流、知识产权贸易等领域高质量发展的重要地位。

第二节　高水平对外开放引领国家档案精品走出去

一　必然走出去是由国家档案精品的本质决定的

国家档案精品走出去，是由其内在的本质属性决定的，即本质如此，必然走出去。

（一）国家档案精品的本质之一，可以用"越是中国的，越是世界的"来诠释

我们所熟知的"历史主义"，不只是符合国际惯例，或者行业标准，而是要着眼于全中国范畴来审视"历史主义"，例如反击境内境外的历史虚无主义，"反击"的武器之一，就是纪实中国历史的国家档案精品，而"反击"的场域就是把"对外交流活动"当作遴选"高质量国家档案精品"的"施工地"。

央视新闻于2015年7月26日报道日本安倍政权篡改日本中学教科书，删除"慰安妇"字眼儿，称未发现任何能直接证明日本存在强征行为的资料；韩联社于2021年3月30日报道日本政府审定通过的高中历史教材中不乏模糊处理"日军征召慰安妇的强迫性"和"经营过程中侵犯人权的暴力性"等情形。以上种种反映出日本政府对"性奴隶"制度的历史问题态度暧昧，避重就轻。国内部分网友将无知当有趣，将慰安妇纪录片截图做成表情包，体现了对历史的不尊重。但档案确凿地揭露了这一历史悲剧的真相。例如，中国国家档案局自2015年8月15日起在其官方网站连续8天每天发布一集（共八集）专题网络视频《"慰安妇"——日军性奴隶档案选》[①]。又如，浙江省金华市档案馆藏有日文版《金华鸡林会会则和名簿》，该名簿写于

---

① 国家档案局：《"慰安妇"——日本性奴隶档案选》，[2015-08-15]，https://www.saac.gov.cn/waf/waf.html，2023年9月26日。

"昭和十九年四月"，即1944年4月，记载了百余位年龄记录为20—30岁、名字特点明显为女性且没有登记职业的人，名簿中仅有3人的职业写明是"慰安所主"[①]，2017年7月6日，中央电视台新闻频道"新闻1+1"栏目以"战后72年，我们为何仍在寻真相"为题，揭露侵华日军"慰安妇"罪行，其中大篇幅报道了金华市档案馆保存的《金华鸡林会会则和名簿》档案。[②] 再如，南京大学的ARMapper团队启动了"二战期间亚洲女性的青春坟墓：南京地区侵华日军慰安所的AR故事地图"这一项目[③]，以南京地区的侵华日军慰安所为落脚点，对慰安妇群体的创伤记忆进行数字化构建。

尽管来自中国的、涉及"慰安妇"的档案因为日本右翼势力阻挠未能成功申报《世界记忆名录》，但这并不妨碍"慰安妇"档案的价值，也恰恰从反面证明了"走出去"的必要性，既要花大力气在资源收集整理上继续补充、完善，又要投入技术在资源开发利用上继续丰富、活化，还要联合涉及"慰安妇"的其他受害国在国际宣传推广时继续申遗、推进。

（二）国家档案精品的本质之二，可以用"档案的联系，实为多维的"来诠释

我们所熟知的"有机联系"，不仅于组织机构内部、一国行政范围之内，而且应着眼于全世界范围来审视"有机联系"。例如，追索散失海外的珍贵档案文献，"追索"的根据之一，就是国家档案精品的多维有机联系，而"追索"的场域就是把"对外交流活动"当作完善"高质量国家档案精品"的"催化剂"。

由于历史原因，很多珍稀善本分散各地，甚至流失境外，为尽量使善本悉数归一、数部归一，使多年分散的善本"合璧"，2002年7月起，

[①] 苏智良、陈丽菲：《一份揭露日军慰安所的珍贵文献：〈金华鸡林会会则及名簿〉解读》，《史林》2018年第1期。

[②] 央视网：《战后72年，我们为何仍在寻真相？》，[2017-07-06]，http://news.cctv.com/2017/07/06/ARTIAlzMWWKBPfV7QScnt5fx170706.shtml，2023年9月26日。

[③] 余敏、张佳欣：《创伤记忆的数字化构建——南京侵华日军慰安所AR故事地图》，[2021-10-09]，https://mp.weixin.qq.com/s/TKvLvpifCb2p_AivRnqWbw，2023年9月26日。

文化部、财政部联合启动了中华再造善本工程，就是选择那些久已绝版又传世孤罕的古籍版本，珍贵、稀缺有价值的古籍善本，采取缩微复制、扫描复制、照原样影印等现代印刷技术复制出版，该工程最早的创意就是想做一批国际文化交流时的礼品。例如，唐李善注《文选》，共六十卷，国家图书馆存有北宋刻递修本的后半二十一卷，而台湾"中央图书馆"藏有同书的前半十一卷，二者互补后，虽不能出全卷，但两地相加已能出齐三十二卷。① 数地、数部之间存在的"有机联系"是包括国家档案精品、中华善本工程等在内的本质属性，或许分散全国各地的档案文献还能通过全国档案馆网体系的协调来实现"归一"，但分散在境外、流失在国外的档案文献要想与国内的档案文献"合璧"，唯有走出去。

诚然，这里有"追索""收回""征集""归还"等表述的争议，"追索"一词的语气、语义更为严厉，与法律术语上的"追索权"颇为相似，但是很多时候以及在很大程度上依据相关国际法对流失海外的档案进行追索，只是一种道义的伸张，不能对其效果寄予过高期望，理由在于根据相关的国际公约"法不溯及既往"原则——不能用今天的规定去约束昨天的行为。② 基于这样一个事实，可以判定已有的"签订公约，诉诸法律""筹备资金，积极购买""外交谈判，寻求合作"等有效措施可能在特定场合能够发挥一定作用，但都不能完全解决流失档案的追索问题，也就反映出针对此类问题的"走出去"的复杂与多变。例如，我国水族特有档案——水书档案的非法出口和贩卖问题，尤其是考虑到追索方采取增加原告的策略可以提高成功起诉的概率，国际司法专家霍政欣认为国家应承担主导角色③，既向国际社会证明我国"走出去"追索流失档案的决心④，又大大增强解决此类问题的专业性、权威性和系统性。而作为有益的补充，争取驻外使领馆工作人员、国际友好人士、华人华侨、留学生、出国访学访问人员的多方帮助，构建与官方相互协作、

---

① 刘家真主编：《文献遗产保护》，高等教育出版社2005年版，第139—140页。
② 曹航、潘玉民：《我国流失海外档案的征集：现状与思考》，《档案》2010年第3期。
③ 霍政欣：《追索海外流失文物的国际私法问题》，《华东政法大学学报》2015年第2期。
④ 刘培：《对流失海外档案追索问题的再思考》，《档案天地》2018年第1期。

互为补充的民间档案征集网络①，拓展追索渠道也是"走出去"的必然途径。

（三）国家档案精品的本质之三，可以用"档案的记忆，也是共同的"来诠释

我们所熟知的"命运与共"，不仅于当前国际政治、经济的大趋势，而且应不忘记全人类历史来看待"命运与共"。例如，组织南京大屠杀档案的申遗，"申遗"的根据之一，就是国家档案精品的人类共同记忆，而"申遗"的场域就是把"对外交流活动"当作集成"高质量国家档案精品"的"黏合剂"。

对于南京大屠杀这一事实的态度，日本分为否定派、肯定派和"中间派"，而且随着历史见证者的日趋老迈、离世以及日本政治形势的渐变、日本右翼势力的抬头等，否定南京大屠杀的言论沉渣泛起。② 甚至这些言论还披着"档案"或"档案文献编纂作品"的外衣，极具欺骗性。例如，田中正明于1987年1月出版的《南京屠杀的虚构》以及于当年3月出版的《南京事件的总结——否定屠杀的论据》，但是他们"颠倒脱漏、随意剪切、肆意删改、不辨是非"等本质是变不了的，同样是档案文献加工，编纂作品一定是遵循存真、求实、存疑、标注以及保存原件的五大原则，我国各个相关部门的南京大屠杀档案文献编纂作品完全诠释了对待档案原件应有的态度和尊重，极大增加了自身的真实可信度。例如，国家档案局将中央档案馆、中国第二历史档案馆、辽宁省档案馆、吉林省档案馆、上海市档案馆、南京市档案馆和侵华日军南京大屠杀遇难同胞纪念馆收藏的南京大屠杀档案选择部分制作成《南京大屠杀档案选萃》；又如，侵华日军南京大屠杀遇难同胞纪念馆，主要陈列的档案包括当年日军屠杀现场照片，日军军官和士兵的日记、供词，中外人士当年对这次历史惨案所写的纪实、报道和出版的专著、图书、报刊，南京大屠杀幸存者的名册、证言、证词，救助难民的外籍人士的通

---

① 李敏：《基于法律途径追索流失海外档案质疑》，《档案与建设》2017年第2期。
② 吴艳：《日本社会关于"南京大屠杀"论争的发展演变过程》，《南开学报》（哲学社会科学版）2017年第5期。

行证明、德意志红十字会颁发的证明书，崇善堂、红卍字会、红十字会等慈善团体掩埋尸体的照片、统计表、佩戴的臂章，以及远东国际军事法庭和南京审判战犯军事法庭对南京大屠杀罪犯松井石根、谷寿夫审判的照片、判决书、现场部分证人的证词等。

实际上，2015年"南京大屠杀档案"成功入选《世界记忆名录》，联合申报单位包括中央档案馆、中国第二历史档案馆、辽宁省档案馆、吉林省档案馆、上海市档案馆、南京市档案馆、侵华日军南京大屠杀遇难同胞纪念馆，前述档案文献编纂作品只是建成面向该主题的国家档案精品的诸多行动之一，申遗的成功少不了在国内国际各种场合交流，甚至是与日本右翼势力的场合交锋，这些都是建成"南京大屠杀档案"这一国家档案精品的必然途径。

高质量的国家档案精品，不是关起门来就能建成的，必然是在包括但不限于反击、追索、申遗等对外交流活动中建起来的。

二 必然走出去是由全球文化交融的趋势决定的

国家档案精品走出去，既是由其内在的本质属性决定的，也是由其外在的发展趋势决定的，即趋势如此，必然走出去。全球文化交融无处不在，在这一趋势下推广特色化的国家档案精品，如同顺水行舟。

1840年鸦片战争，既预示着中国封建经济结构和政治制度的逐渐解体，从政治、经济上无可避免地被纳入全球化的系统，又预示着中国传统价值观的信仰危机，甚至是中国传统文化的危机，从文化上也无可避免地被卷入"扩张的、进行国际贸易和战争的西方同坚持农业经济和官僚政治的中国文明之间的文化对抗"[①]之中，可以视作一次被动的全球化。

2001年中国成功加入世界贸易组织，预示着中国已经完全融入全球化的世界体系之中，而且是一次主动的全球化。从"被动"切换到"主动"，体现的是中国在全球文化交融过程中的自信自强。在全球化

[①] 孙晔：《当代国际文化交流的发展与意义》，《教育教学论坛》2012年第33期。

的大背景下，在中国共产党的领导下，中国实施了全方位、多角度、宽领域的对外开放，经济领域、政治领域和文化领域都不例外。

习近平总书记在庆祝中国共产党成立95周年大会上说，"当今世界，要说哪个政党、哪个国家、哪个民族能够自信的话，那中国共产党、中华人民共和国、中华民族是最有理由自信的"。刘旺旺认为，"中华民族在历史上是自信的，虽然近代以来经历了世所罕见的历史灾难，但在马克思主义的指导和中国共产党的领导下，选择并走上了社会主义道路，创立了中国特色社会主义理论体系，建立了中国特色社会主义制度，走出苦难并将迎来新的伟大复兴"[1]，启示着包括红色档案资源在内的国家档案精品，必然在全球文化交融的背景下发挥独特作用，其在论及全球文化交融背景下提升文化自信的真实意蕴时，谈到文化自信内含民族复兴的三重意蕴——"历史诉求、现实要求与未来指向"。

如前所述，达成历史诉求的话，蕴含中华优秀传统文化的特色化国家档案精品自然验证了我们的道路自信、理论自信、制度自信与文化自信，而具体到现实要求与未来指向时，或许我们存在困惑——记录过去的档案如何赋能现在与未来呢？答案也藏在全球文化交融的大趋势下，随着中国国家实力的显著增强，海外利益的分布与内涵不断演变，以国家软实力为核心内容的海外文化利益日渐凸显[2]，如同本书第一章理论指向所言，记录过去的国家档案精品既能在提升国家形象、塑造文化安全、维护国家利益上发挥重要作用，也能在国际上树立国家形象、塑造国际文化氛围、维护国家海外利益上发挥重要作用，而且涉及国家核心利益的理念一旦形成，就不仅是在全球文化交融背景下"顺势而为"的必然行为，而且成为利益驱动下"持续作为"的必然行为。

---

[1] 刘旺旺：《全球文化交融背景下提升文化自信的意蕴、挑战及对策：学习习近平关于文化自信的重要论述》，《社会主义研究》2018年第1期。
[2] 李海龙：《中国海外文化利益维护研究》，《行政管理改革》2021年第8期。

三 必然走出去是由海外文化利益的维护决定的

国际文化交融的趋势，还可以从两种视角观察：一是趋势本身，涉及国家档案精品的海外推广的重大趋势，无非就是全球文化交融无处不在；二是趋势之下，涉及国家档案精品的海外推广的核心利益，无非就是海外文化利益日益凸显。海外文化利益日益凸显，在这一驱动下推广特色化的国家档案精品，才能持续有效。

驱动，不同于客观趋势下的顺水行舟、必然顺流而下，而是在主观视阈下的强力为之、必然风高浪急，并在回答以下三个命题以后，方可明白，虽然风高浪急，也必然全力为之。一是国家档案文化精品走出去与海外文化利益存在着必然联系；二是海外文化利益的重要，必然驱动包含国家档案文化精品等中华文化的走出去；三是海外文化利益的维护，必然要求包含国家档案文化精品等中华文化的走出去。

海外利益，从根本上讲，仍然隶属于国家利益，只不过地处国家领土之外，可以称之为跨越地域限制的一种利益存在，或者视之为国家利益的海外延伸，但是具体到海外利益的具体划分，目前尚无一致观点，可按照种类划分为海外经济利益、海外安全利益、海外制度利益、海外文化利益；[1] 按照重要程度划分为核心海外利益、重要海外利益、边缘海外利益；[2] 按照主体划分为公民的海外利益、法人的海外利益、国家的海外利益和国际共同的海外利益。[3] 综合来看，海外文化利益通过"文化的""隐形的""国家的"等关键词基本界定为"通过国外民众对一个国家的文化产品、道德传统、思想观念、国民素质等文化软实力的正向感知与评价，进而给该国带来的收益，既包括文化产业所带来的直接收益，更包括文化软实力的提升带来的积极影响"[4]。国家档案精品走出去，既可视作国家海外文化利益的核心内容，又可视作维护国家其他

---

[1] 于军：《全面解析中国海外利益》，《中华读书报》2017年10月18日第19版。
[2] 张曙光：《国家海外利益风险的外交管理》，《世界经济与政治》2009年第8期。
[3] 王发龙：《中国海外利益维护的现实困境与战略选择：基于分析折中主义的考察》，《国际论坛》2014年第6期。
[4] 李海龙：《中国海外文化利益维护研究》，《行政管理改革》2021年第8期。

海外利益的重要工具，主要牵涉文化与安全两个层次，这里就"两个层次"的"两个方面"逐一分析。

如果基于文化层次，则最为贴近国家档案精品的属性与既往走出去的路径，诸如围绕"一带一路"合作伙伴的档案展览；也最为贴近文博行业的特质与既往走出去的规律，诸如围绕国家外交战略重点的文物展出。如今的中国，其经济、政治、体育等影响力不断增强，多项指标位居世界前列，尤其是对外经济贸易活动频繁，但是在文化领域、话语领域、舆论领域仍然与我国的大国地位不相匹配，这就可能增加政治、经济、外交、体育等领域的国际交往成本，甚至因为国际社会的不了解以及西方社会长期的歪曲、抹黑，严重影响其他领域的利益。以中国文化精品入选国际组织各种名录为例，每年名额有限，总的名额有限，入选，意味着海外文化利益的蛋糕做大，相反，意味着当年的海外文化利益增量为零。此外，入选前后的各种外展、造势、宣传，不仅为这块"蛋糕"添砖加瓦，而且也为"蛋糕牵涉的国家发展战略"上的经济利益、安全利益、外交利益保驾护航，闽粤两省联合成功申报的世界记忆——侨批档案，既为中国的世界记忆增光添彩（即文化之内容），又为中国的海丝战略柔性赋能（即文化之工具）。

如果基于安全层次，习近平总书记提出的总体国家安全观则给予我们启示，文化利益必然也被纳入国家安全的范畴，尽管没有直接提到档案事涉国家总体安全，但是并不否认两者的联系以及未来国际交往过程可能出现的复杂情况。从安全的内容来讲，我国目前已有不少跨国企业，在跨境业务中产生了大量的境外档案，对企业的价值不言而喻，加强对企业境外档案的管理，维护其安全就显得尤其重要。徐拥军等认为，如果我国企业境外档案管理同时遵循所在国家或地区的法律和我国的法律，会面临境内外具体法律规定的冲突[1]。邓达宏研究员认为，企业走出去之后，境外国有企业档案的监管缺少明确的法律法规[2]。王英玮

---

[1] 徐拥军、舒蓉、李孟秋：《我国企业境外档案管理面临的法律冲突与适用原则》，《档案学通讯》2018年第4期。

[2] 邓达宏：《新"走出去"战略下境外国有企业档案监管工作探略》，《兰台世界》2006年第1期。

等认为，新《档案法》也仍未对上述问题做出规定，在全球经济环境恶化、国外贸易保护主义兴起的环境下，思考跨国企业境外档案的安全问题也成为题中应有之义。[①] 换言之，解决此类问题，既为国家的档案安全提供保障（即安全之内容），又为国企的经济往来保驾护航（即安全之工具）。

四 他山之石——文博行业的经验

党的二十大报告提出建成"高水平的对外开放"，国家文博行业同样拥有为数众多的国家文博精品，走出去，是国家文博精品助力高水平对外开放的必然选择，即必然性——全球文化交融以及海外文化利益的趋势如此，不跟着做不行。

2022年5月18日，"国际博物馆日"已经走过45年。从1977年由国际博物馆协会于1977年发起并创立，初衷在于促进全球博物馆事业的健康发展，吸引全社会公众对博物馆事业的了解、参与和关注，到《国家文物局关于开展2022年度"5·18国际博物馆日"宣传活动的通知》中关于"加强云展览建设，打造永不落幕的博物馆"的相关要求来看，文博事业领域的国际文化交流，已经从1950年10月新中国第一次赴苏联的对外展览"中国艺术展"，演变为新时代的数字化走出去。与此初衷相同的是，国际档案领域为了促进国际档案事业的交流、合作与发展，档案界也有属于自己的"6·9国际档案日"。当然，文博领域加强与国际博物馆领域的文化交流，既是博物馆事业发展的需要，也是我国国际化进程的必然选择，就其在"走出去"方面取得的成就而言，参与"国际纪念日"只是其一，单霁翔将博物馆对外文化交流的使命概括为"文物展览促进文化共享""文化交流促进文化对话""文化合作促进文化创新"[②]，作为与档案领域非常相近的文博行业，其走出去的做法颇具借鉴意义，这里谈两点看法。

[①] 王英玮、杨千：《总体国家安全观视角下〈中华人民共和国档案法〉的安全理念》，《档案学研究》2020年第6期。

[②] 单霁翔：《博物馆使命与文化交流合作创新》，《四川文物》2014年第3期。

(一) 在展览中促共享

博物馆赴境外举办展览是"文化走出去"战略中的重要一环，也是向国外观众讲述"中国故事"的重要方式。博物馆对外文物展览已经成为各国优秀传统文化的承载者、传播者，成为世界文化交流的舞台，通过不同国家、不同城市的文化竞相争艳，为人们展示一个缤纷多彩的世界。[①] 如果详细梳理博物馆境外展览的历程、种类和演变，可以发现展览作用无处不在，尤其是以展览促共享。展览本身在何种细节、多大程度上体现"共"字，决定了其蕴含的文化能在多大程度上"共"享以及接下来能否走出去、走进去。例如，2018年3月在法国巴黎塞努奇亚洲艺术博物馆举办的"中国芳香：古代中国的香文化"展览，通过百余件形态各异的历代香道珍品，让盛产香水的法国人民领略了古代中国人用香与品香的艺术。[②] 该展览，首先是在选题上实现文化的共鸣，香水是法国人最为骄傲的产品，而中国人的香水也独具特色，于是形成了中法文化的交叉点；其次是在展品上实现形态的互补和展览内容层次的递进，仅有主题相关还远远不够，通过中国人所熟知的香炉、香盒、香荷包等器物，再加上描绘香与文人的绘画、诗词等厘清展品内容的时间顺序、发展脉络，甚至在特别节点上辅之以法国迪奥香水和法国医学院博物馆提供的15种中国香料常用的原料标本，使法国公众对中国香的理解程度更深；最后是在互动中实现古代中国与现代法国的交融，香水毕竟是用来体验的，该展览通过展厅内特殊的互动装置，使观众能够通过鼻子直接体会中国香。

(二) 在评比中出精品

《中华人民共和国文物保护法》(2017) 第三条规定，"古文化遗址、古墓葬、古建筑、石窟寺、石刻、壁画、近代现代重要史迹和代表性建筑等不可移动文物，根据它们的历史、艺术、科学价值，可以分别确定为全国重点文物保护单位，省级文物保护单位，市、县文物保护单位"，

[①] 单霁翔：《博物馆的社会责任与社会发展》，《四川文物》2011年第1期。
[②] 吴悠：《塞纳河畔 细嗅中国：上海博物馆赴法国"中国芳香：古代中国的香文化"展览策划》，《博物院》2019年第4期。

"历史上各时代重要实物、艺术品、文献、手稿、图书资料、代表性实物等可移动文物，分为珍贵文物和一般文物；珍贵文物分为一级文物、二级文物、三级文物"，意味着文物领域法律法规体系根据文物价值确定了保护单位、文物级别等，可以视作法律层面的评比。《档案法》以及《实施办法》等档案领域法律法规体系也有类似的"评比"，并以《中国档案文献遗产工程》等落地实施，上述活动当然为"走出去"提供重要思路。

此外，文博领域还有针对"走出去"活动本身进行评比的。例如，李子璇等对中国"全国博物馆十大陈列展览精品"与美国"博物馆联盟展览卓越奖"的比较研究[①]，或许让我们对"评比"有更进一步的认识。

其一，评比不仅聚焦展品，而且聚焦展览。李子璇等提出了兼顾二者的重要性，尤其涉及"借助于西方的理论话语体系对本土展览进行分析阐释"等重要命题，认为非常有必要加强"展览评估理论和指标体系的本土化建构"。

其二，细化评比的数量要求，不仅注重境内展览，而且注重境外展览。《全国博物馆十大陈列展览精品推介办法》中规定"每省每届推荐项目上限境内展览为6个，出入境展览为2个；每个申报单位每年度限报1个境内陈列展览，1个出入境展览"。显然，相较于境内陈列展览，出入境展览更为复杂、要求更高，也成为评比的必选项和优选项。

其三，既考虑专业评估，又兼顾大众评价。"十大精品"的评委来自文博、教育、文化、艺术、媒体等多个文化部门，"展览卓越奖"的评委既包括策展人委员会、国家博物馆展览协会等专业机构，又包括观众研究与评估委员会、教育委员会等相关机构。显然，评比委员的范围越广，展览本身的影响力才越大。

其四，既要精选标杆，又要扩大普及。精，既有展品之精选，又有策展之精细；普，既是策展主体之普及，又有博物文化之普遍。精与普

---

① 李子璇、林心怡：《中美博物馆精品展览评比活动比较研究：以中国"全国博物馆十大陈列展览精品"和"美国博物馆联盟展览卓越奖"为例》，《博物院》2022年第5期。

的关系,还可以作双向解读,清晰定义了"精",使得各级各类展览有了明确的导向性和示范性,范围扩大了"普",使得社会各界有了正确的审美观和价值观。显然,展览评比,对文博的走出去,有着非同寻常的意义。

当然,总结文博领域走出去的经验,归根结底是要认识到博物馆与其他文化设施相比具有的无法取代的优势,并借此负担起促进文化交流的重任、发挥推进文化创新的作用。陆建松等提出的"按照我国'周边是重点、大国是关键、发展中国家是基础'的外交工作方针,研究和制定我国博物馆对外展览的总体规划和部署",则是直接点出文博走出去的重点领域、主要任务、基本内容——"多层次、多渠道、多形式地与各国博物馆之间开展业务交流与技术合作,积极参与国际博物馆界在人才培养和培训方面的合作,积极参与相关国际公约的修改和制定,积极参与博物馆领域的国际组织会议,积极参与国际组织发起的有关博物馆的国际行动,增强我国博物馆在国际博物馆领域的话语权,为我国博物馆事业争取更多的发展空间"[1]。

一言以蔽之,文博的走出去,其经验和成就远不止本书所提及的两点,正如习近平总书记所讲到的"文明因多样而交流,因交流而互鉴,因互鉴而发展"。文化部原副部长、故宫博物院原院长郑欣淼等认为"文物交流既要走出去,又要引进来,这是中国必须要有的一个胸怀"[2],也就是说"引进来"和"走出去"相辅相成、互为促进,这也是文博事业发展至今的成功经验之一。

综上所述,高水平对外开放即使国家档案精品走出去成为必然,又引领国家档案精品走出去,文博行业多方位诠释了他们是如何高水平对外传播中华文化的,详情见图4-2。

---

[1] 陆建松、韩翊玲:《我国博物馆国际交流与合作的现状、问题及其政策思考》,《四川文物》2011年第3期。
[2] 郑欣淼、鲍安琪:《郑欣淼:文物交流为何既要走出去又要引进来?》,《中国民族博览》2022年第5期。

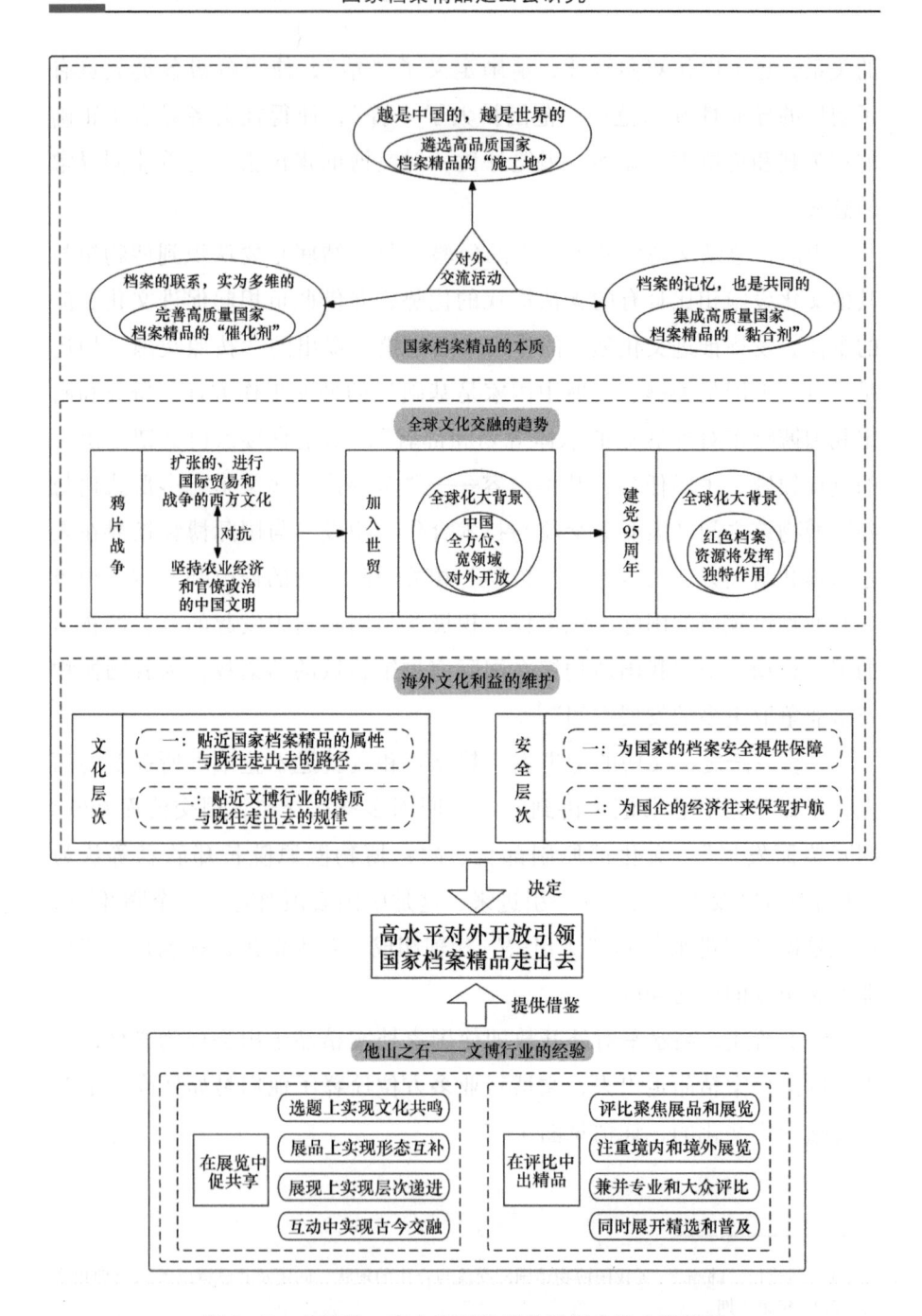

图 4-2 必然性：高水平对外开放引领走出去逻辑图

第三节　以国家档案精品走出去筑牢国家文化安全

一　提升文化自信面临的内部挑战

习近平总书记曾经指出"落后就要挨打，贫穷就要挨饿，失语就要挨骂。形象地讲，长期以来，我们党带领人民就是要不断解决'挨打''挨饿''挨骂'这三大问题"。"我们党成功地解决了落后'挨打'问题，使中国人民真正地'站起来'，不再受人欺负、任人宰割；成功地解决了贫穷'挨饿'的问题，使中国人民真正的'富起来'，走出了一条中国特色社会主义脱贫致富之路。我们党着力解决好失语'挨骂'的问题，使中国真正的'强起来'，实现民族复兴。"[①] 其中第三个解决"挨骂"的问题、实现"强起来"的伟大民族复兴，也是进入新时代不断坚定和提升文化自信所致力的目标，虽然中国拥有无与伦比的文化资源，是世界上仅有的延续数千年不绝的文化奇迹[②]，百余年前英国著名哲学家罗素指出"与其把中国视为政治实体还不如把它视为文明实体——唯一从古留存至今的文明。从孔子的时代以来，古埃及、巴比伦、马其顿、罗马帝国都先后灭亡，只有中国通过不断进化依然生存"[③]，但在国际文化交融和中西文化比较的大趋势中，对"社会深刻变革带来的文化转型""主流文化话语权在文化转型中缺失""文化/历史虚无主义的乘虚而入"[④] 的冲击客观存在，时刻提醒我们务必牢记使命，不懈奋斗，解决"失语挨骂"的问题。

（一）文化转型

中国社会从鸦片战争到新中国成立，到改革开放，再到进入建设中

---

① 王珊珊：《中国共产党解决的三大历史问题》，《前线》2019年第6期。
② 龙潇：《"华夷之辨"的理论价值与实践逻辑：基于中国古代文化安全思想的研究》，《思想战线》2022年第6期。
③ ［英］罗素：《中国问题》，秦悦译，学林出版社1996年版，第164页。
④ 刘旺旺：《全球文化交融背景下提升文化自信的意蕴、挑战及对策：学习习近平关于文化自信的重要论述》，《社会主义研究》2018年第1期。

国特色社会主义的新时代，经济、政治、文化等无不经历了一轮又一轮的重大变革。当今的中国，更是处于一个剧烈的转型期，其力度之大、影响之深、辐射之广前所未有，人们的各种需求呈现出多元化、多样化、多层化的特点，并且诸多文化层面的矛盾的出现，诸如传统文化与现代文化、本土文化与外来文化、民族文化与分裂文化、主流文化与多元文化等，使得文化转型更为迫切。

不可否认，全球文化的交融发展促进了如今消费文化的崛起、大众文化的兴盛以及网络文化的普及，甚至基于信息技术的飞速发展和内容产业的日益壮大而培育了繁荣昌盛的文化市场，但也从另一个侧面影响了中华优秀传统文化、中国社会主义先进文化等主流文化在"凝聚共识、安顿人心"上的支撑性作用。例如，由于各种社会因素与自然因素的影响，包括敦煌文物档案在内的我国大量珍贵历史档案已经散失或损毁，尤其是从鸦片战争开始到中华人民共和国成立前，帝国主义列强的侵略和掠夺，又使幸存下来的诸多珍贵档案散失到国外。2019年8月19日，习近平总书记在参加敦煌研究院座谈时指出，"把莫高窟保护好，把敦煌文化传承好，是中华民族为世界文明进步应负的责任"。如何在"社会变革导致文化转型"的大环境下，树立以敦煌文化为代表的中华文化之"根基""支撑"等作用，档案部门、文物部门、文旅部门等责无旁贷。2023年2月15日，包括"敦煌遗书"在内的"二十世纪初中国古文献四大发现展"在国家典籍博物馆正式开展，这是一次打破机关和行业资源壁垒、突破地域限制、整合优质文化资源、共同弘扬中华优秀传统文化的圆满联动，也证明了多元文化交汇、国际文化交融的背景下要实现中国梦，必须以独具中国特色的文化资源作为根基。

(二) 话语缺失

当前我国文化生态中，存在着对主流文化强调不够、对亚文化引导不够、对反文化抵制不够的现象，不同程度存在主流文化疲软、亚文化兴盛、反文化猖獗的现象。[1] 革命文化和社会主义先进文化是我国现阶

---

[1] 刘旺旺：《全球文化交融背景下提升文化自信的意蕴、挑战及对策：学习习近平关于文化自信的重要论述》，《社会主义研究》2018年第1期。

段的主流文化之一，大量的档案史料证明了中国共产党对新中国成立和发展起到了中流砥柱的作用，是历史的选择和人民的选择。例如，国家档案局选取中央档案馆、中国第二历史档案馆保存的中国抗日战争原始档案，包括电报、新闻稿、照片、行军地图等，影印汇编成《浴血奋战——档案里的中国抗战》，并从2014年8月25日起连续30天在其官方网站每天发布一集该专题档案（共三十集），深刻重现了当年中国共产党带领中国人民取得抗战胜利的伟大事迹和中国人民可歌可泣、浴血奋战的历史壮举。又如，在2021年中国共产党建党百年之际，中央档案馆联合中央广播电视总台新闻媒体中心，从2021年3月8日起持续111天隆重推出百集微纪录片《红色档案——走进中央档案馆》，精选中央档案馆大量馆藏珍贵档案，生动讲述档案背后的人物故事，从多个角度呈现中国共产党始终秉承的初心和使命。但是，国外敌对势力勾连下的国内敌对势力出于分裂国家、搞乱中国的目的，炮制大量的反文化甚至极端主义言论来否定中国共产党领导的人民革命史，否定中国共产党领导的新中国建设的历史成就，否定和贬损革命前辈，诋毁党的领袖。在重要场合、主流媒体等为公众营造旗帜鲜明的主流文化当然重要，但是面临陈杂繁芜、良莠不齐，甚至美丑难分、善恶难辨的亚文化/反文化时，尤其是资本市场的无序驱使和工具理性的弱化，人们对于革命文化的敬畏之感、对社会主义先进文化的崇仰之心也就自然被削弱了。

（三）虚无主义

文化转型的驱使加上话语缺失的影响，文化/历史虚无主义极易在开放多元的文化交融环境中乘虚而入。例如，一段时间以来，一些人利用各种网络语言，以段子、笑话等方式拿英雄人物"开涮"；一些人采取谩骂的方式攻击革命烈士；一些人则以所谓学术研究的形式论证革命英雄是所谓的"假典型"，肆意诋毁家喻户晓的革命英雄。真是无所不用其极。"刘胡兰到底是被谁铡死的?"[①] 就十分有代表性。又如，一篇署名为罗冰的《〈毛泽东选集〉真相》的文章，称"《毛泽东选集》一至四卷的一百六十余

[①] 中央广电总台中国之声：《刘胡兰到底是被谁铡死的?》，[2015-07-11]，https://mp.weixin.qq.com/s/Ox6OKfwbr-ngegsHlFnkxA，2023年9月26日。

篇文章中，由毛泽东执笔起草的只有十二篇，经毛泽东修改的共有十三篇，其余诸篇全是由中共中央其他领导成员，或中共中央办公厅以及毛泽东秘书等人起草的"。再如，2021年10月7日，一个网名为"罗×平"的人在新浪微博发布侮辱抗美援朝志愿军英烈的违法言论，辱骂"冰雕连"，并试图全盘否定抗美援朝战争，质疑出兵的正义性，提出正义的反侵略战争需要"反思"，提出"炮灰论""人海战术论"等①，造成恶劣影响。

"文学家、艺术家有着无穷的想象空间，但是不能用无端的想象去描写历史，更不能使历史虚无化"②，"无穷想象"与"无端想象"的文学创造以及文化营造，尽管只有一字之差，但是反映出"拿起档案武器反击历史虚无主义"的重要性。尽管毛泽东主席曾经的秘书也是其多年档案保管者齐得平先生通过大量档案材料详细阐述了《毛泽东选集》均是毛泽东主席自己所做的真相③，曾任国家档案局局长的杨冬权先生通过大量抗美援朝战争前抉择的困苦、战争过程中的艰辛、战争后的胜利与代价等翔实的档案材料论证了该战争的正当性、正义性④，对反击历史虚无主义作出了档案行业的贡献，但虚无主义不会自动消失，也不会静止不变，"拿起档案武器反击历史虚无主义"这项工作对当前的档案事业及其档案工作者而言依然任重道远。

二 国际文化交融面临的外部挑战

国际文化交融并不是均衡平等的，既可以视作基于各国综合国力的

---

① 共青团中央：《诋毁志愿军英烈，@罗昌平账号被关闭，本人被刑拘》，[2021-10-09]，https://mp.weixin.qq.com/s/iopC6vkeRo-tYjeKcCL39Q，2023年9月26日。

② 习近平：《在中国文联十大、中国作协九大开幕式上的讲话》，《人民日报》2016年12月1日第2版。

③ 齐得平，1950年参加中共中央档案管理工作，1960年起专门负责保管毛泽东手稿，直至退休。齐老还参加了编辑《毛泽东选集》第四卷时提供文稿档案等服务工作。齐老作为一名曾长期管理毛泽东手稿的老档案工作者，本着对历史负责、对读者负责的精神，以原始档案为据，撰写《罗冰的所谓〈《毛泽东选集》真相〉究竟是"真相"还是捏造的谣言》一文，严厉驳斥了《〈毛泽东选集〉真相》一文中捏造的谣言，澄清了事实。之后，齐老又撰写了《〈沁园春·雪〉的作者究竟是谁?》一文，再度批驳了《〈毛泽东选集〉真相》中的谣言，此文被中央网信办评为"中国互联网辟谣影响力2018年度优秀作品"，笔者注。

④ 中央档案馆原馆长杨冬权在《开国领袖的立国之战——再论毛泽东与抗美援朝战争》一文中，查阅大量中共中央文献研究室《毛泽东年谱》《建国以来毛泽东文稿》、中央文献出版社的《毛泽东与抗美援朝》《毛泽东外交文选》等档案文献编纂资料，真实再现了毛泽东决定抗美援朝的艰难过程及当时的复杂局势，以及"打得一拳开，免得百拳来"的由来。

文化竞争，又可以视作基于西方文化霸权的价值输出或非西方文化/文明的逐渐式微乃至部分消失，毕竟近现代以来，西方发达国家率先完成工业革命，在科技、文化、经济、贸易等领域占得先机且优势明显，一直对落后国家地区进行文化渗透或价值入侵，对于我国也不例外，西方文化的渗透是长期的、全方位的，对我国社会发展与传统文化复兴构成巨大威胁[1]。例如，文化领域依然存在"以洋为美""以洋为尊""唯洋是从"的心理[2]，外交领域西方国家倾向于以所谓的"价值""概念""标准""规则"[3]等构建自身的话语体系，并在体系内掌握话语权，占领文化制高点以实现干涉他国内政的最终目的[4]，从国家档案精品涉及的中华优秀传统文化、革命文化和社会主义先进文化来讲，这种挑战可以归纳为以下三个方面。

（一）侵蚀传统文化

中华优秀传统文化自始至终都在实现好、维护好、发展好最广大人民群众的根本利益的基础上，通过自由自律、权利责任相统一来努力彰显个人价值，但是西方国家却奉行文化帝国主义，试图侵蚀我国较不发达地区与资本主义语境下的个人主义相背离的中华优秀传统文化。[5] 尤其在我国大力发展城镇化，农村成年劳动力大量进城，农村只是留下妇女、儿童和老人的"农村空心化"背景下，农村的传统文化、乡村文化、宗族文化等日趋弱化。有鉴于此，党的十八大以来党和政府把精准扶贫战略作为解决新时代发展"不平衡、不充分"社会主要矛盾的重要抓手，经过八年持续奋斗，完成了脱贫攻坚的伟大胜利，"中国式扶贫"以及记录脱贫攻坚的档案，产生于农村、记录着农村、服务于农村，致

---

[1] 赵波、高德良：《西方文化渗透对我国文化安全的影响》，中国传媒大学出版社2012年版，第20—22页。

[2] 颜旭：《有效维护我国文化安全：学习〈总体国家安全观学习纲要〉系列谈》，《理论导报》2022年第7期。

[3] 例如，2015年前后，一些国家以个别或集体方式主张"以规则为基础的国际秩序"，已经成为一些西方国家的共同国际关系政策，日益影响着这些国家的法律实践。详见蔡从燕：《论"以国际法为基础的国际秩序"》，中国社会科学出版社2023年版，第24—43页。

[4] 陈小彪：《国家文化安全治理隐忧与应对》，《西南政法大学学报》2022年第4期。

[5] 陈瑞祥、汪全莉：《中华优秀传统文化安全建构研究：兼论击退西方文化帝国主义侵蚀》，《边疆经济与文化》2021年第10期。

力于脱贫攻坚到乡村振兴的"共富文化"理所当然地成为乡村地区文化的主流。但是，我们仍然看到部分农村的传统爱国精神、家国文化教育流于形式，给了西方帝国主义文化、西方宗教思想以可乘之机。① 例如，花木兰的故事，在中国人人皆知，传递的是花木兰替父从军的保家卫国、抵御外侵和孝敬父母等极具中华优秀传统文化特色的美德，但是源自该题材的美国好莱坞电影《花木兰》却画风急转直下，过度推崇个性独立等美国主流文化价值，对由来已久的中国特色传统文化反而避重就轻，甚至在我国农村掀起了释放个性发展、不孝敬老人的小股风潮。②

（二）矮化先进文化

西方发达国家常常打着"自由""民主"等旗号，并将其标榜为所谓的"普世价值"，从而以营造出强烈的文化优越感和价值偏见看待中国，扮演貌似公允的批评者角色③，其本质在于"西方发达国家利用经济上和文化上的优先发展地位，极力将一些原本属于人类社会普遍追求的共同价值化为己有，并按照自己的利益需求将这些价值赋予新的含义，美化成人类文化的制高点向全球扩散，实施文化和价值输出"④。针对中国脱贫攻坚取得的伟大胜利，西方国家视而不见，转而以世人皆知的新自由主义，主张经济私有化、市场化、政治上不干预、不调控，以其迷惑性、欺骗性、隐蔽性在中国多元文化场域暗流涌动，甚至把矛头直指中国道路和中国制度。例如，针对中国抗疫斗争取得的伟大胜利以及由此形成的"人民至上"理念，西方国家视而不见，反而利用国家内部不同政见者为"内应力量"，利用民族宗教问题制造"分化分裂"，利用人权问题推行双标的"人权外交"⑤。又如，一直以来西方国家假借"民主、人权"等名义对我国新疆地区的人权问题发起不实指控，妄图纠集乌合之众抵制我国新疆生产的棉花。⑥

---

① 齐峰、王涛：《西方文化帝国主义与中国农村地区文化安全建构》，《广西社会科学》2017年第8期。
② 王勇：《文化帝国主义与中国电影话语权建设》，《文艺争鸣》2014年第5期。
③ 刘婷：《"普世价值"渗透对我国文化安全的影响与对策探究》，《新闻研究导刊》2018年第11期。
④ 刘旺旺：《全球文化交融背景下提升文化自信的意蕴、挑战及对策：学习习近平关于文化自信的重要论述》，《社会主义研究》2018年第1期。
⑤ 刘建武：《论反"和平演变"的长期性、艰巨性》，《马克思主义研究》2016年第8期。
⑥ 陈小彪：《国家文化安全治理隐忧与应对》，《西南政法大学学报》2022年第4期。

（三）转换特色文化

特色文化，皆因为人类历史发展长河中，不同的民族和国家创造了多姿多彩的文明，是各个国家和民族文化的活动范围和存在空间，也可以理解为文化的边界，而要守住中华文化的民族边界，就要守护好中华民族"在5000年的文明发展中孕育的中华优秀传统文化，在党和人民伟大斗争中孕育的革命文化和社会主义先进文化"[①]。例如，中华优秀传统武术文化遵循"天人合一""身心一体"等理念，彰显着人与万物和谐共生的命运共同体思想，但是在西方长期掌握现代体育话语权的环境下，为了符合击剑、拳击等西方现代武术规则要求，中华优秀传统武术文化主动或被动地忽视了原本所富含的人文主义，甚至沦为西方现代武术文化的"东方变种"[②]，周伟良将其形容为对中华优秀传统武术文化的"和平演变"[③]。张健等分析了新疆民族传统体育文化传承面临着"域外强势体育文化渗透、项目本体文化异化"的困境，并强调"与域外文化交流与融合的同时，实现'和而不同'"[④]。廉同辉等指出南京非物质文化遗产在海外推广中面临着"文化认同感低"的问题，时常遭到国外民众的误读、增值解读或减值解读，再加上语言差异以及翻译的准确性问题，导致传统医药、传统戏剧、民间文学等非遗项目的认同感较低。[⑤] 无论是有意还是无意的"转换"，背后都隐约可见西方国家对中华文化的傲慢与偏见，都是部分反华人士否定中华文化的借口与手段。

外部挑战实质上就是一种主动攻击，我们就应坚持"针锋相对"。西方国家不管是针对我国农村农民的文化攻击，还是针对我国传统文化的隐性攻击，抑或是针对我国革命文化、社会主义文化的长期攻击，均

[①] 习近平：《在纪念孔子诞辰2565周年国际学术研讨会暨国际儒学联合会第五届会员大会开幕会上的讲话：2014年9月24日》，《人民日报》2014年9月25日第2版。

[②] 陈瑞祥、汪全莉：《中华优秀传统文化安全建构研究：兼论击退西方文化帝国主义侵蚀》，《边疆经济与文化》2021年第10期。

[③] 周伟良：《论当代中华武术的文化迷失与重构：以全球化趋势下的国家文化安全为视角》，《首都体育学院学报》2007年第1期。

[④] 张健、孙辉、张建华等：《文化安全视域下的新疆民族传统体育文化及其传承》，《西北民族大学学报》（哲学社会科学版）2017年第5期。

[⑤] 廉同辉、杜越群：《面向国外民众的城市文化品牌提升研究：以南京非物质文化遗产为例》，《江苏海洋大学学报》（人文社会科学版）2022年第5期。

应及时发现、坚决回击。以电影、电视、视频、音乐等领域的文化建设为例，档案部门也是有着广阔的作为空间的。尽管上述领域的进口文化产品有着相对应的专门审查的职能部门，但是档案部门是完全可以为其提供服务的。从审查的"前期控制"来看，近些年来档案部门深入挖掘红色档案资源，建立"四史"教育专题档案资料库，并推出相关主题的有着广泛影响力的档案影视、文创、公益作品等，起码对于审查人员、被审查作品、可能被传播的受众等都是一个前期"控制"预警，因为上述主题及形式容易成为西方意识形态攻击我国的重点；从审查的"全程管理"来看，西方意识形态领域的文化攻击非常具有隐蔽性，经常变换形式、披着各种合法合规的外衣等，给相关职能部门的审查带来干扰和影响，如此一来，对于特定领域、特定主题、特定事件甚至特定人物的档案资源储备和提供利用工作就显得尤为重要。当前"推动重点地区、重点单位建设专题档案数据库，建设国家级专题档案记忆库"成为《"十四五"规划》特意强调的工作也就在意料之中了。

三 中华优秀文化的安全建构

中国历史进入秦汉时期后，形成了大一统的政权统治格局，先秦的华夏族经过与周边夷狄的交流融合，发展成彼时的汉民族；汉民族经魏晋南北朝与周边胡人的交流融合，又发展为隋唐时虎虎有生气的汉民族。[①] 如何处理民族融合与文化交往过程中的文化安全问题，中国古代有一种"华夷之辨"的思想用于处理中国古代中原汉人王朝与周边少数民族政权的关系。如果从文化安全的角度看，即强调既要防止外来文化对本土文化的不良冲击，又注重用先进文化去影响其他文化、促进不同文化交流融合与一体发展，龙潇认为其体现为"防""变""合"[②]，对如今的文化安全策略有着重要的借鉴意义。习近平总书记2014年主持中

---

① 龙潇：《"华夷之辨"的理论价值与实践逻辑：基于中国古代文化安全思想的研究》，《思想战线》2022年第6期。
② 防，即严夷夏之防：华夷之辨重在文化之"防"；变，即用夏变夷：华夷之辨要在文化之"变"；合，即王者无外：华夷之辨旨在文化之"合"。详见龙潇：《"华夷之辨"的理论价值与实践逻辑：基于中国古代文化安全思想的研究》，《思想战线》2022年第6期。

央国家安全委员会时首次提出总体国家安全观，文化安全也被涵盖其中。用"总体国家安全观"审视古代中的"华夷之辨"，再指导今天的中华优秀文化的安全建构，乃至指导非遗、文博、出版以及档案行业的走出去，无疑是紧迫的。考虑到文化安全涉及面很广，这里仅就国家档案精品的走出去以及与档案相关行业可以汲取的经验，谈三点看法。

（一）以底线思维做好"防"的工作

文化本身并没有优劣之分，有的也只是文化特点存在差异而已，但是西方文化对中国文化的诋毁是自近代以来便客观存在的，给中国文化、政治、经济等领域的发展带来了巨大的威胁，所以，以底线思维做好"防"的工作是首当其冲的。例如，中国古代对于严重威胁汉人王朝文化安全的民族，多采用"严夷夏之防"理论，李治亭认为"至秦始皇筑长城，就从地理上将华与夷分开，华处长城内，夷狄处长城外，'华夷之辨'自此成定式"[①]；龙潇认为"长城无疑是秦朝维护国家军事安全的重要战略设施，同时也是维护国家文化安全的外显标识"[②]。进入信息化时代，物理的界线不再成为文化安全防护的底线，使得底线思维面临更大挑战，尤其面对披着"中华文化"外衣的西方文化时，更要用发展的眼光。

防，就得坚持"以我为主"。在习近平总书记总体国家安全观指引下，针对我国文化安全的薄弱环节竭尽全力补齐短板。以农村农民的文化建设为例，档案部门可以作为的空间十分广阔。其一，在档案资源体系建设、质量管控以及赋能"三农"建设上，可以进一步规范乡镇、社区、农村的建档工作，尤其是做好农村集体产权制度改革背景下小微企业发展/新型经营主体培育等档案服务工作。其二，在农业农村农民相应的权益保障上，可以开展农村劳动人口流动、社会优抚、社会治安综合治理、社会救治等与农民生产生活密切相关的档案服务工作。其三，在涉农文化建设上，落实《"十四五"规划》提出的"新时代新成就国家记忆工程"，脱贫攻坚以及共富中国的材料支撑、故事讲述、文化建设

---

① 李治亭：《"大一统"与"华夷之辨"的理论对决：〈大义觉迷录〉解读》，《历史档案》2021年第2期。

② 龙潇：《"华夷之辨"的理论价值与实践逻辑：基于中国古代文化安全思想的研究》，《思想战线》2022年第6期。

等在"脱贫攻坚取得决定性胜利"的背景下显得非常紧迫，而且全国农村情况不一、脱贫历程不一、共富故事不一，也就要求档案部门在赋能"新时代'三农'领域新成就国家记忆工程"时既要全国一盘棋、凝聚出有中国特色的农业新文明、农村新文化、农民新形象，又要兼顾各地特色、实时实地记录下不同地区各有千秋的脱贫之路、共富之路。

如果将"防"的工作做一个总结，其实就是将国家档案精品建起来，尤其是将其中的"资源精品"构筑成为一道中华文化的"万里长城"，即以资源来防。

（二）以开放姿态做好"变"的工作

李焘在论及中国古代少数民族政权的"用夏变夷"理论时记载为"得中国土地、役中国人民、称中国位号、仿中国官属、任中国贤才、读中国书籍、用中国车服、行中国法令"[①]。龙潇认为，"变"的理论指导了魏晋南北朝和五代两宋时期的多个少数民族政权积极学习汉文化、推动自身的汉化进程，使本国的文化实力大为提升，为本国国家安全提供了文化保障。[②]进入21世纪，国与国之间的文化交锋从华夷之辨发展为西方文化对中国文化的侵蚀，虽然"变"的对象变成了西方文化，但"变"的思维仍然是要坚持的。除了"变"的前提和基础，是要构建保障国家文化安全的制度体系和巩固维护国家文化安全的价值认同，这也可视作"防"的要件，"变"的核心和途径是"增强中国文化领导力的产业实力"和"打造提升中国文化的话语体系"[③]。讲得通俗点就是，要增强自身文化的"开发""包装""推广"等能力，进而影响外来文化的"学中""仿中""崇中"的意识，从文化品牌到市场品牌，从物质形态到数字产品，从传统文化到创意产业，既要把中华优秀文化"变"成易于海外推广的国际文化，又要辨别夹带所谓"普世价值"等私货的西方文化，让其"变"成丰富中国百姓精神文化生活的大餐。

[①] 李焘：《续资治通鉴长编》卷一百五十《仁宗庆历四年》，中华书局2004年版，第36—41页。

[②] 龙潇：《"华夷之辨"的理论价值与实践逻辑：基于中国古代文化安全思想的研究》，《思想战线》2022年第6期。

[③] 赵磊、马静舒：《国际文化博弈与维护中国文化安全》，《宁夏党校学报》2019年第6期。

变，就得坚持"开放包容"。就档案业界来讲，可以理解为两层含义：一是档案部门对社会非档案领域、人员、事业的开放；二是中国档案部门对海外社会各界的开放。当今世界我们要"变"的对象是占据世界主流话语权的西方文化，"变"的过程是西方文化进入我国国门之后对其进行的一种转变，党和政府设有专门的职能部门对其管辖，档案部门要做的便是服务与赋能此项工作。众所周知，各个档案馆的馆藏大多都是孤本，就某个主题、某个事件、某个人物的档案往往不一定保存在一个档案馆，仅凭单个学者、单个馆库可能难以穷尽所有相关档案以服务此项工作。此时此刻，"加快推进档案开放""提升档案利用服务能力""加大档案资源开发力度"显得十分重要，尤其是在全国所有档案馆网建设一盘棋的制度体系下，可加快推进全国各级各类档案馆在互联网和移动终端的一站式查询利用服务，以及"深入挖掘档案资源，及时精准为各级党委和政府决策提供参考"等咨询服务。

变，或许是宣传部门、文化部门、安全部门等的本职工作，但是档案部门也有参与、服务与赋能的责任。

如果将"变"的工作做一个总结，其实就是把中国档案制度优势发挥出来，尤其是将其中的"制度精品"转变成各条战线的"后勤保障"，即以制度来变。

(三) 以交融方式做好"合"的工作

元朝和清朝都是中国历史上一统天下的少数民族政权，因为版图之大、民族之众，文化冲突在所难免，仅靠蒙古铁骑和八旗金戈难以办到，唯有"华夷之辨"中的"合"可以有效解决问题。例如，清朝康熙年间不再对长城进行修葺和驻兵，长城不再是"夷夏之防"的物理界线，而只是建筑史上的伟大奇迹。对待长城的观念变化只是其一，不仅如此，礼义、道德、教化等多个领域的中华文化不再是单一的华夏民族的汉文化，而是融合汉文化与各少数民族文化精华于一体的大文化系统，形成了"以德化民、以刑弼教"的文化安全运行机制。①

---

① 龙潇：《"华夷之辨"的理论价值与实践逻辑：基于中国古代文化安全思想的研究》，《思想战线》2022年第6期。

2013年3月，习近平总书记在俄罗斯莫斯科国际关系学院发表演讲，提出"人类命运共同体"理念，"推动构建人类命运共同体，不是以一种制度代替另一种制度，不是以一种文明代替另一种文明，而是不同社会制度、不同意识形态、不同历史文化、不同发展水平的国家在国际事务中利益共生、权利共享、责任共担，形成共建美好世界的最大公约数"[①]。这对我们以交融方式做好"合"的文化安全工作有着重要的指导意义，一是要积极争取中华文化在国际文化中的正当权利，例如将既能代表中国精品又能引领世界的文化精品以各种方式走出去，或以申遗的方式获得国际组织认证，或以产业的方式获得外国民众认可；二是要壮大中华文化在国际市场上的正当利益，例如在中华文化精品走出去的过程中涉及的知识产权利益、合法经济利益等，或以版权的方式获得国际贸易许可，或以服务贸易的方式获得国际贸易利润；三是要尊重外国文化在中国社会的合法权益，既要以"防"的底线思维严防意在否定、矮化，甚至颠覆中华文化的西方文化，又要以"变"的开放姿态拥抱富有国家、民族、地域、科技特色的外国传统文化与现代文明，更要以"合"的融合方式共建"以文明交流超越文明隔阂、文明互鉴超越文明冲突、文明包容超越文明优越，推动人类文明发展进步"[②]，从而弘扬全人类共同价值的全球文化。

合，就得坚持"为我所用"。就档案学界来讲，体现在三个层面。一是客观对待国外档案学术理论，尤其是用历史的态度对待诞生于世界各国在各个历史时期、不同政治环境下、不同文档事件中的档案学术理论，将其中的适用性、时代性、普遍性予以总结、区分和归纳。二是理性对待中国档案学术理论，尤其是用实事求是的态度对待中国历史上各种经典的档案管理制度和经验，以及新中国成立后、改革开放后尤其是新时代以来诞生的解决中国问题、服务中国发展、彰显中国特色的档案管理制度和理论。三是平等对待中外档案学术理论，不能犯"西方理论高人一等""英文文献评价优先"等错误，也不能犯"诞生于异域的理

---

① 习近平：《习近平著作选读》（第一卷），人民出版社2023年版，第103—112页。
② 吴晓丹：《全球文明倡议：点燃人类文明之光》，《光明日报》2023年5月5日第11版。

论解决不了中国的事情"等错误，努力做好两者之间的交流、译介、融通工作，尤其是提炼出解决档案领域世界各国普遍问题的共通理论。

如果将"合"的工作做一个总结，其实就是把国家档案精品凸显出来，尤其是将其中的"学术精品"建设成为沟通世界各国的"学术桥梁"，即以学术来合。

四　他山之石——非遗行业的经验

非物质文化遗产[①]，是世界各国各民族历史文化的重要结晶，诸如一些传统文化元素、文化表现形式、文化实物以及文化场所。[②] 联合国教科文组织《保护非物质文化遗产公约》的宗旨第一条，"确认并保护非物质文化遗产"，如同"世界记忆工程"一样，始终将"保护"放在第一位，但是宗旨的第二条"确保对非物质文化遗产的尊重"、第三条"提高对非物质文化遗产的认知度并确保非物质文化遗产之间的相互欣赏"、第四条"开展国际合作及提供国际援助"除在事实上有助于营造出成功保护非遗的国际、社会和公众氛围之外，宣传、推广可以视作其重要的目标。换句话说，保护与宣传、推广以及本书提及的"走出去"是密不可分、互为促进的，甚至对于很多非物质文化遗产而言，诸如特殊技艺的传承人缺失、人类口头遗产使用区域的萎缩等，不"走出去"，则意味着"消亡"，其"紧迫性"不言而喻。非遗资源与档案资源有着较大的相似乃至相同之处，诸如"非物质""文化性""传统化"等，在宣传、推广乃至走出去等方面也存在较多的共同共通之处，诸如"重展览""报名录""数字化"等，这里笔者归纳了非遗在走出去的部分典型经验，以期对档案精品的走出去有所启示。

（一）建立品牌

非遗主要包括民间文学、传统戏曲、音乐舞蹈、中华武术、民间工艺等，散落在各个民族、城市、村落甚至民间艺人手中，尽管新媒体、

[①] 为概括性强和便于表述，用"非遗"来简称"非物质文化遗产"，笔者注。
[②] 何婷：《新媒体时代下非物质文化遗产品牌化传播的策略探究》，《文化产业》2022年第30期。

数字化等技术为非遗的呈现、传承与保护带来了现实机遇，但总体来讲，由于存在形式、文化内容以及传播方式等限制，并不是天生具有很好的传播属性，再加上其文化的属地性与内容的独特性，难以成为受众数量广泛、接受群体普遍的"爆款"型产品，因此建立品牌至关重要，廉同辉等认为河南登封的"少林功夫"和浙江杭州的"西湖传说"都是利用非遗打造品牌的经典。① 一是以地域为集群单位，省域的或者城市的，形成大品牌中的一员，毕竟单一的某项非遗，很难单凭一己之力取悦兴趣多样的公众，例如，山西的传统戏曲艺术、剪纸、民间文学、民俗活动等为山西省非遗品牌化建设奠定了基础，而后通过挖掘和利用，形成地区特有文化产业。二是以技艺为集群单位，例如，贵州多家企业将贵州非物质文化遗产蜡染、扎染、苗绣相结合，利用非遗工艺发展品牌，包括"松桃梵净山""梅子留香"等品牌；② 又如，国家大剧院于2019年策划"艺海遗珠"非遗戏曲展，集合国内五家戏曲院团体带来5台10场非遗戏曲表演，包括京剧、昆曲、梅派折子戏等。③

（二）数字转型

传统媒体时代，非遗的整体资源是极其有限的，可用于传播和影响外界的资源就更为偶现，总会面临传播内容存在明显区隔和传播媒介依赖单一渠道的尴尬，剪纸只能现场学，功夫只能现场教，织造只能现场摸。但是，数字媒体时代，非遗的整体资源发生巨大变化，不仅是因为非遗内容的影像化极大扩展了自身资源，而且因为传播媒介的情境化，极大丰富了传播渠道。

众所周知的是，非遗类别多、分布散，如何投入资源对其进行宣传始终困扰着非遗管理部门，在国内国外都很难形成较高的知名度和影响力。例如，国家级非遗"南京白局"，原本只是依靠稀少的传承人在剧团、饭

---

① 廉同辉、杜越群：《面向国外民众的城市文化品牌提升研究：以南京非物质文化遗产为例》，《江苏海洋大学学报》（人文社会科学版）2022年第5期。
② 龙兰：《贵州苗绣产业全球高端价值链嵌入研究》，硕士学位论文，贵州民族大学，2020年。
③ 央广网：《国家大剧院"艺海遗珠"非遗戏曲展演相约盛夏 绽放光芒》，[2019-05-07]，http://ent.cnr.cn/zx/20190507/t20190507_524604089.shtml，2023年9月26日。

馆演出进行推广，但是通过基于短视频平台的非遗传播之后，"推进流量聚合，发展粉丝经济""专业机构加持，完善非遗产业"① 的优势已经在各大短视频平台上显现出来，看得见的是呈现的数字化和传播的情景化，看不见的是制作的专业化和推广的市场化，即市场资本和社会力量的涌入，极大地赋能非遗传播，解决了非遗推广在经济上的可持续性难题。

(三) 协同合作

除了上文所讲的建立品牌，需要协同合作以"抱团取暖"；数字转型，需要借助平台以"持续发展"，在涉及非遗申报这一最为关键的环节上，也是需要协同合作的。作为申报者来讲，除严格准备申报文件外，联合国教科文组织评审委员会委员阮氏贤认为联合申报非常重要，"教科文组织鼓励联合申报的目的之一就是在保护共同的非遗过程中促进国际间对话，加强合作"。杨凯博以"送王船"和"班顿诗歌"为例，从"项目内容"的角度阐述了"非遗从根本体现了相关国家人民在文化、传统习俗上的共通性"②；中国社会科学院民族文学研究所研究员巴莫曲布嫫以2003年《公约》名录体系的发展现状为基础，发现"国别申报共569项，来自125个国家；联合申报61项，涉及100多个国家。2020年联合申报冲顶，多达14项；2021年，'训鹰术——一宗活态的人类遗产'经第三次扩展，24个国家先后加入，跨全球三个大陆"，"联合申报已成为次区域、区域开展国际合作的重要行动，在申报规则中享有优先权重"③。

截至2023年3月，列入人类非物质文化遗产代表作名录的35项中国项目中，中国、蒙古国联合申报的"蒙古族长调民歌"（2005）和中国、马来西亚联合申报的"送王船——有关人与海洋可持续联系的仪式及相关实践"（2020）作为成功案例，有不少经验值得借鉴。张劲盛认为，联合申报处处"体现着国家意志和国家在场的影子，是

---

① 郑久良、魏晓：《移动短视频时代非物质文化遗产的传播样式与实践进路：基于互动仪式链理论视角》，《新媒体研究》2022年第20期。
② 杨凯博：《没有哪个国家是一座文明的孤岛：联合国教科文组织亚太地区非物质文化遗产国际培训中心东南亚国家非物质文化遗产联合申报培训班侧记》，《自然与文化遗产研究》2022年第4期。
③ 巴莫曲布嫫：《保护非物质文化遗产国际合作机制鸟瞰：以2003年〈公约〉名录体系的发展现状为中心》，《民间文化论坛》2022年第6期。

在顶层设计和国家统筹下完成的国家行为"，"易于形成自上而下的国家文化战略布局"①；杨凯博认为，联合申报可以借助国家重大战略的支持，例如"'一带一路'合作伙伴联合申报的项目中，很多都在中国境内传承，如'猎鹰训练术''诺鲁孜节''木卡姆艺术'等"②。

当然，联合申报只适用于特定非遗，即内容的确涉及多国且在各国都有一定基础的保存与传承，否则将面临"类似的或相似的遗产不能等同于共享的遗产"的尴尬或挑战，只有"跨境共享的遗产"才能为"相关社区和群体提供认同感和持续感"（《公约》第二条），巴莫曲布嫫直言不讳地发出警示——"有的联合申报案卷按国家逐一罗列碎片化信息，而如何开展联合保护行动，同时确保各自社区实现知情同意并全程参与合作，则成为证据链环上的缺憾"③。联合申报，既是成功之道，也有门槛之高，更有失败之险。

从紧迫性来讲，非遗的走出去，可以归纳为三个方面。一是非遗文化本身的品牌建设数量与质量与中国为数众多的非遗是不相匹配的，我们看到的是一些非遗成功建立了自己的品牌，但我们看不到的则是许多非遗逐渐消弭在经济高速发展的市场环境中，无法实现本土本地本民族文化的传承与价值认同。二是非遗文化面对域外文化特别是披着所谓"普世价值"的西方主流价值文化的冲击时存在着巨大的能力差异，我们看到的是一些非遗成功登顶了世界的舞台，但我们所忽视的却是许多非遗苦于行业标准与国际标准的差异而难以存续，无法实现非遗文化与域外文化的和而不同。三是非遗文化保护的问题日益受到党和国家的高度重视，但是在民间传承人培养和非遗普及人口方面却存在较大的缺口，以至于出现非遗跨文化传播时面临的"行内热闹、行外冷冰"的文化折扣现象。鉴于当前社会各领域、各行业、各主体出现的数字化转型以及融媒体发展趋势，构建非

---

① 张劲盛：《中蒙两国联合申报蒙古族长调民歌的经验与启示》，《文化遗产》2021年第3期。
② 杨凯博：《没有哪个国家是一座文明的孤岛：联合国教科文组织亚太地区非物质文化遗产国际培训中心东南亚国家非物质文化遗产联合申报培训班侧记》，《自然与文化遗产研究》2022年第4期。
③ 巴莫曲布嫫：《保护非物质文化遗产国际合作机制鸟瞰：以2003年〈公约〉名录体系的发展现状为中心》，《民间文化论坛》2022年第6期。

遗文化的数字化传播媒介与平台，引导规范政府、社会、资本、个人参与其非遗文化的开发、整合与推介，是颇为紧要的。

综上所述，国家档案精品走出去面临各种内、外部挑战，需要建构中华优秀文化走出去的安全体系，非遗行业多方位诠释了及时对外传播中华文化的紧迫性，详情见图4-3。

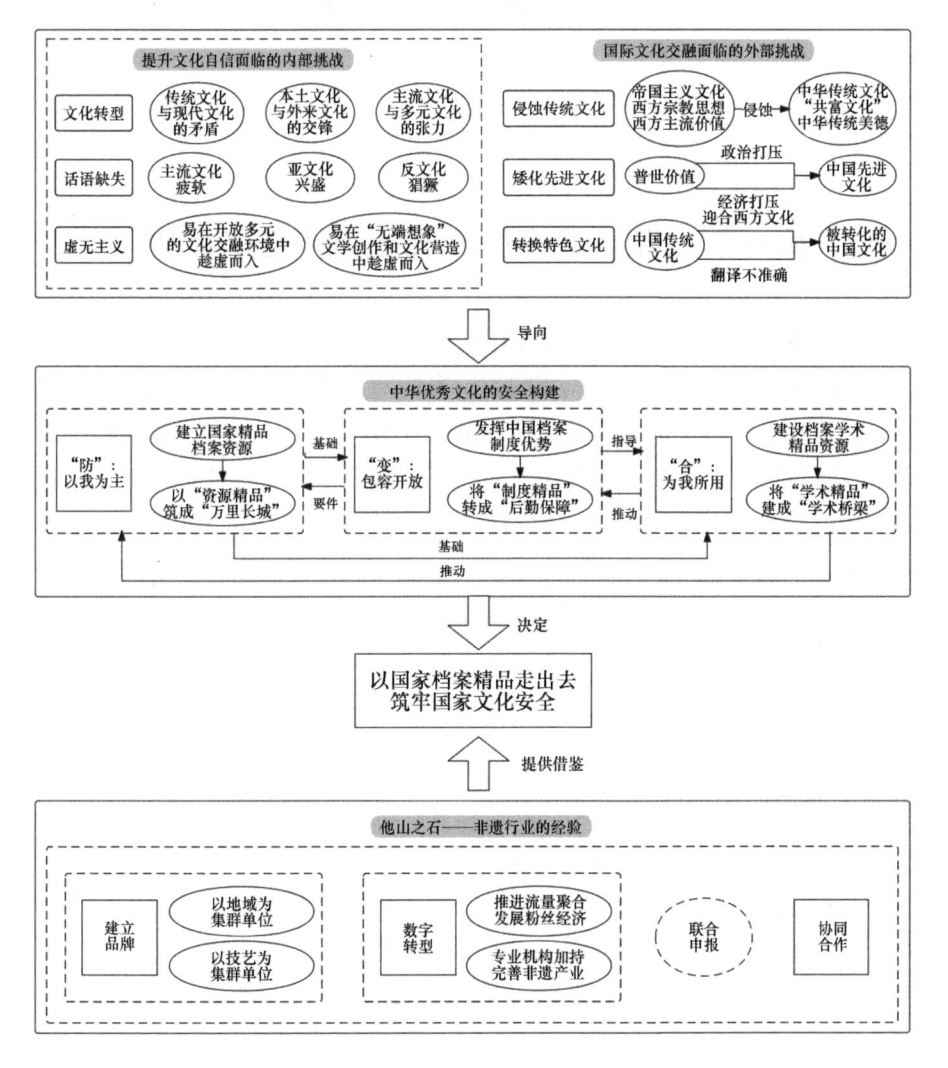

图4-3 紧迫性：筑牢国家文化安全逻辑图

第五章

抉择：国家档案精品走出去面临的问题与契机

第一节 制约国家档案精品走出去的问题

一 走出去的有效路径尚需拓展

国家档案精品是由具有民族的、国家的乃至世界的历史文化意义的代表性档案文献、理论成果和文化精品凝聚而成，其走出国门，能够较好展示一国的国际形象和承担国际交流的重要使命，也是通过档案走出去来践行档案强国战略的重要体现。然而，诚如本书第三章所介绍的国际组织、主要国家的典型做法以及第四章出版、文博、非遗行业的经验时可知，产业化、数字化、协同化等方式花样百出，走出去的路径也是五花八门，与此形成鲜明对比的是我国的文化产业、内容产业尚处于起步阶段，文化产业链并不完整、惠及面并不广泛以及由此驱动的文化创新力并不强劲，再加上文化差异、习惯差异、技术差异等主客观因素，导致我国的国家档案精品走出去面临的首当其冲的问题便是有效路径尚需拓展。

（一）走出去路径的一般要求及表现

以联合国教科文组织《建议书》的第5部分"国家和国际合作"为例（见表5-1），可以初步推断出国家档案精品走出去的五个主要方式：①数据库、档案资源建设平台的构建，包括档案资源利用的分级数据库、副本数据库、濒危档案保护数据库等；②国际会议的举办，包括培训会、研讨会、专题会议、技术交流会等；③各种出版物、副本印刷品、跨境展览等；④国际政策、标准、规范等的制定和推广；⑤国际组织、地区等的合作。

表5-1 联合国教科文组织《建议书》中关于国际合作的内容及形式

	条款内容	合作的主要内容	可能的成果形式
5.1	鉴于有必要加强国家和国际合作与交流，特别是汇聚人力和物力帮助开展文献遗产的研究、保护和保存，会员国应支持研究数据、出版物和信息的交流。	文献遗产数据、出版物、信息的交流	数据库、纸质/电子出版物、各种信息交流平台
	支持专业人员的培训及设备方面的交流。	文献遗产保护人员培训、设备技术交流	培训会、保护技术交流会
	会员国应就特定专题，如编目、风险管理、濒危文献遗产的确认和现代研究等，举办会议、研究班及工作组会议。	可就任何主题进行国际交流	专题会议、专题研究班
5.2	会员国应鼓励与文献遗产保存和获取相关的国际和地区性专业协会、机构和组织开展合作，以便实施双边或多边研究项目并发布准则、政策以及最佳做法模式。	与相关国际和地区性组织合作	制定政策、发布准则、推广最佳模式
5.3	请会员国为国家之间交流与其自身的文化、共有历史或遗产相关的文献遗产副本，以及一直是另一国家保存工作之对象的其他经确认的文献遗产副本提供便利，在它们拥有共同的、交织在一起的历史时，或者在复原失散的原始文件的范围内，尤为如此。副本的交流将不对原始物品的所有权产生影响。	对某一主题的文献遗产涉及多个国家或地区时，提供副本的共享、交流等服务	副本交流政策、副本数据库、副本展览、副本印刷品等
5.4	会员国应竭尽所能，采取一切适当措施保护本国文献遗产，使其免遭一切人为和自然危险，包括武装冲突所造成的风险。	文献遗产保护是本国的本职和基础工作	国际保护政策规范、公约、各国保护经验模式方法探讨
	对于无论是在某一会员国领土上还是在其他国家领土上的文献遗产，会员国均应避免采取可能损害它们、减损其价值或妨碍其传播和使用的行为。	文献遗产保护是国际交流的基础	
5.5	鼓励会员国应另一会员国的要求，参与国际合作，用数字化或其他方式保护濒危文献遗产。	保护濒危文献遗产	濒危文献遗产数据库的建设与共享
5.6	请会员国酌情设立"世界记忆"国家委员会和国家名录，通过其记忆机构加强与世界记忆计划的合作。	国内世界记忆组织的设立	国内相关组织与地区组织、国际组织的合作

与此相对应，中国在最近十年来，数据平台建设、国际会议举办、跨境档案展览、标准参与制定、国际组织合作等方面都稳步有序地推进。例如，"建成运行了全国档案查询利用服务平台，接入近12000家档案馆，纳入全国一体化政务服务体系"，"高标准高质量做好党的二十大、北京冬奥会和冬残奥会、第五届中国国际进口博览会等重大会议活动，载人航天、C919大飞机等重大工程项目档案工作，全面记录留存新时代新变化新成就"，"组织开展第五批中国档案文献遗产名录评选工作，55项档案文献遗产入选。积极做好世界记忆名录申报工作，推动《中国贵州水书文献》《大生纱厂创办初期档案（1896—1907）》成功入选世界记忆亚太名录"[1]。但是，我们也应当看到，国内档案文化资源、档案文化产品、档案文化传播平台等建设仍然以政府为主导，缺乏以政府、市场、社会等多元配置档案信息资源等方式，直观印象下我国推出的档案资源多偏重政治性与社会性，反而国外尤其是西方国家在政府主导甚至直接干预下、在市场驱动尤其加大刺激下、在社会力量尤其披着所谓"非政府、非营利"外衣下，文博、出版、影视、档案、图书、文旅等推出的产品大多兼具文化性、市场性、政治性。最为常见的，例如，我国档案资源体系建设在大规模的资源积累方面有明显优势，却无力应对市场上小规模、变化快、下基层的资源需求和文化需求。[2] 西方发达国家档案文化资源市场性开发与运作模式较为成熟，在线档案文化产品商店私人定制等人性化服务为其赢得一定的市场。[3] 对此，国家档案精品的走出去，亟须打开思路，例如，吸引社会公众、市场组织、政府部门等多元主体的共同参与和运营，打造档案文化产品共享和交流平台。亟须拓宽路径，例如，结合海外消费者的喜好推广"富有中国元素的档案文化产品"，培育固定、忠实且有一定规模的海外消费群体，才能使国家档案

---

[1] 陆国强：《全面贯彻落实党的二十大精神 奋力书写档案事业现代化和高质量发展新篇章：在全国档案局长馆长会议上的报告》，《中国档案》2023年第2期。
[2] 王小云：《基于价值实现和权利保障的档案资产论建构研究》，社会科学文献出版社2018年版，第163页。
[3] 郭辉、谭必勇：《美国国家档案馆网上商店档案文化产品研究》，《浙江档案》2016年第12期。

精品既能走出去，又能走进去。

（二）走出去路径不足的具体体现

思路上的局限导致输出路径上的不足，进而导致影响力不够，主要表现在以下三个方面。

一是输出主体比较单一。宣传工作主要由档案部门承担，高校、企业等社会团体和民间组织的参与感与存在感都比较弱，需要调动各方力量，增强各个主体的参与意愿，相互协调统筹优化，以打开走出去的格局。新《档案法》所提出的"鼓励社会力量"参与国家档案事业的发展，笔者尚未发现具体的表述或定位，更遑论具体到"国家档案精品走出去"这个细分领域的"社会力量参与"。

二是输出形式比较固定。一般以纪念品、档案展览、宣传册等为主，缺乏艺术性、共融性、共情力的经典产品和品牌产品，需扩展走出去的范围。当然，形式的固定，也取决于对国家档案精品的认知，既往的认知大多囿于档案的特殊载体、独特内容，并没有认识到档案的基础理论、制度创新乃至新技术的运用等，都可以或独立的，或附载于档案载体或档案内容之上予以推广出去。

三是输出影响有待提升。中国档案国际宣传工作起步较晚，例如美国等西方国家于1910年就已参加了布鲁塞尔图书馆员与档案馆员大会，我国在1980年才正式加入国际档案理事会，因此中国档案的影响力与宣传力度都明显落后于西方发达国家。[①] 与长期占全球主导地位的西方媒体和话语体系相比，中国档案推出的档案、制度、理念或理论受制于各方因素，还难以与西方隐藏在"娱乐产业""规则体系""学术规范""文旅融合"等光鲜外衣下的强势输出相抗衡。例如，美国好莱坞电影于2004年推出的《国家宝藏》系列电影，非常巧妙地将美国国家档案馆的镇馆之宝——《独立宣言》的重要价值、部分内容、特殊载体予以展示；中国央视科教频道也于2017年推出《国家宝藏》系列纪录片，融合应用纪录片和综艺两种创作手法，以文化的内核、综艺的外壳、纪

---

① 刘俊恒、龙家庆：《中国参与全球档案治理的历史与问题：以国际档案大会为例》，《兰台世界》2018年第10期。

录的气质，创造一种全新的表达。① 我们很难判断孰优孰劣，但是单就隐蔽性而言，前者更强。试想一下，藏在中国各级各类档案馆的"国家宝藏"也不在少数，如今中国的影视产业也跃居世界前列，何时能够以此种"隐秘性"极强却影响力极广的方式走出去，值得探讨和实践。

二 走出去的文化沟壑亟须填补

国家档案精品走出去，其目的也在于在文化自信背景下，更好地讲述中国故事、传递中国声音、构建中国话语体系。基于档案文化产品受众的差异，海外民众更多的是想要了解中国当代人民群众所听、所见、所思、所想，想要感受在中国生活的身体状况以及精神状态，这就要求档案文化能够恰如其分地展现出当代中国人民群众在精神层面的诉求，即习近平新时代中国特色社会主义思想等意识形态理论体系的体现。

通过档案文化向世界展现出中国的意识形态建设、国家文化软实力的现状与水平，对目前的档案工作来说仍然是比较艰难的。在市场经济条件下，我国档案文化在探寻如何保持原有的本质、发挥好承载中华文化记忆、构建中华文化体系、树立良好的中国文化形象这一过程中还将面临各方面严峻的挑战。

（一）文化沟壑导致文化误读与曲解频发

以档案文化交流中的学术交流为例，尽管中外档案学术研究的土壤有差异，但正如理论联系实践原则，即越是体现中华民族特色的、深入中国档案实践的学术研究成果，越容易成为世界级的学术经典之作，否则只能成为西方理论的舶来品。也正是因为不同文化氛围下、不同政治体制下孕育的档案管理实践活动的差异，也在一定程度上影响着中外档案学术交流的深度，甚至成为国际档案精品走出去的"沟壑"。尤其表现在中西方文化差异较大、文化误读与曲解频发等方面。

首当其冲的便是汉语学习难度较大，制约着汉语的国际化推广。从字义、词义以及语法特点来看，汉语作为东方语言有其自身特点，

---

① 刘朝霞、尤雅秋：《文化综艺节目中的国家形象建构：以〈国家宝藏〉为例》，《青年记者》2019 年第 12 期。

与英文以及其他西方国家的字母语言相比存在不小差异①，也顺带着影响了以汉语为主的国家档案精品的国际化推广。尤其是语言文字与推广对象所在的科学文化土壤也存在差异叠加的情况下，则更为复杂。例如，与前文提到的《中华帝国全志》中中医所言"开心"，意为"开心智、开心窍"，但译者解释为"心情舒畅"一样②，这仅仅只是一个翻译问题。中国13项世界记忆中《本草纲目》和《黄帝内经》均代表了中国传统中医药的经典，中医的诊疗方式常通过"望、闻、问、切"等较为委婉含蓄的方式，而西医则多通过仪器诊断，使用标准化的方法诊疗，这两种医学在思想和观念上都不尽相同③，翻译问题再叠加了科学文化土壤的差异，导致的结果便是中医的针灸和推拿等保健方式在西方颇受欢迎，但是中医的主流市场——诊断与药方却在西方受到冷遇。又如，在传播中国传统的茶文化或推销茶叶商品时，将乌龙茶或龙井茶名字中的"龙"字翻译出来，则会引起严重的错误④，因为龙在我国是吉祥的象征，但在西方却是邪恶的代表⑤，翻译问题再叠加了传统文化土壤的差异，导致的结果便是此类茶叶或茶文化易于引起西方公众的厌恶。

文化差异，不仅在于语言文字，中国传统文化中的平等观，不仅表现在人与人之间，而是一种存在于万物众生之间的平等，这种平等观潜移默化地影响到人的行为活动中，在交流环节中依然发挥着约束与规范作用。千百年来，互敬互爱、人人平等、社会和谐的大同思想成为广大人民群众对一种美好社会的向往和追求。⑥西方的平等观主要存在于个人私有权利的框架中，存在于资本垄断的基础上，这种平等观并没有涉

---

① 郎琦、张金辉：《以中华文化海外传播助推更多中国产品出口》，《云南社会科学》2020年第1期。
② 付璐、肖永芝：《浅谈〈中华帝国全志〉对〈本草纲目〉的翻译与传播》，《中医杂志》2019年第15期。
③ 刘新鸥、申俊龙、沈永健：《中医药文化传播现状及传播模式分析》，《中医杂志》2016年第10期。
④ 周保群：《文化视域浅析茶叶英语翻译技巧》，《福建茶叶》2022年第12期。
⑤ 林桂红：《中外文化差异背景下的茶产品英译策略研究》，《福建茶叶》2018年第3期。
⑥ 杨红、吴映萍、张立程：《论毛泽东的平等观》，《理论月刊》2008年第1期。

及社会层面的普遍平等，因而表现出极大的局限性。① 另外，中西方价值观与道德标准也存在着很大差异，比如西方人崇尚个人英雄主义，而中国人提倡谦虚谨慎，因此在中外交流中很难做到真正意义上的平等交流。这也间接导致了我们的传统文化到了西方世界，却被无意误读或有意曲解为西方主流价值观所认可的人物或精神，文化误读指的是对自己本民族或其他民族文化中的某些生僻或普遍问题产生误解的现象，而文化曲解则是在此基础上更进一步地歪曲原义或胡乱解释。

由于中西方文化之间的差异客观存在，在彼此进行以中华优秀文化为主的档案文化交流时，必然会产生不同层面、不同程度的文化误读，文化误读总是作为必然结果而产生的，这种结果无法避免，在一定程度上是可以接受的，需要通过不断的交流来尽量减少文化曲解的产生。我们可以想象得到，代表中国古代医学药学研究的系统理论的《本草纲目》和构建中医学理论体系、医疗模式和食药理论的《黄帝内经》与诞生在解剖、病理和生理基础上的西医文化会形成怎样的碰撞，还可以想象得到，代表中国古代语言文字的先进思想的"甲骨文"和代表了中国古代建筑设计先进思想的"清代样式雷图档"，与西方迥然不同的拉丁文字和建筑材质、建筑色彩、美学艺术及空间布局会形成怎样的碰撞，而且我们还必须面对一个基本事实，即从本质上来说，中西双方难以平等交流主要源于西方对中国文化缺乏基本的了解，原因是多方面的。一是西方人生来所具有的种族、文化上的优越与傲慢，不大愿意去了解中国文化；二是西方主流媒体对中国形象的肆意抹黑，刻意向公众曲解中国文化；三是在过去很长一段时间里，中国人都倾向于学习并推崇西方的语言、文化，却忽视了向世界传递中国声音，这种长期忽视造成了中国人对自身文化的信心缺失；四是对自身文化的封闭、保守也导致了本民族文化形象的弱化与滞后，在一定程度上使中国形象在西方人眼里变得刻板又片面，从结果上也导致了中西双方平等交流各自传统文化的意识缺失。

---

① 刘乃源：《马克思平等思想的内在逻辑及其对西方平等观的超越》，《湖南师范大学社会科学学报》2011 年第 3 期。

（二）走出去的沟壑亟须跨越

文化沟壑不是不可以改变的，仍然以《本草纲目》以及"清代样式雷图档"为例，它们除代表中医药的先进理论和中国建筑的先进思想之外，李时珍"走遍大江南北、尝百草、访名医"式的勇于探索和科学实践的艰苦历程如何重现[1]，样式雷图档所体现的"中国古代皇家建筑在机构设置、人事安排、组织管理、工程进展、施工礼仪等"如何表达，王运彬等在阐述世界记忆进校园时认为，"以李时珍走访大江南北的时间线索来编剧，或以样式雷家族的成长线索来编剧，既有原始材料依据又有故事情节感染的脚本，为工匠精神在虚拟空间的完美演绎提供基本前提"，然后"采用可视化的叙事方式，将不够具体的知识变得秩序井然和形象具体，使那些由年代、人物、事件堆积出来的原始记载从古籍原文中'活态化'"，从而诠释东方的工匠精神。[2] 庄西真认为，的确存在不同的地域差异或行业特点，但也有不少相似之处和共同的发展规律，甚至可以称之为工匠精神的地域变奏：东方与西方的交响，譬如，与萌芽于古希腊—罗马时期被看作"非利唯艺"的纯粹精神，发展于中世纪被赋予神学色彩，而后随着宗教改革的推进以及手工业行会制度建立的，到了现代随着手工业行业标准、工艺流程的确立所形成的"以质取胜、尽善尽美"的制造精神[3]，简言之，国家档案精品走出去的确存在沟壑，但不是不可逾越的。

此外，海外受众培养滞缓，缺乏对海外受众的了解和细分，也是走出去面临的沟壑之一，正如英国文化协会全球总监马丁·戴维信在谈及英国文化协会的文化推广经验时谈到"文化推广最重要的是倾听，听听外国人觉得你的文化中哪一部分最有趣，最能满足他们的需求"[4]，对受

---

[1] 沈忱、陈卫平：《〈本草纲目〉对日本、朝鲜医药学界影响的比较研究》，《南京中医药大学学报》2014年第2期。

[2] 王运彬、方华、曹志强、邓莉：《新〈档案法〉背景下我国世界记忆校园推广的"五微五阵地"建设探析》，《档案学研究》2023年第1期。

[3] 庄西真：《多维视角下的工匠精神：内涵剖析与解读》，《中国高教研究》2017年第5期。

[4] 李雪涛：《对国家社科基金"中华学术外译项目"的几点思考》，《云南师范大学学报》（对外汉语教学与研究版）2014年第1期。

众的了解以及对受众需求的认识，是一切传播活动的根基。[①]

近年来，随着中国文化"走出去"战略的不断深化和推进，档案走出去工作也越来越需要寻找档案文化产品海外市场和相对应的消费群体。但是，一方面，中国档案文化产品长期以国内宣传为主，缺乏海外宣传经验，往往对产品受众喜好的把控度不足，无法把合适的档案文化产品精准推送到对应的海外消费群体面前。另一方面，不同国家、不同地区的发展水平不同，各地区的文化发展水平、偏好也不尽相同，对档案文化产品消费群体消费喜好的研究与把握难度较大。目前，我国在利用自身优势方面尚有不足，既缺乏国际视野，也没有通过多方面渠道、大数据等科技手段来对海外受众的偏好类型进行精准定位，在档案文化产品的输出形式上很少做到既能够保持原有的优秀中华文化底蕴，又符合世界各国不同类型群众的审美需求。

三　走出去的相关资源还需完善

目前，走出去的资源以档案文献内容为主，档案学术精品较少，档案体制精品没有。

（一）档案学术精品资源建设不足

以学术表述的语言语境为例，外文期刊很少发表中国档案学者的论文，中文期刊原文翻译国外学者论著的数量也不多见，进入21世纪以来，仅有《电子证据——当代机构文件管理战略》和《19—20世纪建筑文件档案化保管指南》两本译著。[②] 另外，国内档案人才海外进修数量明显高于海外档案人才到中国学习的数量。截至2022年12月，中国大陆地区开设图书情报与档案管理专业的高校仅占iSchool联盟123个成员机构中的11席（中国人民大学、武汉大学、中山大学、南京大学、华中师范大学、吉林大学、南京理工大学、南开大学、上海大学、苏州大学、郑州大学）。[③] 而西方发达国家凭借英语话语优势，借助国际档案理事

[①] 梁斐:《中国学术出版"走出去"的要素剖析与改进思路》,《国际传播》2019年第4期。
[②] 邢变变、孙大东:《渐行渐远渐无书：国外档案学译著在中国》,《档案学研究》2015年第4期。
[③] "Members Database", iSchools, [2023 - 10 - 22], https://www.ischools.org/members.

会、国际档案大会、英文国际刊物等平台频繁且十分容易地推介其档案思想、观点与经验等。

当然，中国档案学术精品走出去也取得了一些成就。例如，受联合国教科文组织世界记忆项目咨询委员会委托，国家档案局将世界记忆项目北京学术中心设置在中国人民大学（2017），该校还计划建设档案学国际研究中心，邀请国外档案学者到中心工作或联合开展研究，由中国主导国际热点难点问题探讨。在此前后，世界记忆项目的"澳门学术中心"（2016）、"福建学术中心"（2018）、"苏州学术中心"（2018）等先后成立，旨在宣传和推广世界记忆项目、召开国际学术研讨会、促进国际档案工作交流等。① 但仍旧凸显出我国的世界记忆项目在走出去的过程中存在"数量较少、规模较小、影响力不够"等不足。又如，参与国际合作项目的研究、参与国际标准的制定、参与国际档案理事会项目的创建等，大多局限在中国人民大学、武汉大学等少数高校的少数学者。简言之，多方面因素导致了中国档案学界在信息资源管理一级学科的国际学术交流中稍显微弱。

（二）档案体制精品的提炼不足

档案体制精品的提法，在档案学界尚未发现，但是并非笔者随意臆造，其根源在于对我国档案管理体制的制度自信，以及将其总结、归纳、提炼为一整套完整的理论体系，亦可划归为档案学术精品的一部分。正因为在档案学界提法很少，以及中外档案管理体制的差异很大，造成国家档案精品走出去或者档案学术交流过程中较少涉及档案体制精品，但"四个自信"中制度自信造就文化自信，文化自信是更深层次的制度自信，或者表述为关于管理体制、规范、制度、标准、法制等的一种文化自信，缺少了中国档案体制精品的自信与外宣，走出去就是不完整的。档案事业管理体制是国家档案事业管理的体系和组织制度，包括档案事业机构设置及其隶属关系和权限划分等内容。由于世界各国的历史条件和国家结构形式不同，因此各个国家的管理体制也存在很大的差异。总的来说，可以将世界各国的档案事业管理体制分为集中式和分散式两种

---

① 中国国家委员会世界记忆项目，https://www.saac.gov.cn/mowcn/cn，2023年9月26日。

类型。

我国实行的是"统一领导，分级管理"的集中式管理体制。这种覆盖面广、结构严密、管理有序、适合国情的模式保证了档案事业的快速、稳定发展。例如，围绕"世界记忆工程"，中国地方档案部门积极参与，从省市级的珍品档案到国家级的"遗产名录"再到区域性的"亚太名录"，一直到世界级的"记忆名录"，正是因为中国档案体制迸发出的巨大优势，让世界通过中国档案、通过《世界记忆名录》了解和认识了中国；[①] 也正是这种体制优势，我国才形成了完备、领先的档案馆室网布局，形成了系统、完善的档案专业教育体系。

西方大多数国家实行的是分散式的档案管理体制。例如，美国在首都设立的国家档案与文件署与各州机构相互独立，各州设立的档案馆和档案与文件局自行管理其档案事务。[②] 集中式和分散式两种管理模式各有利弊且都有互相借鉴之处，而最终采用哪种模式应该由本国的国情来定。但是，由于意识形态领域的冲突，导致西方国家攻击中国社会主义政治制度时，连带性地贬低中国集中式档案管理体制，甚至带有"中国档案只为政党服务"的刻板印象，对中国档案管理体制优势以及由体制优势带来的档案事业成就往往视而不见。

当然，中国档案体制想要为国际社会所了解亦需要在国际上进行宣传，而话语权的薄弱也是另外一个原因，经常致使中国档案制度面临被国际社会所误解的困境，而化解类似困境，又需要档案内容精品、档案学术精品和档案制度精品持续有效地走出去。

以近年来比较热门的全球档案治理为例，全球档案治理是档案治理的国际化，是以促进国际档案事业发展为目标而开展的一系列活动，包括学术理论研讨、业务环节优化、各国档案特色交融等方面，特别是全球档案法规等相关标准的制定。[③] 参与全球档案治理是参与国际档案界交流的一个重要平台。1980年，中国加入国际档案理事会，中国档案治理开

---

① 赵彦昌：《世界记忆工程与中国地方档案事业发展》，《档案与建设》2017年第1期。
② 周璐：《中外档案学研究差异之原因分析》，《档案学通讯》2012年第5期。
③ 王玉珏、李子林、龙家庆、刘俊恒：《中国参与全球档案治理：历程、挑战与策略》，《档案学研究》2019年第1期。

始登上国际舞台。在国际档案大会上，中国发挥了自己独特的作用，为国际档案事业的发展提供了中国方案和中国智慧。但是，由于中国参与国际工作起步晚且经验不足，当前还处于初期阶段。一是中国虽然积极参加国际档案活动，但实际参与的深层次决策较少。例如，相比于欧美国家，中国在国际档案理事会中的人数较少，领导层更是寥寥无几。二是中国引进的国外理论较多，在与国际档案界的交流中，中国引进了大量的西方档案学理论和著作，如文件生命周期理论、文件连续体理论、来源原则等，而中国本土的档案学理论走出去的却很少。固然存在中国本土的档案学理论本身不多、创新不足等原因，但更多的是中国原创的档案学理论在国际上宣传不够，进而导致影响力不足、国际话语权更加薄弱。

（三）走出去时对外交流资源的协调和利用不足

陆国强在2023年2月16日全国档案局长馆长会议上的报告中，就"关于2022年工作和新时代10年档案工作成就"的回顾上，阐述为"中国人民大学以档案学院成立70周年为契机，打造中国特色、世界一流档案学科。深化档案双多边交流合作，充分发挥档案在服务中国特色大国外交中的重要作用，中俄两国档案部门合作编纂的《中苏文化关系档案文献汇编（1949—1960）》在中俄人文合作委员会第23次会议召开期间出版发行"；就"2023年档案工作主要任务"的部署上，要求"深化国际交流合作，在发挥档案独特作用服务中国特色大国外交上下功夫"。"围绕党的二十大决策部署，以加强档案国际交流合作为载体，推动中华文化更好走向世界。积极参与联合国教科文组织世界记忆项目，持续推动有关档案文献入选《世界记忆名录》。以中国档案文献遗产名录为基础遴选建立世界记忆名录备选项目库。进一步完善世界记忆名录申报与管理制度，开展世界记忆名录申报培训。继续发挥世界记忆北京、福建、苏州和澳门学术中心在研究、保护和宣传等方面的示范引领作用。"[①] 可以发现，就走出去的传播主体而言，已经形成了国家档案部门、高校档案智库、世界记忆学术中心等构建的集群，但是走出去毕竟

---

① 陆国强：《全面贯彻落实党的二十大精神 奋力书写档案事业现代化和高质量发展新篇章：在全国档案局长馆长会议上的报告》，《中国档案》2023年第2期。

也是一项文化外交活动，对于外交资源的协调和利用略显不足。

广义上的外交资源并不是仅仅局限于外交部门，而是包括政治、经济、文化、军事、科技等各方面各领域内的一切可运用的资源，特别是人文方面的外交资源在档案走出去中扮演着十分重要的角色。人文方面的外交资源涵盖领域比较广泛，包括文化、智库、教育、科技、媒体等基础外交资源。[①] 上述外交资源与档案走出去工作关系密切，一方面，档案工作中的国际合作会对外交工作产生影响；另一方面，外交中的科技、媒体等各方面资源都在档案走出去过程中起到相当大的助力作用。

目前，利用我国外交资源宣传档案工作并不多见。例如，我国档案部门一般情况下和外交部合作较多，通过驻外大使馆、领事馆等官方以及驻外企业、驻外新闻和民间机构等非官方组织机构进行档案宣传的并不多，因此还存在着很大的合作空间。

外交资源的利用也存在不足。一方面，没有广泛运用国内外各方面公共外交资源，在实际的档案宣传过程中，大多数宣传是单纯以馆藏开放、讲解式为主，缺乏吸引力。例如，美国为了向国外宣传《绿野仙踪》系列档案产品，不仅在世界范围内以多种语言发布了《绿野仙踪》相关衍生著作和产品，还在全球开展了《绿野仙踪》音乐剧巡演，这种以线上节目与线下剧场相结合的新型档案产品宣传形式无疑是值得我国进行投入并效仿的。另一方面，没有进行公共外交资源的挖掘、加工、整合等，宣传形式相对呆板、单一，缺少互动，使得目标群体参与热情不高。例如，德国的歌德和席勒档案馆为不同年龄阶段的学生提供文化教学计划，2017年在魏玛以"浮士德的愿景"为主题开展教师培训研讨会也吸引了各类群体参与到该类宣传活动中来，我国类似活动举办得相对较少，无法吸引各类群众的目光，难以获得目标群体的青睐，在一定程度上阻碍了我国档案文化在国际上的传播力与影响力。

四　走出去的人才建设有待加强

2021年5月，习近平总书记在就加强我国国际传播能力建设的第三

---

① 许利平：《新时代中国周边人文外交》，《云梦学刊》2020年第4期。

十次集体学习中强调,"要全面提升国际传播效能,建强适应新时代国际传播需要的专门人才队伍"①。进入新时代的十年间,全国档案事业发展"着眼档案事业长远发展,实施人才强档工程,在全国档案系统组织开展国家级档案专家、全国档案工匠型人才、全国青年业务骨干'三支人才队伍'选拔工作,选拔出各层次人才1909人,形成了一支梯次合理、素质过硬、青蓝相继的档案干部人才队伍"②,为走出去提供了一定的人才队伍。但是,国家档案精品走出去对档案人才提出了更高的要求,需要一批复合型、高素质的国际化档案人才,即既具备良好的档案专业素养,又具备跨文化交际能力,还具有一定国际眼光的档案文化产品的创新能力的人才。

(一)档案专业人才培养的数量、质量均有明显短板

从全国范围来看,档案专业人才的缺口较大,"全国有各级档案行政管理部门及各级各类档案馆7100多个,这意味着上述单位平均5年才有1.34名档案学专业毕业生供给"③。从高等教育分布来看,分布不均衡。笔者通过网络调研得知,目前,全国本硕阶段开设档案学专业的高校共39所,大多集中在东部地区。④ 其中,江苏6所,上海3所,北京、河北、天津、辽宁、河南、湖北、广东各2所,浙江、内蒙古、吉林、黑龙江、安徽、福建、江西、山东、湖南、广西、四川、贵州、云南、西藏、陕西各1所,甘肃、青海、海南、重庆、新疆、宁夏没有高校开设档案学专业。⑤ 从培养质量来看,专业型、高层次的人才培养仍有较大缺口。例如,在人才培养体系方面,硕士研究生分为学术型和应用型(专业硕士)两种类型,档案学有着明确的职业面向,属于应用型专业,最终目标是培养应用型人才,因此在教学培养过程中应该注意专业知识

---

① 习近平:《习近平在中共中央政治局第三十次集体学习时强调 加强和改进国际传播工作 展示真实立体全面的中国》,《中国广播电视学刊》2021年第7期。
② 陆国强:《全面贯彻落实党的二十大精神 奋力书写档案事业现代化和高质量发展新篇章:在全国档案局馆长会议上的报告》,《中国档案》2023年第2期。
③ 王昊魁、王珈:《如何让档案人才不再"小众""稀缺":档案人才培养现状调研》,《光明日报》2021年11月11日第7版。
④ 阳光高考网,https://gaokao.chsi.com.cn/zyk/zybk/,2023年9月26日。
⑤ 中国研究生招生信息网,https://yz.chsi.com.cn/zyk,2023年9月26日。

和实际操作能力的有效结合。而在众多高校中，并无档案学专业硕士学位，所以一些高校只能在图书情报专业硕士学位下设置档案学研究方向，并且课程设置也都是注重理论基础，与学术型人才培养并无太大区别。进入新时代以来，新技术的应用使得档案工作内容更加复杂多样，这对档案人才提出了更高的要求。因此，高校的档案专业更应该抓住时代机遇，以时代和社会对档案专业人才的需求为依据来制定新的应用型人才培养策略，以促进创新型人才的成长。

（二）面向"走出去"的国际性档案专业人才更为缺乏

对于涉及国际领域的档案业务、学术、文化交流活动来说，仅仅只掌握档案专业的相关知识并不能满足当今档案国际传播工作的需求。不仅仅是国际传播工作，熟练掌握一门外语已经成为当今时代许多工作岗位对人才的基本要求。档案专业人员的外语能力建设主要来自高校的外语课程，但目前大部分高校的外语课程设置都存在弊端，大部分毕业生的英语水平仍然达不到与人流利对话的程度，甚至存在严重的听说障碍。非英语专业的英语教学大多设置的教学时长不足，大多数非英语专业的本科生每周1—2节英语课，英语的听说训练、泛读精读均在英语课里。

英语既是如此，精通其他语种的档案人才更是难得，当前大部分高校仅开设英语公共课程，部分学校开设小语种选修课，并且这些课程也只是基础教学，专门针对国际传播领域及档案领域的专业词汇和表达方式并不涉及，这就导致了档案国际传播人才在外语培养过程中存在专业导向性差、专业与外语融合度不高的问题，并且档案工作者在实际的档案走出去工作中难以熟练使用外语从事档案工作，解决档案问题。[①]

优秀的翻译人才在国际传播中扮演着十分重要的角色，而翻译人才的稀缺致使翻译问题成为中国档案精品走出去的瓶颈。档案精品的国际传播必然需要高素质的翻译人才将我国的档案精品翻译成外语，呈现在外国民众面前，这作为一种跨文化的传播方式，翻译的质量与中国档案

[①] 李星儒：《全媒体时代高校国际传播人才培养的使命与路径》，《中国新闻传播研究》2022年第3期。

精品的可读性联系密切，翻译过程中的丝毫偏差都会影响外国人对中国档案精品的理解和共鸣。以至于中国图书对外推广计划工作小组主任吴伟指出，最理想的译者是国外既精通本国语言，又了解中国文化的汉学家。① 但是，由于思维方式的差异和文化背景的局限性，很多隐藏在中国档案精品中的中华文化的深层次的含义，中国人尚且难以理解，更何况国外的译者。况且，国外译者在翻译中国文献的过程中，难免会从自身的认知视角出发去理解中文的含义，这又会导致翻译的偏差，进而导致误读。所以，这就急需一批既精通外语又具备档案专业知识的优秀翻译人才。

当然，翻译只是一个方面，具备国际眼光和专业素养的外向型档案管理人才也较为缺乏，在国际活动中容易在选题策划、交流合作、申报项目等方面受制于人。

国家档案精品走出去面临的问题总体概括如图 5-1 所示。

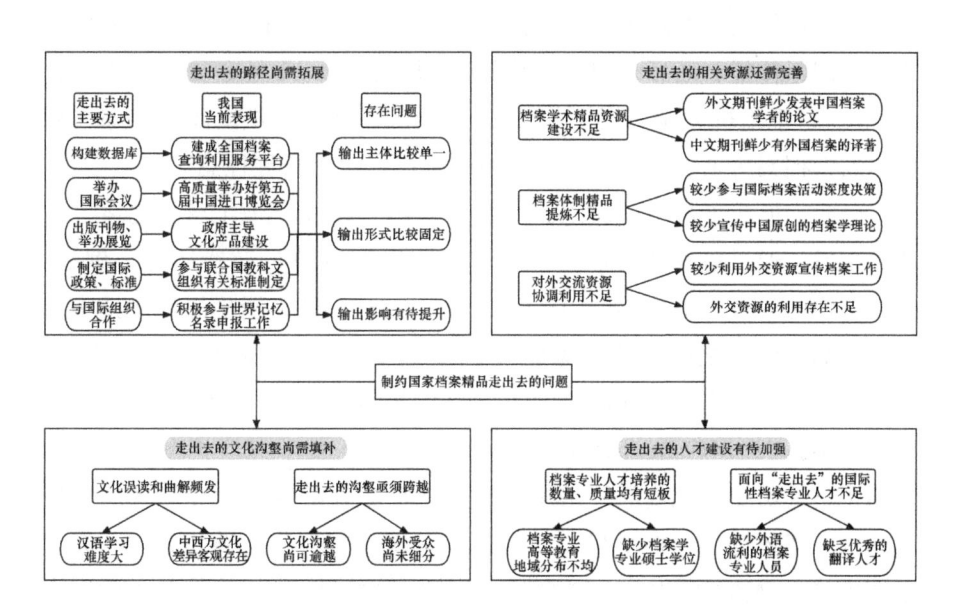

图 5-1　国家档案精品走出去面临的问题总体概括

---

① 新浪网：《中国图书走出去翻译是个大问题》，[2006-09-04]，https：//news.sina.com.cn/c/cul/2006-09-04/09149929658s.shtml，2023 年 9 月 26 日。

第二节　引导国家档案精品走出去的契机

一　政策支持为国家档案精品走出去提供了基本保障

（一）多项国家战略为走出去提供强大支撑

早在2006年9月，《国家"十一五"时期文化发展规划纲要》就提出了中国文化"走出去"重大工程项目的大政方针；2013年9月和10月，习近平主席在出访中亚和东南亚国家期间，先后提出共建"丝绸之路经济带"和"21世纪海上丝绸之路"的战略构想，为文化"走出去"提供了更为广阔的发展前景和合作空间。

2015年3月国务院发布《关于进一步促进展览业改革发展的若干意见》，提出要培育境外展览项目，改善境外办展结构；2017年1月中共中央办公厅、国务院办公厅印发《关于实施中华优秀传统文化传承发展工程的意见》，提出要通过文物展览、博览会等活动助推中华优秀传统文化的国际传播；2018年10月国家档案局发布第13号令《机关档案管理规定》，提出机关应根据工作需要设置展览用房，并积极举办陈列展览以发挥档案价值，对档案展览的海外推广提出了指导性意见。

由此，形成了从"丝绸之路经济带"和"21世纪海上丝绸之路"的战略出发，通过境外档案展览践行"走出去"战略的政策闭环。例如，福建省作为建设"21世纪海上丝绸之路"的核心区，明确提出支持中国文化精品赴丝绸之路沿线国家展出。2015年11月，福建省发改委、福建省外办、福建省商务厅联合发布《福建省21世纪海上丝绸之路核心区建设方案》，提出应进一步密切人文交流合作，要求深度挖掘海上丝绸之路丰富的历史文化内涵，组织福建文化精品赴沿线国家和地区展览展示。该方案还提出，将组织大型舞剧"丝海梦寻""丝路帆远——海上丝绸之路文物精品图片展""海丝国家图书和图片展"等赴东盟等国家和地区展演，推动"闽侨文化中心""闽侨书屋"在沿线国家和地区拓展。福建省也十分重视档案精品对外展览的交流作用，精选侨批档案、福州老照片档案、闽茶文化档案等赴东南亚国家、日本、美国、欧洲等展览，把档案文化精品当成中华文化对外交流的重要窗口，把档案赴其他国家展览当成重要的人文交流途径，取得了良好效果。

（二）最新发展战略为走出去提供强大指引

2022年8月，中共中央办公厅、国务院印发的《"十四五"文化发展规划》中要求，"统筹推进对外宣传、对外文化交流和文化贸易，增强国际传播影响力、中华文化感召力"[①]。2022年10月16日，党的二十大关于"推进文化自信自强，铸就社会主义文化新辉煌的一系列部署要求，包括弘扬以伟大建党精神为源头的中国共产党人精神谱系，抓好党史、新中国史、改革开放史、社会主义发展史宣传教育，发展社会主义先进文化、弘扬革命文化、传承中华优秀传统文化，增强中华文明传播力影响力"等，都与档案和档案工作密切相关，都需要通过档案去记录和留存，都需要运用档案去服务和保障，都需要通过档案走出去提升和扩大影响。

关于新时代十年档案工作成就，特别是就国家档案精品走出去而言，国家档案局局长陆国强阐述，"档案服务中国特色大国外交作用更加突出，截至2023年3月我国有13项档案文献遗产入选《世界记忆名录》，14项入选《世界记忆亚太地区名录》，197项入选中国档案文献遗产名录，为推进文化自信自强、提升中华文明的影响力作出了重要贡献"[②]。关于2023年档案工作重要任务，陆国强又特别要求："深入实施国家记忆工程，在全面记录留存新时代新征程伟大奋斗历史上下功夫"；"要以深入实施'新时代新成就国家记忆工程'为抓手，重点加强党的二十大部署的重大战略、重大工程、重大项目、重大活动等领域档案工作，全面记录新时代、新发展、新成就、新变革"；在"弘扬伟大建党精神，在管好用好红色档案资源上下功夫"；"加大文献遗产保护和宣传力度，编辑出版《中国档案文献遗产名录（第五辑）》，拍摄我国入选《世界记忆名录》的文献纪录片，增强中华文明的传播力和影响力"；"不断扩大人文合作交流，深化档案双多边合作；继续推进中俄档案交流合作五年

---

① 《中共中央办公厅 国务院办公厅印发〈"十四五"文化发展规划〉》，《中国对外经济贸易文告》2022年第50期。

② 陆国强：《全面贯彻落实党的二十大精神 奋力书写档案事业现代化和高质量发展新篇章：在全国档案局长馆长会议上的报告》，《中国档案》2023年第2期。

规划落实，做好《中苏经济关系档案汇编（1949—1959）》编辑工作；积极落实与相关国家档案合作项目；组织参加第十九届国际档案大会和其他国际会议；筹备召开国际档案理事会东亚地区分会会议暨国际研讨会；深度参与国际标准研制，加大国际标准采标力度，分享我国标准化经验，进一步提升我国影响力和话语权"[1]。可以说，挖掘中国档案所蕴含的优秀传统文化、革命文化和社会主义先进文化，并以工匠精神向社会、向国外推出档案精品力作，以实现"增强国际传播能力""讲好档案里的中国故事"等档案强国目标，实际上就是建立在以上顶层设计、规划部署和逐步落实的基础之上的。

二　资源建设为国家档案精品走出去提供了有力基础

如本书第二章中"国家档案精品的资源建设情况"所述，我国已形成的由入选《世界记忆名录》、《世界记忆亚太地区名录》、"中国档案文献遗产工程"、各省级遗产工程的强大的档案资源储备，是国家档案精品"走出去"的强大"底气"和资源基础，以此为基础的档案资源建设至少呈现四个特点。

（一）档案部门建设、整合核心资源的能力

以2015年10月"南京大屠杀档案"被正式列入《世界记忆名录》的过程为例。南京大屠杀档案申遗工作历经七年。最开始于2009年4月南京市成立了南京大屠杀档案申报世界记忆工作领导小组，确定把中国第二历史档案馆、南京市档案馆和侵华日军南京大屠杀遇难同胞纪念馆三个单位的五组相关档案联合申报《世界记忆名录》。2010年2月，三家档案馆"捆绑"申遗的五组档案被列入第三批《中国档案文献遗产名录》。在这之后，为了增加申报《世界记忆名录》成功的概率，国家档案局研究决定，在原有申报的三个档案馆基础上，再扩大中央档案馆、辽宁省档案馆、吉林省档案馆、上海市档案馆4个单位，共7个单位11组档案联合申报，申

---

[1] 陆国强：《全面贯彻落实党的二十大精神　奋力书写档案事业现代化和高质量发展新篇章：在全国档案局长馆长会议上的报告》，《中国档案》2023年第2期。

报档案包括胶片、照片和文字材料，共计183卷，1万多页。① 至此，这批形成于1937年至1948年之间的历史档案资料来源十分广泛，既有来自民间个人形成的档案——诸如形成于大屠杀期间的《程瑞芳日记》《日军杀人数千》《陷京三月记》《敌人罪行调查表》《日寇在南京的大屠杀》，也有官方学术研究成果——诸如《侵华日军南京大屠杀史料》《侵华日军南京大屠杀档案》《侵华日军南京大屠杀史稿》等；在还原南京大屠杀史实上也终于互补互证，构成了完整的证据链。此外，领导小组专门派人赴中央档案馆、中国文化艺术研究院、云南丽江东巴经研究所，学习已经申报成功的"大清榜""中国民族音乐""纳西族的东巴古籍"的经验。正是在国家档案局、众多档案馆的通力合作下，形成了《南京大屠杀档案》的资源合力，才能为申报世界记忆打下坚实的资源基础。

（二）档案部门对外交流时协同合作的能力

以上海市档案局2016年组织拍摄的微纪录片《上海记忆：他们在这里改变中国》为例。该片邀请曾经撰写《毛泽东传》的英国历史学家菲利普·肖特作为该片的历史叙述人，既有上海市档案局与影视部门诸如与上海电视台纪实频道真实传媒有限公司的合作拍片，又有档案部门之间诸如上海市档案馆与徐汇区档案馆、浦东新区档案馆的协同展示，还有档案部门与政府机关、团体、企事业单位、文博单位共同开展各类文化传播活动，做到了对外交流时"官、商、民"的协同参与机制，避免了单一部门、单一体制带来的"传播途径单一、展览形式枯燥、交流过于学术"等问题。通过中外合作，建立了全球化视野下"上海记忆"收集策略以丰富馆藏档案以及赴外展览时通过对有关外国记者、学者、公众人物等采访以提升影响②，是档案部门与众多部门在对外宣传时协同合作的典范。

（三）诸多部门传播档案资源的能力

诸多部门纷纷以"南京大屠杀档案"成为世界记忆为契机，加强组织

---

① 马振犊：《中国世界记忆遗产全记录》，齐鲁书社2022年版，第209页。
② 张理平：《用红色珍档讲好党的故事：专访上海市档案局局长朱纪华》，《中国档案》2016年第9期。

建设以促进该档案的国际传播。例如，2015年12月，南京大屠杀史与国际和平研究院和南京大学和平学院研究所联合，以两个机构的名义，共同向"国际和平城市协会"发出申请；2017年8月31日，南京正式通过申请，成为第169座国际和平城市，这是中国城市首次加入国际和平城市协会组织[①]，通过城市交流加深世界民众对南京大屠杀史实的认知。

又如，2017年，南京大屠杀史与国际和平研究院、侵华日军南京大屠杀遇难同胞纪念馆共同创立紫金草国际和平学校，旨在普及南京大屠杀历史知识，促进南京大屠杀史和"慰安妇"制度历史在国际上的传播，警醒人们铭记历史、珍爱和平。学校从2017年6月5日第一期开班迄今，通过参加专家讲座、邀请幸存者现场讲述、与馆长交流等，将教学与实践相结合[②]，让海外学生对南京大屠杀这段历史进行深入的了解和思考。

再如，2017年12月，第四次国家公祭期间，侵华日军南京大屠杀遇难同胞纪念馆推动国内外的联合公祭，美国南加州、亚特兰大，澳大利亚珀斯，加拿大多伦多，日本东京以及荷兰、塔吉克斯坦、阿根廷……据不完全统计，全球有400多个国家与地区的华人华侨社团，在世界的各个角落开展了南京大屠杀死难者公祭[③]，将反思战争、祈愿和平的声音传向世界的每个角落。

相关部门通过举办档案国际展览、歌剧巡演等方式促进该档案的国际传播。例如，2016年10月，由中国人权发展基金会、中国人权研究会、江苏省对外文化交流协会主办的《共同见证：1937南京大屠杀史实展》在法国冈城和平纪念馆开展，这是联合国教科文组织将"南京大屠杀档案"列入《世界记忆名录》后，我国首次在欧洲国家举办南京大屠杀史展览；[④]

[①] 蒋杰：《城市符号与和平叙事：2017南京国际和平海报双年展后记》，《南京艺术学院学报》（美术与设计）2019年第3期。

[②] 侵华日军南京大屠杀遇难同胞纪念馆：《紫金草国际和平学校》，http：//www.19371213.cn/learn/programme/index_3.html，2023年9月26日。

[③] 侵华日军南京大屠杀遇难同胞纪念馆，[2018-11-23]，http：//www.19371213.com.cn/information/news/201811/t20181123_2232758.html，2023年9月26日。

[④] 江苏省委外宣办：《让南京大屠杀史实真正成为世界记忆：〈共同见证：1937南京大屠杀史实展〉走进法国的思考和启示》，《对外传播》2016年第12期。

2018年6月至7月，史实展走进白俄罗斯和捷克，旨在促进欧洲社会民众对南京大屠杀历史的了解，进而增强各国人民尊重历史、共铸和平的共识。① 又如，2019年7月，为纪念南京大屠杀期间拉贝等国际友人的人道主义义举，由江苏省委宣传部指导，江苏省文投集团、江苏省演艺集团联合制作，江苏大剧院、江苏省演艺集团出品的原创歌剧《拉贝日记》，赴德国柏林国家歌剧院、汉堡易北河爱乐音乐厅、奥地利维也纳罗纳赫剧院进行5场巡演，以歌剧形式展示南京大屠杀历史。② 可见，除档案部门外，诸多部门也为中国档案精品走出去作出了贡献，为提升中国档案文化影响力，都可以大有作为。

三 科技兴档为国家档案精品走出去提供了更大可能

Ricardo G. Martini 认为，面对特定的档案类型时，特定的展出方式或技术手段是必要的，例如，以"移民档案"为基本素材、以"移民所带来的文化交融"为主题，选择在移民所在地展览档案时，利用可视化技术挖掘语义关联及其移民线路，并用虚拟现实技术予以展示，有助于详细了解每位移民个人的背景信息以及每条移民线路的来龙去脉。③ Kathrin Koebel 以 "50年代至今瑞士艺术展览的档案 4D 虚拟建构及赴威尼斯展览"为例，阐述了"艺术档案"展览面临的历史内容可视化、档案原件异质性和不完整性等挑战。④ Hunter、Nicole Marie 以 New Langton 艺术档案馆的作品创作和展览展示为例，认为 20 世纪的艺术作品虽然以多媒体形态展示出来，但是留存的文档仍然需要创建适当的数据结构和对可变媒体艺术作品编目的方式保存和展示，即艺术品展览后档案工作者如何

---

① 杨力群：《向世界传递面向未来的正义呼声：江苏在"一带一路"沿线国家举办南京大屠杀史实展的实践与思考》，《对外传播》2018年第12期。

② 江苏省委宣传部：《感恩之旅 让欧洲聆听拉贝的故事：原创歌剧〈拉贝日记〉德国、奥地利巡演反响热烈》，《对外传播》2020年第2期。

③ Ricardo G. Martini, Mónica Guimarães, Giovani R. Librelotto & Pedro Rangel Henriques, "Creating Virtual Exhibition Rooms from Emigration Digital Archives", *Universal Access in the Information Society*, Vol. 16, No. 4, June 2017, pp. 823–833.

④ 转引自：Kathrin Koebel, Doris Agotai, Stefan Arisona & Matthias Oberli, *Biennale 4D-Exploring the Archives of the Swiss Pavilion at the 《Biennale di Venezia》 Art Exhibition*, Berlin: Springer, Cham, 2017, pp. 327–331.

接力的问题——尤其是面向涉及多个国家与民族艺术的跨国展览。[①] 针对特定的档案资源、档案陈展或基于档案原始内容的数字人文开发，特定的技术是必要的。富含高科技产品或形态的档案信息资源、档案管理软件、档案治理经验、档案行业标准在中国业已出现，陆国强在2023年全国档案局长馆长会议上的报告中，关于2023年档案工作重要任务讲到"筹备召开国际档案理事会东亚地区分会会议暨国际研讨会，深度参与国际标准研制，加大国际标准采标力度，分享我国标准化经验，进一步提升我国影响力和话语权"。通俗地讲，就是因为科技兴档，使得档案部门在走出去的方式选择时更为丰富（至少多了科技产品），也更易沟通（至少科技无国界，尽管这一项科技产品蕴含着丰富的中国档案文化）。例如，就新兴技术赋能"档案展览"而言，至少体现了三个方面的变化。

（一）网上展览扩大了档案实体展览的时空范畴

如果局限于馆内、域内，甚至国内的档案展览，实体展览并不会遇到"通关、估价、翻译、外事"等诸多不便，但是海外展出时，网上展览可以在一定程度上弥补上述缺陷，在时间地点的选择上具有更大的便捷性，也能在一定程度上增强档案展览赴海外开展的现实可行性。例如，单纯面向海外的网上展览，或者作为实体展览时的网络宣传，海外观众可以通过网上展览感受中国档案丰富的馆藏。国内成熟的、知名的档案网上展览不在少数，但是如何服务于海外推广或付诸海外巡展，如何从简单的中英版档案网上展览转型为单独的多语种档案网上展览、从单一的网站型档案展览转型为多元的全媒体档案展览，仍有较大提升空间。

（二）虚拟展示提高了档案网上展览的感知程度

网络展览没有实体展览的真实体验感，感受不到原始手稿的书写痕迹、察觉不到原始书信的纸张质地、体会不到色彩剥离的岁月蹉跎，但是数字媒体技术与虚拟现实技术日臻成熟，将原始实体的纸张质地、色彩、纹路甚至气味等进行"全息捕获和3D建构"形成虚拟档案，可极大弥补网上展览的体验感和交互感不足等。简言之，海外观众可以通过

[①] Hunter, Nicole Marie, Documenting Variable Media Art: A Case Study, Master's Thesis, San Jose State University, 2007.

虚拟展览感受中国档案之诸多细节。当然，文物、图书、档案等虚拟化技术方案仍然处于研发阶段，尚未达到大面积市场推广水平，档案展览的海外推广"究竟需要多大程度的虚拟化"，如何"与文博、图书、出版、旅游等相关领域协同开发虚拟展品"，以及如何"从打造国家档案文化精品深化至开发中国数字档案/虚拟档案精品"等问题的解决，也许会有效提升网上档案展览的感知程度。例如，在 VR 全景技术的不断发展成熟下，福建省档案馆建成百年跨国两地书——福建侨批网上展厅，将线下展览运用互联网技术实现线上无限制观展，还提供侨批解读备查工具、侨批专有名词、华人华侨移民情况表、水客批局分布情况等相关资料，方便用户查询。①

（三）数字人文增强了档案数字展览的交流效果

实体展览、网上展览或虚拟展览，都可能仅仅"映入观众眼底"——营造"走马观花"式的"表面热闹"，而实际上展览中所呈现的档案内容、故事情节、两国友谊很难"进入观众心底"——激起"发自肺腑"式的"心灵感叹"，问题就在于如何借助新媒介与可视化等技术、工具与平台实现原始档案内容信息的"轮廓重绘"②——内容挖掘与故事展示。简言之，海外观众可以通过相关平台领会中国档案之文化底蕴。诚然，数字人文并不是一项具体的技术，其思想、方案、平台均处于探索阶段，可以在"以名人手稿、故居、履历、资料等为典型案例，挖掘出包括档案在内的文博图档的综合数字人文项目"等方面进行适当探索，以助推档案展览在海外推广中多形态展示中国语言文字与文化的魅力与内涵。

除了网上展览，新时代下科技兴档为国家档案精品走出去提供了诸多可能。以侨批档案为例，诸多部门为了使侨批档案的文化传播更具亲和力，与时代接轨，高质量节目精彩纷呈，详见表 5-2。

---

① 福建省档案局（馆）：《百年跨国两地书——福建侨批网上展厅》，http://www.fj-archives.org.cn/wszt/zhanting23/qianyan124/main.html，2023 年 10 月 18 日。
② 冯惠玲：《数字人文：在跨界中实现交融》，《中国社会科学报》2017 年 12 月 21 日第 1357 期第 8 版。

表 5－2　　侨批档案媒体节目举例表

节目类型	制作单位	节目名称	节目时间	节目特点	节目截图展示
纪录片	汕头市人民政府、潮汕历史文化研究中心、中央新影集团	《海那边——潮汕侨批》	2018年10月	通过"侨批的世界"以及"世界的侨批"两个方面来展示潮汕侨批对于家庭、批局、行业、国家、地区乃至世界的影响，以侨批为媒介，通过讲故事的方式来反映潮汕人民艰苦创业、笃诚守信、爱国爱乡的家国情怀。①	
	中央新影集团	《跨越山海的家书》《漂洋过海》《信短路长》《家国情怀》	2020年12月	以世界记忆遗产"侨批档案"为载体，通过对"侨批"所蕴含的历史文化故事进行深入挖掘与研究，向观众展示守信重义、爱国爱乡的华侨精神。②	

① 金嘉龙：《汕头侨批专题纪录片〈海那边——潮汕侨批〉开拍》，[2016－05－18]，http：//www.chinaqw.com/gqqj/2016/05－18/88921.shtml，2023年9月26日。
② 中央新影集团：《三集纪录片〈跨越山海的家书〉12月29日—31日CCTV4〈国家记忆〉20：00播出》，[2020－12－29]，http：//www.cndfilm.com/2020/12/29/ARTIEmCcLhvbVN58iA0JO2kt201229.shtml，2023年9月26日。

第五章 抉择：国家档案精品走出去面临的问题与契机　269

续表

节目类型	制作单位	节目名称	节目时间	节目特点	节目截图展示
纪录片	福建省档案馆（馆）、国家档案局、福建省广播影视集团联合摄制	《百年跨国两地书》	2021年10月	从档案视角挖掘侨批背后的历史故事，带人们一同走进老一辈华侨和他们鲜为人知的珍贵记忆。①	
话剧	汕头话剧剧团	《风雨侨批》	2017年11月	第一次将"侨批故事"搬上话剧舞台，话剧跨越不同历史阶段，具有历史的纵深感和泽然大气，歌颂了侨批商人高尚友信观念男儿在民族危亡之际，道义担肩的家国情怀。②	
水墨动漫片	中山大学信息管理学院教师学生团队	《林氏侨批档案的故事》	2018年10月	以传统水墨动画这种公众喜闻乐见的宣介方式，通过故事讲述、多维度立体展现、宣传、推广岭南地域特色的侨批档案及其价值。③	

① 《福建省档案馆 纪录片〈百年跨国两地书〉拍摄完成》，《中国档案》2021年6月28日第1版。
② 陈文兰：《讲述潮汕侨批故事》，[2020-11-17]，http://strb.dahuawang.com/content/202011/17/c87860.htm，2023年9月26日。
③ 档案那些事儿：《创新大赛 I 林氏侨批档案的故事——基于水墨动画叙事形式的侨批档案价值呈现及传播》，[2018-10-12]，https://www.sohu.com/a/259210379_734807，2023年9月26日。

续表

节目类型	制作单位	节目名称	节目时间	节目特点	节目截图展示
歌仔戏	厦门歌仔戏研习中心	《侨批》	2018年11月	由三获中国戏剧曹禺剧本奖的曾学文创作，演出阵容集中了厦歌的精英力量，传统中带创新的歌仔戏音乐、写意的舞美和演员们走心的表演，让到场观众深深沉浸在跌宕起伏的剧情中。①	
	著名潮学家林伦伦作词，作曲家姚峰作曲，女高音歌唱家卢清丽演唱	《一封侨批》	2019年5月	创作阵容强大，表达了厚重的历史感，通过动人的旋律和感人的歌词，唤起当代潮汕人对先人勇敢开拓、积极拼搏的精神和浓厚家国情怀的缅怀。②	
歌曲	泉州市档案馆，晋江市档案馆，泉州广播电视台	《侨批》及MV	2022年10月	首个以侨批为主题的普通话、闽南语双语原创歌曲及MV，以泉州侨批馆和晋江梧林侨批馆为主要背景，将侨批文化融入华侨古晋、古城文化，表达海外华侨恋祖爱乡思亲的情怀，泉州人民爱拼敢赢、爱国爱乡的文化特质。③	

① 东南网：《厦门歌仔戏〈侨批〉浓情献演第七届福建艺术节》，[2018-11-15]，http://xm.fjsen.com/2018-11/15/content_21679259.htm，2023年9月26日。
② 大华网：《国语歌曲〈一封侨批〉在汕首发》，[2019-05-06]，http://strb.dahuawang.com/content/201905/06/c47286.htm，2023年9月26日。
③ 福建省侨网：《〈侨批〉MV发布》，[2022-11-01]，http://fjsql.fqworld.org/qlyw/84389.jhtml，2023年9月26日。

第五章 抉择：国家档案精品走出去面临的问题与契机　271

续表

节目类型	制作单位	节目名称	节目时间	节目特点	节目截图展示
微电影	台山市新时代文明实践中心、斗山镇新时代文明实践所	《我和我的侨乡》	2020年1月	通过一支钢笔讲述追梦侨墟、一张照片讲述创梦侨墟、一封家书讲述圆梦侨墟共三个纪实故事。①	
舞蹈剧	中共江门市委党史学习教育领导小组、中共江门市委宣传部主办，江门市文联承办	《侨批·家国》	2021年10月	以侨批为串联载体，以五邑华侨的真实故事为原型，运用舞蹈语言进行艺术再创作，讲述了一段华侨群体与家国命运交织的故事和历史，再现了五邑先侨艰苦奋斗、爱国爱乡，报效家国的精神和力量。②	

---

① 江门新闻网：《微电影〈我和我的侨乡2——侨批故事〉开拍 春节期间网络首映》，[2021 – 01 – 14]，http: //www.jiangmen.gov.cn/home/sqdt/tszx/content/post_2232945.html，2023年9月26日。
② 中国新闻网：《江门原创侨批舞剧〈侨批·家国〉首演》，[2021 – 10 – 10]，https: //www.chinanews.com.cn/cul/2021/10 – 10/9583088.shtml，2023年9月26日。

开展侨批档案创新发展，通过侨批档案创造性地推广和传播中华优秀传统文化，使中华文化的民族性、独特性在全世界大放光芒，较好地契合了文化自信背景下建设档案强国、服务文化走出去战略的趋势，展现出科技兴档不仅仅局限于档案部门，而是向融媒体、高等院校、学术团体、文博部门、图书馆、艺术馆等拓展、延伸。可以预见的是，档案文化通过科技、文创使其产品形态愈发电子化、网络化、虚拟化，同时也愈发通俗化、国际化，既能走入寻常百姓家，也能走出国门、走进世人的眼帘。

第六章

策略：国家档案精品走出去的路径选择

第一节 什么走出去

一 更多独具中国特色的档案资源精品

虽然国外没有与档案资源与文化自信相关的直接表述，但正如第一届国际档案大会上时任国际档案理事会第二任主席的法国国家档案局局长夏尔布莱邦指出的，"档案是一个国家、省、行政机关的记忆，档案馆保存的是一个国家的历史证据和作为国家灵魂的材料"，档案资源就是一种文化要素或文化载体，建设中华优秀传统文化、革命文化和社会主义先进文化必须依靠独具中国特色的档案资源来体现，而破除对包括档案文献遗产在内的西方文化的盲目崇拜与过分欣赏、树立对中国自身档案资源、文化文明的自信，也必须建立在数量充足、质量上乘且精品辈出的档案资源储备基础上，这一项工作就亟须档案部门通过打造档案资源精品来增强档案领域的文化厚度，来赋能整个社会的文化建设，来提升中华民族的文化自信。

与此同时，我国已有1000万件以上的明清历史档案、250万卷以上的民国历史档案以及数以亿计的其他馆藏档案，已成为捍卫国家利益安全最有力的武器，已建成其他国家难以企及的档案储备，这种与国家、社会、民族等记忆相映衬的瑰宝，是档案资源精品的最好展现，也是"走出去"的现实基础，接下来需要考虑的就是推出哪些国家档案精品予以走出去，这里推荐三条思路或者遴选参考标准。

第一，能否将"讲好中国故事"与"连接世界记忆"衔接起来，例如"侨批档案"，具备"讲好海外侨胞爱国爱乡故事"与"连接海上丝绸之路沿线国家"的天然属性。第二，能否将"中华传统文化"与"中国先进文化"衔接起来，例如《本草纲目》，具备"阐述中医药传统"与"创新中医药理论"的内生优势。第三，能否将"国家档案精品"与"档案文化产品"衔接起来，例如"样式雷图档"，具备"中国世界记忆"与"世界建筑文明"的共同特点。

但是，考虑到走出去的必要性、必然性、紧迫性，结合当前国际政治环境、文化产业发展、技术赋能文创等的实际水平和可行程度，以及由于中国档案资源体系庞大、数量众多，这里仅采用重点列举的方式推荐以下几类档案资源精品予以优先走出去。

（一）内容层面，能揭示中外交往历史的档案资源精品

海外民众毕竟大多远离中国文化的场域，且各国文化背景存在很大的差异，如果仅仅是反映中国历史、记录中国境内且与推广在地国没有任何关联的档案及其文化，是很难推广的，就像毫无瓜葛的两个人在一起聊天只能是"尬聊"一般，"走走形式""走个过场"将会是最终的结果，很难真正走出去，至少在走出去的第一步就迈错了。但是，中国众多的档案资源精品中是不乏在内容层面就能紧密联系中国与他国既往的交往历史的，尤其是能正面证明两国政府或两国民间友好往来历史的，可以作为国家档案精品走出去的优先选项。

笔者简单梳理一下既往的海外档案展览，"围绕办展两地的历史情谊"可以视作一条基本线索。档案海外展览的具体承办，除由国家档案局牵头之外，大多需要落实到省市档案馆与对方某地档案馆的合作。2007年至今，沈阳市档案馆与俄罗斯伊尔库茨克市联合办展、互换展地多次举办"沈阳·伊尔库茨克——友好的记忆"展览；2011年7月，上海市档案馆在印度新德里、加尔各答举办"泰戈尔的中国之旅"展览，2011年10月，"肖像上海"展览亮相波罗的海三国，2012年5月在德国法兰克福主办《上海的德国记忆》图片展，2013年9月赴新西兰基督城举办"路易·艾黎在中国"档案图片展。2014年9月，大连市档案馆在俄罗斯圣彼得堡国家历史档案馆举办"档案中的大连历史"展览。正

如朱纪华所说，中外合作办展，极大增进了两个城市间的了解，无论是赴南非展出的"印象上海"单次展，还是入驻印度的"泰戈尔的中国之旅"永久展，包括在波罗的海三国的"肖像上海"巡回展，都在当地城市宣传了中国上海，促进了上海与当地的友谊。①

例如，作为走出去的最佳典范之一，闽粤两省联合申报了"侨批档案"，在其入选《世界记忆名录》之前多次赴日本、马来西亚、新西兰、泰国、柬埔寨、印度尼西亚、美国等国展出，侨批档案部分世界巡展概况可见表6-1，通过外展为入选造势；而入选之后的外展，影响更大，评价更高，更易被展出地政府和人民接受。"围绕申报世界记忆"的巡回外展，其实只是走出去的外在表现，"内容关联"的在地情谊（侨批档案内容中牵涉的侨胞大多分布在马来西亚、印度尼西亚、菲律宾、美国、新西兰等国家），才是走出去的深层原因，因为侨批档案所牵涉的海外侨胞与表6-1中展出地均有着千丝万缕的联系。与在地国政府、民众能建立起真实的、友好的、历史的联系，走出去的档案所反映的文化内容就与对方建立了起码的认同。

表6-1　　　　　　　　　侨批档案部分世界巡展概况

时间	地点	举办单位
2014年9月21—26日	马来西亚吉隆坡、新山等地	福建省档案馆、福建省海外交流协会、马来西亚福建社团联合会
2015年10月27日	美国纽约法拉盛政治大厦艺术文化中心	福建省档案馆、福建省海外交流协会、美国侨商联合会联合
2016年9月19—20日	日本长崎县美术馆	福建省档案局、日本长崎县
2016年9月23—25日	美国纽约曼哈顿	福建省档案局等
2016年12月3—6日	印度尼西亚雅加达	福建省档案局等
2017年11月18日	新西兰奥克兰新西兰亚洲图书文化中心	福建省档案馆、新西兰亚洲图书文化中心
2018年12月9日	菲律宾马尼拉	福建省档案馆、菲华商联总会

---

① 朱纪华：《档案展览：跨越国界的文化交流与合作》，《中国档案报》2014年10月30日第1版。

续表

时间	地点	举办单位
2018年12月11日	菲律宾安吉利斯	福建省档案馆、菲律宾红溪礼示大学
2022年6月6—10日	线上视频展览	国际档案理事会、中国国家档案局、南昌大学档案馆、南昌大学数字人文研究中心、南昌大学人文学院

再以2023年国家档案局公布的"第五批中国档案文献遗产名录"评选结果为例，55件（组）档案文献中，符合上述条件的不在少数。例如，保管于武汉大学档案馆的"武汉大学早期建筑设计图纸"，形成于1933—1936年，由美国建筑师开尔斯、阿伯拉罕、萨克斯联合绘制，于2005年由阿伯拉罕之子奥特夫·莱文斯比尔教授捐赠给武汉大学，既体现中西合璧的建筑思想，又反映中美在建筑领域的交往历史。又如，保管于青岛市档案馆的"近代青岛城市地图"，共计300余件，其中成图时间上迄1885年，由德国地理学家斐迪南·冯·李希霍芬绘制的《胶东半岛图》在青岛方位上标注了少数几个地名，这种早期由外国人绘制的青岛城市地图极为少见。因此，对于这样一些入选市、省或国家级名录的档案精品，既然在内容上能够起连接中外沟通的桥梁的作用，建议当地的档案事业发展规划以及国家层面档案事业发展规划将类似主题的档案资源纳入赴外展览交流之中。

（二）价值层面，能捍卫中国国家利益的档案资源精品

国际文化交流既有增进相互理解、加深各方友谊等作用，又有维护文化安全、反击虚无主义等因素，国内外的历史和经验告诉我们，文化安全防线的失守轻则导致国家失去文化竞争力，重则危及意识形态凝聚力和国家总体安全[1]，从国内的文化安全治理来看，"科学划定我国文化安全防护底线"和"逐渐构筑文化安全法制防线"等被动防御颇为紧迫，党和国家还提出了"加快构建中国话语和中国叙事体系，讲好中国故事，传播好中国声音，展示真实、立体、全面的中国的目标"等主动

---

[1] 陈小彪：《国家文化安全治理隐忧与应对》，《西南政法大学学报》2022年第4期。

出击的举措。展望国家档案精品，能够捍卫中国国家利益的不在少数，在一些特殊的场合、抓住合适的时机挑选相关主题的档案予以走出去，也是走出去战略应优先考虑的。

例如，作为捍卫国家利益和领土完整的典范之一，我国档案馆关于"钓鱼岛"的档案史料收藏、整理、出版与传播发挥了重要作用。长期以来，日方无视大量事实，声称钓鱼岛为日本的"固有领土"。2020年6月22日，日本冲绳县石垣市议会通过有关议案，把钓鱼岛的所谓"行政区划"更名。美方在钓鱼岛事件上发表错误言论，2020年11月12日，据共同社报道，在美国大选中确定获胜的前副总统拜登12日在与日本时任首相菅义伟的电话会谈中明确表示，钓鱼岛是《美日安保条约》第五条的适用对象。但大量档案资料证明，钓鱼岛自古就是中国的固有领土，详见表6-2。

在涉及钓鱼岛的主权争端中，上述活动所呈现的证据有两种方式：一是以历史证据主张作为逻辑起点，逐一按照实践活动先后提交历史证据；二是按照证据证明力大小，以历史证据、条约、保持占有、有效控制证据作为逻辑路径，提交各类证据。[1] 由此，可以发现，作为历史证据的档案文献，一般以明代的《顺风相送》《使琉球录》《筹海图编》和清代的《中山传信录》《续琉球国志略》等为主；而作为有效控制的档案证据，一般以清代的《台海使槎录》《台湾府志》等为主，在这些历史档案所组成的"历史证据（权原）—条约证据（承接）—有效控制证据（补强）—地图证据（确证）"的完整证据链中，档案证据产品的开发作用明显。正如华林教授等在论述我国海疆历史档案证据性开发时，阐述"资料性证据产品开发""针对性证据产品开发"的重要性一样，认为"发表学术成果、发布白皮书、拍摄专题片和举办双线展览是发掘海疆历史档案证据，为开展海洋意识教育、维护我国领海主权，实现第二个百年奋斗目标以及中华民族伟大复兴贡献档案力量"[2] 的最好方式。

---

[1] 张卫彬：《中国拥有钓鱼岛主权的证据链构造》，《政治与法律》2020年第2期。
[2] 华林、董慧囡、谭雨琦：《维护领海主权视域下我国海疆历史档案证据性开发研究》，《档案学研究》2023年第1期。

表6-2　我国档案馆关于"钓鱼岛"的档案史料收藏及意义

档案馆	档案史料及相关活动	内容	意义
中国第一历史档案馆	《马关条约》（1895年）	记录要求中国割让台湾和澎湖列岛的有关条约。①	暴露日本意图乘机侵占隶属台湾的钓鱼岛的野心。
中央档案馆、国家图书馆	《使琉球录》（1534年）	书中记载的"过钓鱼屿，过黄毛屿，过赤屿，目不暇接，……见古米山，乃属琉球者。夷人鼓舞于舟，喜达于家"认为"琉球人认为经过钓鱼岛，到了古米山后才算回到国家"②。	有力地证明了钓鱼岛在世界上被认定为中国的领土。
福建省档案馆	美国麦克阿瑟兄弟出版公司出版的书名为RANDMCNALLY&CO，SCOMMERCIALATLASOFAMERICA的地图册（1911年）	在第413页显示的中国地图上，钓鱼岛被明确标明为"TIA-YU-SU"③。	有力地证明了钓鱼岛在世界上被认定为中国的领土。
	福建省档案馆和福建师范大学闽台区域研究中心合作主办《钓鱼岛：历史与主权》展览（2012年10月27日）	关于记载钓鱼岛的史料《顺风相送》抄本的复制件、册封琉球正使郭汝霖的《重编使琉球录》的复制件、140多幅珍贵的有关钓鱼岛的中外地图资料及图片。④	证明中国对钓鱼岛拥有无可争辩的主权的历史事实和法理依据。
温州市档案馆	意大利出版的中国地图（1860年）	地图将钓鱼岛及其附属岛屿列入中国版图。⑤	有力地证明了钓鱼岛在世界上被认定为中国的领土。

---

① 李国荣：《甲午档案话殇思》，《中国档案报》2014年8月4日第4版。
② 中国新闻网：《中国国家图书馆展示馆藏文件显示钓鱼岛属中国》，[2012-09-17]，http：//www.chinanews.com/cul/2012/09-17/4190237.shtml，2023年10月18日。
③ 福建档案（微信公众号）：《华侨夫妇向福建省档案馆捐地图册 显示钓鱼岛在中国版图上》，[2017-05-18]，https：//mp.weixin.qq.com/s/t8jdg7zOp8M-CqkmKu9APA，2023年9月26日。
④ 刘文彦：《福建省档案馆举办〈钓鱼岛：历史与主权〉展览》，《兰台世界》2012年第34期。
⑤ 温州市人民政府外事办公室：《温籍侨胞向家乡捐赠含有钓鱼岛意大利版老地图》，[2016-09-19]，http：//fao.wenzhou.gov.cn/art/2016/9/19/art_1340359_7826551.html，2023年9月26日。

第六章　策略：国家档案精品走出去的路径选择

续表

档案馆	档案史料及相关活动	内容	意义
苏州市档案馆	《中山传信录》（1719年）	反映300年前琉球国社会风貌。其中徐葆光出使琉球时绘制的中琉海疆地图显示钓鱼岛在中国的海疆内。①	为证明钓鱼岛是中国的属地提供佐证。
	《民国世界大地图》（1947年）	该地图显示日本仅有北海道、本州、四国、九州四岛，并不包含钓鱼岛。②	充分说明钓鱼岛并不属于日本，而是中国的固有领土。
台州市档案馆	《东洋历史地图》（1905年）	明确将钓鱼岛划入中国领土。③	表明钓鱼岛属于中国。
美国蒙纳瑞克电影公司	《钓鱼岛真相》纪录片	从第三方的视角，使用了郑和下西洋、1785年林子平所绘地图等档案史料，用英文视频形式讲述中日关系历史，认为钓鱼列岛属于中国。④	还原钓鱼岛归属真相。
北京广播电视台	纪实栏目《档案》推出《铁证如山 钓鱼岛是中国的》	种种史料表明，钓鱼列岛自古以来便属中国，如清人沈复《浮生六记》便清晰记载黑水沟为中国与琉球国的分界线。⑤	证明了我国对钓鱼岛拥有无可争议之主权，国家领土完整不容他国践踏。

除上述关于钓鱼岛的档案文献之外，档案部门独立或合作编纂出版了针对台湾问题（《康熙统一台湾档案史料选辑》《郑成功档案史料选辑》）、西藏问题（《元以来西藏地方与中央政府关系档案史料汇编》《清初五世达赖喇嘛档案史料选编》）、香港回归（《香港历史问题档案图录》）、澳门回归（《明清时期澳门问题档案文献汇编》《澳门历史地图

---

① 韩飞、沈慧瑛、袁光：《27位日本冲绳人来华寻找"册封宴"故事》，《中国档案报》2014年6月9日第3版。
② 江苏省档案信息网：《黄乃海藏民国〈现代世界大地图〉征集进馆》，[2020-06-23]，http://www.dajs.gov.cn/art/2020/6/23/art_155_50983.html，2023年9月26日。
③ 台州市档案局：《台州市抗战档案图片史料展开展》，[2015-09-25]，http://www.zjda.gov.cn/art/2015/9/25/art_1402156_13098954.html，2023年9月26日。
④ 新华社专访：《一位德籍好莱坞导演眼中的"钓鱼岛真相"》，[2014-03-23]，http://www.bj.xinhuanet.com/dydzx/index.htm，2023年9月26日。
⑤ 中国网络电视台：《〈档案〉20120924 铁证如山 钓鱼岛是中国的》，[2012-09-24]，http://jishi.cntv.cn/humhis/dangan/classpage/video/20120925/100081.shtml，2023年9月26日。

精选》）等一系列成果，都是被实践证明了的走出去的最佳题材。

仍然以 2023 年国家档案局公布的《第五批中国档案文献遗产名录》评选结果为例，55 件（组）档案文献中，符合上述条件的也不在少数。保存于云南省大理州档案馆的"卡瓦十七王敬告祖国同胞书"，共 1 份 6 页，记录和反映了"班洪事件"后，云南佤族地区 17 个部落为挫败英帝国主义企图在中英重新勘界中施展伎俩侵占我国领土所做的积极努力和庄严宣告，宣示了云南班洪地区自古以来就是我国的神圣领土，揭露了英帝国主义侵占我国国土的野心，讴歌了我国各族人民为维护国家领土主权不屈不挠、英勇斗争的伟大爱国主义精神。[①] 入选名录，只是捍卫国家利益的第一步，如何就证据链开发可供海外推广的系列产品并予以多维推送和服务，在任一相关的学术会议、政府白皮书、网络平台以及特定外交场合都不缺席，也是走出去战略应优先考虑的。

（三）知识层面，能破除文化交流壁垒的档案资源精品

任一鸣在阐述国际文化交流的新特征时，提及了对国际文化交流持有的一种较为陈旧的观念——"突出国际文化交流的意识形态属性，把国际文化交流与政治过多地联系起来，从而成为意识形态的附属品"[②]。诚然如前文所述，构筑国家文化安全底线是国际文化交流中必须予以考虑的，但是还应该注意到世界既存在西方文化霸权的侵蚀，也存在多文明和多文化的共存共生，从不同文化文明中找出其共有价值，也是国际文化交流中不可忽视的，否则各个国家、各个民族、各国民众之间的文化交流壁垒只会越筑越高。世界记忆项目的实施，其实就是破除文化交流壁垒的一个极佳平台，作为档案文献遗产中的珍品——中国十三项世界记忆，在真实性、世界意义、六大标准、背景信息等方面经过联合国教科文组织的检验和国际同行的评价，十三项世界记忆项目的保管单位都进行了完整保存、系统建设和申报遴选，从国家到区域，再到世界，每一次收录级别的提升，都是其重要性和影响力的提升，并最终在国际

---

① 陈建东：《云南 4 件（组）档案文献成功入选中国档案文献遗产名录》，《云南档案》2023 年第 1 期。
② 任一鸣：《国际文化交流：理念创新与实践的战略思考》，《毛泽东邓小平理论研究》2010 年第 12 期。

上广为宣传,这无疑是中华优秀传统文化最好的名片。这张名片不是自封的,而是在沟通了彼此、找到了共通、实现了认同等基础上形成的。

例如,作为国际文化交流重要载体的"近现代中国苏州丝绸档案",其中的宋锦面料先后在金砖五国厦门峰会、上合组织青岛峰会、博鳌论坛等国际重要活动中亮相,之所以能够成功申遗,除了在完整性、传承性、地域性、应用性、美学性等方面无与伦比,还因为其国际性极为特殊,它既体现了纳吉祈福的传统文化思想,又折射出多姿多彩的国际社会文化。在外销丝绸档案中,保留了大量与世界各国经贸往来的凭证、订单、合同和样本组成的国际经贸往来的历史档案,其中有按照不同出口国家需要而特殊设计的纹样,也有融入了大量的国际元素的卡通图案。对于国际文化交流而言,丝绸档案不像意识形态交锋时的文化正面攻防,它可以在经济上为产业发展、在美学上为文化欣赏、在交流上为加深友谊助力。即便是在存在意识形态交锋的国家之间,也能借助光洁绚丽的丝绸进行文化交流。表6-3展示了苏州丝绸档案展览是如何一步步从国内走向世界的。

表6-3　　　　　　　　苏州丝绸档案展览列举表

年份	举办单位	展览名称	展览特色
2014	苏州市工商档案管理中心	苏州丝绸工艺档案珍品展	包括丝绸特藏、丝织像景艺术织物、真丝剪纸、古织机四大类,其中包括数十件丝绸样本、像景织物、古织机及古织机模型以及真丝剪纸等珍贵藏品。[1]
2016	中国丝绸档案馆	中国苏州丝绸档案精品展	从馆藏30余万件丝绸样本及实物档案中,精心挑选出戴安娜王妃结婚礼服面料"塔夫绸"资料、丝绸的14大类样本、宋锦唐卡、苏绣、真丝剪绸作品以及《丝绸之路手绘长卷》等实物及史料数十件;是苏州中国丝绸档案馆进一步扩大影响、走出国门进行宣传的重要一步,开创了江苏省档案系统由一个单位独立在海外办展的先河。[2]

[1] 苏州档案信息网:《"苏州丝绸工艺档案珍品展"亮相苏州档案日》,[2014-11-04],http://www.daj.suzhou.gov.cn/detail/114228.html,2023年10月5日。
[2] 甘戈、卜鉴民:《档案海外展览展示工作初探》,《中国档案》2017年第12期。

续表

年份	举办单位	展览名称	展览特色
2016	苏州市工商档案管理中心	中国丝绸档案馆征集成果展	从苏州中国丝绸档案馆自2013年至今所征集的档案史料、实物等成果中,甄选出有代表性的百余件档案展品,分别以国礼、各地征集、馆企合作、像锦织物为主题,从不同角度展示了丝绸档案的绚丽多彩和丰富内涵。①
2017	苏州市工商档案管理中心	苏州丝绸档案走向世界暨中心成立十周年图片展	分为发展历程、光辉创举、扬帆借力、创新引领、走向世界、领导关怀、成就卓著、为民服务、团队力量、展望未来10个部分,苏州市工商档案管理中心十载春秋所取得的成就在展览中得到生动呈现。②
2017	中国国家档案局、俄罗斯联邦档案署	中俄"丝路"历史档案展览	从17世纪初以前的东西方交往及中俄关系、18—19世纪中俄交往以及1840—1911年两国的关系三个时间点展开,并从中国与俄罗斯交往的珍贵历史档案中挑选精华,制作成110余件展板和复制件,展现"丝绸之路"纽带两端的中俄交往历史。③
2018	中国国家档案局和中国联合国教科文组织全国委员会共同主办、中国第一历史档案馆承办	锦瑟万里,虹贯东西——16世纪至20世纪初中外"丝绸之路"历史档案文献展	反映16世纪至20世纪初"丝绸之路"沿线国家与中国开展经贸和文化往来的历史,包括地图、信件、绘画、丝绸制品、照片等。其中,苏州市工商档案管理中心共有19件馆藏档案在展览之列,体现了我国古代高超的云锦、缂丝技艺,有力地宣传了中华文化。④
2018	苏州市档案局(馆)、苏州市工商档案管理中心、苏州中国丝绸档案馆	"苏州记忆 世界记忆"丝绸档案主题展	在苏州国际博览中心举行,展出了入选《世界记忆名录》的十四大类丝绸档案精品,并利用档案介绍了国内丝织业规模最大的苏州"四大绸厂"——振亚丝织厂、东吴丝织厂、光明丝织厂、新苏丝织厂的相关内容,回顾了苏州丝绸档案建设、发展和走向世界的历程。⑤

① 苏州市工商档案管理中心(微信公众号):《中心举办中国丝绸档案馆征集成果展》,[2016-09-26],https://mp.weixin.qq.com/s/50Ht6CsIEKh_a2GxHP8KfA,2023年9月26日。
② 苏州市工商档案管理中心(微信公众号):《苏州市工商档案管理中心举办"学讲话、找初心——不忘初心齐奋进、档案为民再出发"主题党日活动》,[2018-03-09],https://mp.weixin.qq.com/s/THsgmMzaG8pTPsrPRSBrqw,2023年9月26日。
③ 中国江苏网:《中俄"丝路"历史档案苏州开展》,[2017-05-24],http://jsnews.jschina.com.cn/sz/a/201705/t20170524_550683.shtml,2023年9月26日。
④ 苏州市工商档案管理中心(微信公众号):《苏州丝绸记忆 荣耀亮相巴黎》,[2018-12-7],https://mp.weixin.qq.com/s/fhkrgomB0Oz27Ba-MIqsug,2023年9月26日。
⑤ 中国新闻网:《第七届创博会将推出"苏州记忆(技艺)"主题展》,[2018-04-02],https://www.chinanews.com.cn/business/2018/04-02/8481701.shtml,2023年9月26日。

续表

年份	举办单位	展览名称	展览特色
2019	苏州市工商档案管理中心、苏州中国丝绸档案馆、世界记忆项目苏州学术中心	锦绣江南 古韵今辉——近现代中国苏州丝绸档案展	分《世界记忆与苏州丝绸》《苏州丝绸的历史文脉》《新中国苏州丝绸重生》《苏州档案人与苏州丝绸》四个部分，从多个层面展示苏州丝绸档案史料、样本实物、丝织工艺过程及丝绸产业的发展历史，展示苏州丝绸的生产史和发展史，展现近代以来人民群众在生产生活实践中所创造、传承的，独具特色的传统丝织艺术。①
2019	苏州市工商档案管理中心、苏州中国丝绸档案馆、世界记忆项目苏州学术中心	不忘初心、牢记使命——寻找丝绸档案中的红色基因	以中国共产党领导的近百年波澜壮阔的中国革命、建设、改革为主线，从中心馆藏档案中遴选出近百件具有明显时代特征和不同工艺技术特点的丝绸档案，主要分为《伟大领袖》《革命精神》《壮丽山河》《主席诗赋》《共产党人》五个板块，展出像锦档案60余件，绸布面料、历史照片、感谢信等实物档案20余件，个人捐赠品6件。②
2020	苏州市档案馆党委、苏州市园林和绿化管理局机关党委	"开放与繁荣"——探寻丝绸档案、苏州园林两大遗产中的开放精神专题展	回溯173年的历史，从1847年苏州丝绸行业公会《七襄公所记》、1906年为苏经纶纱厂注册事呈商部文书开篇，讲述苏州丝绸产业从传统走向开放，呈现丝绸和园林艺术在丝制品中的精巧结合，以及遗产责任部门推动社会主义文化繁荣兴盛精神，持续推动遗产的后续传播和开发，向世界讲好"苏州故事"③。
2020	苏州市档案馆、苏州市工商档案管理中心	一爿厂 一座城——苏纶百年档案文献展	分为"图强""实业""脊梁"三个单元，从清末近代工业化的初创、民国民族产业的探索和新中国国营大企业的三个发展时期再现百年苏纶的辉煌图卷，共展出近300件有关百年苏纶的档案资料，对苏州传承地域传统、唤醒城市记忆、振兴丝绸产业、增强民族自信有重要意义。④

① 江苏国际在线：《丝绸旧档开启"世界记忆"新篇》，[2020-01-10]，http：//gjzx.jschina.com.cn/20376/202001/t20200110_6470925.shtml，2023年9月26日。
② 江苏国际在线：《丝绸旧档开启"世界记忆"新篇》，[2020-01-10]，http：//gjzx.jschina.com.cn/20376/202001/t20200110_6470925.shtml，2023年9月26日。
③ 中国档案网：《探寻丝绸档案、苏州园林两大遗产中的开放精神专题展开幕》，[2022-08-27]，https：//www.chinaarchives.cn/home/category/detail/id/8367.html。
④ 名城新闻网：《再现苏纶的前世今生》，[2020-10-28]，http：//news.2500sz.com/doc/2020/10/28/645587.shtml?_t=t，2023年9月26日。

续表

年份	举办单位	展览名称	展览特色
2021	苏州市工商档案管理中心、苏州中国丝绸档案馆	"第七档案室"互动主题展	"追踪者的倒计时"实景解谜活动是苏州中国丝绸档案馆以真实档案历史为背景推出的档案教育文化创意新项目。活动将2000平方米的创博会展厅化为密室，参与者通过获取的线索，一步步揭开谜底，最终找到答案，顺利通关。解谜活动融入档案、文献遗产、非遗、大运河等元素，充满创新、创意，让参与者在享受探索的乐趣、解谜成功的喜悦的同时，还能了解苏州丝绸文化和档案知识，感悟世界文化遗产、非物质文化遗产和记忆遗产的深厚底蕴。①
2022	苏州市工商档案管理中心、苏州中国丝绸档案馆	丝丝入扣 档档出彩——中国丝绸档案馆宣传展	详细展示了中丝馆介绍、入选《世界记忆名录》的"近现代中国丝绸档案"部分精品纹样、世界记忆项目和世界记忆项目学术中心、中丝馆编研成果和文创产品等内容，为更好地普及丝绸档案知识、推广丝绸文化，进一步探索档案文化创意实践打下了坚实基础。②
2022	福建省档案馆、苏州市档案局、苏州市档案馆、泉州市档案馆、苏州市侨办、苏州市侨联	海丝情忆——丝绸与侨批档案文献遗产展	一丝越山海，一批情忆长。展览分"爱国""拼搏""诚信""传承""乡愁"5个篇章，展出侨批档案和丝绸档案346件，将两种同为海上丝绸之路记忆留存的档案载体巧妙结合，深度挖掘提炼，将国人勇于开拓、恪守信义、反哺桑梓的心气、操守与情怀淋漓尽致地进行展示。③
2023	苏州市工商档案管理中心、北京师范大学"游戏的人"档案馆	"时光进度条"档案沉浸展	遴选了苏州市工商档案管理中心（苏州中国丝绸档案馆）和游戏档案馆与游戏、儿时记忆有关的特色档案，包括各个时代有代表性的游戏杂志、设计手稿、光盘实物等，配合中心馆藏扑克牌厂相关史料、民族工商业实物档案、《小辰光》影集照片、《童嬉》画作和手稿，突破中心"老企业史料"系列展览的常规思路，利用游戏与档案结合，凸显游戏的档案文化内涵，充满童趣，令观众耳目一新。④

---

① 苏州市工商档案管理中心：《苏州中国丝绸档案馆成功开展〈第七档案室〉实景解谜活动》，[2021-09-25]，http://www.chinaarchives.cn/home/category/detail/id/36942.html，2023年9月26日。

② 苏州市工商档案管理中心：《"丝丝入扣 档档出彩"——中国丝绸档案馆宣传展走进市行政中心大院》，[2022-07-29]，http://gsdaglzx.dag.suzhou.com.cn/workDynamics/detail/1703，2023年9月26日。

③ 福建档案信息网：《"海丝情忆——丝绸与侨批档案文献遗产展"开展》，[2022-11-28]，http://fj-archives.org.cn/m/#!/detail/297323，2023年9月26日。

④ 澎湃新闻：《活化"世界记忆"：苏州中国丝绸档案馆档案走进日常》，[2023-03-24]，https://m.thepaper.cn/newsDetail_forward_22420689，2023年9月26日。

除举办有关丝绸档案的展览外，再以苏州工商档案管理中心为例，为扩大丝绸档案的国际影响力，中心牵头开展并积极参与各类国际性活动，包括举办苏州丝绸国际旅游节，多次参加国际档案理事会（ICA）年会，多次组织召开世界记忆项目国际研讨会，与联合国教科文组织世界记忆项目教育和研究分委员会的专家保持沟通联系并且请他们为地方档案文献遗产的开发出谋划策等；该中心还与国内外丝绸人合作，于2018年11月翻译出版了被称为"印花设计界的百科全书"的《纺织品设计：欧美印花织物200年图典（中文版）》。上述活动，均是力求在更大的舞台上展示丝绸档案蕴含的深厚文化内涵，推动国家及地方文化发展与传播，发扬丝绸文化。

入选名录，只是破除文化交流壁垒的第一步，我国各级档案文献遗产名录中能够实现类似功能的档案文献也不在少数，将其遴选出来，加大开发力度，把"破除壁垒、共建认同"的功能充分发挥出来，理应成为"走出去"战略的重要步骤。

二　更好服务中国发展的档案制度精品

档案制度可以视作一种管理要素或管理对象，与"四个自信"尤其是制度自信有着紧密的内在联系，业已建成的中国特色全国馆网架构下的国家档案资源体系、利用体系、安全体系和治理体系，是国家制度自信的重要组成部分。在树立对中国档案制度自信的过程中，一方面，要破除对西方制度包括档案制度在内的盲目崇拜，厘清中国档案制度自信的根源和基础；另一方面，要在"走出去"的不断交流中借鉴他人和完善自己。

中国档案制度的自信，根源于多年来对档案体制的实践探索和改革底气，这种自信，绝非盲目的自我陶醉，而是建立在有根有据的基础之上的。例如，中国档案管理"统一领导、分级管理"的档案管理体制与"一个机构、两块牌子"的档案工作制度，奠定了国家档案管理体制的基础，已成为档案事业发展最坚实的保障，已促成档案信息资源最有效的管理，这种与国家政治、经济、社会的实践土壤匹配和服务的模式，是档案制度精品的最好诠释，也是"走出去"的现实支撑。虽然在某些时期、某些领域也存在政事不分、改革滞后、理论不足等问题，亟须立足行政、文化体制进行改革，在地方、机关、企业档案管理体制等领域进行实践探索。由此，在探寻中国档案的制度根基与特色体系时，既要分析档案管理集中式的制度优势，又要以创新思维研究如何发挥市场在档案信息资源配置中的基础性作用、处理好档案行政管理部门（2018年省级档案体制改革后，称之为"档案主管部门"）的"收放"监管权力，简言之，就是要回答"中国档案制度自信的根源何在"的命题。

另外，中外档案制度特别是体制方面的差异较大，阻碍了海外对中国档案制度的认可。例如，由于中西意识形态领域的冲突，导致欧美一些国家攻击中国社会主义政治制度时，连带性地贬低我国集中式档案管理体制，尤其是中国档案制度在处理保密与开放的关系上与欧美国家在档案开放程度上确实存在一些差距的情况下，亟须以集中式的档案管理体制为研究视角，以借鉴中外档案管理制度先进性成果为切入点，依托厚实有力的政治制度优势，通过实现档案管理制度现代化，在坚持"统一领导，分级管理"的体制不动摇基础上，汲取他国的档案制度文明成果，在国际交流中不断彰显档案管理制度自信。

这里就遴选/建设什么样的档案制度精品以作为走出去的"主打品牌"，谈三点看法。

（一）坚持问题导向

档案管理制度不能建立在空中楼阁之中，也不能纯粹采用拿来主义，归根结底是要解决经济社会发展面临的各种问题。党的十八大以来，党和政府将脱贫攻坚作为解决新时代发展不平衡不充分的社会主要矛盾的重要抓手，因此，档案制度就应该紧紧围绕赋能和记录脱贫攻坚并发扬脱贫攻坚精神；2019年底在新冠疫情全球大流行背景下，党和政府团结领导全国各族人民，打赢了抗击新冠疫情的斗争，因此，档案制度就应该紧紧围绕服务和助力疫情防控并弘扬伟大抗疫精神；2022年党的二十大报告中提出"实现高质量发展、建立中国式现代化"等目标，档案制度理所当然地围绕实现这一目标下各种问题、障碍来展开制度设计，助力和实现中国式现代化。

例如，2016年9月，国家档案局与国务院扶贫开发领导小组办公室联合印发了《关于做好精准扶贫档案工作的意见》，对加强和规范精准扶贫档案工作作出统一部署，脱贫攻坚档案日益发挥着"业务全渗透、结果全记载、过程全监督、数据大服务"的支撑性作用。2020年8月，国家档案局与国务院扶贫办联合制定印发了《关于进一步做好精准扶贫档案工作的通知》，对做好收官阶段脱贫攻坚档案工作进行动员安排，要求各地扎实做好脱贫攻坚档案完整归集、规范管理、加强利用等工作，确保脱贫攻坚档案材料（包括电子、音像、视频、照片等）应收尽收、应归尽归，避免出现遗漏散失。解决贫困不仅是中国曾经存在的问题，而且是世界大多数发展中国家面临的问题，而实现脱贫则是中国奋力走出来的一条道路，档案制度不仅见证了脱贫，而且助力了脱贫，将这一整套档案制度归纳、总结、凝聚和提炼出来，便是最合适的"走出去"的档案制度精品。

又如，2020年2月，国家档案局发布《关于做好新型冠状病毒感染肺炎疫情防控期间档案工作的通知》，指出"各级档案部门应加强对疫情防控材料收集归档工作的业务指导，做到疫情防控档案应收尽收、应归尽归"；同时，还要求"各级档案局、档案馆都要积极发挥档案资政的重要作用，根据疫情防控工作实际需要，及时编研有关重要工作情况档案参考材料"，"对于保障重大工作事项和实施疫情防控工作需要查档的，各级档案馆必须特事特办，在落实防疫措施的同时，及时高效提供利用服务"。世界各国面对疫情防控的应对方案是有差异的，相关的档案制度更是五花八门，但是最终取得抗疫斗争胜利并实现经济正增长的主要经济体只有中国，以"应收尽收、应归尽归"等为特色的中国档案制度，自然而然可以成为走出去的档案制度精品。

（二）紧密联系实践

进入新时代，中国档案管理最引人注目的实践莫过于"四个体系""三个支撑"相关的制度设计。以"中国档案治理体系"为例，涉及档案局馆联动合作、馆库设置布局、各级党委和政府将档案工作纳入年度考核等内容不断健全，与依法治档相关的法规、标准、执法、普法、监督、指导等工作也在持续完善；[①] 以"中国档案资源体系"为例，从中

[①] 周林兴、黄星、崔云萍：《奋楫扬帆启宏途 笃行致远谋新篇：2022年我国档案治理体系建设发展报告》，《中国档案》2023年第3期。

央到地方均将"进一步巩固'两类档案'归集工作成果"作为重点任务进行部署，此外，在数字档案资源建设、档案资源整合和档案文献遗产建设等方面均取得了显著成效；① 以"中国档案利用体系"为例，档案开放审核力度和效率明显提升，档案利用服务成效显著，档案资源开发效果精彩纷呈，始终将"方便人民群众"作为宗旨；② 以"中国档案安全体系"为例，档案安全是档案工作的底线，是档案事业的根基，为深入贯彻党中央、国务院有关部署要求和习近平总书记关于保稳定、护安全、促和谐的重要指示精神，国家档案局多次召开以档案安全为主题的全国档案工作会议，并先后发布了一系列维护档案安全的专指性法律规范性文件，切实保障档案实体安全与信息安全。③ 关于"三个支撑"，徐拥军教授等结合习近平总书记在党的二十大报告中明确提出的"实施科教兴国，强化现代化建设人才支撑""教育、科技、人才是全面建设社会主义现代化国家的基础性、战略性支撑"重要论断，归纳为中国档案制度的教育支撑制度、科技支撑制度、人才支撑制度已经形成有机体系，能够协同发力、整体联动。④

当然，限于篇幅，这只是新时代以来档案制度的精华之一，按照"紧紧联系实践"的要求，还可以从"结绳记事"起，提炼中国古代档案事业发展中的经典制度；也可以从"四个体系"起，总结中国现代档案事业发展中的创新轨迹，在"走出去"时能够真正代表档案制度的中国特色和时代特色。

（三）做到知己知彼

习近平总书记在 2016 年 5 月 18 日哲学社会科学工作座谈会上提到

---

① 加小双、姚静、张晨文、王春蕾：《聚焦服务中心大局 扎实记录国家记忆——2022 年中国档案资源体系建设发展报告》，《中国档案》2023 年第 3 期。

② 曲春梅、刘晓雨、王溶琨：《档案开放促发展 数据共享惠民生——2022 年中国档案利用体系建设发展报告》，《中国档案》2023 年第 3 期。

③ 中华人民共和国国家档案局：《国家档案局关于印发李明华同志在全国档案安全工作会议上的讲话的通知》，[2017-06-26]，https://www.saac.gov.cn/daj/yaow/201706/b4aa6f797b6c4731a509c6060b4dfd33.shtml，2023 年 9 月 26 日。

④ 徐拥军、王兴广：《强化新时代档案事业高质量发展的基础性、战略性支撑》，《中国档案》2023 年第 3 期。

"探讨我们自己的特殊性,寻找特殊里面的普遍性",档案工作不是中国独有的,中国档案制度的历史渊源,与国外档案制度既有相同之处也有相异之处。吴雁平研究馆员在谈及打造中国档案学派时提出要知己知彼、知根知底与知行合一,认为要从中国自身的民族和国家特点、经贸与科技水平、地理环境、人口素质等八个维度,探讨东西方档案学形成的背景与动因,既要放眼看世界,又要睁眼看自己。[①] 中国档案管理制度有着深厚的历史根基,也有着丰富的实践基础,外国尤其是西方国家档案管理制度在某些时期、某些领域,例如档案开放制度、档案整理制度确实曾经世界领先,所以遴选中国档案制度精品,不能仅就中国谈中国档案制度,必须适时跳出中国看中国档案制度,必须在解释中国档案事业治理模式、中国档案事业发展道路之中提炼出中国档案制度精品或理论,在这一过程中提炼出有利于普适性的档案管理制度、档案学术理论,从而推动人类档案事业的发展和档案学理论的改进。

例如,档案保护制度,中国历朝历代对于档案保护的建筑、技术、方法等都有自己的特色,在1992年联合国教科文组织启动致力于世界濒危档案文献遗产保护的"世界记忆工程"时,中国更是积极响应。截至2023年3月,中国业已组织了五批中国档案文献遗产名录评选工作,13项入选《世界记忆名录》、14项入选《世界记忆亚太地区名录》,197项入选《中国档案文献遗产名录》,这些档案资源精品不是自然遗存的,而是在中国就濒危档案文献遗产保护所形成的可复制、可推广的制度下经过多年努力形成的。除此之外,中国四所世界记忆中心的建设制度,世界记忆的推广制度,国家级、省市级的档案文献遗产保护制度等,可谓在人类文献遗产保护方面探寻出了一条既体现中国特色又与世界接轨的先进管理制度。

三 更多根植于中国实践的档案学术精品

从档案制度精品到学术精品,既可以说是一脉相承、自然而然的事情,就像张斌教授提出"打造新时代中国档案学派"时谈到的那样,

---

① 管先海、郭东升:《打造新时代中国档案学派》,《档案》2021年第6期。

"建立中国档案学自信,不是一时兴起和心血来潮,而是基于对中国档案事业发展的全面综合考量提出的,回顾中国档案事业史,我国档案与档案工作的历史与中华文明史一样可上溯数千年,这为中国档案学理论的产生和发展提供了肥沃的土壤"[①];又可以说是破除坚冰、砥砺前行的事情,虽然回顾中国档案学的发展历史,例如从文件生命周期理论到文件运动规律,从文件双重价值论到档案双元价值观,可以说明契合中国本土化管理实践的档案学术理论精品已经初步形成,即中国档案学术理论的自信,绝非盲目的夜郎自大,而是有一定的坚实基础的。但是,环顾中国档案学的研究视角、研究深度、研究架构、学科地位等,仍然需要锲而不舍地破除外来理论消化不全而造成的妄自菲薄或盲目自大,需要在"走出去"的交流过程中学习他人和展示自己,需要进一步研究中国档案学术活动中的创新性和实践性,并以他山之石——西方档案学成熟理论的消化融合和本土化,扩大其国际影响力和提升其学术话语权,回答"中国档案学术自信的检验标准何在"的命题,逐步解决因为中外档案学术的差异较大而影响了中国档案学术在海外获得赞誉的问题。

例如,中西方档案学术研究的实践土壤差异较大,双方或多边学术交流难以取得共鸣,学术表述的语言语境差异较大,外文期刊很少发表中国档案学者的论文,国内档案人才海外进修数量明显高于海外档案人才到中国学习的数量。凡此种种,也不断激励着中国档案学人,以原创性档案学术理论为研究视角,以古今中外档案学成熟的档案学科理念与模式为参照点,依托和而不同的自由学术氛围以及具有中国档案学基因的多元化档案学学科理念和研究方法体系,在国际交流中不断完善中国档案学学术思想和理论模式,扩大中国档案学术理论影响力。

总之,我国业已形成根植于中国实践的经验、制度和理论,中国档案学术共同体也初具规模,档案职业责任感和社会认可度也在持续提高,这种兼具问题意识、实践意识和国际视野的档案理论,既是档案学术精品的有力证据,也是"走出去"战略中应予以优先考虑的。当然,具体

---

① 张斌:《打造新时代中国档案学派》,《档案学通讯》2018年第4期。

到档案学领域的学术理论不在少数，且涉猎范围广泛、适用领域可大可小，适不适合"走出去"的关键评判标准，笔者认为在于是否"源自中国本土、服务中国实践"，可细分为以下两个方面。

(一) 立足于中国档案事业的历史传统

中国是具有悠久历史的文明古国，档案是记载国家历史变迁的重要文化符号，档案及档案工作在中国具有悠久的发展历史，中国古代以编史修志为核心的档案文献编纂工作是传统中国档案学的重要根基及文化渊源。[1] 例如，《金石索·石索》记载上古时期"伏羲仑精，初造王业，画卦结绳，以理海内"，说明了档案意识是先于文字产生的，虽然"结绳记事"被认为是一种档案事物发展的初级阶段或档案前身，但是表明了人类在当时的生产力条件下实现"档案方式"的愿望及其努力，它可计数、可记物、可记事，甚至这种"档案方式"在古秘鲁人设有专门的"绳子官"传授结绳方法，至少说明了文明古国之间的确存在着文明渊源上的共同共通之处。又如，中国各朝各代在档案品质的维护与工具价值的实现上，积累了非常丰富而系统的经验，为了维护档案的原生性与真实性，既有前段控制——最早诞生于汉代的押缝制度、完善于元代的半印勘合制，以及西周时期就诞生了的副本制度；又有事后控制——给文档诈伪者设计风险和对文档工作者进行责任控制，为了行使档案与档案方式的社会干预功能，元代首创、明代更加完善的"照刷磨勘文卷"制度，意在通过对记录行政过程的档案文卷定期审查，以便及时发现和处理其中反映的问题。[2] 再如，中国各朝各代对于档案保管、保护以及库房建筑、库房管理上，是非常先进的，在库房建造设计之初就有着严格的地址水文调查以及防潮技术的介入，西汉时期的石渠阁、明朝时期的后湖黄册库、明清两朝的皇史宬都是"以水制火"的典范，先进的库房建筑，再辅之以效率高且方法多样的档案有害生物防治技术、技术精细且自成体系的档案修裱技术和档案装帧技术，都凝结着我国古代档案

---

[1] 唐启：《中国立场，国际表达：中国档案学术话语体系自主建构的理与路》，《档案学研究》2021年第1期。

[2] 覃兆刿：《中国档案事业的传统与现代化：兼论过渡时期的档案思想》，中国档案出版社2003年版，第55—67页。

工作者的思想智慧①，否则中国现存的3000多万卷的文献典籍将无法历尽沧桑而流传至今。

当然，中国档案事业的历史传统远不止这些，但是在各大学科均侧重"信息""管理"的当下，"学史"的研究在档案学的重视程度与相关成果上越发不容乐观，档案学的"去历史化""去内容化"使得以"编史修志"为中心、传承千年的中国特色档案学研究根脉有被斩断的危险②，将中国档案事业的历史传统作为档案学术精品的思想源泉，通过辩证吸收、批判继承、古为今用，确实是"走出去"不容忽视的基础性工作。

(二) 立足于中国档案事业的现实实践

我国已经建成了世界上规模最为宏大、体系最为完备的档案事业，其中，档案馆库数量、档案资源总量、档案教育规模、档案工作者队伍等均已居世界首位。③ 这样的规模、体量与成就，不可能是固守某一种既有的档案学经典理论，或者借鉴西方国家的档案学术成果来设计自身的改革路径就能实现的。从来源原则到单套制的发展渊源来看，虽有借鉴，更有扬弃。纸质时期，借鉴源自西方国家的来源原则创新性地设计出"全宗制度"；电子时期，依据多年来档案信息化建设的经验，于2020年新《档案法》中对电子档案的合法要件、地位和作用、安全管理要求、信息化系统建设等方面均做出明确规定，将纸质时期首创于西方国家的文件生命周期理论赋予数字化时代的新生——覆盖了文档全生命周期系统形态，钱毅教授将其称为四类系统形态——电子档案管理信息系统、办公自动化系统与业务系统、数字档案馆、档案信息资源共享服务平台。④

---

① 麻新纯：《中国古代档案保护科技探源》，《广西民族学院学报》（自然科学版）2006年第2期。

② 唐启：《中国立场，国际表达：中国档案学术话语体系自主建构的理与路》，《档案学研究》2021年第1期。

③ 张斌、杨文：《论新时代中国特色档案学话语体系的构建》，《档案学通讯》2019年第5期。

④ 钱毅：《全面保障档案信息化工作，助推社会数字转型：新修订〈档案法〉信息化条款述评》，《北京档案》2020年第10期。

所以，中国档案学术精品，一方面需要借鉴西方经典档案学理论精华，例如魂系历史主义的来源原则，依然是现如今档案管理实践需要借鉴的；另一方面也应当清楚地认识到西方政治体制下诞生的档案管理制度及其档案学术理论与中国特色社会主义现代化实践之间的本质区别，以明确中国档案实践的独创性，尤其是在梳理中国特色档案制度改革与发展道路上的历史规律时，需以长视角来观察和比较。例如，中外各国之间的档案开放原则与中国档案事业的人民立场。诚然，档案开放，最早始于法国大革命期间成立的国家档案馆以及后续颁布的各项关于档案开放的法令，中国档案开放则源自新中国诞生之后对历史档案的开放以及1987年《档案法》颁布之后才正式纳入法定范围。但是，新《档案法》第一次开宗明义地规定了"一切国家机关、武装力量、政党、团体、企业事业单位和公民都有保护档案的义务，享有依法利用档案的权利"，人民立场不仅被纳入法治范畴，而且实实在在地体现在档案工作的方方面面。

又如，"十三五"期间档案公共服务能力持续提升，开放数量、接待利用、编研资料、接待参观、举办展览等传统的档案利用成效显著，而档案跨部门、跨区域查阅利用，档案惠农助农等新型的档案利用效益初现，反映出我国档案事业对档案开放有了新的理解——档案权利不仅仅体现在档案开放之中；有了新的实践——档案权利可从四个体系建设中全面保障；有了新的成效——档案权利保障在全社会全面数字化转型背景下被赋予了新内涵和被提供了新举措。

基于以上基本判断，有利于中国档案事业的现实实践来构建中国档案学术精品，不能仅仅盯住某个时期、某个因素的特征加以判定，而要动态性地紧扣中国档案事业发展的历史逻辑和时代脉搏加以阐释与总结。

"什么走出去"是国家档案精品走出去路径选择的第一步，是对走出去内容的阐释。只有对中国国家档案的资源精品、制度精品、学术精品等了然于胸，走出去之路才能走得踏实，其大致内容如图6-1所示。

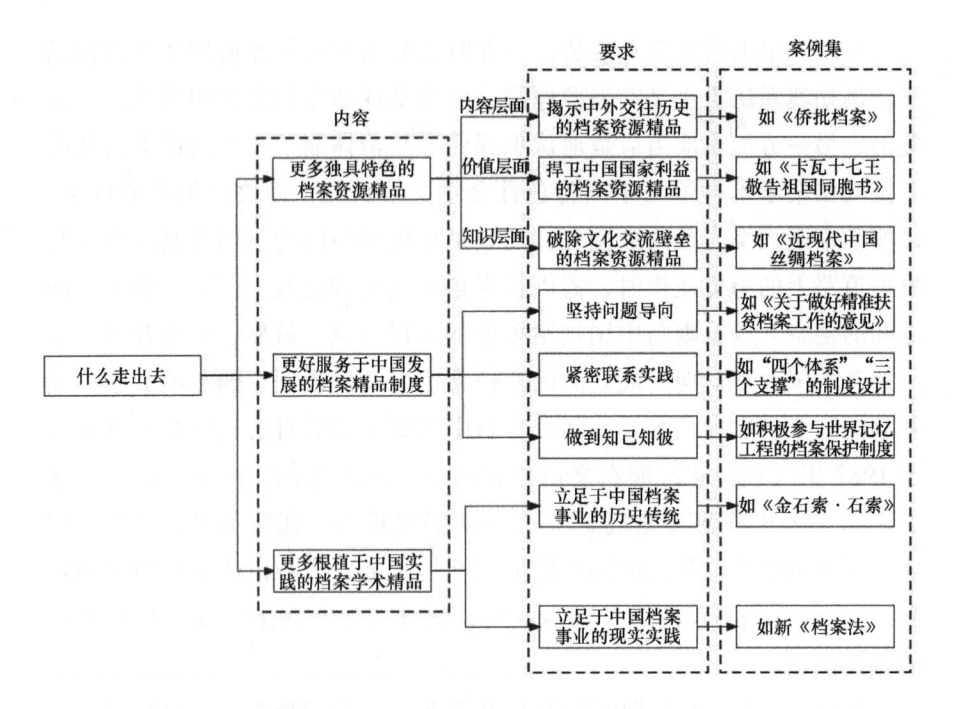

图 6-1 "什么走出去"内容概览

第二节 怎么走出去

国家档案精品走出去，作为一项国际文化宣传活动，是在跨文化环境下进行的旨在扫除文化交际壁垒、促进文化交融的行为，这就需要相关部门紧密依托对外交流渠道，深入了解不同文化环境，全面分析我国国家档案精品与国际文化环境影响因素的实际情况，根据需求选择合适的档案精品、宣传制度等，从而为我国国家档案精品走出去的顺利开展提供坚实的物质保障。需要注意的是，国际宣传不同于国内宣传，格外需要"走出去"工作在方方面面能够有机衔接不同文化环境，可能在东南亚国家行之有效的走出去方案，放到北美或者欧洲效果也许会大打折扣。所以，我国相关部门在进行档案外宣活动时需重视根据目标国的文化环境，配备合适的复合型档案营销人才、档案宣传产品和走出去渠道，真正意义上将合适的档案资源传递给需要者，推进我国档案国际宣传活动的有序开展。

一　发挥档案主管部门的主导作用，体现走出去的制度优势

（一）以国家档案局为核心，拓展双边和多边交流合作

党的二十大报告宣示中国将推进高水平对外开放，而服务于此的国家档案事业必然也是一个更加开放的事业。国家档案精品因其独特的魅力，以自身形式，在世界各国相互交往中发挥着不可替代的作用。在全球经济一体化时代，档案交流日益成为重要的国际发展趋势，档案交流合作可以看作国家综合国力及其表现特征在文化空间的延伸。

在国家档案精品走出去过程中，国家档案局凭借其独特优势，在档案产品与服务供给中，拥有强大的生产能力和竞争力，既能为面向国际社会提供符合需求的档案服务，又能承接政府文化宣传的职能。因此，要坚持把发展与合作作为档案国际交流合作的核心内容，以国家档案局为核心，积极推进档案领域双边和多边交流合作。

一是加强国内档案事业建设指导工作，引领档案事业的发展与走向，提升国家档案精品走出去的整体合力。例如，2021年12月19日，在国家档案局的多方协调下，由中国档案学会、中国文献影像技术协会主办的"2021年海峡两岸档案暨缩微学术交流会"以视频会议形式顺利召开，此次会议对两岸档案界和图书界的发展起到了巨大推动作用。[①] 二是拓展与国外政府机构、重要国际组织和机构、国外档案领域其他重要组织或机构间的合作交流，积极参与世界各国档案馆举办的各种机制性会议、研讨会、展览等活动，共同探讨应对新时期档案事业发展面临的机遇与挑战，增进相互了解，推动交流互鉴。

（二）以地方档案工作为依托，落地双边和多边交流合作

推动中华文化走出去，是一项复杂的系统工程，需要方方面面共同努力。要坚持政府主导、企业主体、市场运作、社会参与，统筹国际、国内两种资源，用好文化交流、文化传播、文化贸易三种方式，凝聚政府、企业、社会组织和个人四方力量，着力构建全方位、多层次、宽领

[①] 中国文献影像技术协会秘书处：《"2021年海峡两岸档案暨缩微学术交流会"在线上召开》，《数字与缩微影像》2022年第1期。

域的文化走出去格局，增强中华文化国际影响力。[①] 因此，对国家档案精品走出去而言，构建包括国家档案局、各级档案部门、社会组织、公众主体在内的各个交流主体的多元主体对外交流的体系，是"走出去"可持续发展的关键。

其中，在国家档案局的领导和指导下，发挥区域优势、地方特色优势，加深双边、多边交流与合作是重点。例如，福建省对外交流的重点是"加强海峡两岸档案交流与合作、发挥福建学术中心国际交流平台作用、落实与新加坡的合作协议、拓展与海上丝绸之路沿线国家的交流合作等"；广西壮族自治区对外交流的重点是"加强与东盟国家、深化与越南、老挝等国家在档案领域的合作成果"；上海市对外交流的重点是"利用国际档案理事会及其东亚分会、城市及地区档案馆执委会、友好城市等平台进行对外交流"。

又如，2020年9月23日，中俄人文合作委员会档案合作分委会第四次会议以视频会议形式召开，中俄双方主要总结了《2016—2020年中俄档案合作分委会工作大纲》的完成情况，会后，中俄双方共同签署了会议纪要以及《2021—2025年中俄档案合作分委会工作大纲》。[②] 随后，黑龙江省积极落实该大纲中涉及的具体任务，其"十四五"规划对外交流的重点则是"打造中俄档案交流合作重要窗口，深化中俄两国档案领域务实合作"。

二 跟踪国际组织的发展动向，跟上走出去的国际形势

当今世界，全球化势不可当，各个国家在推进自身民族不断变革的进程中打破了以往地缘间相互隔绝的状态，逐步融入国际化这一大趋势下，文化、意识形态等也随着全球化浪潮突破地区壁垒在世界范围内传播和辐射。在这一背景下，跨文化交流在国际发展中日益常态化，各个领域也或多或少地接收到国际化发展带来的转变，迎来了体制和规则等

[①] 刘奇葆：《大力推动中华文化走向世界》，《光明日报》2014年5月16日第1版。
[②] 陆国强：《推动档案事业在高质量发展轨道上迈出坚实步伐：在2020年全国档案局长馆长会议上的报告》，《中国档案》2021年第1期。

的不断解构和重构。档案事业发展同样踏上国际化道路，国家档案精品走出去也逐渐成为当前我国档案领域和国际化文化交流中的重要组成部分。鉴于此，从国际视角把握国际档案事业发展态势，遵循国际惯例和主要话语权国家档案表达，以及逐步构建我国在国际上的话语权，是做好国际档案交流的关键。

（一）准确把握国际档案文化交流现实

国际档案事业发展经历了一个漫长的发展过程，从1950年8月在法国巴黎举办第一届国际档案大会至1996年9月在中国北京举办第十三届，再至2021年10月在阿布扎比举办第十九届，历经七十多年发展。随着档案事业影响力的深化和国际档案组织成员的不断增加，逐步形成了以国际档案理事会为中心的国际档案事业发展体系。虽然国际档案理事会在全球档案事业发展中发挥着主导作用，但在运行过程中的基础性缺陷也逐渐暴露，发达国家利用档案话语权来维持其在全球政治经济文化等方面的优势局面从未改变。西方国家坐拥大量文化遗产，依托其政治话语权和发达信息技术，档案交流工作开展较早，拥有绝对地位的国际档案话语权。[1]

例如，早在2003年，联合国教科文组织发布《保存数字遗产宪章》，在条款"11 伙伴关系与合作"中指出，"数字遗产的保护需要政府、数字遗产生成者、出版商以及相关行业及遗产机构的不断努力。面对目前各国在数字遗产保护方面的不均衡发展，我们有必要加强国际合作，团结一致，确保所有国家的数字遗产得以生成、传播、保护并持续利用"。在我国，尽管已经有学者对数字资源保护问题进行理论探讨，但是在实践层面法律制度的缺失和相关标准建设的空白使得数字遗产保护实践举步维艰[2]，我国在数字遗产保护领域的话语权一直较弱。

又如，中国参与全球档案治理的途径相对单一，1996年9月在北京召开的第十三届档案国际大会以"本世纪末的档案工作——回顾与展

---

[1] 王向女、袁倩：《论当代档案学在数字人文热潮下的理性空间》，中国文史出版社2019年版，第101—107页。

[2] 阳广元：《国内数字遗产研究述评》，《图书馆理论与实践》2018年第6期。

望"为主题,从全球档案治理和中国自身利益出发,有意利用国际组织这一平台宣讲自身的全球档案治理观念,是中国打破原有全球档案治理形势的最佳输出方式,也是推进中国档案话语权构建、促进中国国际档案事业从主动有为到积极影响的跨越。

由此,我国要充分认识到国际组织和话语权国家的影响力,精确分析国际文化传播规则发展、变革趋势及背后要素,借助国际平台以便在适当时机增强我国国家档案精品走出去的议题设置能力、议程把控能力、方案设计能力等。

(二) 及时追踪和遵循国际规则的指引

一是积极参加国家档案理事会相关活动,扎实推进档案领域的国际交流,适时发出中国档案界声音。例如,2021年10月25日至28日,ICA首届线上会议——"赋能知识社会"顺利召开[①],来自中国的"如何促进公众参与数字记忆项目?——'我的北京记忆'项目经验"(How to Promote Public Participation in Digital Memory Project? The My Peking Memory Project Experience)和"基于区块链的档案数据真实性保护方法研究"(Ensuring the Authenticity of Archival Data Using Blockchain Technology)两项发言入选该会议。又如,2021年10月28日至29日,国际档案理事会欧亚地区分会、俄罗斯联邦档案署、全俄文书和档案科学研究所、俄罗斯国立人文大学共同举办的第二十八届国际科学实践大会以视频会议形式召开,该大会以"信息社会的档案管理——为人民、社会和国家服务的数字化转型"为主题,来自中国、俄罗斯、芬兰、哈萨克斯坦等13个国家的130余位代表参加了会议,我国代表围绕"档案管理:问题、任务、前景""服务人民和社会的档案馆:档案利用的现代发展趋势"等主题作了学术报告。[②] 二是及时追踪相关领域的活动,扩展走出去的领域。随着经济全球化和社会信息化的纵深发展,大量跨国公司、国际组织、非政府组织在国际传播的舞台上日趋活跃,成为塑

---

① 刘双成:《国际档案理事会全体大会召开》,《中国档案报》2020年12月7日第1版。
② 本刊讯:《我国档案科研人员参加第28届国际科学实践大会并作学术报告》,《中国档案》2021年第11期。

造国家形象和构建新型国际关系中一股不容小觑的新生力量。① 诸如美国的联机计算机图书馆中心（Online Computer Library Center，OCLC）、英国的数字管护中心（Digital Curation Center，DCC）、欧洲的研究数据联盟（Research Data Aliance，RDA）、国际档案理事会（International Council on Archives，ICA）等，均十分重视档案管理领域的理论与方法在科学数据管理中的应用。② 例如，2021年10月19日至22日，第十七届数字资源长期保存国际学术会议（17th International Conferenceon Digital Preservation，IPRES2021）在中国科学院文献情报中心采用线上与线下混合模式召开，其以"增强型数字生态系统中的数字保存"为主题，共有36个国家460多位国内外业界研究人员注册参会，并有中国、美国、英国、德国、荷兰、新西兰、丹麦、爱沙尼亚、澳大利亚、奥地利、法国、瑞士等10多个国家60余名专家学者在28场次会议上分别作学术报告，其中故宫博物院院长王旭东在作开幕式主旨报告时提到，在故宫博物馆为完好保存文物而逐步探索形成的"四个故宫"建设体系中，"数字故宫"更能贴合该会议主题，其旨在利用先进的信息技术，遵循真实、完整、可用的数字资源长期保存原则，更好地保护和展示古老的紫禁城文化遗产，助推文化资源的全人类共享，是21世纪故宫博物院发展建设的重要目标。③ 出于博物馆与档案馆资源保存性质的相似性，博物馆文物所遵循的数字资源长期保存原则对档案数字资源的保存利用同样适用，全方面学习博物馆等其他组织走出去的成功经验，探索适合档案走出去的模式。

（三）密切关注《世界记忆项目》动态

《世界记忆名录》是全世界档案精品的集散地，"世界记忆"是全世界档案精品的最高荣誉。国家档案精品走出去，自然要时刻关注联合国教科文组织关于世界记忆的政策动态，主动参与相关活动。2021年4

---

① 何娟：《中国特色对外话语体系的构建研究》，博士学位论文，贵州师范大学，2022年。
② 王宁、刘越男：《档案学视角下的科学数据管理：基于国际组织相关成果的研究》，《图书情报工作》2021年第5期。
③ 中国科学院国家科学图书馆：《中国科学院文献情报中心召开第十七届数字资源长期保存国际学术会议》，[2021-10-25]，http：//m.las.cas.cn/fwcx/202110/t20211025_6228880.html，2023年9月26日。

月，联合国教科文组织出台新版《世界记忆项目总方针》《世界记忆项目国际咨询委员会章程》，开启了新一轮《世界记忆名录》的申报、评审等工作。2021年4月14日，在我国外交部例行记者会上，发言人赵立坚坚定表达了我国支持世界记忆项目改革的立场，希望通过推进世界记忆项目健康发展，发挥我国在加强国际合作、促进世界和平上的作用。[1] 通过密切关注《世界记忆项目》规则的制定，加强与他国政府、档案馆、学界等之间的交流，借助"外力"指引我国国家档案精品走出去，引领我国国家档案精品走出去从区域性向全球性拓展。

此外，与国际政策接轨，还需通过国内政策的响应予以落实与引导。档案部门在制定相关规则时要兼顾考虑国际社会外宣和国内社会内宣两方面，应加快促进国内地域特色的内宣向国家精品档案的外宣的转变，发展出一套促进我国档案交流的体系。例如，2018年1月，广东省档案部门、宣传部门以及省政府等针对本省行政区域内已列入《世界记忆名录》的侨批档案专门制定《广东省侨批档案保护管理办法》，其第七条明确提出，"开展侨批档案的对外交流活动"。又如，2022年3月，国家档案局办公室发布关于开展第五批《中国档案文献遗产名录》申报工作的通知，以此来加强档案文献遗产的保护传承工作，深入挖掘档案文献遗产的历史意义和当代价值。再如，2022年5月，徐拥军、王玉珏向北京市委、市政府提交《关于推动北京奥运档案申报〈世界记忆名录〉的建议》，获中央领导、北京市委主要领导和北京冬奥组委领导批示，相关建议被写入《北京市档案事业发展"十四五"规划》。[2] 不管是通过地方政策的制定，还是通过国家档案遗产或《世界记忆名录》的申报，均是围绕《世界记忆项目》动态、推动我国世界记忆项目的发展，最终促进其对外交流。

三 推动国家层面的重视与支持，清除走出去的主要壁垒

2021年5月31日，习近平在中央政治局第三十次集体学习时强调，"要

---

[1] 国家档案局交流合作司：《外交部发言人答复世界记忆项目改革有关问询》，[2021-04-19]，https://www.saac.gov.cn/daj/lhgjk/202104/487be9fb107d45bb827bd903bf93642d.shtml，2023年9月26日。

[2] 中国人民大学档案事业发展研究中心：《中国档案事业发展报告2022》，中国人民大学出版社2022年版，第22页。

创新体制机制，把我们的制度优势、组织优势、人力优势转化为传播优势。要广交朋友、团结和争取大多数，不断扩大知华友华的国际舆论朋友圈。要讲究舆论斗争的策略和艺术，提升重大问题对外发声能力。加强顶层设计和研究布局，构建具有鲜明中国特色的战略传播体系，着力提高国际传播影响力、中华文化感召力"。通过国家档案精品走出去，扩大国际朋友圈、提升中华文化对外发声能力，需要顶层设计和研究布局，需要依靠国家力量，整合优势资源，使各主体的职能发挥作用，形成外宣合力。

（一）消除国际壁垒只能通过国家力量予以解决

国外对中国档案精品的吸收和理解有利于全球深入中华历史文化进行创新创作，通过文化交融，不仅实现了中国档案文化的传播，加速中国档案事业发展，也在一定程度上助力了世界档案文化的研究发展，推动全球档案文化交流多元化进程。但是，文化的交融往往与复杂的国际环境、国际政治相交织，在档案精品的遴选、档案文化的研究、档案内容的宣传等方面，都需要国家力量的介入以扫清障碍。

例如，在2014/2015年世界记忆名录提名周期内，日本有1500多名专家联名向联合国教科文组织写信呼吁不要把中国申报的"南京大屠杀档案"与"慰安妇——日军性奴隶"列入《世界记忆名录》[1]，但在中国国家档案局坚强领导与国内档案、历史等领域专家不懈努力下，"南京大屠杀档案"成功入选，日方最终竹篮打水一场空。此次失败也使得日方愈加疯狂，时任日本首相的安倍晋三多次声明"不允许再次失败"并亲自参与到"南京大屠杀""慰安妇"等议题应对中。[2] 2015年12月，在美国的促成下日韩达成所谓共识，以日方赔偿韩国慰安妇受害者10亿日元赔偿金换取慰安妇问题"最终且不可逆"的解决。[3]

在2016/2017年世界记忆名录提名周期内，为阻挠我国与韩国等8个国家和地区共同申报的"慰安妇的声音"项目入选《世界记忆名录》，

---

[1] 杨冬权：《立碑纪念的"世界记忆"：南京大屠杀档案申遗见证》，《传记文学》2021年第9期。

[2] 金赢：《"慰安妇"问题：舆论正义和日本的"历史战"》，《当代世界》2017年第11期。

[3] 新华网：《安倍将批准10亿日元赔偿 日韩慰安妇问题"最终且不可逆的解决"》，[2016-08-24]，http://korea.xinhuanet.com/2016-08/24/c_135628783.htm，2023年9月26日。

日方采取了更加极端地停缴联合国教科文组织会费等举措，更有日本国内右翼民间团体"慰安妇真相国民运动""媒体报道研究中心""抚子行动"联合美国民间团体"日本再生研究会"向世界记忆工程秘书处提交了名为"慰安妇与日军纪律的文献"，将"慰安妇"歪曲成自愿从事风俗事业的女子，日、美举全国之力阻挠，最终该项目未能入选。可见，该项目能否成功入选，关系到国际政治、国际历史、国际文化交流等诸多因素，只能通过中国国家、政府等力量才有可能解决。

（二）多元主体供给只能通过国家层面予以推动

在美国，虽然没有文化部，也鲜少有统一的文化政策，文化工作者表面上似乎也不受政府干预，文化艺术团体、文化制品大多是通过商业渠道进入对外文化交流领域的，但是，政府通过政治、财政、金融、税收、对外交流等宏观调控的手段，使美国的文化和意识形态有规划有步骤有重点地向国外大量输出，为美国总体对外战略服务。具体到涵盖国家档案精品在内的中国档案文化走出去时，固然国家档案局在其中发挥主导作用，但是档案文化毕竟只是文化走出去的一部分，除了较为常见的档案国际展览、档案国际会议等，甚至都不能直接成为诸如书籍与报刊、电影、电视节目、音乐、广告、体育等国际文化传播中最为常见的主流载体之一。因此将档案蕴含的文化内涵、制度认同、学术观点与其他文化形态一起包装、加工、集成为这些行业的产品时，务必得到国家层面的支持和引导。例如，1997年时任国家主席江泽民访美前后，全美播放一些反华电影，据悉策划该行为的主管机关并不是美国新闻署，而是美国联邦政府协调和领导、委令国防部执行的。[①] 显然，不止于国家档案局，通过国家层面的规划来推动蕴含档案的各种文化的输出，是非常必要的。

目前，我国尚没有形成多元主体共同参与的档案精品供给和宣传格局，不同文化主体之间的合作交流还存在诸多现实藩篱，加快由以政府为单一主体向以政府为主导，企业、社会组织和个人共同参与的转变，有利于提升官方与民间不同场域的外宣效率，构筑国家档案精品走出去的新优势。例如，2022年11月由苏州档案馆与苏州市外办、苏州市政

---

① 关世杰：《国际文化交流与外交》，《国际政治研究》2000年第3期。

府新闻办、苏州市文广旅局、苏州高新区管委会等多个部门合作主办了以"心手相连,共创未来"为主题的"苏州国际日——中日韩工艺文化展"系列活动,市档案馆甄选了26件馆藏外交礼品档案参展。活动期间,工艺文化展、音乐会、传统文化课堂、青少年绘画巡展、文体嘉年华等多彩的中日韩交流活动依次亮相,中、日、韩青少年交流合作机制发布,通过"云交流"、非遗研学、文体赛事等增进三国青少年对于世界记忆的理解。① 可见,通过不同层次政府资源的推动实现多元主体联动,是合理配置国家档案资源和构建国家档案话语权的战略选择,能实现对外宣传效能的最大化。

(三)构建"五位一体"的国家档案精品供给机制

国家档案精品具有知识内容丰富性、形式多样性、传播增值性等特点,可在信息环境下实现跨区域、跨时空的优质资源共建共享,构建"政府领导、价值增值、宣传反馈、精准推送、多元保障"的国家档案精品供给机制,推动我国国际档案事业的发展。

一是在政府领导、档案部门主导下,明确供给主体。遵循国家政策和标准,通过国家层面的指引和推动,积极发挥档案部门的主导作用,明确职责范围,鼓励和支持企业、社会组织等共同参与档案精品的供给和应用。

二是建立以价值及内容为中心的档案精品系列。对外宣传视阈下的档案精品资源遴选并不是盲目的,可将国家档案精品遴选机制架设在国内和国际两个大的社会市场环境,在主题内容和价值探究过程中运用可靠、真实的档案,并与国内国际市场需求相匹配,实现档案资源的需求转化与价值延展。

三是建立与档案价值和内容相适应的宣传策略及反馈机制。在具体的宣传过程中将国家档案精品作为国际社会了解我国档案事业发展和档案文化价值认同的工具或者媒介,并根据反馈信息,对档案进行遴选与需求匹配,形成恰当的档案文化符号使其以更便捷、更迅速的方式打入当地文化市场,提升走出去的成效。

---

① 崔雯雯:《"苏州国际日——中日韩工艺文化展"系列活动启动》,[2022-11-21],http://js.news.cn/2022-11/21/c_1129143017.htm,2023年9月26日。

四是建立基于供给过程的运维调节机制。针对当前国内档案文化资源、档案文化产品、档案文化传播平台等建设以政府为主导，造成国内档案资源偏重政治性与社会性的现象，可适当考虑国际因素，在本土化的档案中加入国际化的内容，实现东西方的融合，从而积极改进、整合适合国际市场的国家档案精品。

五是多元主体参与建立健全保障机制。档案精品资源涉及政治、经济、文化等多个领域，档案机构要联合相关组织机构，综合运用各种政府资源，在档案走出去的宏观安排和步骤设置上综合考虑多种因素，为国家档案精品走出去提供更多空间和保障。

四　争取其他领域的参与支持，形成走出去的合力

（一）联合文化宣传部门，提升走出去的影响

国家档案精品走出去是档案工作与文化外宣工作的一个交叉点，离不开文化宣传部门的统筹。国家档案精品走出去虽然是档案工作的一部分，但中国外文出版发行事业局、中共中央宣传部、政府新闻出版广电部门等文化宣传部门也是直接接触国家档案精品走出去的宣传工作单位。

文化宣传部门作为综合协调部门，要明确党和国家对文化宣传的要求和基本职责，通过聚焦和参与国际热点和动态与国际社会建立直接联系和通话渠道，发挥协调国内上下、沟通国际的桥梁与纽带作用，综合运用媒体宣传、国际会议、国际赛事等多种形式，帮助档案部门全面提升我国档案事业和形象，是落实国家档案精品走出去最合适的部门之一。例如，由国家新闻出版广电总局指导、新华社出品、中国新华新闻电视网承制、中共中央宣传部"记录中国"项目发起拍摄的纪录片《与非洲同行》，通过讲述中国与非洲真诚合作、命运与共的感人故事，在感知义利之中建构文化间的关系，是中国倡导的人类命运共同体文化与非洲国家渴望摆脱贫困、寻求现代化合作与发展的文化相互交融的时代大片。

档案部门应主动与文化宣传部门联动，在文化宣传部门的协调下，压实档案部门在外宣工作中的责任，将丰富的档案资源、规范的档案管理制度、极具特色的档案文化等注入中华文化走出去的大局。例如，自2008年8月提出将"南京大屠杀档案"申报世界记忆项目始，至2015

年10月申报成功期间，日本朝野右翼势力一直阻挠破坏，中国文化宣传部门通过多方渠道向世界讲述事实，克服多重阻碍提供舆论支持，最终得到了联合国世界记忆遗产委员会的认定。

（二）整合文化机构资源，形成合力携手走出去

基于广维度国家视角，文化宣传强调多方参与。图书馆、博物馆、美术馆、科技馆等文化机构在其各自的领域具有自己独特的资源优势，只有各主体之间顺利实现资源互换、优势互补，才能最高效、最大限度地促进中华文化的传播。

从档案馆目前的开放程度和能够提供的文化产品看，它还没有真正成为社会公众认可的公共文化机构[①]，但也具备一定的文化功能和文化责任，并有向公众提供社会公共文化服务的义务。因此，档案馆与图书馆、博物馆、美术馆等文化机构虽然在工作对象、具体业务方面差距较大，各自积累的走出去工作经验也大为不同，但彼此之间在资源特点、用户群体、对外宣传方式、效益共享等方面均有较大的共性和互补空间，具有通力合作促进国家档案精品走出去的必要和动力。例如，我国入选《世界记忆名录》的清代"样式雷"建筑图档申报单位就包括国家图书馆、中国第一历史档案馆和故宫博物院。[②]

档案部门作为牵头协调部门，需促进宣传部门、各类主流媒体、文化机构等方面的密切联动，建立各层级之间的有效对话渠道，围绕国家档案精品走出去的中心任务，发挥各机构的内容、平台、资源的能力，在充分保持各自优势的基础上建立起平等协作关系，形成品牌合力和宣传效果，放大国家档案精品内容的整体价值。

（三）协同社会力量，扩宽走出去的空间

随着经济全球化和社会信息化的深入，社会组织、高校学者、公众等在国际交流的舞台上日趋活跃，非官方行为体的加入打破了原有以政府为主的单向宣传模式并成为国家档案文化宣传的新生力量。《"十四

[①] 陈忠海、陈洁：《1990—2011年我国档案馆文化建设研究述评》，《档案学通讯》2012年第4期。

[②] 白鸿叶：《大国工匠：样式雷》，国家图书馆出版社2021年版，第10页。

五"规划》提出"鼓励、引导、规范社会力量参与档案事务"。目前，国家档案精品走出去面临"官方色彩浓厚"的困境，单一传播主体力量有限，难以覆盖多重领域，专业性和针对性不够强[①]，同时，过于官方口吻的外宣不易被外国民众接受。

国家档案精品走出去可更多依靠民间多元化传播主体，建立多层次的对外宣传合力。例如，社会团体可利用自身的组织优势，协助档案部门开展档案宣传、开发利用等工作；高校和档案研究机构依托自身人才和资源优势，围绕档案走出去与国际组织展开学术探讨；华人华侨等国际友人在融入当地民众生活的同时，在实践中能够自觉担负起文化交流的桥梁与纽带作用，促进国外民众对国家档案精品的文化理解。

（四）协同文化市场力量，激发走出去的活力

档案开发通过多种类型的文化、商业、政治业态，连接一切与档案开发关联的事业与业务，拉长和完善相关链条，通过将档案文化IP与国家层面、经济层面、社会层面的通力配合，打造档案品牌，构建档案文化市场体系。

一方面，对国内机构而言，需在共商共建的原则下实现档案IP的商业性、文化性等多样开发。需要有产生大量的档案文化产品的动力和机制，需要有档案文化产品传播和共享的渠道，需要培养相当规模的档案文化产品消费群体，这单靠档案部门是不可能完成的，这为个人、各类组织、政府、国家的档案市场化运营提供了理论空间和实践需要。[②] 另一方面，国内国际文化市场双向联动。国家档案精品开发以文化宣传为导向，需通过对国际、国内两个市场进行调研，选择符合大众审美和共同市场价值的档案进行开发，不断深化国际档案合作和生态融合，开发中国特色产品，打造中国档案文化符号，提升我国国家档案精品走出去的发展活力与竞争力。

"怎么走出去"是国家档案精品走出去路径选择的第二步，是走出

[①] 邱凌、牛一冰：《我国对外传播的理念转向及"三聚"特性》，《传媒论坛》2022年第19期。

[②] 王运彬、王小云：《档案文化产品的市场价值、开发模式与未来展望》，《档案学通讯》2018年第6期。

去的关键。只有体现制度优势、跟上国际形势、消除障碍壁垒,走出去之路才能走得稳健,其大致内容如图6-2所示。

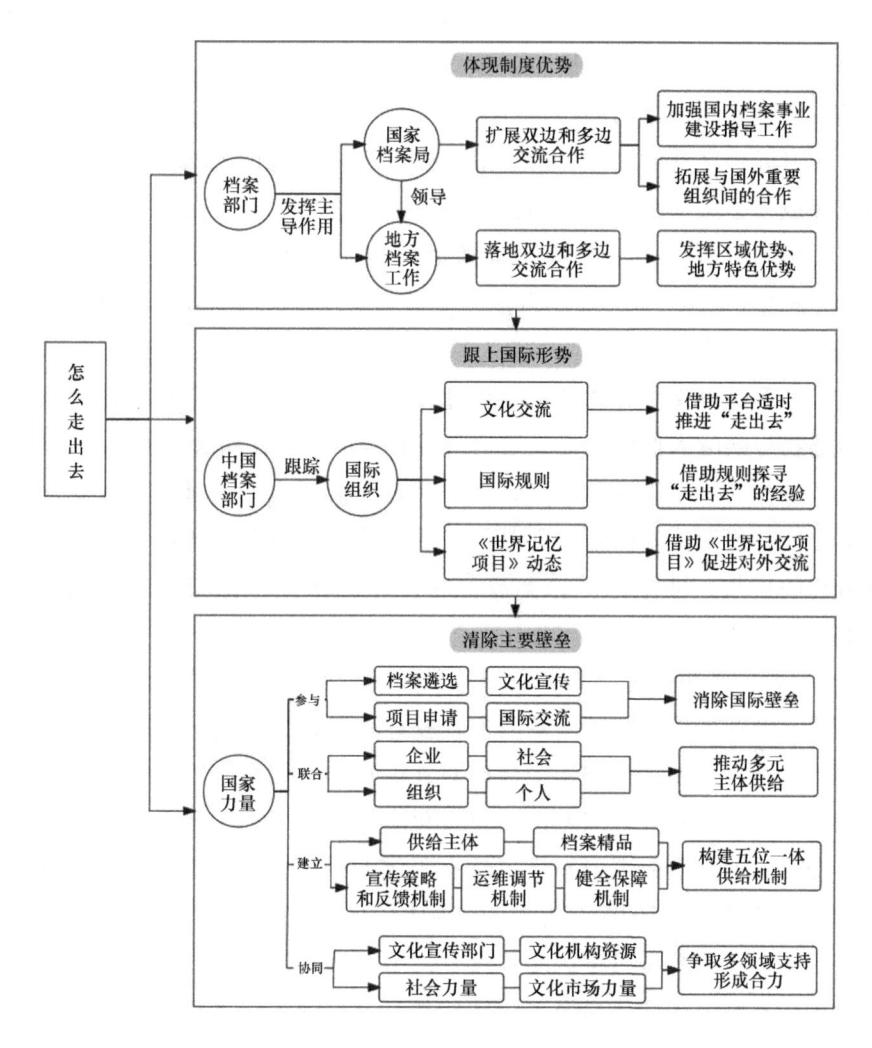

图6-2 "怎么走出去"内容概览

第三节 如何走得好

一 注重中国档案展览的对外推广

中国档案展览的对外推广,主要指面向全球的档案文化需求,借助

"走出国门""档案味+中国味""中国历史档案与外国现代观众之间的对话""用档案讲好中国故事给外国观众听"等方式,通过联合办展、独立巡展、实体外展、网络展示等多种方式,将中国档案精品展示在全世界观众面前,不局限于展览的地点是在国内还是国外,也不局限于展览的方式是实体还是网络。

在习近平总书记关于"讲好中国故事"系列讲话的指引下,档案展览已经成为国家档案精品走出去的主要方式之一,但是与真正讲好"档案里的中国故事"仍有差距,特别是与非遗行业中举办的"非遗+旅游""非遗+文创""非遗+直播"等展览,以及文博行业中举办的"叙事国际化""品牌国际化""产品多元化"等展览,仍然存在不小差距。毕竟,档案是以文字形式"沉淀"于纸质等载体之内,不像非遗或文博能以器物等唤醒人们的记忆或建构人们的共识,所以如果期望以影视剧、纪录片等作为故事讲述的参照,档案展览还需其天然的挑战,即观众与档案之间如何衔接的问题;而赴海外进行档案展览时,还需克服另外一个天然的挑战,即中国的档案故事与海外的社会文化之间如何融入的问题。

(一)故事主题的选择,最好契合双方的历史文化实情

档案展览是档案馆发挥爱国主义教育和进行历史文化交流等功能的主要手段之一,尤其是涉外交流或对外展览时,档案展出的故事主题显得格外重要,只有契合双方的历史文化实情,方可起到教育与交流的效果,即展出的某个故事要与展出地有千丝万缕的联系。例如,福建省档案馆举办的"百年跨国两地书——福建侨批档案展",以侨批档案为主题,讲述福建沿海居民移居海外谋生,用"银信合一"的特殊家书——侨批维系家庭经济和传递思乡之情的故事,呈现了广大华侨华人吃苦耐劳、自强不息的拼搏精神和爱国爱乡的高尚情操,对于弘扬中华民族传统美德具有重要意义。当然,侨批档案还有其特殊性,它是海外多个地区、国家的华人华侨与祖国多个省市的亲人朋友间的来往信函,即"多对多"关联,而展出地必然是中国与当地"一对一"合作,所以确定了"海丝历史文化之旅"这个大的故事主题之后,还需进一步遴选出体现具体展出地与祖国某地区关联的档案与故事。

（二）故事情节的佐证，最好辅之以原始的档案文献材料

提供档案作为故事的凭证，本就是档案部门分内之事，并无多大难度，但这是基于单一的档案提供利用视角，即档案利用者需要某份档案，档案馆予以查档服务。如果基于整体的档案故事提炼视角，即故事情节的所有节点均需档案佐证，则变成"为故事全局而找寻、展示所有档案"与"为既有档案而规划、撰写故事情节"之间的抉择难题。毕竟从理论上讲，档案故事是以档案馆现有馆藏为基础编研而成的，与普通故事最大的区别在于，档案故事不是虚构的，需用档案材料加以佐证。在挑选展览物品时，应紧扣展览主题；故事的描绘和档案的选用应尊重历史事实；应具有完整性，能系统反映某个历史事件，甚至是国际事件，这就大大增加了选材的难度。现实情况下，档案故事情节的构思与脚本的制作，往往受到小说、散文、传记、回忆录等文学作品或史学研究的影响，即"知道某个著名的事情典故，就是缺乏完整的档案予以佐证"，这既是档案展览的特殊魅力之处，也是档案展览的为难之处。所以，有专家指出"日趋简约"的陈展模式是大势所趋，例如以"国内设计、国外制作"的方式节约办展成本，以少量"镜框＋照片＝展板"的展出形态提高办展效率[①]，即展出的故事要简约，佐证故事的档案也可以简约，达成佐证档案与故事情节的相互平衡。

（三）档案故事的展现内涵，尽量符合当地的文化习惯

档案故事的展现内涵，需要尊重双方的历史文化交流实际，尤其是符合当地社会的地方记忆和文化认同。例如，福建侨批档案海外巡回展面向东南亚海外华侨华人聚居区时，以侨乡侨民以及移居地的社会历史变迁为主线，结合当时当地的特色景观、重大事件设计虚拟情景，再将档案原件及其故事线索纳入其中，实现了当地的地方记忆与双方亲情血脉的无缝连接与情感交融。又如，上海市档案馆系列海外展览，均以"一带一路"建设作为其大背景，"泰戈尔的中国之旅"印度展，"上海的德国记忆"欧洲展，将"一带一路"合作伙伴与中国的地方记忆交叉

---

① 朱纪华：《档案展览：跨越国界的文化交流与合作》，《中国档案报》2014年10月30日第1版。

点凸显出来。

（四）档案策展在形式上从单向输出转型为可选菜单

美国文化的输出，以影视作品为甚，为更好吸引他国观众、占领海外市场，往往会吸收不同国籍、不同肤色的演员——好莱坞电影经常出现中国演员，取景时也辅之以富有异国情调的场景——美剧中常出现唐人街、中国菜、熊猫等中国元素。故而面向海外的档案展览，也需要从"以我为主"转变为"兼顾他者"。为了迎合当地观众喜好，甚至可以让渡部分策展的主动权——由以往的单向输出转型为今后的组合可选菜单，即展览合作双方共同商定一系列的可挑选的展出菜单，然后通过互联网等各种措施面向当地民众发布，通过网络投票、网络调研等方式确定观众喜好、挑选档案展览的内容。基于此，为了让对方从心态上更易接受中国档案的展览形式，推广什么、怎么推广、推广地点等形式均可由对方选定。

（五）档案展览在宣传方式上从单一宣传转型为组合宣传

档案展览的海外推广，综合利用现代媒体做好宣传工作必不可少。一是要考虑各种媒体的特征、受众、优势等，分别制定展前、展中、展后宣传方案。通常档案展前宣传，可以社交媒体为主、扩大受众范围；档案展中宣传，可以直播平台为主、提高展出效果；档案展后宣传，可以主流媒体为主、加深展出印象。二是要考虑各类观众的年龄特征、阅读偏好与文化水平，做好档案展览宣传的语言设计，尤其是宣展文案的用词用语。从语句内涵上看，应做到"文化传播"时所提倡的"利他主义"原则和"换位思考"方法；从语句形式上看，应做到"与时俱进"——符合现代观众熟悉的热词、段子、标题等，以及"扎根当地"——符合当地社会的文化风土人情。三是要考虑档案展览与相关行业、人士的关联性，尽量延长档案展览内容的长期可获得性。对于策展方来讲，一次海外档案展览是项复杂系统的工作，但是对于展出地来讲仅仅就是一次性活动，所以在难以频繁展出的前提下，需要充分运用"扩展法"，将"一次性"的海外展览作为一扇窗，链接更为丰富的可供开发查询的档案数据库，吸引后续的机构或个人前来接触或利用。基于此，为了让对方从心理上更易接受中国档案的展览内容,需从推广内容、标榜主题、宣传形式等全方位激发对方的需求。

(六) 在展示的形态上从实体外展转变为虚实结合

出于对档案实体的保护,目前可知的档案展品多以档案仿真复制件、档案照片以及档案展板等为主,较少使用档案原件直接参展,这从客观上减少了档案展览海外推广时的吸引力。对此,加入各种技术元素不失为一个有效方案。一是实体与3D技术的结合。例如,故宫博物院将馆内文物珍品通过3D技术建模,立体显示于屏幕上,并结合触摸屏技术,实现文物结构和细节的全方位展示,展示效果甚至超过真品展览。二是展览内容的图像化,例如,湖南省博物馆将人类发展史以漫画的形式,并结合具有亲子性的考古探险游戏,在国际博览会上展出。三是展品与虚拟现实技术的结合,通过穿戴VR设备,打造观展的沉浸式体验。例如,由马德里中国文化中心、中外文化交流中心和中国国家图书馆共同主办的"甲骨文记忆展",突出"沉浸式"互动展陈,从甲骨文的发现制作、历史传奇、殷商社会等方面揭开甲骨文的神秘面纱,同时还展出国家图书馆馆藏精品反映殷商时期生活的器具仿真品,辅以甲骨林等装置,特别适合青少年、儿童参观体验,拉近了西班牙观众与古老东方的甲骨文之间的距离。基于此,为了让对方感受中华传统文化与现代科学技术的融合,"炫酷、炫示、炫彩等焕发青春的特征"与"历史、档案、文明等蕴含厚重的辞藻"在档案展览中均可体现。

(七) 档案展览在内容上尽可能活态

一是注重档案故事的叙事方式,打造沉浸式观展场景。沉浸式观展场景,强调的是通过合理的空间布局、控制光线色彩和明暗变化等优化档案展览的视觉性体验,通过温湿度的调控、声效的添加等调动观众的视觉、听觉,甚至视觉,为观众营造身临其境之感。例如,湖南省博物馆通过弧形巨幕模拟古人对于天体变化的推演,以及中国古代天文学发展的进程,给人以置身星空的现场教学感。又如,新加坡国家档案馆将口述档案与档案展览相结合,根据口述档案内容设计展品和观展路线,或为展品配以亲历者、所有者的口述档案,给人以强烈的代入感。故而,档案展览完全可以从"我办展你来看"的思维转变为"我建平台大家来玩"的方式。

二是通过情节、活动的设计提供参与式观展体验。参与式观展体验，强调档案原件与档案内容在现场"复活"，注重"可参与感"以实现"情景再现"或"文化休闲"。为实现"情景再现"，例如，广西桂林靖王府的科举考试材料展览中，在例行的靖王府现场讲解结束后，游客皆可参与到科举考试当中，科举考试依照古代科考程序——展开，着古装的监考官和士兵、一人一位的考场、毛笔书写、考后放榜、状元酒等一应俱全，给游客以穿越古代之感，于潜移默化间掌握了古代科举制流程。为实现"文化休闲"，例如，英国国家档案馆将档案展览巧妙融入时光之旅家庭体验，观众通过收集印章、欣赏表演与角色扮演等活动，穿越不同历史时期，了解真实历史故事，而印章、表演、服饰、朝代、故事等"创意产品"均由档案原件"衍生"而来；①美国国家档案馆面向北美原住民举办展览体验活动，现场除档案展示和经历者口述以外，还提供原住民手工艺品制作体验活动、原住民舞蹈演出，并根据展览内容设置了主题游戏。②"故事亲述、流程再现、技艺体验、舞蹈演出、主题游戏"等创意服务让观众在不经意间深入体会了档案内容。

二 注重中国档案精品的国际表达

由于政治制度、价值观念、国家利益等方面的重大差异，西方档案学话语体系仍然掌握着国际档案学话语的主导权。③ 不仅如此，本书所指的国家档案资源精品、档案制度精品以及档案学术精品中，同样蕴含着中华传统优秀文化、革命文化和中国特色社会主义先进文化

---

① 黄霄羽：《点面透视 精彩纷呈：2017年国际档案界回眸》，《中国档案》2018年第4期。
② Rebecca Grandahl："At Native-Themed Sleepover, Guests Learn History with Hands-On Experience"，[2018 - 11 - 07]，https：//www.archives.gov/news/articles/native-american-theme-sleepover.
③ 张斌、杨文：《论新时代中国特色档案学话语体系的构建》，《档案学通讯》2019年第5期。

等与制度、政治、价值、理念、文化、国家利益密切相关的因素，在"走出去"时都会面临西方掌握的学术话语权、文化话语权、价值话语权等各种各样的无形壁垒，阻碍了包含中国档案精品在内的其他各种文化精品的对外传播与国际交流。就像20世纪90年代以来风靡中国档案学界的一些新主题、新观点、新理论——电子文化、数字档案馆、社群档案、文件连续体理论、后保管理论等一样，王向女等经过研究发现其共同点在于"深受西方话语影响"①，宗培岭则直接表述为"有的学者不是因为对中国档案实践的现实有极大的表述力才移植一个西方话语，而是因为它们是西方，并且是最新的、为控制话语权而移植，而不是为了解决中国档案实践而移植"②。所以，反观中国档案精品，并不缺乏优秀的档案学术成果，也不缺乏勤奋的中国档案学人，更不缺乏优秀的档案文献精品，但是就如何做好国际传播，如何在"西学东渐"的基础和经验上逐渐做到"东学西渐"，还存在较大的提升空间。

（一）立足中国特色，重视中国档案精品的汉语表达

一般来讲，汉语属于表意文字，具有高度的概括性和简洁性，表达效率高，而英语等拉丁系语言属于表音文字，句子需要通过一定的外显形态标记来表现，前者的高度概括性在一定程度上牺牲了部分细节信息，但是总体上来讲演变数千年的汉语，更加贴合中国文化、事物、历史等叙事的风格。换言之，中国特色与中华语言相辅相成地发展了数千年，表达中国的文化、传递中国的声音、形容中国的事物尤其是承载推广中国传统与中国文化的档案精品，离不开汉语表达。

正如习近平总书记在2016年全国哲学社会科学工作座谈会上所指出的那样，"要按照立足中国、借鉴国外，挖掘历史、把握当代，关怀人类、面向未来的思路，着力构建中国特色哲学社会科学"③。自党的十八

---

① 王向女、姚婧、邱怡璇、袁倩：《国外中国档案学研究回望与反思：基于论文的分析》，《档案学通讯》2021年第1期。
② 宗培岭：《档案学理论与理论研究批评》，《档案学通讯》2006年第2期。
③ 习近平：《在哲学社会科学工作座谈会上的讲话：2016年5月17日》，《人民日报》2016年5月19日第2版。

大以来，伴随着档案学科与学术研究的进一步发展，中国档案学界坚持立足中国档案事业发展实践，直面中国问题、紧盯世界前沿、聚焦未来发展，在打造中国档案学派和构建中国特色档案学之路上不懈努力。①这一过程中，档案术语问题、档案话语问题、档案表达问题应该引起中国档案学界的重视。黑格尔曾说："只有当一个民族用自己的语言掌握一门科学，我们才能说这门科学属于这个民族。"② 一门学科是否成熟，其理论思想体系能否发挥规范和引领实践的作用，关键性的问题之一就是该学科的专业术语概念是否严整、成熟且反映客观实际。③ 服务于中国档案事业和档案实践发展的档案学同样如此，以本土语言阐释、研究、总结、表达科学理论、方法及应用等才能构建适合中国国情、具有中国特色的档案精品体系。

生搬硬套国外的术语、理论以及方法不仅让人难以理解其概念、内涵与意义，还会阻碍理论的传播和中国特色档案学的发展，甚至从根本上无法描述中国档案事业的实践经验、制度规范和理论总结。

一方面，要建立汉语表达的自信，过分推崇英语表达会使学界过度关注论文的语言符号等外在形式而忽略其研究内容，同时也无法引领中国特色档案走向世界。因此，要增强汉语表达的自信，使中国档案学界有自信用母语向世界阐释概念、传播理论④，推动中国特色档案精品走出去。汉语表达的自信，要避免将汉语表达的成果翻译成外语尤其是英文在国外发表之后，然后花费高价购买国外的数据库到国内，国内学者再翻译成中文进行传播，不仅浪费金钱、时间、精力，更为严重的是形成一种"国外发表的成果或外文呈现的成果，其水平总是高于国内发表或汉语表达"的错觉。例如，英语、法语等拉丁语系所形成的理论、制度、资源，自然是因为西方国家在工业文明时期一度

---

① 杨文、张斌：《再论新时代中国特色档案学话语体系的构建》，《图书情报知识》2022年第4期。

② [德]黑格尔：《哲学史讲演录（第四卷）》，贺麟等译，商务印书馆1978年版，第187页。

③ 王英玮：《识变 应变 求变：对我国档案学基础理论研究的思考》，《中国档案》2023年第1期。

④ 唐启：《中国立场，国际表达：中国档案学术话语体系自主建构的理与路》，《档案学研究》2021年第1期。

领先的地位而迅速向世界各地推广，虽然拉丁语系各语种之间也有文化隔阂，但不影响他们以母语传播自己的文化。曾经乃至今日，西方文化仍然主导世界，且是文化强势输出的一方，现如今世界各种隔阂依然存在甚至加深，但是随着中国国力的增强，我们也应逐渐过渡到用母语向世界阐释概念、传播理论、推广文化，这种自信一定是要首先树立起来的。

另一方面，汉语表达的自信不是盲目自信，也不是闭门造车，而是要注重借鉴和学习，即洋为中用。例如，我国档案界耳熟能详的概念——全宗，其前身被叫作"芬特"，"芬特"于新中国成立初期从苏联引用过来，具有强烈的外来气息，其含义不易理解，同时也为当年苏联来华进行档案工作教学带来阻碍。因此，经过广泛讨论和征求意见，国家档案局于1955年12月8日向全国发出《关于改"芬特"为"全宗"的通知》，这反映了中国的档案术语要在"洋为中用"的方针下，学会消化、借鉴和创新。[1] 此外，还有基于该词形成的"全宗理论"或"全宗原则"，中国举办第十三届国际大会期间，在来源原则发展史上具有重要地位的"荷兰手册"诞生地的专家曾向冯惠玲教授请教中国对于全宗原则的理解和新思考，并索要有关论文作为参考[2]，我们当然不能否认来源原则、荷兰手册等西方档案学经典理论的贡献和地位，但是经过"洋为中用"式转变，在内容和表达上更为契合中国档案事业、更能指导中国档案实践。赋予了中国档案人智慧之后的"全宗原则"，既能体现中国档案事业发展的开放胸怀，又能体现中国档案事业发展的自信自强。

（二）立足国际视野，重视中国档案精品的通用表达

仍然以档案学术话语体系的构建为例，要获得国际档案界认可，就需要研究符合国际档案界的表达习惯与方式，且易于在国际上传播的档案学话语。[3] 通用表达，关键是要用国际社会普遍能理解的方式表达出来，能够跨越语言、文化差异，被不同文化背景的人接受和理解的文

---

[1] 丁海斌、王艺美：《"全宗"一词源流考》，《档案学研究》2018年第4期。
[2] 冯惠玲：《走向世界的中国档案学：第十三届国际档案大会对中国档案学术研究的影响》，《档案学通讯》2000年第5期。
[3] 张斌、杨文：《论新时代中国特色档案学话语体系的构建》，《档案学通讯》2019年第5期。

符号，当然也可以理解为"国际表达"。前提是本土化的话语体系、研究内容以及特色资源，以我为主。例如，在筹办第十三届国际档案大会的过程中对中国熟悉起来的前任国际档案理事会秘书长凯斯凯姆蒂先生认为："中国的文件形成和文件管理工作对于比较研究特别有意义，因为它们的发展与欧洲的文件和档案系统没有关系。"冯惠玲教授认为富有特色的档案工作实践和档案学理论不仅属于中国，对于国际档案界也具有重要的意义。①

然后是"兼收并蓄"，从话语的概念、内涵、理论、表达等层面增强对域外档案学的覆盖性，追求本土话语在不同时空情境下的共同性或通约性，扩大话语的影响力。② 例如，电子文件诞生以来，其产生时间的短暂性和产生影响的革命性是各国档案界始料未及的，甚至一度产生过对来源原则的怀疑，之后也迎来了来源原则的重新发现。在这种变革过程中，国际档案学的话语体系就可能改变，中国档案学可以趁此机会创建自己的话语体系，开创中国特色的档案理论，提高自己的话语地位。③

通用表达的第一步，是寻求中西语言表达模式的共性，并在此基础上建立中国语言的表达模式，从而为国际社会所接受。这就要求我们在讲好中国故事、传播好中国声音时，立足国际视野，注重对不同国家和地区文化传统和文化基因的尊重与理解，善于借鉴其他国家和地区讲好中国故事的经验。只有这样才能让世界各国人民更好地理解中国、更好地读懂中国。

通用表达的第二步，是寻求国际社会档案领域的共性，中国档案学界与国际档案学界接轨的基本内容之一，就是在基本档案术语的界定以及档案术语词典的编纂方面的接轨。④ 如果说前一步更为宏观、抽

---

① 冯惠玲：《走向世界的中国档案学：第十三届国际档案大会对中国档案学术研究的影响》，《档案学通讯》2000 年第 5 期。

② 杨文、张斌：《再论新时代中国特色档案学话语体系的构建》，《图书情报知识》2022 年第 4 期。

③ 董雪雯：《论中国档案学话语权在国际档案话语体系中的提升》，《北京档案》2014 年第 4 期。

④ 王德俊：《与国际档案学界接轨：中国现代档案学发展的趋势和抉择》，《档案学研究》1996 年第 3 期。

象且不受档案专业领域控制，那么这一步的"共性"则是实实在在存在的。在国内和国际不同场合在多大程度上采用国际通用的档案专业术语，决定着国际社会和档案同行能多大程度理解和接受中国档案精品。1984年国际档案理事会编辑出版的《档案术语词典》（Dictionary of Archival Terminology），汇集了国际档案界通用的500余个术语作为基本概念，1988年中国据此编译出版《英汉法荷德意俄西档案术语词典》，促进了中国档案名词术语的国际化。[①] 参与制定国际标准、规则、法律乃至形成国际社会普遍认可的档案学术理论，则是共性的其他方面。当然，这种共性不是一成不变的，把握国际档案学界的学术思想和实践活动，紧跟国际档案学界发展的步伐，才有助于中国档案界在档案学研究中形成具有普遍指导意义和借鉴价值的档案业务观点、见解以及主要科研成果（包括档案专业教材、专著和工具书等），并推广到国际档案学界。

通用表达的第三步，是寻求档案领域与文化交流等涉及国家档案精品走出去领域最新进展的共性。档案精品的推广不能只有书面传播，采取多样化、易接受的传播方式，能够满足各国受众在不同时代、不同场合的不同需求，即灵活变通地找准共性。例如，德国的世界记忆《格林童话》在海外举行各种各样的文化节，2017年在青岛举办的德国文化周上，德国格林兄弟协会首次授权将德国格林童话节引入中国，并特别派出童话青春形象大使和"灰姑娘剧团"在青岛市每天上演《灰姑娘》《小红帽》等经典格林童话舞台剧，还原德文原著魅力，营造良好的德国文化体验氛围。[②] 又如，韩国的世界记忆《训民正音手稿》与综艺节目《新西游记》第8季（2020）结合，该节目邀请众多偶像参与，包括Super Junior、防弹少年团、IVE等，其推出的"训民正音"游戏，要求在特定时间禁止说任何外来语和外来词汇，在全球爆火，《新西游记》

[①] 丁海斌、颜晗：《汉语言档案名词发展的基本历程与各阶段的主要特点》，《档案学通讯》2021年第5期。

[②] 环球网：《2017德国文化周在青岛开幕，格林童话节首次引入中国》，[2017-09-07]，https://m.huanqiu.com/article/9CaKrnK55Wy，2023年9月26日。

在豆瓣评分高达 9.6 分，评分人数超 3 万人。① 舞台剧、音乐、综艺、游戏等展现形态可以极大拉近世界各国在档案资源精品交流方面的距离，不同于术语、规则、标准、法律因为其严肃、严谨、科学更加适用于档案制度精品或档案学术精品的推广，档案资源精品更适于采纳更具共性、更加通俗的展现形态。"文旅＋""艺术＋""互联网＋"等已被非遗、文博领域证明可行的共性办法，是完全可以复制到国家档案精品走出去工作中的。

（三）立足交流实际，重视中国档案精品的译介工作

从译介学的角度来看，通过翻译促使中国档案资源、制度以及学术精品"走出去"不是简单的文字翻译而是译介，译即翻译，介即传播，翻译文本只是过程之一，翻译之前还有译介主体的建设与译介内容的选题等问题，翻译之后还有译介途径的建设与译介受众及效果分析等问题。从整个译介流程来看，即翻译文本是否达到目标语国家的语言要求，文本内容是否符合目标语主流意识形态，文本传播各环节是否有效。② 所以，不管是立足于中国特色的走出去，还是立足于国际视野的走出去，归根结底还是要回到国际文化交流实际中来。毕竟国与国之间的语言差异，是横在国家档案精品走出去的第一道难关，就像非遗译介方面的学者谈到的那样，"中国非遗历经岁月沉淀，不仅名称特别且文化积淀深厚，这给英译工作造成了诸多困难，一定程度上使非遗传播效果降低，屡屡造成中国文化'Lost in Translation（在翻译中迷失）'的局面"③。解决这一难题的关键就在于从翻译的视角拓展到译介的视角，考虑到前文对于"什么走出去"，即译介五要素之一的译介内容有较为详尽的分析，这里就译介的其他四要素——译介主体、译介途径、译介受众、译介效果谈谈看法。

---

① 豆瓣电影：《新西游记第八季신서유기8》，［2020-10-09］，https://movie.douban.com/subject/35161298/，2023 年 9 月 26 日。
② 鲍晓英：《中国文化"走出去"之译介模式探索：中国外文局副局长兼总编辑黄友义访谈录》，《中国翻译》2013 年第 5 期。
③ 高昂之：《非物质文化遗产的外宣翻译与国际传播：现状与策略》，《浙江理工大学学报》（社会科学版）2019 年第 2 期。

译介主体，如果从翻译的人员构成来看，可以分为深谙中国文化的国内本土译者、了解中国文化和海外读者的西方汉学家；如果从译介的流程来看，可以分为发起者、策划者、中文编撰者、外语文本编译者；如果从译介的团队建设来看，可以分为国际国内出版机构、新闻媒体、学术团体、档案部门等。显然，国内关于此项工作并未形成团队建设，一般是基于个人或者档案馆的个体行为。例如，某位学者出国访学时会译介中国的某项原创档案理论，某个局馆出国展览时会译介该馆的特色档案。

从现实情况出发，一方面，保证译介主体的中外合作。译介表面上看是翻译，实际上体现在文化，脱离了实际文化语境的翻译，很难说是一项成功的翻译。实际上国际上知名的译本都是中外合作的结果，要么是中外夫妻的组合，要么是中外译者的组合。时任国家外文局副局长兼总编辑黄友义介绍，国家外文局的经验是一定要经过外国人把关，而不是中国人自己翻译完就拿到国外出版。[1] 如前文所言，覃兆刿教授撰、注的档案事业《三字经》，于2021年发表在国际档案学权威杂志 *Archival Science* 2021年第1期，其是用传统文化"三字经"的方式来阐述档案事业的演进[2]，译介的难度较大，却颇为成功，既有原作者覃兆刿教授的深度参与，又有精通档案学知识、中国传统文化和较好英文基础的曲春梅教授的全程把关和沟通，还有英国利物浦大学档案研究中心的博士生的全程介入，以及 *Archival Science* 期刊两位特约编辑的严格把关。另一方面，做好档案译介的人才培养。人才培养是一项长期工作，而且又是面向如此细分的专业领域，对于目前的高等教育来讲是有难度的。可行的方式是在"档案管理专业硕士"即将被纳入高等教育专业硕士目录的情况下，开设对外交流的方向，本科外语专业的生源可以优先考虑；或者

---

[1] 鲍晓英：《中国文化"走出去"之译介模式探索：中国外文局副局长兼总编辑黄友义访谈录》，《中国翻译》2013年第5期。
[2] Zhaogui Qin, Chunmei Qu, Ashleigh Hawkins, "The Three-Character Classic of Archival Work: A Brief Overview of Chinese Archival History and Practice", *Archival Science*, Vol. 21, No. 1, 2021, pp. 97–116.

在专业师资建设中将有出国访学经历甚至外国学历人才作为优先考虑对象，在地方档案主管部门的统筹安排下予以专项建设；如果未来"档案管理专业博士"学位点申请成功，则可以在国家档案局的统一协调下从国家全局考虑译介型档案人才的培养。

译介途径，翻译的第一目标就是达到有效沟通，让外国人了解的同时保留中国特色，但是如果外国人不理解，就需要适当变通，一味刻意保留中国特色语言，完全对内的语言，不加任何背景解释，难以达到深入交流的目的。此时，译介途径的作用就能在"交流""传播"中体现了。出版领域的走出去经验较为丰富，可以借鉴。一是译者自己找国外出版社，或者通过"文学代理人"帮助作者联系出版社，"文学代理人"是国际上较为常见的推广方式。例如，莫言的作品获得诺贝尔奖，作品本身优秀是基础，使用了文学代理人也非常关键。二是国内出版社与国外出版社采取联合出版、版权转让，甚至在国外办出版社等方式。就档案领域来说，可鼓励学者申报国家社科基金中外学术外译项目；可在国家外文局的协调下建立国内出版档案领域成果较多的中国社会科学出版社、中国人民大学出版社等与国外出版社的合作，既可以出版国外学者成果并引入国内，又可以出版国内学者成果并在国外发行；甚至建立起与国外具有出版资质的国内出版社的合作，当然仅就国家外文局来讲，这项事业规模较小，例如在美国办的长河出版社，在法国办的百周年出版社。

当然，译介途径实际上是将个体化的译介主体经过组建成为有组织、有渠道、有盈利和有影响的团队化的译介主体。只有团队作业，才能在国家档案精品走出去的复杂过程中，既处理好语言翻译的一些技术性工作，又协调好热词效应与传播效果的一些学术性工作，还能应对档案内容在多模拟化状态下呈现表达的信息化工作。如果涉及国家档案精品的逐级申遗乃至申报世界记忆，以及走出国门的联合展览、巡回展览，还要争取政府相关部门的协调和支持，更好地结合国际组织的申报规则研究合适的申报主题和申报策略等规则性工作。

译介受众，国际传播不同于国内传播，明确受众群不是一件简单的事情。面对世界多元文化价值观念的差异性，为实现有效的跨文化传播，需要学会灵活、谨慎地选择与阐释译介内容，在话语建构时理解与尊重译入语文化的价值观念，只有站在目标受众的角度进行深度考量，译介内容才更容易被认同或接受。[①] 当然，确定传播的语言只是第一步，也是最为关键的一步。简单地讲，有两条基本线索：一是学术引导或专业引导，诸如在国际档案大会等涉及档案专业领域的场合，受众一般知识文化水平很高，对于译介的要求集中在符合学术规范、名词术语、法律标准等方面，坚持译文标准化至关重要，档案精品的译文要符合档案整理工作的国家标准，格式准确、措辞简洁、使用规范的档案语言，充分体现档案工作的专业性。[②] 二是文化引导或市场引导，诸如中国世界记忆海外展览等场合，受众一般知识文化水平不一，对于译介的要求集中在契合汉语与当地语言的语境、习惯等方面，避免使用过于专业化或局部化的词汇和术语，以确保信息能够被广大受众理解和接受。

具体又分为三个方面：其一，根据目的语读者的用语习惯、思维模式和文化背景对原文结构和内容进行变通，可以灵活地、交互地运用"编译""改译"和"译述"三种变译策略，在准确传递原作核心思想的基础上，帮助读者更好地理解文本。[③] 其二，尊重中国的历史、文化、价值观的同时，对文本进行本土化处理，使译文更加贴近目标受众的文化背景。以"Dragon"为例，这个词语给西方人更多的是罪恶、邪恶的印象，如果把"龙头产品"翻译成"Dragon-Head Product"则与西方国家的文化背道而驰，很难得到西方认可。鉴于我国文化中"龙头"的含义，结合西方读者的思维方式，可以将"龙头产品"翻译成"Flagship

---

① 王志伟、郭振华：《提升国际传播效能：译介学视域下中华优秀传统体育文化"走出去"》，《体育文化导刊》2023年第2期。
② 裴斐：《历史档案翻译的格式、语境转换与特殊准则》，《档案学通讯》2018年第5期。
③ 廖峻、汤恬：《中国俗语之"变译"——〈习近平谈治国理政〉德译本中的俗语翻译研究》，《外国语文》2021年第5期。

Product",顺应西方文化,从而获得西方读者的认同。① 其三,适当提供适量的背景信息,包括历史背景、文化背景、语言背景等,帮助译介受众更好、更全面地理解中国档案精品。以罗希文（中国著名中医典籍研究与英译专家）的译本《本草纲目》为例,生活在明朝的李时珍,深受道家文化的影响,因此其《本草纲目》中也出现了"脑主神明"等道家思想,然而由于年代久远,相关原文内容的具体语境已经缺失,现今中医学的主流观点仍以"心主神明"为理论基础,因此在翻译时有必要用加注的方法向译文读者交代原文中"脑主神明"这一学术观点产生的时代背景。对译文加注的方式既尊重了古籍原文,又不至于让译文读者在认知上产生混乱,同时也反映了思想主张的演变以及相应时代与社会的现实状况。②

译介效果,是一个客观评价要素,不仅要看中国档案精品走出去的数量、质量、种类和范围,而且要看中国档案精品中蕴含的中华文化、学术思想、制度认同等是否真正辐射和影响到交流对象国和国际档案界。从近些年中国档案精品走出去的实践案例来看,我们较为成功地向很多国家包括国际档案理事会、联合国教科文组织等输出了中国档案精品,与"一带一路"合作伙伴建立了档案交流机制,但这些项目到底受众多少、影响多大,对于建立中国档案领域的话语体系帮助多大,仍然是一个难以量化的工作,需要结合传播学的视角对档案精品的译介与推广进行探索和评估。

"怎么走得好"是国家档案精品走出去路径选择的第三步,是走出去与走进去的效果延伸和反馈,可与"什么走出去""怎么走出去"形成闭环循环。笔者着重阐释档案展览的对外推广和档案精品的国际表达,以期走出去之路走得长久且越走越宽,其大致内容如图6-3所示。

---

① 刘芳:《英语翻译的本土化在日化产品中的体现》,《日用化学工业（中英文）》2023年第3期。
② 张李赢、任荣政:《从〈本草纲目〉罗希文译本探讨语境理论指导下的中医古籍英译策略》,《中国中医基础医学杂志》2019年第2期。

第六章　策略：国家档案精品走出去的路径选择

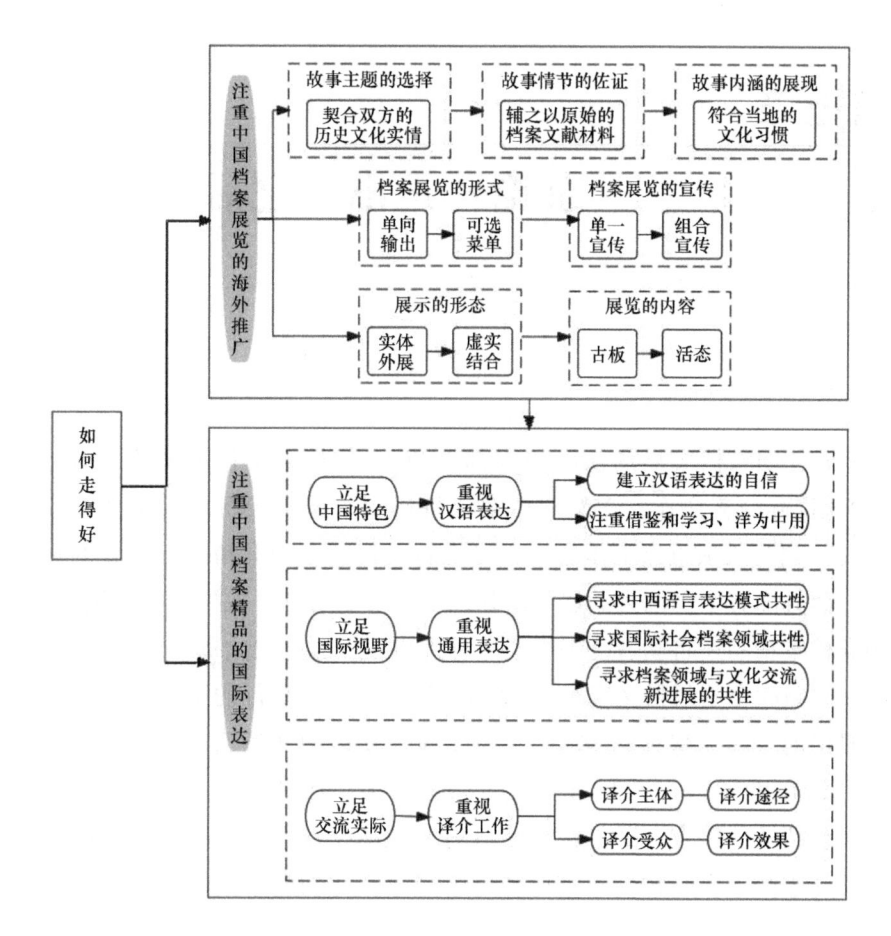

```
如何走得好
├── 注重中国档案展览的海外推广
│   ├── 故事主题的选择 → 契合双方的历史文化实情
│   ├── 故事情节的佐证 → 辅之以原始的档案文献材料
│   ├── 故事内涵的展现 → 符合当地的文化习惯
│   ├── 档案展览的形式 → 单向输出 / 可选菜单
│   ├── 档案展览的宣传 → 单一宣传 / 组合宣传
│   ├── 展示的形态 → 实体外展 / 虚实结合
│   └── 展览的内容 → 古板 / 活态
└── 注重中国档案精品的国际表达
    ├── 立足中国特色 → 重视汉语表达
    │   ├── 建立汉语表达的自信
    │   └── 注重借鉴和学习、洋为中用
    ├── 立足国际视野 → 重视通用表达
    │   ├── 寻求中西语言表达模式共性
    │   ├── 寻求国际社会档案领域共性
    │   └── 寻求档案领域与文化交流新进展的共性
    └── 立足交流实际 → 重视译介工作
        ├── 译介主体 / 译介途径
        └── 译介受众 / 译介效果
```

图 6-3　"如何走得好"内容概览

第七章

余论：走出去之后

时任国家档案局局长陆国强部署2023年档案工作主要任务时，将"深化国际交流合作，在发挥档案独特作用服务中国特色大国外交上下功夫"列为八项重点工作之一，可见新时代国家档案精品走出去的重要性，而且随着中国国力的逐渐增强以及高质量对外开放格局的逐渐形成，国家档案精品还将朝着范围更广、种类更多、影响更大的方向走出去。

比照联合国教科文组织2015年11月在巴黎举行的第三十八届会议上提出的《关于保存和获取包括数字遗产在内的文献遗产的建议书》中"国家和国际合作"栏目所提出的"走出去"所涉领域，既包括平台构建又包括资源建设，既包括学术研讨又包括工作培训，既包括传统出版物又涵盖数字出版物，既包括基于内容或文化的档案精品推广又包括基于规则或标准的档案制度精品共建，既包括国家之间的双边合作交流又包括国际组织协调的多边合作交流，摆在国家档案精品走出去面前的事项是复杂的、体系化的、需要长期坚持的。

时至今日，中国档案精品走出去虽然取得了巨大的成就，但是与服务大国外交、服务文化自信、建立与综合国力相匹配的档案强国仍然存在一定的差距，如何长期走出去与走进去，任重道远。

（一）如何加强人才建设，保障国家档案精品可持续性地走出去

引领国家档案精品可持续性走出去的核心要素在于人才建设。《"十四五"规划》等国家档案事业顶层设计均将"人才强档"作为战略总体布局，中国人民大学档案事业发展研究中心就新时代档案技能人才培育工程、人才激励机制和人才多元评价机制提出了具体对策和措施，给予

"可持续性地走出去"的人才建设巨大支持，尤其是在党和政府提出"加强中国特色新型智库建设"背景下，档案学界热议的档案智库建设，理应成为国家"文化软实力"和"档案话语权"的重要组成部分，围绕国家档案精品走出去开展专项调研和制定引领政策。

除此之外，加强人才培养也显得至关重要。

例如，管理型人才，能够把握国际档案形势和了解中国档案实践，在档案遴选过程中，要确保自身对档案经典理论及要义、走出去实践等的深入理解和吸收内化；在精准高效的输出中，结合中国档案特色，参考国内外优秀实践，引导国际社会对本国档案文化的理解；在宣传反馈中，深度融入全球化浪潮，选择最为合适的国家档案精品走出去的路径，以中国实践、中国档案话语助力国际档案事业的发展和传播。

又如，综合型人才，国家档案精品走出去本身是在文学、政治学、社会学、历史学、经济学、宗教学、国际关系学等多个不同学科中汲取多项有用资源，离开了其他学科的滋养和渗透，国家档案精品难以完整。国家档案精品跨文化宣传时，呈现出以文化为骨、档案为肉、科技为皮的融合趋势，从世俗需求到档案知识，从中华文化到历史担当，对外宣传需要的样本量覆盖广泛，需要多学科交叉，更需要文、理、工兼修的人才。

再如，社会型人才，国家档案精品的理念、文化、韵味归根结底还是要渗透、滋润和影响到社会公众中去的，无论是内宣还是外宣，移动互联网以及自媒体技术等信息科技的发展为社会力量、社会人士或者热心人士参与"走出去"的各个环节提供了可行，激发广大人民群众的创造力参与进来，能让档案精品更加接地气、易于走出去。

（二）如何夯实交流成果，促使国家档案精品从走出去到走进去

作为一项从传播主体经由传播介质到达传播受众的复杂过程，很难量化评估国家档案精品走出去的实质效果，毕竟从走出去的途径、品种、范围等客观指标来评价走进去的心灵感悟、文化认同、价值洗礼等主观效果，并没有一定之规，这也给包括从事非遗、文博、出版以及档案在内的国际文化交流领域的工作绩效评价带来极大的考验。

例如，能否实现外延与内涵相统一地走出去。就外延而言，国家档

案精品不是凭空存在的，必须借助于各种存在形式，我们所熟知的甲骨文其独特的实物形态、中国传统音乐录音档案其独特的存储技术、东巴古籍文献其独特的语言种类等，以及上述存在形式在数字时代的延伸——虚拟展示、数字人文、投影现象等，外延的走出去是看得见、摸得着的。就内涵而言，国家档案精品体现为中华文化的具体含义、深层意蕴以及内在价值，必须根植于主观意识之中，那么我们所熟知的中华语言文字、中国传统音乐、中国悠久历史等，究竟能否借助前述的形式或外延予以充分传播，则更为重要。

又如，能否实现守正与创新相统一地走出去。就守正而言，国家档案精品所蕴含的文化与其他形式的文化既有相同相通之处，更有相异独特之处，尤其它是集各种文化内容、文化符号以及文化载体于一体的档案文化，其原始记录、历史传统、行业传统等特性都是我们在实施走出去时必须予以考虑的，所以必须准确无误地传播档案记载的原始内容、传递档案蕴含的文化思想。就创新而言，时代在变，档案蕴含的文化内容、文化符号以及文化载体是否可以在新的时空以新的形态展示，是否可以与其他文化、其他符号以及其他载体融合，答案显然是可行且必需的，而且创新是无止境的，必须在守正基础上勇于创新。

再如，能否实现理性与感性相统一地走出去。理性，是指国家档案精品走出去的侧重点在于长远的、深厚的、经典的中华文化传播，主要面向档案领域人士，我们所熟知的国际档案官方场合交流的理论、制度、标准、文献等，诸如在国际档案大会上进行来源原则与全宗理论的交流，在联合国教科文组织进行丝绸档案、侨批档案的外展等。感性，是指国家档案精品走出去的侧重点在于非正式、时尚的、直观的中华文化传播，主要面向社会普通公众，诸如 APEC 会议领导人的中国丝绸着装、"世界记忆·中国文献遗产创意竞赛"各种参赛作品等。当然，两者是相互促进、缺一不可的，理性传播是走出去的基础，感性传播是扩大走出去影响的必要方式，两者共融发展才能真正走出去。

五千年中华文明是在不断地兼收并蓄和交流互鉴中发展过来的，走出去的国家档案精品既要力争从走出去到走进去，把中国档案文化、价值传递到外国友人的内心深处，产生文化共勉；又要加强引进来，促进中外档案文化的交流学习、产生文化共振。在国内经济建设以及国家档案事业发展处于起步期需要如此，在中国处于世界第二大经济体以及建设档案强国的发展期也需如此，在中国成为人类命运共同体的倡议者、主导者的未来更需如此。既要不断发现中国特色档案资源、中国风格档案制度以及中国本土档案理论的发展成就并予以总结和推广，又要善于发现其不足并予以改善和提升，以高质量的"引进来"促使高水平的"走出去"。

从国内来讲，档案业界、档案学界以及相关领域的职能部门和学术力量是否认知到中国档案精品走出去的重要性，是从自己所在的行业、学科或部门的视角出发还是从全国性、跨学科或全球化的视角出发，结论显然不一样。从国外来讲，中国档案精品是世界文化的重要组成部分，是从自己所在的国家、民族或集团的私利出发，还是从全人类、多极化或共发展的公利出发，结论显然也不一样。

愿中国档案精品走出去的蓝图，能为国际文化事业涂上浓墨重彩、不可或缺的一笔。

附录一

第一批《中国档案文献遗产名录》简况[①]

序号	名称	申报单位
1	尹湾汉墓简牍中的西汉郡级档案文书	连云港市博物馆
2	《宇妥·元丹贡布八大密诀》手写本	四川省甘孜藏族自治州德格藏医院
3	唐代开元年间档案	辽宁省档案馆
4	西夏文佛经《吉祥遍至口和本续》	宁夏回族自治区文物考古研究所、宁夏回族自治区博物馆
5	元代档案中有关西藏归属问题的档案	西藏自治区档案馆
6	元代第七任帝师桑结贝给塔巴贝的封文	四川省甘孜藏族自治州档案馆
7	《明太祖洪武二十五年实录稿本》（部分）	辽宁省档案馆
8	明代"金书铁券"	青海省档案馆
9	明代徽州土地产权变动和管理文书	安徽省档案馆
10	明代谏臣杨继盛遗书及后人题词	河北省容城县档案局
11	清代皇帝对鄂尔多斯蒙古王公的诰封	鄂尔多斯市档案馆
12	清代玉牒	中国第一历史档案馆、辽宁省档案馆
13	清代金榜	中国第一历史档案馆
14	清代宋昊所著《剿抚澎台机宜》	北京市档案馆
15	清代阿拉善霍硕特旗档案	内蒙古自治区阿拉善左旗档案馆
16	《般若波罗蜜多经八千颂》档案文献	四川省甘孜藏族自治州德格印经院
17	清康熙、雍正、乾隆三朝皇帝给新疆蒙古吐尔扈特部落的敕书	新疆维吾尔自治区档案馆

[①] 《首批中国档案文献遗产名录》，《中国档案》2003年第10期。

续表

序号	名称	申报单位
18	清代五大连池火山喷发满文档案	黑龙江省档案馆
19	清代获鹿县永壁村保甲册	河北省档案馆
20	清代秘密立储档案	中国第一历史档案馆
21	江南机器制造局档案	上海市档案馆
22	清代《八省运河泉源水利情形总图》	汶上县档案馆
23	清代《清漾毛氏族谱》	江山市档案馆
24	清代吉林公文邮递实寄邮件	吉林省档案馆
25	中国近代邮政起源档案	天津市档案馆
26	大生纱厂创办初期的档案	南通市档案馆
27	汉冶萍煤铁厂矿有限公司档案	湖北省档案馆
28	永州女书档案文献	江永县档案馆
29	中国北方地区早期商会档案	天津市档案馆
30	汤寿潜与保路运动档案	浙江省档案馆
31	苏州商会档案（晚清部分）	苏州市档案馆
32	兰州黄河铁桥档案	甘肃省档案馆
33	《京张路工摄影》	北京市档案馆
34	清代吉林打牲乌拉捕贡山界与江界全图	吉林省档案馆
35	贵州省"水书"文献	贵州省档案馆
36	云南护国首义档案	云南省档案馆
37	孙中山题词手迹——"博爱"	中国第二历史档案馆
38	孙中山手稿——致日本友人犬养毅函稿	中国第二历史档案馆
39	中山陵档案	南京市档案馆
40	广州中山纪念堂建筑设计图纸	广州市档案馆
41	民国时期的中国西部科学院档案	重庆市档案馆
42	钱塘江桥工程档案	浙江省档案馆
43	抗战时期华侨机工支援抗战运输档案	云南省档案馆
44	老舍著《四世同堂》手稿	中国现代文学馆
45	中华人民共和国开国大典档案	中央档案馆
46	中印两国总理联合声明中方草案	中华人民共和国外交部档案馆
47	周恩来总理在亚非会议全体会议上的补充发言（手稿）	中华人民共和国外交部档案馆
48	纳西族东巴古籍	云南省丽江县东巴文化研究所

附录二

第二批《中国档案文献遗产名录》简况[①]

序号	名称	申报单位
1	利簋	中国国家博物馆
2	焉耆——龟兹文文献	中国国家图书馆
3	唐代"谨封"铜印档案文献	青海省档案局
4	明代洪武皇帝颁给摀思公失监的圣旨	西藏自治区档案馆
5	大明混一图	中国第一历史档案馆
6	《永乐大典》	中国国家图书馆
7	明代徽州江氏家族分家阄书	安徽省黄山市档案馆
8	戚继光签批的申文	辽宁省档案馆
9	史家祖宗画像及传记、题跋	浙江省宁波市江东区档案馆
10	彝族文献档案	云南省楚雄彝族自治州档案馆
11	清初世袭罔替诰命	中国第一历史档案馆
12	清代四川南部县衙门档案文献	四川省南充市档案馆
13	四川自贡盐业契约档案文献	四川省自贡市档案馆
14	清代"样式雷"图档	中国国家图书馆
15	长芦盐务档案	河北省档案馆
16	英国国王乔治三世致乾隆皇帝信	中国第一历史档案馆
17	林则徐、邓廷桢、怡良合奏虎门销烟完竣折	中国国家博物馆

[①] 刘芸:《第二批35件(组)档案文献入选〈中国档案文献遗产名录〉》,《中国档案》2003年第12期。

续表

序号	名称	申报单位
18	"日升昌"票号银号档案文献	中国票号博物馆、中国第二历史档案馆、山西省平遥县档案局
19	图琳固英族谱	辽宁省喀左县档案馆
20	江汉关档案文献	湖北省档案馆
21	清代末年至中华人民共和国成立前九龙关管辖地区图	广东省档案馆
22	昆明教案与云南七府矿权的丧失及其收回档案文献	云南省档案馆
23	吐鲁番维吾尔郡王额敏和卓及其后裔家谱	新疆维吾尔自治区档案馆
24	上海总商会档案	上海市档案馆
25	清代内蒙古垦务档案	内蒙古自治区档案馆
26	大清国致荷兰国国书	中国第一历史档案馆
27	清代呼兰府《婚姻办法》档案文献	黑龙江省档案馆
28	孙中山与南京临时政府档案史料	中国第二历史档案馆
29	清宣统皇帝溥仪退位诏书	中国国家博物馆
30	韩国钧《朋僚函札》档案文献	江苏省档案局
31	《共产党宣言》中文首译本	中国国家图书馆、中国国家博物馆、上海市档案馆、浙江省上虞市档案局
32	百色起义档案史料	广西壮族自治区档案局
33	中国工农红军长征档案文献	中央档案馆
34	冼星海《黄河大合唱》手稿	中国艺术研究院
35	民间音乐家阿炳6首乐曲原始录音	中国艺术研究院

附录三

第三批《中国档案文献遗产名录》简况[①]

序号	名称	申报单位
1	四川省凉山彝族自治州毕摩文献	四川省凉山彝放自治州美姑县档案馆
2	敦煌写经	甘肃省档案馆、甘肃省敦煌市档案馆
3	《新刊黄帝内经》	中国国家图书馆
4	《本草纲目》（金陵版原刻本）	中国中医科学院图书馆
5	锦屏文书	贵州省档案局
6	清初满文木牌	中国第一历史档案馆
7	清代庄妃册文	中国第一历史档案馆
8	清代雍正皇帝为指派康济乃办理藏务事给达赖喇嘛的敕谕	西藏自治区档案局
9	清代四川巴县档案中的民俗档案文献	四川省档案局
10	清代嘉庆皇帝为确立达赖灵童事给班禅活佛的敕谕	西藏自治区档案局
11	侨批档案	广东省档案局福建省档案局
12	清代同治年间绘制的《六省黄河堤工埽坝情形总图》	山东省汶上县档案局
13	清代黑龙江通省满汉文舆图图说（同治年间）	黑龙江省档案局
14	清代黑龙江地方鄂伦春族满文户籍档案文献（清同治、光绪年间）	黑龙江省档案局

① 伊布：《〈中国档案文献遗产名录〉第三批入选项目》，《中国档案报》2010年3月11日第1版。

续表

序号	名称	申报单位
15	李鸿章在天津筹办洋务档案文献	天津市档案局
16	清末云南为禁种大烟倡种桑棉推行实业档案文献	云南省档案局
17	延长油矿管理局"延1井"（陆上第一口油井）专题档案	陕西省档案局、陕西延长油矿管理局档案馆
18	山西商办全省保晋矿务有限总公司档案文献	山西省阳泉市档案局
19	苏州市民公社档案	江苏省苏州市档案局
20	晚清、民国时期百种常熟地方报纸	江苏省常熟市档案馆
21	辛亥革命武昌起义档案文献	湖北省档案局、辛亥革命武昌起义档案馆
22	浙军都督府汤寿潜函稿档案	浙江省嵊州市档案局
23	民国时期筹备三峡工程专题档案	中国第二历史档案馆
24	孙中山葬礼纪录电影原始文献	中国电影资料馆
25	八一南昌起义档案文献	中央档案馆
26	南京国民政府商标局商标注册档案	中国第二历史档案馆
27	湘鄂赣省工农兵银行发行的货币票券	湖南省浏阳市档案局
28	侵华日军南京大屠杀相关专题档案（五组）	中国第二历史档案馆、江苏省南京市档案局、侵华日军南京大屠杀遇难同胞纪念馆
29	茅盾珍档——日记、回忆录、部分小说及书信、随笔等手稿	浙江省档案局
30	浙江抗日军民救护遇险盟军档案	浙江省档案馆、浙江省遂昌县档案馆、浙江省象山县档案馆、浙江省江山市档案馆

附录四

第四批《中国档案文献遗产名录》简况[①]

序号	名称	申报单位
1	甘肃秦汉简牍	甘肃简牍博物馆
2	四川省阿坝藏族羌族自治州茂县羌族刷勒日文献	四川省茂县档案馆
3	宁化府益源庆历史档案	山西省太原市档案馆、太原市宁化府益源庆醋业有限公司
4	鄂尔多斯左翼后旗台吉家谱	内蒙古自治区鄂尔多斯市档案馆
5	孔子世家明清文书档案	山东省曲阜市文物局孔府文物档案馆
6	《四部医典》（金汁手写版和16—18世纪木刻版）	西藏自治区藏医院藏医文献研究所
7	明万历年间泸定土司藏商合约档案	四川省泸定县档案馆
8	赤道南北两总星图	中国第一历史档案馆
9	贵州布依族古文字档案（贵州布依文古籍）	贵州省荔波县档案馆、三都水族自治县档案馆
10	盛京内务府册档	辽宁省档案馆
11	首届会供仪仗彩绘长卷	西藏自治区档案馆
12	五当召蒙古文历史档案	内蒙古自治区包头市档案馆
13	《尺度经·智者意悦》（稿本）	西藏自治区档案馆
14	清代册封扎萨克世袭多罗达尔罕贝勒的册文	内蒙古自治区档案馆

---

① 中华人民共和国国家档案局：《国家档案局关于公布第四批中国档案文献遗产名录的通知》，[2015-05-04]，https://www.saac.gov.cn/daj/xxgk/201505/d4c626525aab47bdb5f14b136cd1c68c.shtml，2023年9月26日。

续表

序号	名称	申报单位
15	四川自贡岩口簿档案文献	四川省自贡市档案馆
16	晚清民国龙泉司法档案	浙江省龙泉市档案馆
17	开滦煤矿档案文献	开滦（集团）有限责任公司
18	近现代苏州丝绸样本档案	江苏省苏州市工商档案管理中心
19	保定商会档案	河北省保定市档案馆
20	孙中山、胡汉民、廖仲恺给戴季陶的题字	中国第二历史档案馆
21	近现代上海华商四大百货公司档案汇集	上海市档案馆
22	张静江有关孙中山临终病情及治疗情况记录	中国第二历史档案馆
23	"慰安妇"——日军性奴隶档案	中央档案馆、内蒙古自治区档案馆、辽宁省档案馆、吉林省档案馆、黑龙江省档案馆、上海市档案馆、南京市档案馆、河北省秦皇岛市档案馆、上海师范大学"慰安妇"问题研究中心
24	卡瓦山佤族酋长印谱	云南省档案馆
25	中国解放区救济总会档案	中央档案馆
26	民国时期南京户籍卡档案	南京市档案馆
27	解放战争时期临朐支前《军鞋账》	山东省临朐县档案馆
28	中华人民共和国第一届全国人民代表大会第一次会议档案	中央档案馆
29	南京长江大桥建设档案	江苏省档案馆

附录五

第五批《中国档案文献遗产名录》简况[①]

序号	名称	申报单位
1	中华苏维埃共和国宪法大纲	中央档案馆
2	乾隆《京城全图》	中国第一历史档案馆
3	民国时期中国银行档案	中国第二历史档案馆
4	招商局历史档案	中国第二历史档案馆
5	近代海河流域治理档案	天津市档案馆
6	"永久黄"企业档案	天津市档案馆、天津渤化永利化工股份有限公司
7	清代获鹿县审册	河北省档案馆
8	内蒙古自治政府成立档案	内蒙古自治区档案馆
9	包钢建设档案（1954—1964）	包钢（集团）公司档案馆
10	盛京内务府稿档	辽宁省档案馆
11	侵华日军第七三一部队罪行档案文献	黑龙江省档案馆、哈尔滨市档案馆、哈尔滨市社会科学院、侵华日军第七三一部队罪证陈列馆
12	清代黑龙江将军衙门档案	黑龙江省档案馆
13	哈尔滨市临时参议会档案	哈尔滨市档案馆
14	民国江苏司法档案	江苏省档案馆
15	刘国钧大成纺织染股份有限公司档案	江苏省常州市档案馆
16	《中药大辞典》原稿	南京中医药大学档案馆

[①] 《第五批中国档案文献遗产名录出炉》，《中国档案》2023年第1期。

续表

序号	名称	申报单位
17	《竺可桢日记》手稿	浙江大学档案馆
18	新安江水电站建设档案	国网新源集团有限公司新安江水力发电厂、浙江省档案馆、杭州市档案馆、浙江省淳安县档案馆、浙江省建德市档案馆
19	徽州谱牒	安徽省黄山市档案馆
20	鱼鳞图册	浙江省金华市档案馆、浙江省兰溪市档案馆、安徽省休宁县档案馆
21	清代民国客家祖地族谱	龙岩客家族谱博物馆、福建省龙岩市档案馆、福建省上杭县档案馆
22	北海银行档案	山东省档案馆
23	东海关档案	山东省烟台市档案馆
24	近代青岛城市地图	青岛市档案馆
25	少林寺宗法档案	中国嵩山少林寺
26	千唐志斋博物馆墓志石刻	河南省千唐志斋博物馆
27	随州曾侯乙编钟	湖北省博物馆
28	武汉大学早期建筑设计图纸	武汉大学档案馆
29	海陆丰正字戏传承手抄提纲本	广东省海丰县档案馆
30	成都老茶馆档案文献	成都市档案馆
31	中国红十字会总会救护总队档案	贵州省档案馆、贵州省贵阳市档案馆
32	贵州毕节彝族古文字档案	贵州省毕节市档案馆、贵州省毕节市彝文文献翻译研究中心
33	抗战时期修筑滇缅公路档案文献	云南省档案馆
34	中国第一座水电站石龙坝水电站档案	云南省档案馆
35	卡瓦十七王敬告祖国同胞书	云南省大理州档案馆
36	彝族古籍文献《查姆》创世史诗	云南省楚雄彝族文化研究院
37	17—20世纪藏医挂图——曼唐	西藏自治区藏医院、西藏自治区罗布林卡管理处、西藏博物馆
38	乾隆皇帝赐予布达拉宫、大小昭寺之御笔	西藏自治区档案馆
39	陕西布政使司档案	陕西省档案馆
40	秦封宗邑瓦书	陕西师范大学博物馆

续表

序号	名称	申报单位
41	交通大学西迁档案文献	西安交通大学档案馆、西安市档案馆
42	20世纪50年代陕西考古发掘记录档案	陕西省文物保护研究院
43	路易·艾黎创办工合、培黎学校档案文献	甘肃省山丹艾黎纪念馆
44	唐景龙四年卜天寿抄《论语郑玄注》	新疆维吾尔自治区吐鲁番博物馆
45	关于萨迦牟云的佉卢文木牍	新疆维吾尔自治区和田地区博物馆
46	丹江口水利枢纽初期工程档案	汉江水利水电（集团）有限责任公司
47	南浔铁路规划图	中国地图图书馆
48	中国首批地质学生毕业实习报告	全国地质资料馆
49	协和医学院早期教育档案	中国医学科学院北京协和医学院档案中心
50	《义勇军进行曲》首版唱片金属模板	中国唱片（上海）有限公司
51	武汉长江大桥建设档案	中铁大桥局集团有限公司档案馆
52	民国时期西北铁路勘测设计档案	中铁第一勘察设计院集团有限公司
53	"长江"舰历史底图档案	中国船舶集团有限公司船舶档案馆
54	"国旗红"染料研究与生产相关文献	沈阳化工研究院有限公司
55	中国人民保险留存最早的保险单	中国人民保险集团股份有限公司

参考文献

一　经典文献

习近平：《弘扬和平共处五项原则 建设合作共赢美好世界：在和平共处五项原则发表60周年纪念大会上的讲话》，人民出版社2014年版。

习近平：《在哲学社会科学工作座谈会上的讲话》，人民出版社2016年版。

习近平：《高举中国特色社会主义伟大旗帜 为全面建设社会主义现代化国家而团结奋斗：在中国共产党第二十次全国代表大会上的报告》，人民出版社2022年版。

习近平：《习近平著作选读》（第一卷），人民出版社2023年版。

二　中文专著

白鸿叶：《大国工匠：样式雷》，国家图书馆出版社2021年版。

陈永生：《档案学论衡》，中国档案出版社1994年版。

冯惠玲、张辑哲主编：《档案学概论》（第二版），中国人民大学出版社2006年版。

傅荣校：《档案鉴定理论与实践透视：基于效益和效率思路的研究》，中国档案出版社2007年版。

何嘉荪、傅荣校：《从新角度审视档案学基础理论：文件运动规律研究》，中国档案出版社1999年版。

鞠德源：《日本国窃土源流、钓鱼列屿主权辨》（上册、下册），首都师范大学出版社2001年版。

李金铨：《传播帝国主义》，台湾：久大文化1987年版。
李正国：《国家形象构建》，中国传媒大学出版社2006年版。
梁漱溟：《东西文化及其哲学》，商务印书馆2017年版。
覃兆刿：《中国档案事业的传统与现代化：兼论过渡时期的档案思想》，中国档案出版社2003年版。
王小云：《基于价值实现和权利保障的档案资产论建构研究》，社会科学文献出版社2018年版。
王协舟：《基于学术评价视阈的中国档案学阐释与批判》，湘潭大学出版社2009年版。
王英玮主编：《档案文化论》，中国人民大学出版社1998年版。
王玉珏：《档案文化创意服务的理论与实践》，武汉大学出版社2017年版。
王运彬：《基于价值全面实现的档案信息资源配置》，社会科学文献出版社2018年版。
吴品才：《文件纵横运动论》，中国档案出版社2002年版。
吴友富：《中国国家形象的塑造和传播》，复旦大学出版社2009年版。
徐拥军：《档案记忆观的理论与实践》，中国人民大学出版社2017年版。
张斌：《档案价值论》，中央文献出版社2000年版。
张维为：《文明型国家》，上海人民出版社2017年版。
赵波、高德良：《西方文化渗透对我国文化安全的影响》，中国传媒大学出版社2012年版。
周林兴：《公共档案馆管理研究》，中国出版集团、世界图书出版公司2012年版。
周耀林、戴旸、程齐凯等：《非物质文化遗产档案管理理论与实践》，武汉大学出版社2013年版。

三　中文译著

［美］约瑟夫·奈：《软实力：权力，从硬实力到软实力》，马娟娟译，中信出版社2013年版。
［英］爱德华·泰勒：《原始文化：神话、哲学、宗教、语言、艺术和习俗发展之研究（重译本）》，连树声译，广西师范大学出版社2005年版。

［英］罗素：《中国问题》，秦悦译，学林出版社 1996 年版。

［英］汤林森：《文化帝国主义》，冯建三译，上海人民出版社 1999 年版。

四　中文期刊

巴莫曲布嫫：《保护非物质文化遗产国际合作机制鸟瞰：以 2003 年〈公约〉名录体系的发展现状为中心》，《民间文化论坛》2022 年第 6 期。

鲍晓英：《中国文化"走出去"之译介模式探索：中国外文局副局长兼总编辑黄友义访谈录》，《中国翻译》2013 年第 5 期。

本刊讯：《中办国办印发〈"十四五"全国档案事业发展规划〉》，《中国档案》2021 年第 6 期。

本刊讯：《我国档案科研人员参加第 28 届国际科学实践大会并作学术报告》，《中国档案》2021 年第 11 期。

蔡从燕：《论"以国际法为基础的国际秩序"》，《中国社会科学》2023 年第 1 期。

蔡晓宇：《中国出版十年"走出去"历程的回顾、反思与展望》，《出版广角》2015 年第 7 期。

陈建东：《云南 4 件（组）档案文献成功入选中国档案文献遗产名录》，《云南档案》2023 年第 1 期。

曹巍：《如何做好国际文化交流》，《人民论坛》2018 年第 35 期。

陈平：《多元文化的冲突与融合》，《东北师大学报》2004 年第 1 期。

陈小彪：《国家文化安全治理隐忧与应对》，《西南政法大学学报》2022 年第 4 期。

崔洪铭：《档案事业对文化建设的作用研究：基于对 FCS（文化统计框架）的分析》，《档案学通讯》2014 年第 3 期。

单霁翔：《博物馆使命与文化交流合作创新》，《四川文物》2014 年第 3 期。

董雪雯：《论中国档案学话语权在国际档案话语体系中的提升》，《北京档案》2014 年第 4 期。

樊程旭、刘莹晨：《中国出版物在周边国家和"一带一路"沿线国家出版发行情况简析：以经典中国国际出版工程为例》，《出版发行研究》2016 年第 11 期。

冯惠玲：《走向世界的中国档案学：第十三届国际档案大会对中国档案学术研究的影响》，《档案学通讯》2000 年第 5 期。

冯惠玲：《拥有新记忆：电子文件管理研究》，《档案学通讯》2003 年第 1 期。

冯惠玲：《档案信息资源在国家经济社会发展中的综合贡献力》，《档案学研究》2006 年第 3 期。

冯惠玲：《档案记忆观、资源观与"中国记忆"数字资源建设》，《档案学通讯》2012 年第 3 期。

冯惠玲、闫慧、张姝婷等：《中国图书情报与档案管理教育发展研究：历史与现状》，《中国图书馆学报》2020 年第 1 期。

冯惠玲：《以信息资源管理的名义再绘学科蓝图》，《信息资源管理学报》2022 年第 6 期。

冯秋航：《以文化自信引领新时代档案工作创新发展》，《中国档案》2018 年第 12 期。

付航：《树立档案学科自信 争取学术话语权》，《中国档案》2013 年第 3 期。

付璐、肖永芝：《浅谈〈中华帝国全志〉对〈本草纲目〉的翻译与传播》，《中医杂志》2019 年第 15 期。

甘戈、卜鉴民：《档案海外展览展示工作初探》，《中国档案》2017 年第 12 期。

高奇琦：《国家数字能力：数字革命中的国家治理能力建设》，《中国社会科学》2023 年第 1 期。

关世杰：《国际文化交流与外交》，《国际政治研究》2000 年第 3 期。

管先海、郭东升：《打造新时代中国档案学派》，《档案》2021 年第 6 期。

郭辉、谭必勇：《美国国家档案馆网上商店档案文化产品研究》，《浙江档案》2016 年第 12 期。

何婷：《新媒体时代下非物质文化遗产品牌化传播的策略探究》，《文化产业》2022 年第 30 期。

华林、董慧囡、谭雨琦：《维护领海主权视域下我国海疆历史档案证据性开发研究》，《档案学研究》2023年第1期。

黄霄羽：《点面透视 精彩纷呈：2017年国际档案界回眸》，《中国档案》2018年第4期。

黄霄羽、贾沣琦：《苏州市工商档案管理中心在苏州丝绸产业振兴发展中的角色定位及启示》，《浙江档案》2021年第7期。

霍政欣：《追索海外流失文物的国际私法问题》，《华东政法大学学报》2015年第2期。

江苏省委宣传部：《感恩之旅 让欧洲聆听拉贝的故事：原创歌剧〈拉贝日记〉德国、奥地利巡演反响热烈》，《对外传播》2020年第2期。

江苏省委外宣办：《让南京大屠杀史实真正成为世界记忆：〈共同见证：1937南京大屠杀史实展〉走进法国的思考和启示》，《对外传播》2016年第12期。

金嬴：《"慰安妇"问题：舆论正义和日本的"历史战"》，《当代世界》2017年第11期。

寇京、陆阳：《国家认同外部危机治理中的档案功能研究》，《浙江档案》2018年第10期。

郎琦、张金辉：《以中华文化海外传播助推更多中国产品出口》，《云南社会科学》2020年第1期。

李海龙：《中国海外文化利益维护研究》，《行政管理改革》2021年第8期。

李宏为：《沉寂数百年 一鸣传天下：〈大明混一图〉引起世人关注》，《历史档案》2004年第1期。

李星儒：《全媒体时代高校国际传播人才培养的使命与路径》，《中国新闻传播研究》2022年第3期。

李雪涛：《对国家社科基金"中华学术外译项目"的几点思考》，《云南师范大学学报》（对外汉语教学与研究版）2014年第1期。

李治亭：《"大一统"与"华夷之辨"的理论对决：〈大义觉迷录〉解读》，《历史档案》2021年第2期。

李子璇、林心怡：《中美博物馆精品展览评比活动比较研究：以中国

"全国博物馆十大陈列展览精品"和"美国博物馆联盟展览卓越奖"为例》,《博物院》2022年第5期。

梁斐:《中国学术出版"走出去"的要素剖析与改进思路》,《国际传播》2019年第4期。

林桂红:《中外文化差异背景下的茶产品英译策略研究》,《福建茶叶》2018年第3期。

刘芳:《英语翻译的本土化在日化产品中的体现》,《日用化学工业(中英文)》2023年第3期。

刘建武:《论反"和平演变"的长期性、艰巨性》,《马克思主义研究》2016年第8期。

刘乃源:《马克思平等思想的内在逻辑及其对西方平等观的超越》,《湖南师范大学社会科学学报》2011年第3期。

刘培:《对流失海外档案追索问题的再思考》,《档案天地》2018年第1期。

刘婷:《"普世价值"渗透对我国文化安全的影响与对策探究》,《新闻研究导刊》2018年第11期。

刘旺旺:《全球文化交融背景下提升文化自信的意蕴、挑战及对策:学习习近平关于文化自信的重要论述》,《社会主义研究》2018年第1期。

刘新鸥、申俊龙、沈永健:《中医药文化传播现状及传播模式分析》,《中医杂志》2016年第10期。

龙潇:《"华夷之辨"的理论价值与实践逻辑:基于中国古代文化安全思想的研究》,《思想战线》2022年第6期。

陆国强:《推动档案事业在高质量发展轨道上迈出坚实步伐:在2020年全国档案局长馆长会议上的报告》,《中国档案》2021年第1期。

陆国强:《新时代档案事业高质量发展的根本遵循》,《档案学研究》2021年第6期。

陆建松、韩翊玲:《我国博物馆国际交流与合作的现状、问题及其政策思考》,《四川文物》2011年第3期。

裴斐:《历史档案翻译的格式、语境转换与特殊准则》,《档案学通讯》2018年第5期。

戚德祥、王壮:《供应链理论指导下的中国出版走出去国际物流体系优化策略》,《中国出版》2019 年第 7 期。

齐峰、王涛:《西方文化帝国主义与中国农村地区文化安全建构》,《广西社会科学》2017 年第 8 期。

邱凌、牛一冰:《我国对外传播的理念转向及"三聚"特性》,《传媒论坛》2022 年第 19 期。

任一鸣:《国际文化交流:理念创新与实践的战略思考》,《毛泽东邓小平理论研究》2010 年第 12 期。

沈忱、陈卫平:《〈本草纲目〉对日本、朝鲜医药学界影响的比较研究》,《南京中医药大学学报》2014 年第 2 期。

苏君华:《基于公民文化权益实现的公共档案馆发展研究》,《档案学研究》2013 年第 5 期。

覃兆刿:《从一元价值观到双元价值观:近代档案价值观的形成及其影响》,《档案学研究》2003 年第 2 期。

覃兆刿:《档案事业"三字经"》,《档案管理》2009 年第 1 期。

覃兆刿、孟月:《论档案与国家软权力》,《档案学研究》2019 年第 3 期。

苏州市人民政府:《苏州市人民政府关于印发苏州市丝绸产业振兴发展规划的通知》,《苏州市人民政府公报》2012 年第 7 期。

唐佳欣:《浅析档案强国的精神内涵与实现路径》,《档案学研究》2015 年第 5 期。

唐启:《中国立场,国际表达:中国档案学术话语体系自主建构的理与路》,《档案学研究》2021 年第 1 期。

王发龙:《中国海外利益维护的现实困境与战略选择:基于分析折中主义的考察》,《国际论坛》2014 年第 6 期。

王宁、刘越男:《档案学视角下的科学数据管理:基于国际组织相关成果的研究》,《图书情报工作》2021 年第 5 期。

王巍:《中华文明探源研究主要成果及启示》,《大众考古》2022 年第 6 期。

王向女、姚婧、邱怡璇、袁倩:《国外中国档案学研究回望与反思:基于论文的分析》,《档案学通讯》2021 年第 1 期。

王小云、谢咏含、陈闽芳、李健:《文化自信背景下国家档案精品走出去研究》,《档案学通讯》2019 年第 3 期。

王毅：《矢志民族复兴，胸怀人类命运 奋进中国特色大国外交新征程》，《求是》2023 年第 1 期。

王英玮、杨千：《总体国家安全观视角下〈中华人民共和国档案法〉的安全理念》，《档案学研究》2020 年第 6 期。

王英玮：《识变 应变 求变：对我国档案学基础理论研究的思考》，《中国档案》2023 年第 1 期。

王勇：《文化帝国主义与中国电影话语权建设》，《文艺争鸣》2014 年第 5 期。

王玉珏、李子林、龙家庆、刘俊恒：《中国参与全球档案治理：历程、挑战与策略》，《档案学研究》2019 年第 1 期。

王玉珏、朱娅、辛子倩、王兴广：《中国档案文献遗产工程建设新动态与发展展望》，《档案与建设》2022 年第 10 期。

王运彬、王小云：《档案文化产品的市场价值、开发模式与未来展望》，《档案学通讯》2018 年第 6 期。

王运彬、叶曦、黄隆瑛、郑洁洁：《新时代档案展览的海外推广研究》，《档案学研究》2019 年第 3 期。

王志伟、郭振华：《提升国际传播效能：译介学视域下中华优秀传统体育文化"走出去"》，《体育文化导刊》2023 年第 2 期。

汪信砚：《中华文化走出去：意涵、目的和路径》，《江淮论坛》2020 年第 3 期。

吴艳：《日本社会关于"南京大屠杀"论争的发展演变过程》，《南开学报》（哲学社会科学版）2017 年第 5 期。

谢必震：《近年来钓鱼岛问题研究综述》，《中国史研究动态》2015 年第 2 期。

邢变变、孙大东：《渐行渐远渐无书：国外档案学译著在中国》，《档案学研究》2015 年第 4 期。

徐拥军、郭若涵、王兴广：《中国参与世界记忆项目：理念、路径与展望》，《档案与建设》2022 年第 1 期。

徐拥军、王兴广：《强化新时代档案事业高质量发展的基础性、战略性支撑》,《中国档案》2023 年第 3 期。

许利平:《新时代中国周边人文外交》,《云梦学刊》2020 年第 4 期。

颜旭:《有效维护我国文化安全:学习〈总体国家安全观学习纲要〉系列谈》,《理论导报》2022 年第 7 期。

杨冬权:《始终牢记初心,以档案力量服务中国式现代化》,《档案学研究》2023 年第 1 期。

杨红、吴映萍、张立程:《论毛泽东的平等观》,《理论月刊》2008 年第 1 期。

杨凯博:《没有哪个国家是一座文明的孤岛:联合国教科文组织亚太地区非物质文化遗产国际培训中心东南亚国家非物质文化遗产联合申报培训班侧记》,《自然与文化遗产研究》2022 年第 4 期。

杨力群:《向世界传递面向未来的正义呼声:江苏在"一带一路"沿线国家举办南京大屠杀史实展的实践与思考》,《对外传播》2018 年第 12 期。

杨文、张斌:《再论新时代中国特色档案学话语体系的构建》,《图书情报知识》2022 年第 4 期。

尹鸿、王旭东、陈洪伟、冯斯亮:《IP 转换兴起的原因、现状及未来发展趋势》,《当代电影》2015 年第 9 期。

张斌、杨文:《论新时代中国特色档案学话语体系的构建》,《档案学通讯》2019 年第 5 期。

张斌、尹鑫:《中国特色档案学基础理论体系的历史发展与当代构建》,《中国图书馆学报》2021 年第 6 期。

张斌:《打造新时代中国档案学派》,《档案学通讯》2018 年第 4 期。

张理平:《用红色珍档讲好党的故事:专访上海市档案局局长朱纪华》,《中国档案》2016 年第 9 期。

张曙光:《国家海外利益风险的外交管理》,《世界经济与政治》2009 年第 8 期。

张泗考、张骥:《我国对外文化交流战略能力提升研究》,《河北大学学报》(哲学社会科学版)2016 年第 2 期。

张文:《了解非洲谁占先?:〈大明混一图〉在南非引起轰动》,《地图》

2003年第3期。

张轶哲：《16世纪至20世纪初中外"丝绸之路"历史档案文献展亮相巴黎联合国教科文组织总部》，《中国档案》2018年第12期。

张智慧：《汉语国际化传播面临的若干理论与实践问题分析》，《智库时代》2018年第30期。

赵彦昌：《世界记忆工程与中国地方档案事业发展》，《档案与建设》2017年第1期。

郑欣淼、鲍安琪：《郑欣淼：文物交流为何既要走出去又要引进来？》，《中国民族博览》2022年第5期。

郑泽青：《服务大局 彰显档案文化的影响力：上海市档案局（馆）举办档案展览述略》，《中国档案》2018年第1期。

周林兴、黄星、崔云萍：《奋楫扬帆启宏途 笃行致远谋新篇：2022年我国档案治理体系建设发展报告》，《中国档案》2023年第3期。

周林兴：《论档案馆的文化治理研究》，《档案学研究》2020年第1期。

周林兴：《文化强国战略下公共档案馆的社会责任及实现机制研究》，《档案学研究》2014年第4期。

周璐：《中外档案学研究差异之原因分析》，《档案学通讯》2012年第5期。

周楠：《"锦屏文书"的保护与开发》，《理论与当代》2014年第8期。

周伟良：《论当代中华武术的文化迷失与重构：以全球化趋势下的国家文化安全为视角》，《首都体育学院学报》2007年第1期。

周赟、赵晖：《以辩证思维驾驭对外文化交流：习近平对外文化交流思想的显著特征》，《理论探索》2017年第6期。

朱莉：《试论档案与软权力建构》，《档案学通讯》2016年第6期。

朱玉媛、周璐：《中外档案学研究特点之比较》，《档案学通讯》2009年第5期。

五　中文报纸

崔妍：《建设文化强国，铸就中华文化新辉煌：强国之路正扬帆》，《人民日报》2022年10月12日第5版。

崔珍珍：《齐心协力打造中国档案学派：专访中国人民大学档案学院院

长、教授张斌》,《中国档案报》2018年4月12日第1版。

冯惠玲：《数字人文：在跨界中实现交融》,《中国社会科学报》2017年12月21日第8版。

高乔：《展示泉州海丝文化 回顾侨胞迁徙历史》,《人民日报海外版》2023年9月15日第6版。

韩飞、沈慧瑛、袁光：《27位日本冲绳人来华寻找"册封宴"故事》,《中国档案报》2014年6月9日第3版。

李国荣：《甲午档案话殇思》,《中国档案报》2014年8月4日第4版。

李新烽：《明代地图绘非洲》,《人民日报》2004年2月20日第15版。

刘焕明：《"文化全球化"是一个伪命题》,《人民日报》2018年3月14日第7版。

刘家义：《坚定文化自信 担当文化使命：推动优秀传统文化创造性转化创新性发展》,《光明日报》2018年11月26日第9版。

刘奇葆：《大力推动中华文化走向世界》,《光明日报》2014年5月16日第1版。

陆国强：《全面贯彻落实党的二十大精神 奋力书写档案事业现代化和高质量发展新篇章：在全国档案局长馆长会议上的报告》,《中国档案报》2023年2月27日第1版。

陆国强：《深入贯彻落实习近平总书记重要指示精神 全面提高档案工作质量和服务水平：在全国档案局长馆长会议上的报告》,《中国档案报》2022年3月14日第1版。

聂慧哲：《青岛市档案馆用微电影讲好中国档案故事》,《中国档案报》2019年5月16日第1版。

任维东：《东巴文：世界上唯一的象形文字继续活下去》,《光明日报》2010年12月1日第1版。

王昊魁：《国家档案局：用档案讲好党的故事》,《光明日报》2020年12月30日第4版。

王昊魁、王珊：《如何让档案人才不再"小众""稀缺"：档案人才培养现状调研》,《光明日报》2021年11月11日第7版。

王红敏：《深入学习贯彻重要批示精神 努力开创档案国际交流合作新局

面》,《中国档案报》2021 年 11 月 11 日第 1 版。

习近平:《共创中韩合作未来 同襄亚洲振兴繁荣：在韩国国立首尔大学的演讲（2014 年 7 月 4 日,首尔）》,《人民日报海外版》2014 年 7 月 5 日第 4 版。

习近平:《在纪念孔子诞辰 2565 周年国际学术研讨会暨国际儒学联合会第五届会员大会开幕会上的讲话：2014 年 9 月 24 日》,《人民日报》2014 年 9 月 25 日第 2 版。

习近平:《在推动构建人类命运共同体的大道上阔步前进：共建美好世界的最大公约数》,《人民日报》2023 年 3 月 23 日第 2 版。

习近平:《在哲学社会科学工作座谈会上的讲话：2016 年 5 月 17 日》,《人民日报》2016 年 5 月 19 日第 2 版。

许桂清:《传承历史记忆 坚定文化自信》,《中国档案报》2017 年 12 月 7 日第 3 版。

杨冬权:《新时代档案工作的新思维（上）》,《中国档案报》2018 年 1 月 11 日第 3 版。

杨曙明:《利簋：西周第一青铜器》,《中国文物报》2019 年 4 月 30 日第 5 版。

于军:《全面解析中国海外利益》,《中华读书报》2017 年 10 月 18 日第 19 版。

袁行霈、邱炯:《文化拒绝全球化（新语）》,《人民日报》2006 年 11 月 7 日第 11 版。

张晨文、邵亚伟、牟胜男:《互动频繁 反响热烈：国际档案理事会举办国际档案周精彩活动回顾》,《中国档案报》2019 年 6 月 27 日第 3 版。

赵秋丽、李志臣:《山东：让世界看到中华文化的光芒》,《光明日报》2017 年 11 月 26 日第 1 版。

朱纪华:《档案展览：跨越国界的文化交流与合作》,《中国档案报》2014 年 10 月 30 日第 1 版。

王琳婧:《福建省档案馆 纪录片〈百年跨国两地书〉拍摄完成》,《中国档案报》2021 年 6 月 28 日第 1 版。

六 外文专著

Dennis Meissner, *Arranging and Describing Archives and Manuscripts*, Chicago: Society of American Archivists, 2019.

Fyall A., Rakic T., eds., *The Future Market for World Heritage Sites*, *Managing World Heritage Sites*, London: Routledge, 2006.

Jeannette A., Bastian, Elizabeth Yakel ed., *Defining a Discipline: Archival Research and Practice in the 21st Century-Essays in Honor of Richard J. Cox*, Chicago: Society of American Archivist, 2020.

Jenkinson H. ed., *A Manual of Archive Administration Including the Problems of War Archives and Archive Making*, Oxford: Clarendon Press, 1922.

Joseph S. Nye Jred., *Soft Power: The Means to Success in World Politics*, New York: Public Affairs, 2004.

Kathleen D. Roe, *Advocacy and Awareness for Archivists*, Chicago: Society of American Archivists, 2019.

七 外文期刊

Bak G., Armstrong P., "Points of Convergence: Seamless Long-Term Access to Digital Publications and Archival Records at Library and Archives Canada", *Archival Science*, Vol. 8, No. 4, 2008.

Bradley K., "Built on Sound Principles: Audio Management and Delivery at the National Library of Australia", *IFLA Journal*, Vol. 40, No. 3, 2014.

Brokalaki Z., Patsiaouras G., "Commodifying Ancient Cultural Heritage: The Market Evolution of the Parthenon Temple", *Journal of Historical Research in Marketing*, Vol. 14, No. 1, 2021.

Brothman B., "The Past that Archives Keep: Memory, History, and the Preservation of Archival Records", *Archivaria*, Vol. 51, No. 1, 2001.

Della Lucia M., Segre G., "Intersectoral Local Development in Italy: The Cultural, Creative and Tourism Industries", International Journal of Culture, *Tourism and Hospitality Research*, Vol. 11, No. 3, 2017.

Gupta D. K., Sharma V., "Enriching and Enhancing Digital Cultural Heritage Through Crowd Contribution", *Journal of Cultural Heritage Management and Sustainable Development*, Vol. 7, No. 1, 2017.

Henningsen E., Larsen H., "The Mystification of Digital Technology in Norwegian Policies on Archives, Libraries and Museums: Digitalization as Policy Imperative", *Culture Unbound*, Vol. 12, No. 2, 2020.

Kirchhoff T., Schweibenz W., Sieglerschmidt J., "Archives, Libraries, Museums and the Spell of Ubiquitous Knowledge", *Archival Science*, Vol. 8, No. 4, 2008.

Madden K., Seifi L., "Digital Surrogate Preservations of Manuscripts and Iranian Heritage: Enhancing Research", *New Library World*, Vol. 112, No. 9/10, 2011.

Mbaye J., Pratt A. C., "Cities, Creativities and Urban Creative Economies: Re-Descriptions and Make + Shifts from Sub-Saharan Africa", *International Journal of Urban and Regional Research*, Vol. 44, No. 5, 2020.

Pourzakarya M., "Searching for Possible Potentials of Cultural and Creative Industries in Rural Tourism Development; A Case of Rudkhan Castle Rural Areas", *Consumer Behavior in Tourism and Hospitality*, Vol. 17, No. 2, 2022.

Pourzakarya M., Bahramjerdi S. F. N., "Reviewing the Role of Cultural and Creative Industries in Developing an Urban Cultural Policy Platform in Rasht City, Iran", *Journal of Place Management and Development*, Vol. 16, No. 2, 2022.

Ricardo G. Martini, Mónica Guimarães, Giovani R. Librelotto & Pedro Rangel Henriques, "Creating Virtual Exhibition Rooms from Emigration Digital Archives", *Universal Access in the Information Society*, Vol. 16, No. 4, June 2017.

Sreekumar H., Pratap S., "Forging the Nation State: An Advertising History of Tata Steel, India", *Journal of Historical Research in Marketing*, Vol. 14, No. 3, 2022.

Tedd L. A., "People's Collection Wales: Online Access to the Heritage of

Wales from Museums, Archives and Libraries", *Program*, Vol. 45, No. 3, 2011.

Terry Cook, "Evidence, Memory, Identity, and Community: Four Shifting Archival Paradigms", *Archival Science*, Vol. 13, No. 2, 2013.

Van Passel E., Rigole J., "Fictional Institutions and Institutional Frictions: Creative Approaches to Open GLAMs", *Digital Creativity*, Vol. 25, No. 3, 2014.

Zhaogui Qin, Chunmei Qu, Ashleigh Hawkins, "The Three-Character Classic of Archival Work: a brief overview of Chinese Archival History and Practice", *Archival Science*, Vol. 21, No. 1, 2021.

后　记

　　早在二十年前于湖北大学读本科的时候，《档案保护技术学》任课老师周耀林教授就曾经在课堂上说过，"档案文献遗产保护好是第一位的事情，档案文献遗产宣传好也是第一位的事情"，这给我留下了深刻的印象，使我意识到我们国家有特别多保存完好的档案珍品。当前，在继续加大对外开放步伐的中国，"走出去""宣传好"是一件非常有必要且紧迫的事。十多年来，我一直致力于档案价值及其实现、档案资产价值及其确权、档案文献遗产推广等方面的研究工作。2014年2月24日习近平总书记在中共中央政治局第十三次集体学习时发表重要讲话，首次提出"文化自信"这一理念，此后的十年间，"文化自信"作为习近平新时代中国特色社会主义思想的重要理念之一，指引着中国的现代化发展，也对我所从事的档案事业发展研究起到了决定性影响，使我意识到要把"档案文献遗产宣传好"，应该站得更高、看得更远。

　　2018年，"文化自信背景下国家档案精品走出去策略研究"有幸被国家社科基金一般项目立项，说明我的前期想法、论证思路以及研究规划得到了国家社科基金评审专家们的认同，这使我备受鼓舞。同年10月，有幸邀请到国内这一研究领域的四位权威专家——湖北大学覃兆刿教授、武汉大学周耀林教授、中山大学陈永生教授、四川大学乔健教授莅临当时的工作单位福建师范大学展开研究指导工作，他们不仅从研究选题的细化、论证思路的调整、研究对象的完善等多个方面进行了悉心指导，而且对论证案例的查找、访谈专家的约谈、具体章节的布局等多方细节提出了富有启迪性的建议，这使我信心倍增。此后，我和我的团队完成了《档案文化产品的市场价值、开发模式与未来展望》《新时代档案馆爱国主义教育基地研究》《新时代档案展览的海外推广研究》《文化自信背景下国家档案精品走出去研究》《传统村落档案管路径转型——从人文引导管理到文化生态复兴》《基于社会记忆观的新冠肺炎疫情防控档案征集工作探析》《加拿大文献遗产社群项目研究及启示》《新时代我国"世界记忆"校园推广策略研究》《档案文化品牌塑造研究——以福建侨批档案为例》等二十余篇学术论文，并同时指导撰写了《德国世界记忆——"法兰克福审判"海外推广策略及其启示研究》《日本世界记忆海外推广策略研究》等学位论文。在上述系统性兼具发散性的研究过程中，我逐渐形成了档案精品提炼推广、策略制定、提升进阶、国际接轨等较为成熟的理解和认识，并在此基础上形成了结题材料。

本书从最初的设想构思到最后的结项鉴定以及定稿出版，是一个较为漫长、艰辛且充满挫折的过程，特别感谢导师王英玮教授一直以来的大力支持与鼓励，特别感谢覃兆刿教授一直以来的全程指导与帮助，特别感谢业界同仁在本课题的调研和访谈中予以的帮助，特别感谢李健、谢咏含、刘烨宁、郑紫颖、曹志强、方华、刘卿妍、黄湘毓、尹梦熙、李捷、王小露、熊世元、李昊等同学参与本书的资料收集、案例调研、数据核实、文字校对等工作，特别感谢中国社会科学出版社刘艳女士对本书出版的辛勤付出。

国家档案精品走出去，没有休止符，因为中国对外开放的步伐只会越走越大；也没有最优解，因为中国话语体系的构建仍在完善提升。当然，笔者的见识、经历、水平等有限，所进行的访谈对象、实证研究以及案例分析还有很大的提升空间。同时，结项书的五位"匿名评审鉴定专家"给出了非常中肯、切实、有效的建议，大部分意见和建议在结项书稿到正式书稿的修改过程中予以采纳，在此一并表示感谢。

由于笔者才疏学浅，本书难免存在错漏和不足之处，恳请读者批评指正，不胜感激。

王小云

2023 年 10 月于湘潭大学